정의 프로젝트

정의를 행하고, 자비하며 겸손하게 하나님과 동행하기

브라이언 맥클라렌, 르네 빠딜라 외

감복기 옮김

Copyright ⓒ 2009 by Brian McLaren, Elisa Padilla, Ashley Bunting Seebers

Original published in English under the title ;
    The Justice Project :
    by Baker Books,
    a division of Baker Publishing Group,
    Grand Rapids, Michigan, 49516, U.S.A.
All rights reserved.

Used and translated by the permission of Baker Publishing Group
Korean Edition Copyright ⓒ 2013 Daejanggan Publisher. in Daejeon, South Korea.

정의 프로젝트

지은이	브라이언 맥클라랜 외
옮긴이	김복기
초판발행	2014년 1월 3일
펴낸이	배용하
책임편집	배용하
등록	제364-2008-000013호
펴낸곳	도서출판 대장간
	www.daejanggan.org
등록한곳	대전광역시 동구 삼성동 285-16
편집부	전화 (042) 673-7424
영업부	전화 (042) 673-7424 전송 (042) 623-1424
ISBN	978-89-7071-301-4

이 책은 저작권법에 의해 보호를 받는 출판물입니다.
기록된 형태의 허락 없이는 무단 전재와 복제를 금합니다.

 값 15,000원

The Justice Project

| 차례 |

추천의 글 _ 조희선 ▶7
서문 _ 짐 월리스 ▶11
감사의 글 ▶14
서론 정의에 대한 담론 _ 브라이언 D. 맥클라렌 ▶17
      정의란 무엇인가? _ 브라이언 맥클라렌 ▶29
      정의를 행하라는 하나님의 부르심 _ C. 르네 빠딜라 ▶32

1부 정의의 하나님
1장 하나님의 정의 _ 성경적 관점 _ 사라 디란 브루어 ▶42
2장 의로운 아들 _ 예수님이 전한 하나님나라 소식과 정의실현은 어떤 상관이 있는가? _ 아담 테일러 ▶53
3장 정의의 성령님 _ 피터 굿윈 헬트젤 ▶62
4장 정의의 전통 _ 교회사의 주요 사건들을 통해 본 정의를 추구한 교회들 _ 젠엘 윌리암스 파리 ▶72
5장 정의를 (해체)건설하기 _ 포스트모던의 변화가 정의를 위한 기독교 열정에 무엇을 기여했는가? _ 토니 존스 ▶81

2부 정의의 책
6장 공평하지 못한 시각으로 성경을 읽다 _ 어떻게 미국 교회들은 성경을 공평하지 못한 시각으로 읽어 왔는가? _ 리처드 트위스 ▶91
7장 정의로운 모세오경 _ 정의도 없고, 평화도 없다. 세계가 무시한 이단 _ 숀 랜더스 ▶100
8장 정의의 예언자들 _ 예언자들의 사회-정치적 상황 속에서 어떻게 예언서들을 읽을 것인가? _ 제레미 델 리오 ▶102
9장 복음서가 말하는 정의란 무엇인가? _ 하나님나라의 복음은 정의를 어떻게 다루는가? _ 수바 프리야 라빈드란 ▶115
10장 사도들이 기록한 서신들을 통해 본 정의 _ 초기 그리스도인은 어떻게 정의를 이해했는가? _ 실비아 키스마트 ▶123

3부 미국에서의 정의

11장 숫자가 많은 내 이름은 군대 _ 근원적 정의로서의 귀신 축출 _ 앤소니 스미스 ▶ 137

12장 정의로운 땅 _ 미국 원주민에게 가장 중요한 정의의 이슈는 무엇인가? _ 랜디 우들리 ▶ 146

13장 정의로운 선거 _ 현재 민주주의 투표자들에게 가장 절박한 이슈는 무엇인가? _ 바르트 캄폴로 ▶ 155

14장 정의로운 진보정당 _ 성경적 정의의 빛에 비추어 본 진보정치의 장점과 약점 _ 헤더 커크-데비드오프 ▶ 161

15장 정의로운 보수주의 _ 성경적 정의의 관점에서 본 보수정치의 강점과 약점은 무엇인가? _ 조셉 마이어스 ▶ 169

16장 정의로운 가족의 가치 _ 그리스도인은 비전통적 가족을 위해 어떻게 정의를 옹호해야 하는가? _ 페기 캄폴로 ▶ 174

17장 더욱 훌륭한 방법으로 _ 국경에서 보내는 예언자의 목소리 _ 가브리엘 살구에로 ▶ 182

4부 정의로운 세상

18장 정의로운 시각 _ 우리는 어떻게 정의로운 세계 시민이 될 것인가? _ 애슐리 번팅 시버 ▶ 195

19장 정의로운 부 _ 어떻게 가난한 사람들의 빈곤을 부자들의 정의의 문제가 되게 할 것인가? _ 다리오 로페즈 ▶ 204

20장 정의로운 사업 _ 패밀라 윌헬름스 ▶ 214

21장 정의로운 생태학 _ 지구가 예수의 제자들에게 요구하는 정의는 무엇인가? _ 린지 모슬리 ▶ 224

22장 정의로운 종교 _ 왜 우리는 하나님의 이름을 독립시켜야만 하는가? _ 사미르 셀마노빅 ▶ 233

23장 정의로운 도시들 _ 도시 생활을 위한 정의란 무엇인가? _ 채드 애보트 ▶ 243

24장 슬럼 속에서의 정의 _ 불의의 기념비인 도시 빈곤 _ 호르게 타신 ▶ 251

25장 정의로운 도시 주변 _ 정의로운 도시 주변의 삶이란 무엇을 의미하는가? _ 월 & 리사 샘슨 ▶259

26장 정의로운 시골 _ 시골지역의 삶을 위해 어떻게 "풀뿌리" 정의를 실현할 것인가? _ 사라 페리 ▶266

5부 정의로운 교회

27장 평범함의 힘 _ 사회정의라는 주제에 대해 미국 복음주의자들을 어떻게 깨울 것인가? _ 샤나 니퀴이스트 ▶275

28장 "단지 우리들"만이 아닌 그 이상의 것들 _ 흑인인권운동 이후 미국 흑인 교회를 위한 정의 _ 앨리스 배리모어 ▶282

29장 정의를 위한 고난 _ 정의를 추구하는 비용을 어떻게 치르며 어떻게 정의에 참여할 수 있을까? _ 애니미 보쉬 ▶291

30장 정의로 세워지는 교회들 _ 로이 사토 ▶300

31장 정의로운 자녀양육 _ 부모로서 어떻게 정의라는 가치를 자녀들에게 가르칠 수 있을까? _ 루스 파딜라 드보르스트 ▶309

32장 공정무역 _ 가난한 사람들에게는 정의롭고 부자들에게는 의미 있는 무역 _ 린 하이벨스 & 나단 조지 ▶318

결론

33장 정의로운 희망 _ 불의에 대한 좌절과 분노로부터 어떠한 선을 이룰 수 있을까? _ 더글라스 파지트 ▶331

34장 단지 시작에 불과합니다 _ 개인과 믿음의 공동체들이 정의를 실현하려 할 때, 첫 발을 내딛는 최고의 방법은 무엇일까? _ 토마스 & 디 야키노 ▶339

35장 정의 비상사태 _ 정의가 새 시대의 이머전트 대화의 핵심 내용이 될 수 있는가? _ 엘리사 파딜라 ▶349

후주 ▶358

추천의 글

조희선 목사 | 캠퍼스 청년사역자, 매거진 『물근원맑게』 편집장

　초대교회가 시작됨으로 유대교가 그 명맥을 기독교에 넘긴 지 2000년을 훌쩍 넘긴 지금, '기독교는 새로운 그 무엇에 그 명맥을 넘겨야 할 때가 온 것은 아닐까?' 의심하고 있을 때, 『정의프로젝트』를 읽고 신종그리스도인들을 향한 기대가 찾아왔다. 세상이 감당하지 못했던 역사 속의 교회가 보여주었던 역동성을 찾아보기 어려워지고 개신교교회에서 이탈하는 교인들의 수가 늘어나면서 기독교의 쇠퇴를 운운하는 이때에, 정의프로젝트를 실천하는 신종그리스도인들을 이 책에서 만난다는 것은 행운이다. 신체 건강하나 할 일을 잃은 교회의 장년과 노년들이 교회 행사, 행정과 재정 등에 골몰하는 대신, 사회현상과 다음 세대들이 겪어야 할 문제들, 지역의 필요에 대하여 대화하며 또 그 안에 하나님의 사랑과 정의가 우리 교회를 통해 어떻게 현실화되어야 하는지 창의적인 정의프로젝트를 구상하고 실천을 도모하는 그림을 그려볼 수 있게 되기 때문이다. 이 그림 안에는 당연히, 더는 단절되기를 거부하고 교회의 아비 세대들과 적극적으로 대화하려는 다음 세대들이 포함된다. 일방적인 설교중심 예배를 넘어서서 만인 대제사장들이 다 함께 참여하여 드리는 예배, 예수님과 제자들이 가르치고 묻고 듣고, 또 함께 거리로 나가 움직이며 전파하고 고치셨던, '신종으로 보이나 본래의' 예배를 기대하는 그리스

도인이라면, 또 교회 지역 직장에서 어떻게 지낼 것인가를 고민하는 분들이라면 이 책을 읽기를 추천한다.

특히 청년사역자들이 이 책을 읽기를 권한다. "참 힘든 일을 하시네요." 며칠 전 하룻밤을 함께 지낸 분이 내게 하신 말이다. 그분이 이어서 말했다. "청년의 때에 하나님을 만난다는 것은 정말로 불가능하니까요. 때로 절망에 빠집니다. 그러나 결코 자신에 대한 절망은 아닐 것입니다. 세상에 대한 절망, 시대에 대한 절망이 있을 수 있겠지요. 그리고 혹은 자신의 가정적 배경 등에 대해 절망도 하게 될 것입니다. 그러나 청년의 때, 그때의 절망은 아직은 자기 자신에 대한 절망이 아닐 겁니다. 그러나 하나님은 그야말로 자신에 대한 '절망'에서 만나지는 분이지요." 그분이 캠퍼스 선교사인 내게 "참 힘든 일을 하시네요."라고 말한 이유다. 청년들은 하나님을 기도하는 모든 것을 들어주시는 전능한 신으로 인식하는 어린 시절을 지나, 그렇지 않은 신에 대한 실망과 의심이 충분함에도 기도도 헌금도 착한 일도 하면서 잘 보이면 혹시나 들어주실까 하며 어떻게든 떠나지 못하는 조금 더 큰 시기를 통과한 이들이다. 그들은 세상도 신도 결코 기도하는 대로 움직이지 않는다는 사실을 안다. 청년의 때란, 이미 과학적 지식을 갖춘 상태이며, 결코 정상적이지 않은 사회의 불의와 모순들을 깨닫고는 있지만 나름대로 최선의 능력을 발휘해 제 삶을 계획하고 목적을 이루려고 하는 시기이기도 하다. 이때 건강한 신앙을 가진 청년이란 이 모든 것과 하나님의 능력 사이에 무슨 관계가 있는지를 질문을 던지며 스스로 그 답을 탐구할 뿐 아니라 교회가 합리적인 답변을 하라고 요구한다. 교회는 이런 요구를 충족시켜 비정상적인 세상의 본질, 보이는 현상 너머에서 일하시는 하나님의 경륜을 청년들이 인식하고 이 두 사이에서 자신의 능력을 어떻게 어디에서 사용할 것인지 자기 존재를 자리매김하게 할 수 있게 해야 한다. 교회는 청년들을 교회의 일꾼이 되게 하려고 해서도, 또 많은 사람을 교회 안으로 불러들여야 하는 전도인으로 여겨서도 안 된다. 도리어 청년들이 처한 학교, 직장, 가정, 더 나아가 그 모든 것을 둘러싼 실존의 문제를 극복하고자 교회에 찾아올 때, 그들의 문제를 듣고 함께 고민하고 그 안에서 일하시는 하나님의 경륜을 함께 찾으며, 그 안에서 그리스도인으로 사는 다양한 길을 찾게 하는 것이 교회가 청년들을 위해 할 일이다. 만일 교회의 청년부가 이 책을 함께 읽게 된다면 각자가 위치한 삶의 자리 문제들을 놓고 정의에 대해 새로운 대화를 할 수 있게 될 것이다. 그동안 수면에 떠올리지 못한 채 갑갑해 해왔던 다양한 영역의 문제들을 수면에 올릴 수 있을 것이며, 습관에 따라 진행해왔던 어떤 프로그램들을 포기하고, 의미 있는 일들을 실천할 수 있게 될 수 있을 것이다.

가나안안 나가 성도들이 늘어나는 것에 대해 걱정하는 이들이 있는가 하면 또 도리어 그들에게서 배워야 한다고 하는 이들도 있다. 가나안 성도는 메시지 없는 메신저들로 가득한 상황이 만들어낸 결과다. 그렇다면, 교회가 만일 정의프로젝트에 힘입어 세상 한복판에서 만나는 불의와 모순들을 뚫고 다양한 시도할 수 있다면 더는 교회가 메시지 없는 메신저가 되지 않을 것이다….

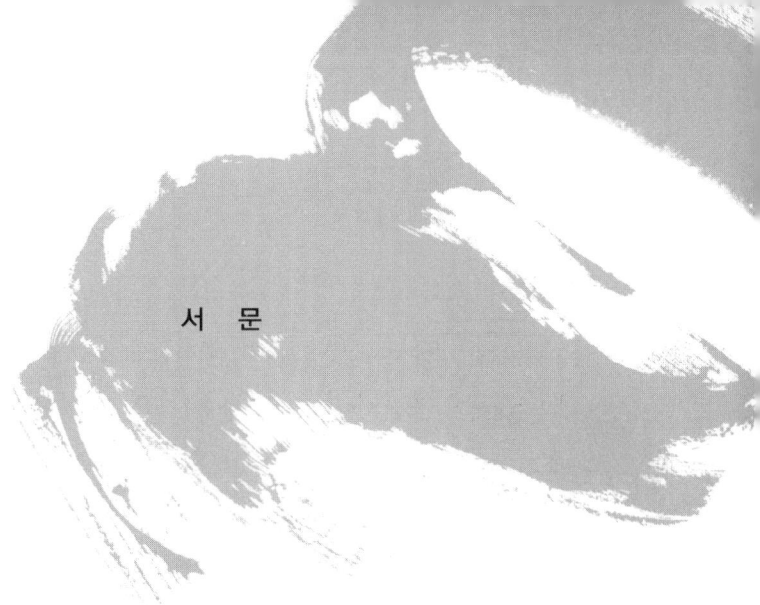

서 문

불길한 느낌을 주는 검고 붉은 색상이 2009년 4월 「뉴스위크」지의 표지를 장식했다. "미국기독교의 쇠퇴와 몰락"을 암시하는 내용으로 헤드라인이 잡혀있었다. 존 미캄John Meacham 편집장이 쓴 특집기사는 당황에서 환희에 이르기까지 아주 다양한 반응을 불러일으키기에 충분했다. 사실 기독교의 종말 혹은 종교의 실종에 대해 예견한 일반적인 기사는 이것이 처음은 아니다. 이미 1966년 「타임」지도 "신은 죽었는가?"라는 특집기사를 실었고, 그 기사를 썼던 작가들조차 그 후 40년 동안 미국인의 삶에 무슨 일이 일어날지 예측하지 못했다.

이 책의 저자들은 이러한 내용을 다시 토론하도록 자리를 마련하였고, 대화를 통해 미국의 기독교가 "쇠퇴하고 몰락"한 것이 아니라, 교회가 가져야 할 공식적인 역할을 재정립하고 새롭게 하는 중임을 확인하였다. "새롭게 출현한 신종 그리스도인"라는 자들은 그들이 어떤 사람들인지 쉽게 정의할 수 없고, 그들이 말하는 그리스도인의 자격요건이 무엇인지조차 파악하기 쉽지 않다. 왜냐하면 과거의 그리스도인이라는 범주로 이들을 이해하기란 결코 쉽지 않기 때문이다. 그러나 복음을 전파하고자 하는 그들의 헌신, 즉 세속 사회에서 그리스도의 비전을 드러내려는 그들의 헌신은 교회는 물론이거니와 커피숍에서부터 이웃, 도시에 이르기까지 전 생활 영역을 변화시키고 있기 때문이다. 이 책의 저자들이 나누는 대화는 현재 미국과 전 세계에 존재하는 두 종류의 엄청난 굶주림에 기인한다. 그 하나는 영적인 실천 능력에 대한 굶주림이며, 또 다른 하나는 사회정의에 대한 굶주림이다.

21세기를 사는 우리는 끝없는 종교적 변화의 소용돌이 속에서 사회 전역으로 울려 퍼지는 서로 다른 소리를 듣고 있다. 이러한 변화는 종교, 문화, 인종, 세대, 정치 등 사회 전반에 걸쳐 일어나고 있다. 백인계 미국인뿐만 아니라, 신실한 믿음을 소유한 아프리카계 미국인, 라틴계 및 아시아계 그리스도인에게서 들려오는 이러한 새롭고도 다양한 목소리와 새로운 리더십에 대한 관점은 전혀 차원이 다른 대화를 요구하였다. 이러한 시대적 전환에 대한 깊이와 넓이와 효율성은 아주 효과적이고 설득력이 강해서 난해한 질문을 회피하던 사람들이나 이러한 실재를 피했던 사람들까지 이러한 대화가 제시하는 비전에 끌려가고 있다는 느낌을 갖게 하였다.

이 책에 실린 이야기들을 읽는 동안 내내 나의 감동을 불러일으키고 큰 희망을 갖도록 한 것이 있다. 그것은 처음 오순절 사건이 일어났을 때 공동체들이 "하나님의 백성으로서 세상에서 어떻게 하나님의 뜻을 실현해 나갈 것인가?" 하는 질문을 던졌던 것처럼, 이 책과 관련된 모든 리더들과 작고 큰 목소리를 냈던 모든 사람들이 동일한 질문을 갖고 아주 의미심장한 씨름을 하게 되었다는 사실이다. 그리스도 이후, 약 이천 년이 지난 지금, 우리는 여전히 나사렛 선언이라고 칭해지는 그리스도의 첫 설교, "주님의 영이 내게 내리셨다. 주님께서 내게 기름을 부으셔서, 가난한 사람에게 기쁜 소식을 전하게 하셨다. 주님께서 나를 보내셔서, 포로 된 사람들에게 해방을 선포하고, 눈먼 사람들에게 눈 뜸을 선포하고, 억눌린 사람들을 풀어 주고, 주님의 은혜의 해를 선포하게 하셨다."(눅 4:18~19)는 말씀에 도전받고 황송해하고 있다.

우리는 역사를 통해 많은 것을 배운다. 교회가 이 세상에 존재해야하는 의미로서 선교를 진지하게 다룰 때, 복음이 그저 다른 세계를 들여다보는 듣기 좋은 소리가 아니라 지금 여기 깨지고 상처 입은 세상에 희망을 가져다주는 좋은 소식이라는 사실을 교회가 진실로 믿고 살아갈 때, "영적인 각성"과 부흥의 불꽃이 다시금 타오르고 왕성해질 것이다. 나는 교회를 떠났던 젊은이들과 나이 많은 이들이 정의를 실천하는 그리스도 제자들의 공동체에 매력을 느끼고 다시 돌아오는 모습을 목도하고 있다.

미국의 기독교가 어떤 모습이어야 하는지는 지속적으로 변화할 것이다. 공공장소에서 교회의 역할도 변화를 맞이할 것이다. 그러나 이 책에 나오는 것처럼 하나님의 백성이 진지한 리더가 되고, 신실하고, 사려 깊은 모습으로 산다면, 교회는 "부흥과 성장"을 거듭할 것이요, 결코 "쇠퇴와 타락"의 길로 가지 않을 것이다.

짐 월리스
「소저너스」의 설립자이자 대표
『하나님의 정치학』*God's Politics*의 저자

감사의 글

우선 이 책을 출간하도록 나에게 도전하며, 인내와 신실함을 보여준 토니 존스Tony Jones, 더그 패지트Doug Pasitt, 그리고 채드 알렌Chad Allen에게 감사한다. 그들의 말이 옳았다. 『희망에 대한 긴박한 선언』An Emergent Manifesto of Hope은 정의를 선포하려면 꼭 필요한 것이었다. 대화의 현장에 라틴 아메리카의 중요한 목소리를 가져와 영어로 번역하여 들려주고, 이 책에 생동감을 불어넣어 준 엘리사 빠딜라Elisa Padilla에게도 감사한다. 편집인으로서 뿐만 아니라, 이 책에 글을 실은 모든 사람을 대표하여 애슐리 번팅 시버Ashley Bunting Seeber에게 감사한다. 애슐리는 이 책을 기획하는데 탁월한 관리능력을 보여 주었고, 최고의 편집인으로서 작업에 임하는 순간순간 기쁘게 일을 마쳐주었다.

무엇보다 이 책을 만들 수 있도록 자신의 경험과 글을 소개해 준 모든 저자에게 마음 깊이 감사한다. 이 책에 실린 한 장의 글은 대부분의 저자에게 도움이 필요한 사람들을 기억하며 늦은 밤, 혹은 이른 아침에 가외시간을 할애해서 글을 썼다는 의미다. 그들 중 어떤 이들은 글을 쓰는 것이 얼마나 어렵고 힘든지 말해주었다. 왜냐하면 그들의 주된 일은 정의를 실현하는 것이지, 정의에 대한 글을 쓰는 것이 아니기 때문이다. 그렇지만, 이 책은 우리가 간절히 보고 싶어 했던 변화를 체험한 사람들이 무엇인가 희망적인 메시지를 듣고 싶어 했던 우리에게 전해준 좋은 소식이다. 원하기는 지금 내가 표현하는 감사의 말이 이 책을 읽는 독자들에게서도 우러나와 글을 쓴 저자들에게 전달되었으면 한다.

끝으로 기독교 복음을 이해하는데 더 안전하고, 편하고, 자기만족과 특권의식에 빠져있고, 지나치게 개인적이고, 도피하려 하고, 낭비하고, 지배적이고, 정의를 깎아내리고, 정말로 편한 이해방식을 추구해왔던 나를 그러한 곳에서 빠져나오도록 도와준 친구들과 여러 멘토에게 진심으로 감사한다. 이들의 도움이 없었다면 나는 진정한 복음이 무엇인지 발견하지 못하고, 그 복음을 즐기지 못했을 것이다. 나에게 이러한 변화를 가져다 준 친구들과 멘토들은 적어도 자신이 누구인지 아는 사람들이다. 그들은 이 책을 읽을 수많은 미래의 독자가 지금 내가 있는 곳에 머물러 있었다는 사실을 정확하게 알고 있다. 그들은 신실하고, 진지하고, 열려있고, 정의에 관한 성경의 메시지에 헌신된 사람들이다. 인내심을 갖고 그러나 확고한 믿음을 갖고 나를 도전해 주었고, 더욱 더 큰 시각으로 믿음을 바라보도록 도와주었다. 그리고 그 믿음을 따라 살도록 스스로 과격한 모습, 평화를 깨뜨리는 모습, "진보적인 모습"을 보여줌으로써 나의 골머리를 적잖이 아프게 했다. 그러나 결국, 그들이 나를 변화시켰고, 나의 가장 큰 희망이 되었던 이 책도 그러한 결과 중의 하나가 되었다.

아니, 성령의 역사하심을 따라 움직이는 자신을 발견하는 일이 나의 가장 큰 희망이 되었다라고 고쳐 말해야겠다. 우리의 삶과 믿음의 공동체뿐만 아니라, 이 세상 구석구석에 하나님의 성령이 역사하심으로 변화가 일어나기 때문이다. 거센 물살처럼 흐르는 하나님의 공의와 결코 마르지 않는 강 같은 하나님의 정의 없이는 절대 세상에서 제대로 살아갈 수 없음을 보고 있기 때문이다.

우리는 정의가 하나의 꿈과 희망으로 머물러 있게 할 것이 아니라, 언제든지 실제로 정의를 실현하는 일에 동참해야 한다. 우선 마음 문을 열고 이 책을 한 장 한 장 읽는 것을 통해, 이 책을 함께 읽자고 사람들을 초청하고 그룹을 만듦으로써, 이 책이 제시하는 지혜를 매일의 삶에서 실천함으로써, 이 책에서 공의를 실천했던 사람들처럼 여러 가지 일에 참여함으로써, 그리고 하나님의 정의를 자기 인생의 프로젝트로 삼고자 하는 사람들과 그룹들을 위해 함께 기도함으로써, 자원하여 봉사함으로써, 그리고 재정적으로 후원함으로써 우리 모두가 정의를 실현할 수 있을 것이다.

서 론

정의에 대한 담론

브라이언 D. 맥클라렌

　며칠 전, 나는 아내와 함께 내가 자라난 미국의 수도 워싱턴 D.C.에 운집한 이만여 군중 가운데 서 있었다. 가슴 벅찬 모습으로 아내와 나는 역사의 한 페이지를 장식할 바로 그 역사적인 현장에 있기를 간절히 원했었다. 그것은 최초의 흑인 미국 대통령 취임식이라는 것만으로도 멋진 일이었으며, 미국 역사의 중요한 한 페이지가 열리는 새로운 현장이기도 했다. 버락 후세인 오바마가 미국 대통령으로 출마할 때부터 우리는 최근 수십 년간 진행되어온 파당정치 및 문화적으로 전쟁을 방불케 하는 분열 정치와 이러한 정치 때문에 적잖이 양극화되고 신경마비증세를 보이는 신학을 모두 거부하는 새로운 시대가 열리기를 기대해왔다.

　오바마의 대통령 취임 연설은, 비록 많은 사람의 가슴에 불을 지폈던 대선 연설들에 비해 다소 생기가 부족했지만, 깊이와 강렬함에서는 그 어떤 연설보다 탁월했다. 그는 고린도전서 13장에 나온 바울의 말을 상기시키면서, 이제 유치한 일들은 잊어야 할 때이며, 국가와 세계에 유례 없는 위기를 가져온 안이한 사고에서 벗어나 다시 도약할 때라고 설파했다. 그와 우리 모두가 변화에 대한 희망을 현실로 바꾸는 데 있어 얼마나 성공할 수 있을지 말하기에는 아직 이르다. 취임식 이후, 우리는 바닥을 치는 경제국면에 들어서게 되었고, 그 누구도 앞을 예측할 수 없는 미래를 맞이하고 있다. 하지만, 여러분이 지금 읽는 이 책은 현재 상황이 어떠하든 간에 희망과 창조적인 실천을 향한 열정적이고도 지적인 소명이 무엇인지 보여주는 책이다. 왜냐하면 정의를 위해 일하는 것이 단지 대통령과 정부만의 몫이 아니며, 운동가들과 인도주의자들에게만 속한 배타적인 일이 아니기 때문이다. 이 정의를 이루는 역동적인 프로젝트는 우리 모두에게 주어진 것이다. 만약 이 책을 읽은 뒤, 하나님께서 온 인류에게 요구하시는 것이 무엇인지를 알고자 한다면, 예언자 미가의 말을 당신의 언어로 다시 정의해보라.

내가 대학 초년생이었을 때, 존 스토트, 빌리 그레이엄, 르네 빠딜라 등은 전 세계 그리스도인 지도자 그룹을 소집하여 스위스에서 그 유명한 로잔 언약을 작성하였다. 내가 처음 로잔 언약의 '그리스도인의 사회적 책임'이라는 선언문을 읽었을 때 느낀 전율은 아직도 생생하다. 로잔 언약의 인용문은 4장에서 보게 될 것이다.

이십오 년이라는 세월이 흐른 지금, 기독교 공동체에 대해 다루었던 그 문서가 정작 사회에 끼친 영향력이 얼마나 미미했는가 생각하면 몹시 우울해진다. 그렇지만, 그 문서가 의도한 바는 보이지 않게 서서히 진전을 이루어 왔으며, 어쩌면 이제 그 언약이 이행될 때가 된 듯하다. 미국과 전 세계에 있는 다양한 기독교 공동체들특히 젊은 세대들은 이제 하나님의 공의 혹은 정의 프로젝트에 더 깊이 참여할 준비가 되어 있는 것 같다. 오랫동안 조용하게 변화의 가속도도 붙어 왔으며, 이제 세계적이고, 그리스도 중심적이며, 십자가 고백적인 정의를 지향하는 영적/사회적 운동이 탄생할 시기가 도래했다.

이러한 순간을 향해 달려온 나의 길은 현재 미국에서 새로운 시각으로 진행되는 '새로운 대화' the emergent conversation라 부르는 운동과 긴밀하게 연결되어 있다. 1990년대 이 대화가 처음 시작되었을 때, 그것은 젊은 복음주의자 리더들이 모인 그룹으로 '리더십 네트워크' leadnet.org의 후원을 받았다.1) 당시에 우리는 그 그룹이 구체적으로 무엇을 하는 그룹인지 잘 몰랐지만, 이와 유사한 대화들이 이미 영국과 유럽에서, 아프리카와 라틴 아메리카에서, 그리고 캐나다, 오스트레일리아, 뉴질랜드에서 진행되고 있음을 알게 되었다. 세계 여러 나라, 여러 방면에서 일어나는 새로운 현상과 비교해 볼 때, 미국에 있던 우리의 움직임은 그 시작이 좀 늦은 상태였다. 우리가 아메리카 복음주의라는 세상의 주변부에서 제대로 적응하지 못하는 외로운 그룹이었지만, 다행히도 이러한 그룹들을 통해 완전한 외톨이는 아니었음을 알게 되었다. 당시만 해도 우리는 정의의 문제에 관해서는 별로 말할 것이 없었다.

1990년대에는 주로 '교회 부흥 운동'이 우리의 모든 관심을 빼앗아갔다. '리더십 네트워크' Leadership Network를 통해 모인 초대형 교회의 목회자들은 여러 가지 일을 성공적으로 해냈는데, 그 중 하나가 자신들이 개최하는 모임의 참석자 수를 정확히 파악하는 일이었다. 이들의 집계를 통해 알게 된 사실들 중 많은 사람이 걱정스러워 할 만 한 점이 발견되었다. 그것은 미국 교회에 18세에서 35세 사이의 사람들이 거의 없다는 사실이었다.2)

이러한 통계자료가 가져다 준 충격으로 말미암아 교회의 'X 세대'가 안고 있는 문제가 무엇인지를 알아내고자 하는 움직임이 일어났고, 이를 위한 수많은 컨퍼런스가 열렸다. 또한 이와 관련된 수많은 책이 쏟아져 나왔다. 곧, 진짜 X 세대들이 모임에 초대되어 자신들의 이야기를 풀어 놓기 시작했다. 그들은 모두 "아니에요. 이건 단순히 세대의 유행에 관한 문제만은 아니죠. 우리는 지금 심각한 문화적 변화, 그러니까 친숙한 모더니즘에서 이제 막 생겨나는 미지의 포스트모던 세계로 가는 과도기를 지나는 셈이지요."라는 말을 쏟아냈다. 그들의 말처럼 나 역시 같은 생각이었다. 비록 나는 중년의 베이비 붐 세대에 속하지만, 이렇게 멋지고 열정적인 젊은 리더들을 알게 되면서, 마치 모든 것을 공감할 수 있을 듯한 영적 동질감 때문에 흥분을 감출 수 없었다.

1990년대 중 후반, 이런 대화는 '정의 실천'에 초점을 맞추지 못하고, 복음전도, 예배, 리더십 발휘, 설교 등 무엇인가를 행하는 '교회 활동'에 모든 관심을 쏟았다. 하지만, 많은 이에게 행함이 앎과 분리될 수 없다는 것은 너무나 분명한 사실이었다. 따라서 우리는 철학과 신학에 깊은 관심을 두게 되었다. 우리의 친구 중 많은 이가 신학과 그 실천은 서로 분리될 수 있으므로 굳이 신학의 '메시지를 바꾸지' 않고서도 그 '실천방법을 바꿀' 수 있다고 주장하였지만, 마셜 맥루언과 더불어 우리는 복음의 메시지와 이를 전달하는 매개 및 방법을 콜라와 병 혹은 컴퓨터와 프로그램처럼 기계적인 관계로 연결시킬 수 없다는 사실을 깨달았다.3) 오히려 그것들은 몸의 뼈대와 근육 혹은 뇌와 생각의 관계처럼 더욱 더 유기적으로 연관되어 있다고 할 수 있다. 진짜 바꾸어야 할 부분을 놓아두고서 다른 쪽을 바꿀 수는 없다. 굳이 예수님의 말을 인용하자면, 새 술을 낡은 부대에 담을 수는 없는 것이다. 그러나 많은 이가 허다한 시간을 낭비해 온 다소 무의미한 문제이긴 하지만, 오래된 술을 새 부대에 넣을 수는 있을 것이다.

샐리 모건샐러, 레너드 스위트, 앨런 록스버러, 낸시 머피, 스탠리 그렌츠, 존 프랑크, 달라스 윌라드, 로버트 웨버, 토드 헌터, 조 마이어를 포함한 많은 작가 및 학자는 우리에게 대단히 소중한 사람들이다. 그들은 우리가 평상시에는 생각해보지 못했던 방식들로 생각하도록 도와주었다. 또한, 포스트모던 사회에서 그리스도인으로 산다는 의미가 무엇인지 질문하고 대화할 수 있는 '안전한 공간'을 마련해 주었다…. 많은 교회와 교단, 신학교에서는 허락되지 않는 질문들과 씨름할 수 있도록 도와주었다. 날카로운 이빨과 긴 발톱을 가진 맹수들이 들끓는 숲에서 살아야 하는 겁 많고 연약한 동물들처럼, 점점 더 많은 사람이 그곳이 안전한 곳인지, 다시 생각하고, 질문하면서 외딴 공터에 발을 들여놓기 시작했다. 이러한 과정은 지금도 계속되고 있다.

한동안 내 안에서 꿈틀대던 생각을 처음 발표할 때, 안절부절 하던 그 순간이 기억난다. 우리 중 많은 이가 포스트모더니티와 '영합하는' 것이 아니냐, 포스트모더니즘과의 혼합주의syncretism: 여러 다른 종교·철학·사상의 혼합-역주를 표방하는 것은 아니냐는 비난, 그리고 복음을 희석시켜 포스트모더니즘에 호소하려는 것이 아니냐는 등 여러 비난을 받았다. 이러한 비난은 현재 논의되는 내용의 참 의미가 무엇인지, 수증기처럼 손에 잡히지 않는 용어들이 실제로 무슨 의미인지 파악할 수 없기에 그저 모호하고 왜곡된 모습인 때가 많다. 어느 컨퍼런스의 공개 토론회 석상에서 이런 말을 한 적이 있다.

"저는 어떻게 하면 복음을 포스트모더니즘의 정신에 들어맞도록 잘 적용할 수 있는지에는 별 관심이 없습니다. 우리가 알고자 하는 복음이 어떻게 재단되고, 깎아지고, 축소된 모습으로 포스트모더니즘 정신에 들어앉게 되었는지 제대로 알아내는 일에 더 많은 관심이 있습니다. 우리를 비판하는 어떤 분들은 우리가 포스트모더니티와 야합함으로써 위험한 비탈길로 미끄러져 내려갈 것에 대해 염려하고, 걱정합니다. 그들은 복음에 대한 순수한 이해를 가진 사람들로서 스스로 산 정상에 있다고 여기는 한편, 우리는 내리막길로 치닫고 있는 사람들이라고 이해합니다. 그러나 저는 모든 이가 이미 산 중간쯤 내려와

있는 것이 아닌가 하는 생각을 합니다. 왜냐하면 복음에 대한 우리의 이해가 수 세기 전 서구의 사고방식이었던 모더니즘의 모습으로 보이기 때문이지요. 저는 우리가 인식하는 것보다 훨씬 더 많은 잘못을 쉽게 받아들였다고 생각합니다. 바로 이러한 점 때문에 많은 이가 복음이란 진정 무엇인가라는 질문을 다시금 던지는 것이고요."

그러한 말이 일부 사람들의 심금을 울렸다. 하지만, 또 다른 사람들에게 이 말은 두려움과 화를 불러일으킬 법한 이야기였다. 어떤 참가자들은 '우리가 이미 순수한 메시지를 가지고 있기 때문에 방법은 문제되지 않는다.'는 더 안전하고 친숙한 신념을 선택했지만, 우리는 신학뿐만 아니라 실천이라는 것에 모든 가능성을 열어놓고 의미 있는 탐구를 계속해 나갔다.

이 과정에서 아주 많은 사람과 그룹들이 중요한 역할을 감당해 주었다. 이머징 네트워크을 형성함에 루디 카라스코harambee.org는 초창기부터 핵심 역할을 담당하였으며, 우리를 '기독교 공동체 발달 협회' Christian Community Development Association, www.urbanministry.org/ccda에 접촉하도록 도와주었다. 이 협회에는 존 퍼킨스, 매리 넬스, 토니와 페기 캄폴로, 바트 캄폴로, 그리고 셰인 클레어본과 같은 사람들이 있었다. 짐 월리스와 소저너 공동체sojo.net가 우리의 친구이자 대화 파트너가 되었고, 원 캠페인 one.org과 브레드 포 더 월드Bread for the World, bread.org 같은 그룹들과도 관계를 발전시켜 나갔다. 또한 랜디 우들리, 리차드 트위스, 테리 르블랑, 래이 알드레드와 같은 미국 태생의 그리스도인 리더들, 안소니 스미스, 에프림 스미스, 아담 테일러, 멜빈 브레이와 같은 아프리카계 미국 그리스도인 리더들, 데이비드 라모스, 가브리엘 살구에로, 알렉시 토레스 플레밍, 벨린다 파싸파로latinoleadershipcircle.typepad.com을 참조하라와 같은 라틴계 사람들, 그리고 D. J. 추앙, 라승찬, 유진 조와 같은 아시아계 미국인 지도자들도 알게 되었다. 이들과 교제하면서 새로이 출현하는 대화의 사안으로서 사회 정의를 구체화하게 되었다.

　이 일을 진행하면서, 우리는 더 많은 주류 개신교 신자들이 함께하고 싶어 한다는 사실을 알게 되었다. 그들의 동지애는 적어도 두 가지 방식으로 우리에게 도움을 주었다. 첫째, 우리의 생각은 월터 부루그만, 월터 윙크, 다이아나 버틀러 바스, 위르겐 몰트만, 그리고 스탠리 하우어와스와 같은 학자들에 의해 크게 도전 받았다. 그들은 우리의 대화에 지적이면서 신학적인 신선한 자원들을 부여해 주었다. 둘째, 더 많은 주류 개신교도가 연루되면서, 우리는 훨씬 더 많은 여성과 유색인을 대화에 초청하게 되었다. 우리가 속해 있던 대부분의 모임은 여성이거나 백인이 아닌 연설자나 리더들을 찾아보기 어려울 만큼 정말로 보수적이었다. 우리는 계속해서 정보를 찾아냈고 로마 가톨릭과 동방 정교회의 대화 파트너들에게서도 많은 것을 배워나갔다. 다양한 계층의 사람들이 참여할수록 신학적 분위기가 더욱 고조되었으며, 자연스럽게 사회 정의의 문제들에 관해 더욱더 깊숙이 다룰 수 있게 되었다.

　이 탐구 과정의 또 다른 핵심요소로서, 이 운동의 핵심 멤버였던 더그 패짓, 토니 존스, 그리고 내가 세계 여러 지역을 돌아볼 수 있게 되었다. 전 세계의 수많은 사람이 우리가 배우는 것을 함께 나누자고 요청해 왔다. 그러나 사실 다른 나라에 가 있는 우리 '미국인들' 이 그들에게 가르침을 주었다기보다 여행 중 만났던 사람들에게서 우리가 배운 것이 훨씬 더 많았다. 이렇게 느끼던 중, 라틴 아메리카의 르네 빠딜라와 www.lareddelcamino.org, 아프리카의 마비알라 켄조와 클라우드 니콘데하www.amahoro-africa.org, 그리고 그 외 많은 사람이 새로운 일을 진행할 수 있게 되었다. 미국이라는 공명실 밖으로 나서는 모험을 하면 할수록, 우리는 더욱더 급진적이 되어 가고 있었고, 두말할 필요 없이 이러한 과정은 다시금 미국 내의 종교의 권리 및 대통령직을 중심으로 양극화된 모습을 있는 그대로 보여주었다.

이 일을 만들어가는 과정 내내 우리는 항상 성경을 점검하였으며, 생각했던 것보다 성경이 정의에 관해 훨씬 더 많이 말한다는 사실을 새로이 깨닫게 되었다. 정의라는 주제는 성경 여기저기에서 모습을 드러내고 있었지만, 우리는 다른 것들에 관심을 갖도록 훈련받았고, 더 나아가 사회 정의를 무시하거나 하찮게 여기도록 훈련되고 있었다.4) 되돌아보면, 내 개인적 순례의 길은 많은 사람이 경험해왔으며 이 순간에도 경험하는 그리스도인의 전형적인 모습이라 생각한다.

1. 그다지 별로 효과적이지 못한 "행사 중심의 교회" 방식에 대해 환멸을 느끼게 되었다. 특히 이러한 행사 중심의 교회는 젊고 교육을 많이 받은 사람들을 위해 제대로 기능하지 못한다.
2. 처음에는 실용성에 집중하였지만, 점차로 신학적인 질문들도 던지기 시작했다.5)
3. 결국 이러한 것들은 "그렇다면 복음이란 무엇인가?"라고 질문하게 만들었다.6)
4. 이 복음 중심적인 질문은 나로 하여금 성경, 특별히 복음서로 돌아가게 했다.7)
5. 거기에서, 나는 한 가지 중요한 메시지와 대면하게 되었고, 그 메시지는 정의와 떼려야 뗄 수 없는 모습으로 엮여 있음을 알게 되었다.8)

이러한 대화는 끝나지 않았다.9) 오히려 계속되고 있다. 이 책은 그 대화 중 아주 요긴하고 필요한 전환점들이 무엇인지 보여준다. 우리 중 대부분은 한 목소리로 이렇게 말한다.

"그리스도인의 신앙은 천국 가는 것이 전부가 아니다. 교회에 대한 것만도 아니다. 개개인의 영적 삶이나 '하나님과의 개인적인 관계'에 관한 것만도 아니다. 그리스도를 믿는 믿음이란 이러한 모든 것에 관한 것이긴 하지만, 이러한 것들이 전부가 아닐 수 있다. 심지어는 이러한 것이 핵심이 아닐 수도 있다. 우주 만물을 향한 하나님의 구원하시는 사랑, 만물에 대한 하나님의 신실하심, 인간의 불의로 말미암아 찢긴 세상을 치유함으로써 하나님 본래의 꿈을 이루려는 하나님의 끊임없는 사역, 그것이 핵심이다. 기독교 신앙은 이 땅에 도래할 하나님 나라에 관한 것이며, 하늘에서처럼 이 땅에서도 이루어질 하나님의 뜻에 관한 것이다."10)

여느 좋은 대화들처럼, 이 책은 이러한 대화를 펼쳐놓은 것인데 여러 가지 주제를 하나하나 다루다가 다시 이전의 주제들로 되돌아가는 방식을 취함으로써 새로운 영역을 향해 나아가고 있다. 활동중심의 교회, 복음에 대한 이해, 그리고 정의를 추구하는 것… 등은 지금도 여전히 우리에게 꼭 필요한 것들이다. 왜냐하면, 이러한 것들을 통해 하나님의 사역에 참가하도록 만들기 때문이며, 이러한 것들을 서로 떼어 놓을 수 없기 때문이다.

다음 장에서부터 펼쳐질 여러 단편적인 이야기는 우리가 나눈 대화를 통해 드러난 여러 가지 목소리로, 어떤 것들은 잘 알려진 것이지만, 어떤 것들은 전혀 알려지지 않았던 것들이다. 그리고 어떤 것은 복음주의 성향을 띠며, 어떤 것들은 주류의 목소리를 대변하기도 한다. 또 어떤 것들은 가톨릭, 어떤 것들은 유대교, 그리고 어떤 것은 모든 성향을 모두 드러내거나 그 어느 것도 아닌 이야기들도 있다. 대부분의 이야기는 미국을 배경으로 하지만, 세계 여러 지역에서 들려오는 중요한 이야기들도 적지 않다.11) 독자들에게 이들의 목소리를 있는 그대로 들려주려고 우리가 얼마나 많은 수고를 하였는지 느낄 수 있으면 좋겠다. 이 이야기들을 영어로 번역하고, 스펠링과 문법을 수정하긴 했지만, 비빔밥처럼 다채롭고 독특한 맛이 살아있도록 적잖이 애쓴 것 또한 사실이다. '상대방'의 '다름'은 정의에 관한 메시지의 일부이며, 우리는 모두 그것에 귀를 기울여야 한다. 여러분은 이 다양한 목소리의 서로 다른 배경과 경험과 신념들을 고려하여, 그 이야기에서 들려오는 목소리들 사이의 다른 강조점, 그리고 어느 시점에는 의견의 차이점을 분별하게 될 것이다. 각 저자가 다른 저자들이 말하는 각각의 세부사항에 모두 동의하고 있다고 추측하지 않았으면 좋겠다. 다시금, 정의를 추구하는 과정에서 우리가 가져야 할 태도는 서로 존중하는 마음으로 존재하는 차이를 인정하고, 동질성을 요구하지 않으면서도 조화를 이루는 가운데 즐겁게 노래하는 법을 배우기를 바란다. 분명한 것은 이 책에 글을 기고한 모든 사람은 서로에게 부여된 차이를 넘어, 먼저 하나님나라와 하나님의 정의를 추구하고자 하는 깊은 열망을 공유하고 있다는 사실이다. 그리고 굳이 그것을 다른 말로 표현하면, 하늘에서와 같이 이 땅에서도 이루어질 하나님의 뜻임을 우리는 믿는다.

  물론 다름과 차이에 대해 이처럼 주의를 기울였음에도, 이 책이 미국에서 출판된 것이라는 사실과, 내용이 미국이라는 독특하고도 복잡한 문제를 갖고 있음을 지적하고 싶다. 미국인은 우리가 세계 인구의 약 5퍼센트에 불과하다는 사실을 인식할 필요가 있다. 그리고 일반적으로 우리가 세계에서 가장 자기중심적이고, 소비적이고, 오만하고, 분별없는 소수집단으로 받아들여진다는 사실을 분명히 인식할 필요가 있다. 평균적으로, 우리는 지구상의 가난한 나라들이 사용하는 자원의 32배를 소비하며, 쓰레기도 32배나 더 많이 배출한다. 군사적?경제적 우월함으로 말미암아, 우리는 어떤 다른 나라보다도 더 큰 불의를 일으킬 힘을 지니고 있는데, 실제 그러한 힘에 상응하는 책임을 져야 한다. 게다가, 미국에서는 다양한 모습의 기독교가 종교로서 지배적인 위치에 있기 때문에, 교회가 가는 대로 국가도 따라간다. 다른 말로 하면, 교회들이 정의에 근거해서 설교하고, 기도하고, 공부하고, 일하고, 노래하고, 찬양한다면, 우리 국민도 정의를 위해 일하고, 조직하고, 투표할 것이며, 더욱 공정한 길을 향해 나라를 움직여갈 가능성을 얻으리라는 뜻이다. 한편, 그 반대도 사실이다.

그러므로 우리 미국인은 거만한 콧대가 꺾여야 함과 동시에, 또 우리가 얼마나 중요한 존재인지 새롭게 인식할 필요가 있다. 실제로 아주 많은 것이 우리에게 주어졌고, 주께서 말씀하신 것처럼 아주 많은 것을 우리에게 기대하고 있다.

이러한 이유 때문에, 우리가 많은 나라에서 들려오는 이야기들을 포함시키고자 노력하였다. 그러나 여전히 이 책의 초점은 미국을 향해 외치는 내용이라는 것 또한 사실이다. 감사하게도 정의를 중심으로 하는 민초의 대화 및 교우관계가 전 세계에서 생겨나고 있다. 앞으로는 이러한 것들은 서로 연결될 것이며, 그래서 형태가 어떻든지 예수 그리스도의 교회가 정의를 실천하는 일에서, 더욱 통합된 모습으로 영향을 끼칠 것임을 확신한다. 우리가 마음에 그리는 것처럼, 그 힘은 검이나 총, 전차나 탱크, 방패나 폭탄, 창이나 대포, 모욕이나 선전과 같이 '세속적' 혹은 '육욕적'인 무기를 가지고 영향력을 행사하는 것이 아니다. 오히려, 곧 도래할 이러한 세력은 유해하지 않으며 무장해제 된 믿음, 희망, 사랑 특히 이들 중 최고로서의 사랑을 통해 스며들고 확장된다.

이 책은 그 흥미로운 과정에 조금이라도 이바지하고 싶은 마음으로 쓴 것이다. 이 책이, 그리고 이 책에 기고한 모든 작가가 예수 그리스도의 복음에 비추어 정의에 관해 필요한 대화를 불러일으킬 수 있기를 기대한다. 그래서 하나님과 함께 겸손하게 걸어가는 사람으로서, 이 땅과 더불어 다정하게 걸어가는 사람으로서, 그리고 그것을 모든 이들과 함께 나누도록, 우리도 공의를 힘센 물살처럼 흐르게 하고, 정의를 마르지 않는 강처럼 흐르게 할 때까지 끊임없이 정의를 추구하고 실천하기를 바란다.12)

정의란 무엇인가?

브라이언 맥클라렌

이 책의 제목이 의미하는 바가 무엇인지 정의하기란 매우 어렵다. 만약 당신이 사전을 참고한다면, 정의에 대해 간접적으로 표현하는 다양한 추상적 의미들을 발견하게 될 것이다. 왜냐하면 정의는 평등, 곧 공평한 것을 뜻하기 때문이다.

그러나 이러한 의미를 간파함과 동시에 당신은 포스트모던 철학자이자 "해체주의의 아버지"인 자끄 데리다Jacques Derrida가 규정하는 정의라는 단어가 얼마나 중요하면서도 불투명한 단어인지 금세 알아차릴 것이다. 그에게 정의란 해체할 수 없는 실체로써, 모든 해체를 관장하는 개념이다. 그러나 정의에 대한 이러한 규정들은 언어를 사용하여 그 뜻을 규정하려는 애매한 시도들이며, 결코 길들일 수 없고 길들여지지 않는 정의의 실체를 보호하도록 궁극적으로 해체해야 할 것들이다.

윌과 리사 샘슨은 정의를 "모든 관계에서 올바로 행동하는 것"[1]으로 규정했는데, 내겐 그 어떤 것보다 가장 마음에 드는 설명이다. 게리 허겐 Gary Haugen 또한 정의를 설명함에 '올바른right' 이란 단어를 사용하였는데, 권력에서 이 올바름은 아주 중요한 요소이다. 정의는 힘을 올바로 사용하는 것이다. 반대로 불의는 힘을 남용하는 것이다. 이 두 가지 규정은 우리가 그 올바름을 어떻게 이해하고 정의하는가에 따라 달라진다.

어쨌든 그리스도인으로서 우리는 하나님에 대해 언급한다. 그리고 그 하나님에 대해 말할 때, 올바르고right, 공평하고fair, 정의로운just 분으로 묘사한다. 게리 허겐에 따르면 "그러므로 사람들 사이에 있는 권력과 권위가 하나님이 원하시는 최상의 윤리 기준에 순응하여 실행될 때에 정의가 이 땅위에서 실현된다."2)고 한다. 이 점에서 우리는 하나님께 의지함으로써 좀 더 주의하고 겸손해질 필요가 있다. 왜냐하면 성경이 말하길 하나님의 방법은 사람들의 방법보다 높으며, 하나님의 생각은 사람의 생각보다 높기 때문이다. 우리는 복음서의 바리새인들처럼 아예 처음부터 하나님에 대해 잘못 알 수 있고, 아예 처음부터 하나님의 관점을 잘못 사용할 수 있다는 가능성을 과소평가해서는 안 된다. 이 점을 우리는 분명히 인정해야 한다. 우리 인간들은 너무나 쉽게 요점을 비켜가기로 유명한 존재들이다. 하루살이는 걸러내고 낙타는 삼킬 정도이며, 잔과 대접의 겉은 깨끗하지만, 속은 살모넬라균으로 가득한 모습을 보일 수 있을 정도이다.

예수님께서 바리새인을 언급하시면서 지적하고자 하신 것은 정의라는 것이 단순히 그 낱말을 잘 정의하고, 동의어를 잘 아는 것을 통해 파악되는 것이 아니라, 여러 가지 이야기와 사람들의 전기를 통해서 더 잘 파악할 수 있다는 사실이다. 예를 들어 예수님이 간음하다 현장에서 잡힌 여인을 돌로 내리치려 하는 종교 지도자들 앞에서 허리를 구푸리시고 손가락으로 땅위에 무엇인가 쓰신 적이 있다. 이 이야기를 통해, 우리는 그가 옳고 다른 사람이 잘못되었다는 사실을 쉽게 알 수 있다. 예수님이 십자가에 달리셨을 때, 로마 사람들의 눈에 죄를 지은 사람에게 처벌을 주는 방법만이 불의를 다루는 방법이었다 우리는 예수님이 십자가 사건을 통해 오히려 그들의 불의를 적나라하게 드러내셨다는 사실을 잘 알고 있다. 더 최근의 역사적 사건을 들자면 마틴 루터 킹이나 데스몬드 투투나 넬슨 만델라를 들 수 있다. 이들이 노예 해방을 위해 일했던 것은 바로 정의에 기인한 운동이었다. 우리는 가난한 사람들을 위해, 압박을 받는 사람들을 위해, 그리고 소외되고 기억에서 사라진 사람들을 위해 누가 일하고 있는지 잘 알지 못한다.

그러므로 지금부터 읽게 될 이야기들을 통하여, 우리는 다른 사람들과의 관계에서 힘의 올바른 사용이라는 의미로 정의를 생각해보고자 한다. 그리고 바로 그러한 관점에서 성경의 이야기를 이해하고, 역사에 어떠한 반향을 불러일으켰는지 그 뿌리와 근거를 살펴보려 한다. 그리고 무엇보다 끊임없이 반복해서 우리의 리더이자, 해방자이시자, 주님이신 예수님께 모든 초점을 맞추고자 한다.

정의를 행하라는 하나님의 부르심

C. 르네 빠딜라

정의의 실천은 인생을 위한 하나님의 목적이자 핵심이다. 정의는 유일하신 참된 하나님이자 살아계신 하나님을 예배하는 행위이므로, 삶에서 구체적인 정의를 시행하지 않고 드리는 예배란 아예 존재하지 않는다. 구약 윤리의 총체라 할 미가서 6장 8절은 바로 이 점을 가장 잘 드러내는 성경말씀이다.

"너 사람아, 무엇이 착한 일인지를 주님께서 이미 말씀하셨다. 주님께서 너에게 요구하시는 것이 무엇인지도 이미 말씀하셨다. 오로지 공의를 실천하며 인자를 사랑하며 겸손히 네 하나님과 함께 행하는 것이 아니냐!"새번역

르네 빠딜라는 에콰도르 쿠이토Quito에서 태어나, 콜롬비아 보고타에서 자랐다. 위튼 대학에서 철학사를 받았고, 위튼대학원에서 신학석사를, 영국 맨체스터 대학에서 신약학 박사를 취득하였다. 1992년 위튼 대학에서 신학박사 학위를 받았다. 그는 라틴 아메리카 신학연맹Latin America Theological Fellowsh, 부에노스 아이레스에 있는 카이로스 재단 설립 멤버이다. 미가 네트워크Micah Network의 회장이며 에디시오네스 카이로스Ediciones Kairos의 대표로 섬기고 있다. 캐서린 페서Catharine Feser와 결혼하여 네 명의 딸과 한명의 아들, 그리고 20명의 손자·손녀를 두고 있다. 저서로는 『복음에 대한 새로운 이해』(대장간역간) 등이 있다.

정의를 위한 기준

성경 저자들에게 정의는 언제나 잊어서는 안 되는 관심사였다. 정의는 어쩌다 등장하는 부차적인 개념이 아니라, 히브리어미스팟(mishpat), 짜디카(sadiqah)와 그리스어디카이오수네(dikaiosune)를 통해 알 수 있듯이 성경에 천 번 이상 언급될 정도로 아주 중요한 단어이다. 성경의 모든 저자는 하나님을 정의의 하나님으로 묘사하면서, 정의를 고유한 하나님의 존재와 행위로 보았다. 정의의 개념을 명확하게 이해하려면, 보통 사람들이 갖고 있는 정의에 대한 오해를 먼저 해결하는 일이 필요하다. 대개 사람들은 정의를 추상적인 윤리 원칙으로 이해한다. 아브라함 헤셀Abraham J. Heschel은 성경저자들의 마음속에 깊게 뿌리 박혀있는 몇 안 되는 사상으로 정의와 의로움을 하나님의 본 성품으로 표현하였다. "이것은 추정이 아니라, 성경적 믿음 그 이전에 존재하는 선험적인 존재이며, 하나님의 본질에 부가되는 성품이 아니라, 하나님이라는 형상에 속한 것이다. 그러기에 정의는 하나님의 본질이며, 하나님의 존재와 동일시되는 것이다."3)

하나님은 정의의 하나님이시기에, 권력이 오용되고 권세자들이 약자를 이용하는 상황 아래서도, 하나님은 약자의 편에 서신다. 구체적으로 말하자면 하나님은 바로 그 눌린 사람들 위하여 존재하시고, 박해자를 대적하신다는 것을 의미한다. 즉 착취당하는 자를 위하여 존재하시고, 착취하는 자를 대적하신다는 의미이다. 하나님은 정의를 사랑하시기 때문에, "주님은 억울한 자들이 피할 요새가 되시며, 가난한 사람이 끝까지 잊혀지는 일은 없으며, 억눌린 자의 꿈도 결코 헛되지 않을 것이다."시9:9,18 "주님은 공의를 세우시며 억눌린 모든 사람의 권리를 변호하신다." 시103:6 그러나 한편 하나님은 공의를 사랑하시기 때문에 "악인과 폭력배를 진심으로 미워하시며, 불과 유황을 악인들 위에 비오듯이 쏟으시며,

태우는 바람을 그들 잔의 몫으로 안겨 주신다."시11:5~6 간단히 말해, 하나님의 정의는 악을 올바로 잡고, 사람을 치유하는, 회복적인 정의다.

하나님의 정의는 사람들의 수준에서 실천할 수 있는 정의의 기본이 된다. 하나님은 회복적 정의를 실천하도록 우리를 부르시고, 권력 관계의 모든 형태 안에서 불공평한 일을 바로잡기 원하신다. 이것이 바로 라틴아메리카의 로마 가톨릭이 만들어낸 "하나님이 가난한 사람을 편애하신다."는 말의 의미이다.

많은 사람은 하나님에 대해 이러한 식으로 말하는 것에 동의하지 않는다. 반대하는 사람들이 주장하는 바는 하나님은 그 어떤 사람들에게 편중됨이 없으신 공평하신 분이라는 것이다. 나는 이러한 반대의견에 대해 다음과 같이 대응하곤 한다. 우선 하나님은 정의를 사랑하시기 때문에, 하나님은 부자들에 의해서뿐만 아니라, 가난한 사람들에 의해서도 정의가 이루어지기 바라신다. 그리고 가난한 사람들에게 뿐 아니라, 부자들에게도 정의가 이루어지기 바라신다. 하나님은 가난한 자에게나 부자에게나 어떤 형태의 불의가 있으면 기뻐하지 않으신다. 불의에 대해서는 가난한 자든 부자든 호불호가 없다. 이런 점에 대하여 레위기 19장 15절이 들려주는 분명한 메시지를 들어볼 필요가 있다. "재판할 때에는 공정하지 못한 재판을 해서는 안 된다. 가난한 사람이라고 하여 두둔하거나, 세력이 있는 사람이라고 하여 편들어서는 안 된다. 이웃을 재판할 때에는 오로지 공정하게 하여라." 하나님의 보복하시는 정의는 편견이 없다. 그러므로 이러한 하나님의 공평성은 한 쪽에 치우치는 어떤 모습도 배제한다. 어떤 사람도 법 위에 설 수 없고, 사회, 경제적 지위가 높다고 처벌에서 제외되지 않는다.참조. 신1:16~17 따라서 재판관들은 뇌물을 받아서도 안 된다. 왜냐하면 "뇌물은 지혜 있는 사람의 눈을 어둡게 하고, 죄 없는 사람을 죄인으로 만들기 때문이다."신16:19; 미7:3~4

두 번째로 하나님께서 편견이 없으시기 때문에, 죄에 의해 창조되는 그 어떤 권력이라도 편향되거나 균형 잃은 모습을 바로잡기 원하신다. 불의의 상황에 자주 드러나는 이러한 치우침의 모습은 하나님에 의한 것이 아니라 우리에 의한 것이다. 이는 신명기 10장 17~19절이 분명히 보여주며, 성경 여러 곳에서 인용된다.

이 세상에는 신도 많고, 주도 많으나, 당신들의 주 하나님만이 참 하나님이시고, 참 주님이십니다. 그분만이 크신 권능의 하나님이시요, 두려우신 하나님이시며, 사람을 차별하여 판단하시거나, 뇌물을 받으시는 분이 아니시며, **고아와 과부를 공정하게 재판하시며, 나그네를 사랑하셔서 그에게 먹을 것과 입을 것을 주시는 분이십니다.** 당신들이 나그네를 사랑해야 하는 것은, 당신들도 한때 이집트에서 나그네로 살았기 때문입니다. 고딕은 저자가 강조한 것임

편견 없는 하나님과 고아, 과부, 이방인, 가난한 사람 및 핍박받는 사람들을 향한 하나님의 행동 사이에 어떤 관계가 성립하는지를 떠나, 이 성경말씀을 통해 하나님께서 이스라엘 백성에게 기대하시는 것은 가난한 사람들을 압제하지 말고 공의로 대하라는 것이다. 음식과 옷을 공급하는 것은 하나님께서 베푸는 것으로써 하나님은 이스라엘 백성에게 가난한 사람들의 기본적 필요를 채워주도록 규정하셨다. 가난한 사람들에 대한 하나님의 공의는 하나님의 언약의 백성을 통해 실행되어야 했다.

하나님의 공의는 사회에 존재하는 권력의 남용, 불공평한 경제 분배, 인권의 침해 등 모든 형태에 적용된다. 하나님의 공의는 법정에서 인과응보식의 정의로 제한되지 않는다. 하나님의 정의는 모든 인간관계를 끌어안으며, 모든 불의의 모습이 폐지되기를 원한다. 그러기에 하나님의

공의는 잘못된 것을 바로잡고, 악습을 고치고, 회복하는 모습을 띠는데, 이러한 의미에서 불공평한 것처럼 보일 수 있다.

하나님께서 가난한 사람들을 편애하신다는 말은 예수 그리스도의 모습과 사역에도 잘 드러나 있다. 가난한 자에게 복음을 전하게 하시려고 성령님이 예수께 기름 부으시고, 그를 보내사 포로 된 자에게 자유를, 눈 먼 자에게 다시 보게 함을 전파하며 눌린 자를 자유롭게 하고 주의 은혜의 해를 전파하게 하셨다.눅4:18~19 사회·정치적으로 예수의 사역을 축소시키려는 움직임에 대해 경고해야할 적절한 이유들이 있지만, 하나님나라의 정의와 평화를 세우려는 하나님의 목적이 성취되지 않는 그리스도의 사명을 제대로 보지 않고는 신약성경의 가르침에 대해 제대로 이해할 수 없을 것이다. 결국 하나님나라는 이 땅의 역사 속에 실현되고 있고, 새로운 시대가 시작되었고, 가난한 사람들에게 복음을 선포하기 위한 기초가 든든히 놓이게 되었다.

전 세계 정의실천을 위한 하나님의 부르심

지구 전체에 가장 시급한 일 중 하나는 개인적 차원, 지역과 국가적 차원뿐만 아니라, 전 세계적 수준의 정의 실현이다. 2002년 노벨평화 수상자였던 지미 카터Jimmy Carter 대통령이 적절히 표현한 것처럼, "21세기를 들어서면서 우리가 마주한 가장 큰 도전은 부자와 가난한 사람간의 격차가 점점 더 커진다는 것이다. 전 세계 인구 중 반이 넘는 사람들이 하루에 2달러가 채 안 되는 비용으로 끼니를 때우고 있으며, 12억 명이나 되는 사람들이 1달러가 안 되는 비용으로 연명하고 있다."4)

가난의 원인에 대한 총체적인 토론에 대한 시도는 이 서론에 담지 못했다. 가난은 매우 복잡한 문제이며, 그 이유를 너무 단순하게 설명하지 않도록 조심해야 한다. 그러나 한 가지 부인할 수 없는 사실로써 부자와 가난한 사람들의 격차가 점점 더 벌어지는 가장 큰 원인과 환경이 점점 더 나빠지는 원인은 마이클 노스코트Michael S. Northcott가 폭군과 같다고 표현한 지구 경제 체제에 기인한다. 그에 따르면 "세계적인 권력이 지역의 자원과 자유를 서서히 잠식해나가는 체제가 근본적인 문제라고 지적하였다. 전 세계의 부유한 소비자 및 여러 부유한 법인체를 유지하고자 지구 반대편 사람들과 시스템 즉 인간 공동체와 생태계의 안녕이 희생되고 있다."5)

신자유주의 경제 및 신자본주의가 주창했던 세계화의 부정적인 결과에도 불구하고, 이를 옹호하는 사람들은 인류에 존재하는 가난을 퇴치하고 정의를 실현하기 위한 유일한 희망이 전 세계의 자유 시장경제 체제에 있다고 주장한다. 소비주의를 기본으로 하는 근본주의적 자유시장경제 체제는 경제 성장만을 강조하기 때문에 엄청난 재앙을 몰고 오는 결과를 뻔히 알고도 모른 체 하며, 생태적·인간적 파멸로 이끄는 여러 가지 행동을 따라가도록 만든다.

지구 경제 체제를 통제하는 다국적 신자유경제를 주창하는 사람들의 시각에 따르면, 이러한 상황은 경제 성장을 위해 투자를 권장하는 정치제도와, 사유재산에 대한 권리 보호와, 생산 장려, 그리고 자유 시장기능 보장 등에 의해 이미 드러나 있다. 이러한 체제를 따르는 국가 정부들은 사회 내에서 경제 관계의 영역이 무너져 있는 시장에 의존하게 되어있다. 시장의 "보이지 않는 손"에 의해 모든 관계가 조절되는 것은 당연하다. 그러나 일반적으로 일어나는 현상은 자유시장 경제에 의해 부자와 가난한 사람 간의 격차만 더 벌어질 뿐이다. 슈마허E. F. Schumacher의 말에 따르면 "하나가 잘되면 다 잘 되며, 하나가 정체하면 다 정체된다. 성공한 지방은 실패를 뒤로 하게 될 것이며, 강자들이 활동하게 하면 약자에게는 기회가 주어지지 않는다. 그들이 약자로 남든지, 아니면 강자가 되든지 선택해야만 한다. 약자들은 효과적으로 자신들을 도울 수 없다."6) 실제로, 신자유주의 경제의 논제에는 공동의 선이 포함되어 있지 않다. 또한 인간관계라든가 생태계와 관련된 윤리적 행동원리와 같은 내용은 아예 들어설 자리가 없다.

현재 세계경제 체계가 장려하는 자유방임주의 관점과 대조적으로, 성경은 사회·정치와 경제적 정의는 사회에서 깊이 존중받을 수 있도록 국가가 책임져야 하는 사안이라고 말한다. 구약 성경 전반에 걸쳐 권력을 가진 사람들의 가장 주요한 책임이 바로 하나님의 정의를 사람들에게 제대로 전달하는 일이었다. 즉 부자와 강자들에게서 가난한 사람들과 약자들을 보호하고, 그 어느 누구도 압제의 희생양이 되지 않게 하며, 모든 사람이 생명을 이어나가도록 땅의 산물을 먹을 수 있게 도와야 했다. 예레미야 선지자가 자신의 중심 메시지로서 공의를 시행하라고 외쳤던 것처럼, 바벨론의 느부갓네살 왕의 침공에 의해 초래된 국가적 위기의 한 가운데에서도 정의는 아주 중요한 것으로 여겨졌다. 예레미야는 시드기야 왕에게 이렇게 말하였다.

"아침마다 공의로운 판결을 내려라. 너희는 고통받는 사람들을 구하여 주어라. 억압하는 자들의 손에서 그들을 건져 주어라. 그렇지 않으면, 그들의 악행 때문에 나의 분노가 불처럼 일어나서 불탈 것이니, 아무도 끌 수 없을 것이다." 렘21:12

그는 살룸왕에게 간곡히 요청하였다.

"불의로 궁전을 짓고, 불법으로 누각을 쌓으며, 동족을 고용하고도, 품삯을 주지 않는 너에게 화가 미칠 것이다. '내가 살 집을 넓게 지어야지. 누각도 크게 만들어야지' 하면서, 집에 창문을 만들어 달고, 백향목 판자로 그 집을 단장하고, 붉은 색을 칠한다. 네가 남보다 백향목을 더 많이 써서, 집짓기를 경쟁한다고 해서, 네가 더 좋은 왕이 될 수 있겠느냐? 네 아버지가 먹고 마시지 않았느냐? 법과 정의를 실천하지 않았느냐? 그 때에 그가 형통하였다. 그는 가난한 사람과 억압받는 사람의 사정을 헤아려서 처리해 주면서, 잘 살지 않았느냐? 바로 이것이 나를 아는 것이 아니겠느냐? 나 주의 말이다. 그런데 너의 눈과 마음은 불의한 이익을 탐하는 것과 무죄한 사람의 피를 흘리게 하는 것과 백성을 억압하고 착취하는 것에만 쏠려 있다." 렘22:13~17

여러 가지 성경구절이 있지만, 예레미야가 들려주는 이러한 말씀들만으로도 다음과 같이 결론을 내리기에 충분할 것이다.

첫째, 하나님은 권력을 가진 자들이 개인의 삶에서 뿐만 아니라 정치적 영역에서도 정의를 실천하도록 요구하신다. 그 누구에게도 자신의 이익을 위해 권력을 사용하는 것은 하나님의 뜻이 아니다.

둘째, 정의 구현은 예레미야의 말씀과 구약의 여러 성경구절이 보여주듯이, 이방인, 고아, 과부 즉 힘없는 사람들과 가난한 사람들을 돌아보시고자 하는 하나님의 특별한 관심과 밀접한 연관이 있다.

셋째, 하나님을 아는 지식은 정의 구현과 매우 밀접한 연관이 있는 질문 즉 '정의를 실현하는 것이 하나님을 알아가는 것과 동의어가 될 수 있는가?' 하는 질문에 정직하게 답할 수 있어야 한다.

시장의 "보이지 않는 손"이 가져다주는 이익을 당연히 여기는 그리스도인, 즉 세계 자본주의 체제를 옹호하는 그리스도인들은 정의를 실현하게 하고자 권력을 주신 하나님의 부르심을 더욱 더 진지하게 생각해야 할 것이다. 성경의 가르침에 신실한 가운데, 그들에게 주어진 선교는 이미 제도로 굳어져 있는 모든 불의에 도전하는 예언자적 위치에 서는 것이며, 그리스도께서 산상수훈에서 말씀하신 "의에 주리고 목마른 사람은 복이 있다. 그들이 배부를 것이다."라는 말씀을 구체적으로 실천하는 삶을 사는 것이다.

정의 프로젝트 **1**
정의의 하나님

1장
하나님의 정의
성경적 관점

사라 디란 브루어

파도타기를 배우던 중이었다. 최소한 파도타기라도 한번 해보려고 애를 써봤지만, 대부분은 밀려드는 파도를 제대로 타지 못해서 "별로 재미가 없거나" 파도가 나를 삼켜버렸다. 한참 헤매고 있을 때, 노련한 서퍼가 나를 자기 옆으로 끌어당기면서 "파도를 놓치는 것은 네가 앞으로 나가려고 팔을 휘젓기 때문이야."라고 조언을 건네주었다. 그는 파도란 아주 미끄러운 언덕과 같다고 설명해 주었다. 그러면서 서핑보드에 엎드려 미친 듯 손을 젓지 말고, 부력을 이용해 파도를 타면서 앞으로 나아가라고 알려주었다. 파도타기는 언덕 아래로 미끄러지듯이 파도에 자신을 얹어 놓는 데 묘미가 있다. 달리 표현해서, 파도타기는 전략적으로 어떻게 아래로 떨어지는가 하는 예술이다. 만약 파도가 만들어지는 곳에서 시작하여, 파도가 올라가는 곳에 자신을 위치시키고, 편히 몸의 무게를 파도에 실을 수 있다면 파도타기를 한껏 즐길 수 있다.

사라 디란 브루어(Sarah Dylan Breuer)는 성경, 믿음, 공의에 대한 열정적인 실교가요 묵상 리더이자 작가이다. 스코틀랜드의 St. Andrew 대학에서 철학 석사를 받았으며 UCLA의 박사과정에서 초대 교회 역사를 연구하고 있다. 요리, 기타 연주 및 호신술 훈련이 취미이다.

정의와 화해도 파도타기와 같다. 만약 정의와 화해가 미친 듯이 팔을 휘저으며 해결해야할 우리의 문제이며 마땅히 되어야 할 세상의 모습을 제각각 결정해야하는 것이라면, 우리는 정의와 화해가 어디에 있는지 보지 못할 것이며 우리가 노력하는 만큼 쉽게 지치고 실망하게 될 것이다. 그러나 정의와 화해가 이 세상에서 하나님께서 일하시는 방식이라면 어떨까? 아브라함 헤셸Abraham Heschel이 아모스서 5장 24절을 언급하면서 밝히듯이, "정의를 힘센 물살처럼 흐르게 하여, 하나님의 전능하신 파도를 막지 않도록 해야 할 것이다."1) 다시 말해서 신·구약 성경을 통해 우리가 예배하는 하나님은 이 세상에서 화해와 정의라는 선교 방식을 통해 일하신다. 이 하나님의 선교방식은 선택사항이나, 부수적인 것이 아니다. 정의는 예수의 제자들이 즐겁게 대해야 하는 파도타기와 같다. 정의의 파도를 타려면 여러분은 하나님의 정의에 자신을 맞추어야 한다. 그리고 파도타기를 한껏 즐기려면 정의의 파고를 넘어서야 한다. 멀리서부터 넘실거리며 다가오는 파도를 바라보되, 제자로서의 삶을 살지 않는다면 하나님께서 하시는 것을 따르지 못할 것이다.

이것이 바로 성경을 연구하는 학생으로서 내가 믿는 것이다. 나는 하나님께서 정의의 파도를 인류 앞에 보내셨다고 믿고 있다.

> 하나님이 말씀하시기를 "우리가 우리의 형상을 따라서, 우리의 모양대로 사람을 만들자. 그리고 그가, 바다의 고기와 공중의 새와 땅 위에 사는 온갖 들짐승과 땅 위를 기어다니는 모든 길짐승을 다스리게 하자"하시고, 하나님이 당신의 형상대로 사람을 창조하셨으니, 곧 하나님의 형상대로 사람을 창조하셨다. 하나님이 그들을 남자와 여자로 창조하셨다. 하나님이 그들에게 복을 베푸셨다. 하나님이 그들에게 "생육하고 번성하여 땅에 충만하여라." 말씀하셨다. 창1:26~31, 2)

하나님께서는 땅으로 하여금 열매 맺게 하셨고, 아담 즉 인류에게 열매를 맺도록 하고자 청지기직과 여러 가지 혜택을 부여하셨다. 아담이 받은 은사와 감당해야 할 복수성은 하나님의 창조가 "그들, 남자와 여자"라는 언급을 통해 아주 분명하게 드러나 있다. 인간에 대한 하나님의 첫 번째 명령은 생육하고 번성하라는 것이다.

그러나 도대체 어떻게 깨끗한 물 없이, 좋은 음식 없이, 건강과 안전이 보장되지 않은 가운데, 성인으로 제대로 자랄 기회조차 없이 생육하고 번성한단 말인가? 하나님은 당신의 자녀들이 기회를 갖고 살 수 있고도 남을 충분한 자원을 이 땅 위에 마련해 주시고 충분히 생육하고 번성하라 하셨다. 그것은 모든 인류가 청지기적 임무를 수행하도록 하나님께서 주신 선물이다. 그러기에 예수님께서 "아버지께서는, 악한 사람에게나 선한 사람에게나 똑같이 해를 떠오르게 하시고, 의로운 사람에게나 불의한 사람에게나 똑같이 비를 내려주신다"고 하신 것이다.마5:45 이러한 풍성함은 하나님께서 창조하실 때 모든 사람을 향해 품으셨던 뜻이다. 매일 1달러도 채 안 되는 음식으로 살아가는 혹은 죽어가는 12억 명의 사람들을 놓아두고 하나님께서 주신 자원을 부자들에게 나누어 주도록 시스템을 만들어 놓은 것이 죄가 아니고 무엇이겠는가? 그리고 우리의 행동과 무관심 덕분에 가난한 사람들을 있는 그대로 방치하고, 부자들을 더 부자가 되도록 만드는 이러한 시스템이 영원히 지속될 때, 이러한 상황을 죄가 아닌 무엇으로 설명할 수 있을까?

이런 면에서 우리는 죄 많은 세상에 살고 있다. 어떤 사람들은 하나님께서 생육하고 번성하라고 하셨던 것은 에덴동산에서나 있었던 꿈같은 일이라고 말한다. 그러나 에덴동산에나 머물러 있는 이러한 하나님의 속성은 성경에서 확인되는 하나님의 모습이 아니다. 우리가 예배하는 하나

님은 "이렇게 재판을 하시어, 이 땅에서 억눌린 사람들을 구원"해 주시는 하나님이다.시76:9

대홍수 이야기를 살펴보자. 창세기에 기록되어 있는 내용은 그리스의 듀칼리온Deucalion 설화나 메소포타미아의 길가메시 서사시 등 인류의 시작에 대해 기록한 고대 문학들과 여러 가지 비슷한 내용을 공유하고 있다. 그러나 길가메시에 나오는 신들의 속성과 신들의 관심을 창세기와 비교해 볼 때, 길가메시의 신들이 인간들을 몰살시킨 이유는 신들이 잠을 자지 못할 정도로 인구가 많아졌기 때문이라고 기록한다. 그러나 창세기의 하나님은 특별히 다른 사람을 향한 인간들의 행동에 관심을 갖고 계신다. 창세기 6장 5절에 기록된 "사악함" 혹은 "악함"은 11절 "세상이 폭력으로 가득 찼다"는 말로써 매우 구체적으로 표현되어 있다. 홍수가 끝난 후에, 하나님의 축복이 다시 사람에게 주어졌다. "생명이 있는 피를 흘리게 하는 자는, 내가 반드시 보복하겠다. 그것이 짐승이면, 어떤 짐승이든지, 그것에게도 보복하겠다. 사람이 같은 사람의 피를 흘리게 하면, 그에게도 보복하겠다. 사람은 하나님의 형상대로 지음을 받았으니, 누구든지 사람을 죽인 자는 죽임을 당할 것이다."창9:5~7 우리가 살아가는 동안 땅에서 피를 흘리는 것을 보시며, 하나님께서 무슨 생각을 하실까?

하나님께서 당신의 백성을 빚으시는 많은 위대한 이야기를 통해 하나님께서 보여주시고자 하시는 것은 무엇일까 생각해 보자. 이집트에서 이스라엘 백성을 탈출시킨 이야기, 광야의 삶을 기록한 모세 오경이 보여주는 하나님의 모습을 생각해보라. 우리 하나님은 하나님의 백성을 노예의 상황에서 자유롭게 해주시는 하나님이시다. 십계명을 공공장소에 세우니 마니 하는 이런 저런 소란과 말다툼 속에서 "나는 너희를 이집트 땅 종살이하던 집에서 이끌어 낸 주 너희의 하나님이다"출20:2라는 하나님의 말씀을 기억하는 사람은 그리 많지 않다.

하나님은 눌린 자들, 정말로 힘 있는 사람들에게 아무 것도 아닌 존재들을 선택하시고 기억하신다. 그리고 명령하신다. "외국 사람과 고아의 소송을 맡아 억울하게 재판해서는 안 된다. 과부의 옷을 저당 잡아서는 안 된다." 이러한 말씀에 이어서 "당신들은 이집트에서 종살이하던 것과 주 당신들의 하나님이 당신들을 거기에서 속량하여 주신 것을 기억하십시오. 내가 당신들에게 이런 명령을 하는 까닭도 바로 여기에 있습니다."라고 밝히고 있다.신24:17~18 이것은 모세오경에 거듭 반복되는 아주 중요한 중심주제이다. 하나님은 가난한 사람들, 눌린 사람들, 과부와 고아들에게 특별한 관심을 갖고 계신다. 하나님의 정의는 이러한 것에 강조점을 두는 가운데 설명되고 있다. 그리고 바울고후8:12과 출애굽기16:18가 강조하는 것처럼 하나님의 백성은 이러한 사람들 주변에서 살도록 부름을 받았다. 그 어느 누구도 너무 많이 가져서도 혹은 너무 적게 가져서도 안 된다.

일전에 나는 알렉산더 쉰들러Alexander Schindler라는 랍비의 강의를 들을 기회가 있었다. 그는 이집트 사람들을 가리키는 히브리어 미쯔라임Mitzrayim이 "좁은 장소들"이라는 의미를 갖고 있다고 설명해 주었다. 하나님은 우리가 이러한 좁은 장소에서 빠져나오도록 여전히 예언자들을 일으키신다고 말해주었다. 하나님의 예언자들은 외친다. 어떻게 우리가 이러한 소명에 반응해야 하는지, 가난과 정신적 피해와 학대로 말미암아 영혼에 상처 입은 사람들을 어떻게 대해야 하는지 말해준다. 지적이고 지혜가 풍부한 사람들은 가난에서 가족과 마을을 구원하지만, 교육을 받지 못한 사람들은 그렇게 하지 못한다. 가난과 질병과 폭력으로 말미암아 몸과 마음에 상처를 입은 사람들은 그곳에서 헤어 나오지 못한다. 성경의 예언자들은 우리에게 그러한 것들에 관해 질문 해보라고, 우리가 가진 모든 자원—목소리, 능력, 권력—을 동원해 이들을 구원하라고 도전한다. 항상 그렇지는 않지만, 종종 "소돔의 악행"을 향한 공공의 목소리는 이사야가 말하는 "소돔의 통치자들"과 "고모라 사람들"을 향한 "그들의 악행"을 간단히 무시하고 넘어가곤 한다. 즉 이사야의 외침은 "정의를 찾고, 억압받는 사람을 도와주고, 고아의 송사를 변호하여 주고, 과부의 송사를 변론하여 주어라."사1:10,16~17는 것이다. 이사야는 말한다. "주님께서 재판하시려고 법정에 앉으신다. 그의 백성을 심판하시려고 들어오신다. 주님께서 백성의 장로들과 백성의 지도자들을 세워 놓고, 재판을 시작하신다. 나의 포도원을 망쳐 놓은 자들이 바로 너희. 가난한 사람들을 약탈해서, 너희 집을 가득 채웠다."사3:13~14 성경에 나타나는 모든 예언자의 말씀은 그러한 현실을 고발하고 있다. 얼마나 많은 사람이 하나님의 정의의 파도를 놓치고 있는가?

하나님의 정의에 대해 말하는 것은 많은 사람의 어두운 면을 건드리는 것이라고 여겨질 것이다. 그러나 월터 부르거만Walter Blurggermann은 정의를 두 종류로 구분하였다. 첫째, 정의는 보복적 정의retributive justice인데, 다른 사람에게 해를 끼치고 악을 행한 사람들에게 그들이 한 것을 되돌려주는 것이다. 그리고 다른 하나는 분배적 정의distributive justice로 하나님께서 눌린 사람을 돌아보심으로 세상을 더욱 더 정의로운 장소로 만든다는 것이다. 이 두 종류의 정의는 모두 다 중요하다.

하나님의 백성이 하나님께 보복적 정의를 부르짖었던 예는 참 많다. 의인이 고통 받는 한편 악인이 잘 되는 것, 고통은 너무나 오랫동안 지속되는 반면 하나님의 은혜는 너무 쉽게 사라지는 것에 대한 외침이 그 예이다. 요나는 내가 좋아하는 선지자이지만, 성경에서 흔치 않은 예이다. 왜 선한 사람에게 이해하기 힘든 악한 일들이 일어나는지, 왜 스스로 선하다고 여기는 사람들이 개인적으로 혹은 공적으로 악행을 행하면서 번영을 누리는지 궁금해 하는 사람들을 위해 시편은 더 없는 목회 자료이자 보물이다.

    공의가 실현되기를 간절히 바라는 하나님의 백성은 슬픔의 눈물을 흘리며 보복적 정의와 분배적인 정의를 통해 자신들의 고통을 덜어 달라고 하나님께 외친다. 더욱 더 정의로운 세상을 간절히 소망하며 외친다. 다른 사람들의 고통에 가까이 갈 때, 나는 이러한 고통과 간절한 소망을 느낀다. 목숨의 위협을 느낄 정도로 학대 받는 여인의 이야기를 들을 때, 목을 축일만한 한모금의 깨끗한 물이 없는 판자촌 마을을 방문하였을 때, 무엇하나 내다 팔 물건이 없어 자신의 몸을 내다팔아야만 목숨을 연명할 수밖에 없는 사람들의 이야기를 들을 때, 뻔히 다칠만한 위험한 상황에 몸을 내던져야 먹고 살 수 있는 사람들의 이야기를 들을 때, 내 심장은 아픔을 견디지 못하고 무너져 내린다. 정의를 갈망하는 이러한 슬픔, 눈물, 목마름들 중 어떤 상황에서는 하나님이 그들과 함께 고통당하기도 하신다. 그래서 불의를 향한 우리의 눈물과 분노는 하나님의 깨어지는 심장과 하나 되기도 한다.

    만약 하나님의 성품이 정말로 변함없으시다면, 로마 제국의 권력과 귀족들에 의해 십자가에 못 박히면서 겪으신 우리 주 예수 그리스도의 고통이 얼마나 놀라운 것인가 생각해 보아야 한다. 십자가의 고통은 살아계신 정의의 하나님이 때와 장소에 상관없이 고통 받는 모든 사람과 진정으로 함께 하신다는 사실을 말해준다.

    하나님의 심장은 아픔을 견디지 못하고 무너지고 있다. 그러나 하나님은 역사가 어디로 이동하는지 아신다. 하나님은 친히 창조하신 세상이 공의를 향해 나아가고 있음을 누구보다 잘 아시는 분이다. 하나님의 정의와 자비는 사람들이 선포하는 것처럼 그다지 강렬해 보이지 않는다. 그러나 하나님께서는 우리의 창조주로서, 구원자로서, 그리고 끊임없이 세상을 지속시켜 나가시는 분으로서 우리를 돌보신다. 그러기에 하나님의 정의는 하나님의 자비와 일치하며, 하나님의 사랑은 하나님의 분노와 일치한다. 은혜 안에서 하나님은 세상을 풍요롭게 창조하셨다. 그리고 분배의 정의를 실천할 수 있도록 인류를 창조하셨다. 세상의 모든 것을 나눔으로써 기쁘고 풍요로운 인생이 모든 사람에게 가능하게 될 것이다.

나는 대학교 이후로 성경을 깊이 연구하는데 거의 모든 시간을 보내고 있다. 성경을 더욱 더 잘 이해하고자 나는 여섯 개의 언어를 사용한다. 내가 성경을 공부한 여러 해 동안, 나를 매료시킨 것은 내가 공부를 끝마치면 제공 될 특별한 직업이 아니라, 내가 실제로 대면하게 되는 뼈 아픈 고통의 현장에서 이러한 성경말씀이 나를 붙들어 준다는 사실이다. 성경을 공부할 때, 학대받은 여성을 위해 일을 할 때, 가난의 끝을 위해 기도하고 일할 때 나를 계속 나아가게 하는 것, 그리고 그렇게 함으로써 불의에 항거하고 풍요로운 인생을 살아가도록 나를 붙들어 주는 것이 바로 내가 성경을 통해 발견하는 하나님의 성품과 그분의 일하시는 모습이다. 나는 이 세상의 모든 사람이 하나님의 형상을 따라 지음 받았다고 믿는다.

우리는 모두 원래 인간 본연의 모습으로 창조된 존재로서, 하나님께서 이 세상에서 일하시는 모습을 드러내도록 부름 받았다.3) 만약 우리가 눌린 사람을 자유케 하시는 하나님, 가난한 사람을 먹이시는 하나님, 지으신 세상을 돌보시는 하나님을 믿는다면, 그리고 만약 우리가 바로 하나님의 형상대로 지음 받았다는 창세기의 주장을 믿는다면, 우리는 하나님의 자녀라는 올바른 정체성으로 살아가며, 분배적 정의라는 하나님의 사역에 적극 동참함으로써 하나님의 구속사역을 경험하는 사람으로 살아갈 것이다.

때때로 이러한 일들에 압도당할 것처럼 느껴질지 모른다. 사람들을 "좁은 장소들"로 밀어 넣는 시스템들, 사람들을 옥죄고 죽음으로 몰아가는 가난과 폭력의 순환들이 그들이 살고 있는 삶의 부분들보다 훨씬 커 보일 수 있다. 에베소서의 기록, "우리의 싸움은 인간을 적대자로 상대하는 것이 아니라, 통치자들과 권세자들과 이 어두운 세계의 지배자들과 하늘에 있는 악한 영들을 상대로 하는 것"엡6:12이라는 사실은 참으로 의미심장하다. 점점 더 세계화되는 세상은 하나님의 정의가 요구하시는 수준에 미치지 못하며, 가난한 사람들과 부자들 사이의 간격이 점점 더 멀어지고 있다. "아, 나는 비참한 사람입니다. 누가 이 죽음의 몸에서 나를 건져 주겠습니까?"라고 했던 바울처럼 세계의 상황을 보면서 나도 안타까운 마음으로 외치고 싶다. 과연 이 깊고 엄청난 불의의 시스템에서 누가 살아남을 수 있을까?

바울은 내가 붙들고 있는 이 질문에 대해 명확한 답을 제시한다. 그렇다. 하나님께서 정의를 이루실 것이다. 그리스도께서 우리를 위해 오셨고, 그리스도 안에 있는 하나님의 사랑에서 우리를 끊어낼 사람은 아무도 없을 것이다(롬8:31~39). 그리스도 안에 있는 하나님의 사랑이라는 능력이 하나님의 사명을 이루어 낼 것이다. 그리스도께서 구원을 이루셨고, 구원을 이루고 계시며, 앞으로도 구원을 이루어 내실 것이다.

그리고 우리는 이 세상에 있는 그리스도의 몸이다. 하나님의 형상이 육신으로 화하셨던 그리스도처럼, 우리도 포악한 권세를 파하실 하나님의 선교와 승리에 동참하도록 부름 받았다. 이것이 세상을 만드신 하나님의 꿈이다. 이것이 바로 우리가 타야 할 놀라운 능력의 파도다.

우리는 모두 파도를 타는 사람들이다. 이 책을 읽는 사람이라면 하나님이 누구신지, 하나님께서 이 세상에서 무엇을 하고 계신지, 그리고 어떻게 우리가 이 하나님의 선교에 반응해야 하는지에 이미 관심 있는 사람일 것이다. 내가 놓친 모든 파도는 나로 하여금 내 주변의 목소리에 귀 기울일 필요가 있음을 깨닫게 해주었다. 그 놀라운 파도가 불쑥 튀어 올라 우리에게 다가오고 있다. 다가오는 파도의 물결 위에 있는 우리의 모습을 상상해보라. 파도를 타는 사람들에게 주어진 소명은 파도가 오길 기다리고, 오는 파도를 바라보고, 무슨 일이 일어날지 파도에 몸을 실어야 하는 것이다. 다음 파도가 언제 올지 몹시 마음이 설렌다.

2장
의로운 아들
예수님이 전한 하나님나라 소식과 정의실현은 어떤 상관이 있는가?

아담 테일러

2006년 중간선거 전, 나는 소저너스가 시작한 강연회의 연사 중 가장 어린 사람으로 발탁되는 영광을 누렸다. '붉은 글씨 그리스도인' Red Letter Christian이라 불리는 소저너스는 예수님께서 말씀하신 정의와 복음을 포함한 모든 것을 다시금 곱씹어 보는 그룹이다. 2004년 선거기간 동안, "유권자들의 관심사"로서 보수적인 종파에 의해 공포된 낙태, 동성결혼, 가족의 가치들이 새로운 정책 안건들로 떠올랐다. 그리스도인이든 아니든 많은 사람의 마음에, 예수님은 부자들을 좋아하고, 전쟁을 지지하고, 미국사람을 좋아한다는 이미지가 뿌리 깊게 자리하고 있다. 소저

아담 테일러(Adam Russell Tayler)는 현재 사회정의와 영적 부흥을 하나로 연결하는 34년 된 기독교 기관 소저너스Sojourners의 정책국장직을 맡고 있다. 그는 글로벌 저스티스Global Justice의 공동설립자이며, 하버드 대학 인권위원회인 Carr Center와 연합하여 일하고 있다. 2001년 하버드 대학의 J.F.K School of Government에서 공공정책학 석사학위를 받았으며, 에머리 대학에서 국제관계학을 공부하였다(1998). 현재 Micah Challenge USA의 이사이자 워싱턴 D.C.의 실로 침례교회Siloh Babtist Church 부목으로 섬기고 있다.

너스에게 예수님은 마치 자신의 정체성을 유린당한 희생자로 보였다. 따라서 수많은 성경에 빨간 글씨로 기록되어 있는 예수의 말씀을 다시금 복원해야 할 필요성이 있었다. 이러한 것은 성경의 나머지 부분을 무시하거나 손상시키려는 것이 아니라, 예수께서 실제로 선포하신 것과 그 의미가 무엇인지 제대로 살펴보고자 했던 시도였다. 예수님께서 이 세상에 오신 것이 마치 우리의 구원, 구속, 개인적인 경건생활을 위해서 오신 것처럼 이해되는 반면, 정의라는 주제는 감추어지거나 아예 무시되어왔다. 특별히 정의와 평화 위에 완전히 새로운 나라를 세우러 오신 예수님의 모습은 볼 수 없었다.

C. S. 루이스의 유명한 책, 『사자와 마녀와 옷장』을 각본으로 한 영화에서 루시가 툼너스씨에게 아슬란이 길들여진 사자인지 아닌지 물었을 때, 툼너스 씨는 이렇게 대답했다. "아닙니다. 아슬란은 길들여지지 않았습니다. 그렇지만, 아주 순하지요." 종종 교회는 예수님을 너무나 깔끔하고 유순한 모습의 잘 길들여진 구세주로 만들어 놓았다. 우리는 육신을 입고 오신 예수님을 너무나 쉽게 하나님의 사랑 및 선하심과 결합시켜 놓았다. 그러나 하나님의 정의를 인격화한 모습으로써의 그리스도에 대한 설명은 어떠한가? 권력을 남용하거나 잘못 사용한 데 대한 의로운 분노를 보여주신 것뿐만 아니라 조건 없는 사랑을 보여주신 예수는 목회자적이면서 동시에 예언자적이신 분이다. 문둥병자를 치료하시고, 수많은 군중을 물고기 두 마리와 떡 다섯 덩이로 먹이셨던 그 예수님이 하나님의 백성을 착취하며 성전을 오염시킨 환전인의 상을 뒤엎으신 바로 그 예수님이다.

"세상을 본받지 않고 변화됨"이라는 제목이 붙은 마틴 루터 킹 주니어 Martin Luther King Jr. 의 설교에 따르면, "절박한 파멸에서 세상을 구원하는 것은 세상의 다수를 따라 편안한 모습으로 순응하는 것을 통해서가 아니라, 비순응이라는 소수의 창조적인 부적응을 통해 이루어진다." 마틴 루터 킹은 예수를 세상에서 가장 헌신된 비순응주의자라고 부른다. 그가 보여준 윤리적 비순응은 여전히 인류의 양심에 도전한다. 예수를 "헌신된 비순응주의자"로 보며, 정의 실천가로 보려면 그가 살았던 역사적 맥락에서 예수를 다시 살펴볼 필요가 있다.

예수가 살았던 역사적 맥락

우리는 예수의 말씀과 행동 뒤에 놓여있는 온전한 의미를 보지 못하게 했던 수많은 가정을 제거하면서, 압제의 상황이라는 렌즈를 통해 복음을 다시 읽어볼 필요가 있다. 『예수와 상속받지 못한 자』라는 책에서, 하워드 트루만Howard Thurman은 예수는 무죄한 어린이들을 죽인 헤롯의 대학살 기간 동안 가난한 유대가정에 태어났다는 사실을 강조하였다. 태어나자마자 예수는 난민이 되었고, 헤롯이 죽을 때까지 이집트로 피신해야 했다. 예수의 말씀은 그레코-로만 세계에 살던 소수이자, 지위, 자유, 이전의 위대함을 모두 잃어버린 가운데 뼈아픈 고통 속에 살아가는 이스라엘의 집을 향해 주어진 것이었다. 로마의 압제라는 정치, 사회, 경제적 맥락에서 예수를 끊어내는 것은, 바로의 통치 아래에 있었던 유대인의 노예 신분이라는 맥락에서 모세를 떨어뜨려 놓는 것과 마찬가지다. 이해를 돕도록 우리시대의 예를 들어보자. 간디의 메시지를 영국의 식민통치 아래 있던 인도의 정치적 맥락과 따로 떼어 생각하는 것이나, 혹은 마틴 루터 킹의 메시지를 저 사악한 짐 크로우Jim Crow라는 인종차별법과 분리해서 생각하는 것과 같다.

자신이 처해 있던 정치, 사회, 경제적 맥락에서 예수는 목회와 가르침을 통해, 그리고 종교 지도자들이나 로마 권력에 저항함으로써 정의의 대행인이 되었다. 『위대한 각성』The Great Awakening의 저자 짐 월리스는 예수께서 당시에 주어진 정치적, 종교적 상황에서 수많은 선택을 해야만 했다고 밝혔다. 그는 바리새인의 길을 선택할 수도 있었고, 히브리 법전에 따라 독실한 신앙을 가진 종교지도자가 될 수도 있었다. 그러나 예수는 이러한 길을 선택하는 대신에 "너희는 박하와 회향과 근채의 십일조는 드리면서, 정의와 자비와 신의와 같은 율법의 더 중요한 요소들은 버렸다"마23:23면서 바리새인들을 신랄하게 비판하였다. 예수는 열심당에 가입하여 무기를 소지하고 다닐 수도 있었고, 로마라는 멍에로 고통 받는 유대인들이 희망한 세상의 왕위를 위해 폭력을 사용하여 정치적 혁명을 일으킬 수도 있었다. 그러나 예수는 반역죄로 사로잡혀가는 순간에도 베드로에게 "네 칼을 칼집에 도로 꽂아라. 칼을 쓰는 사람은 모두 칼로 망한다"마26:52며 검을 사용하지 말라고 하였다. 예수는 에세네 학파라는 수도원에 가입하여 사회와 일정 거리를 두는 금욕적인 생활과 수행이라는 대안적 삶을 살수도 있었다. 그러나 예수는 깨어진 인생 한가운데에 끼어들어 기적을 일으키거나 당시의 권세자들과 지배자들에게 도전하였다.4) 예수의 메시지는 개개인의 마음에 변화를 요청하면서도, 식민통치 아래 있던 이스라엘의 정치, 사회, 경제적 구조의 전반적인 변화도 한꺼번에 요구하였다.

그러나 예수는 그 어떤 자세한 정치적 선언문도 작성하지 않았다. 그의 말씀은 선별적으로 성경의 문맥에서 떼어놓고 인용될 수 있으며, 거의 어떤 상황에서도 다 적용될 수 있을 만큼 시대적 상황과 동떨어져 있다. 예수의 비유, 가르침, 말씀을 있는 그대로 구체적인 정책이나 프로그램에 적용할 수는 없겠지만, 정의에 대한 이해를 뒷받침해주는 일련의 가치와 원칙들을 찾아낼 수는 있다. 예언자들의 목소리를 반영하면서 그리스도는 가난한 자, 약한 자, 소외된 자들에게 특별한 관심을 쏟았다. 마태복음 25장에서 그리스도는 "우리 중 작은 자에게" 한 것이 하나님의 심판과 구원 조건이 됨을 제시하였다. 제임스 포브스James Forbes는 "가난한 사람이 보증해 주는 편지 없이 그 누구도 하나님나라에 들어갈 수 없다"며 마태복음 25장을 아주 잘 정리하였다.5) 예수께서 이사야 61장을 인용한 나사렛에서의 첫 설교는 이렇게 기록되어 있다. "주님의 영이 내게 내리셨다. 주님께서 내게 기름을 부으셔서, 가난한 사람에게 기쁜 소식을 전하게 하셨다."눅4:18 예수는 성경의 예언을 성취하기 위한 새로운 모세가 됨으로써 예언자적 전통에 자신의 모습을 맞추었다. 복음서 전체를 통해 우리는 하나님나라의 복음을 선포하는 예수님과 정의라는 주제가 그 어떤 주제보다 우선시됨을 확인할 수 있다.

예수와 하나님나라

예수의 설교와 가르침에 돋보이게 드러나는 주제 중 하나가 바로 하나님나라의 도래다. 다가오는 하나님나라라는 용어나 사상은 공관복음서에만 70회 정도 나타나는데, 이는 현재와 미래 시제를 모두 포함한다. 예를 들어, 마태복음 6장 33절에서 예수께서 이렇게 말씀하신다. "너희는 먼저 하나님의 나라와 하나님의 의를 구하여라. 그리하면 이 모든 것을 너희에게 더하여 주실 것이다."마6:33 의에 대한 성경의 정의는 매우 폭넓고, 당연히 그렇게 되어야 하는 사물의 모습이나 우리가 이해하는 정의라는 용어와 매우 비슷하다. 이미 하나님나라가 "가까이 왔다."(막1:15)고 예수께서 말씀하셨지만, 완전한 실현은 아직 이루어지지 않았다. 한편, 그리스도인은 이미 와있는 하나님나라를 실현하며, 우리의 삶과 일터에서 하나님나라의 열매를 맺도록 부름 받은 존재들이다. 그러므로 기독교 신자들은 "지금" 여기에 있는 하나님나라와 "아직 완전히 실현되지 않은" 하나님나라 사이의 긴장에 사로잡혀 있다. 『예수의 정치학』The Politics of Jesus(IVP역간)라는 책에서 오베리 헨드릭스 박사는 가이사의 로마

제국이라는 정치적 상황 속에 주기도문을 끼어 넣어 그 선동적이고 체제 전복적인 성향을 재조명하면서 이 점을 강조하였다. 그리스도가 살았던 시대에, 가이사 대신에 예수를 주라고 공적으로 말하는 것은 로마 제국 법상 반역에 해당되었기 때문에 예수가 처형당한 것이다.6) 이와 비슷하게 "나라가 임하고, 뜻이 이루어지이다."라고 선언하는 것은 가이사의 통치 대신에 하나님의 왕국을 최우선에 두겠다고 맹세하는 행위이다.

예수는 산상 수훈에서 하나님나라의 가치와 특성이 무엇인지 분명하게 밝혔다. 산상수훈은 새로운 원리, 즉 팔복을 통해 우리가 사는 시대뿐만 아니라 당시에도 적용되었던 논리, 삶의 유형 및 정치적 선택을 완전히 뒤집어엎는 것이었다. 팔복은 이 세상의 가치와 하나님나라의 가치를 대조해 놓은 것이다. 팔복에 따라 사는 것은 영적인 여정에서 이 세상에서의 삶을 잠시 머무르는 나그네의 삶으로 받아들이는 것을 의미한다. 우리는 다가오는 하나님나라를 다른 사람들이 맛보도록 이러한 반문화적counter-cultural 가치들을 실현해야 한다. 그러나 우리의 정치와 문화는 종종 이러한 가치들과 정반대의 모습을 띤다. 심령이 가난해지도록 복을 비는 대신에, 우리는 당당하고 자존심 있는 삶을 살도록 축복한다. "온유한 자는 복이 있다."는 삶 대신에 거만하고 능력 있는 사람을 축복한다. "화평케 하는 자는 복이 있다."는 말씀대로 사는 대신에 전쟁을 최후의 수단이 아닌 우선순위로 삼는다. 비록 예수께서 의를 위해 핍박을 받는 자는 복이 있다고 말씀하셨지만, 우리 문화는 자기의 이익을 추구하는 사람이 복이 있다고 말한다.

정의를 가로막는 장벽들

그리스도인은 세 가지 잘못 인식된 예수의 모습 때문에 하나님나라와 정의를 실현하라는 예수의 소명을 실천하지 못한다. 잘못된 예수의 모습이란 개인화된 예수, 번영으로 일그러진 예수, 정치와 무관한 예수이다. 우리는 너무나 자주 예수를 개인화시킨다. 우리가 예수를 개인화시킨 모습의 극단은 복음을 단순히 개인적 구원으로만 축소시키는 것이다. 하나님은 사람들과 인격적으로 관계 맺기 원하신다. 그러나 이러한 관계가 단순히 지옥 불에 떨어지지 않도록 보장해주는 것을 의미하지는 않는다. 그보다 이러한 인격적인 관계는 우리로 하여금 하나님나라의 사역에 적극 동참하도록 인도한다. 가난한 나라들의 많은 교회는 "믿음에 의한 공의와 칭의, 예배와 정치적 활동, 영적인 것과 물질적 것, 개인적인 변화와 구조적인 변화는 항상 함께 해야 한다"7)는 통전적인 선교를 제대로 이해하고 있다. '번영 예수'는 예수를 신실한 신자들에게 위로와 물질적 축복을 공급해주는 하나님나라의 자동현금지급기 정도로 만들어 놓았다. 이러한 관점에 따르면 써야 할 면류관과 십자가는 없고 영예로운 왕관만 있을 따름이다. 예수는 풍성한 생명을 약속하셨지 화려한 인생을 약속하신 것은 아니다. 예수를 따르는 길은 자기를 부인하고 다른 사람들을 섬기도록 자기 십자가를 늘 지고 가야 하는 길이다. 마지막으로 반정치적 신앙은 종종 정의 실현을 가로막는다. 수많은 그리스도인이 종교적 권리를 얻으려고 정당을 결성하려다 지치고 상하게 되었다. 이는 근시안적 행동일 뿐이다. "교회는 정부의 종도 아니고 주인도 아니며, 다만 정부의 양심이 되어야 한다."8)고 했던 마틴 루터 킹의 말의 의미를 기억해야 할 것이다. 그러나 그리스도인이 시민으로서의 권리와 예언자적 역할을 포기하는 순간, 우리는 더욱 더 많은 권한을 불의의 세력에 넘겨주게 된다. 가톨릭 사제단에 따르면, 우리는 정치에 관련되어야 하나 정치를 이용해서는 안 되고, 정치적이어야 하나 이념적이어서는 안 된다.9)

시대적 적용

에이즈의 위기는 정의에 대한 예수의 관심을 우리 시대에 어떻게 적용할지 보여주는 좋은 예이다. 여러 면에서, 에이즈는 21세기의 문둥병이라 할 수 있다. 이 질병은 종종 치욕과 수치와 불평등과 불의라는 구름으로 가려진다. 바이러스가 인간 몸의 가장 약한 곳을 공격하듯이, 이 병은 종종 사회의 가장 약한 사람들을 공격한다. 이 질병은 세계 곳곳의 공동체, 특별히 아프리카의 마을들을 황폐하게 만들고 있다. 다행히도 교회들이 그들에게 오명을 씌우고 판단하려는 태도를 버리고 동정과 자비와 사랑의 태도를 보임으로 상황이 바뀌고 있다. 현대 의학이 에이즈를 불치병에서 치료 가능한 병으로 탈바꿈시킴으로써 나사로 효과Lazarus effect를 창출하고 있다. 그러나 에이즈 치료약은 너무 비싸 에이즈바이러스HIV와 씨름하는 사람들 대다수가 이용하기 힘든 상황이다. 그리스도인은 예수님께서 오셨으면 기적적인 치료의 행위와 실천적 사랑으로 에이즈를 다루셨을 것이라는 데 동의한다. 동시에 나는 예수께서 현재복제약품을 만들지 못하도록 틀을 짜놓은 의약시스템 업자들의 상을 통째로 뒤집어 엎으셨으리라 생각한다. 나는 세계은행이라든가 국제 통화기금과 같은 금융단체를 방문하여 희년을 선포하고, 자국민의 건강을 돌보는 비용보다 더 많은 이자에 허덕이는 모든 가난한 나라의 부채를 탕감해주는 예수를 상상해 본다. 예수는 근본 원인과 싸우고 제도적 불의를 시정하셨을 것이다.

결론

예수는 늘 비유로 말씀하기를 좋아하셨다. 비유는 그가 세상을 설명하고 시간에 구애받지 않는 지혜를 전달해 주는 아주 훌륭한 수단이었다. 내가 좋아하는 비유는 누가복음 18장에 기록되어 있는데 정의를 수

행하는 기관이 되려면 무엇을 해야 하는지에 관한 지혜를 선사해 준다. 이 비유에는 "하나님도 두려워하지 않고 사람들도 존중하지 않는 한 재판관"이 나온다. 2절 한 과부가 자신의 적대자에게서 권리를 찾아달라고 재판관을 찾아왔다. 그 재판관은 애절한 소원을 한동안 들어주지 않다가, 결국에는 과부의 끊임없는 간청으로 그의 권리를 찾아 주었다. 만약 하나님께서 정의를 이루시려고 예수님 당시에 가장 소외되고 힘 없는 사회의 구성원으로서 이 과부를 사용하셨다면, 하나님은 우리 중 그 누구라도 사용할 수 있으실 것이다. 정의를 추구하고 하나님나라를 이 땅에서 실현하는 것은 동일한 끈질김과 지치지 않는 헌신을 필요로 한다.

교회에서 자주 사용하는 경구 중에 너무나 많은 그리스도인이 "너무나 신령한 마음을 갖고 있어서 세속적인 선을 행하지 못한다."는 말이 있다. 그리스도인이 너무나 신령한 마음을 갖고 있기 때문에 우리가 생각하는 이 땅에서의 공의로운 일을 수행할 필요를 느끼지 못한다는 말이다. 극도의 기아를 종식시키거나, 다르푸르에서 일어난 것 같은 인종청소를 미연에 방지하거나, 지구 기후 변화를 막는 일들과 같은 우리 시대에 가장 급박한 정의의 문제들을 다룸으로써, 우리는 하나님나라를 이 땅 위에 조금이라도 앞당길 수 있을 것이다. 우리는 죽음과 죄와 불의를 이기고 승리하신 예수께서 가능하게 하셨고 약속하신 하나님나라를 이 땅에서 미리 맛보도록 준비해야 한다. 우리는 고속도로가 되었든 샛길이 되었든, 지금 여기에서 하나님나라를 창조하고 하나님나라의 가치를 실현함으로써 예수를 따르도록 부름 받은 사람들이다.

3장
정의의 성령님

피터 굿윈 헬트젤

당신은 성령에 대한 교리에 불이 붙은 것은 20세기의 오순절 성령폭발 때문이라고 말할 수 있을지 모르겠다.10) 복음주의 신학이 개인의 거룩함을 공고히 하는 성령님의 에너지에 초점을 맞추고, 자유주의 신학이 자유에 초점을 맞춘 동안, 이머징 신학자들은 정의를 기반으로 이러한 모든 것을 통합하려는 노력을 기울였다. 예수는 하나님의 정의의 왕국을 이 땅에서 이루시기 위한 서막을 여셨다. 그의 인생 전반의 삶, 죽음, 그리고 부활이 하나님의 정의에 대한 참된 모습으로 모든 시대, 모든 사람에게 공개되었다. 정의는 부당한 취급을 받은 사람들을 능력 있게 만들었고, 잘못된 것을 바로잡을 수 있게 만들어 주었다. 예수의 가르침과 사역은 우리에게 개인과 사회와 우주라는 인생의 모든 차원에서 정의가 무엇인지 보여주었다.

피터 굿윈 헬트젤(Peter Goodwin Heltzel)은 뉴욕 신학대학원 신학과 부교수이다. 그리스도인 교회(Christian Church 그리스도의 제자들)에서 안수 받은 목회자로서 그는 위튼 대학에서 신학학사와 고든-콘웰 신학대학원에서 목회학 석사과정을 이수하였고, 보스턴 대학에서 박사학위를 받았다. 그는 New York Faith and Justice and the Envision Conference의 공동 설립자이며, The Chalice Introduction to Disciples Theology를 편집하였고, Evangelicals and Empire와 Theology in Global Context의 공동편집자이다. 그리고 Jesus and Justice: Evangelicals, Race and American Politics라는 책을 저술하였다. 뉴욕 시에서 오페라 가수인 아내와 함께 살고 있다.

예수께서 하늘로 승천하실 때, 그는 선교의 교회를 능력 있게 하려고 정의의 성령님을 보내주셨다. 성령님의 신성한 에너지를 통해 교회는 이웃을 사랑하고 피조물을 돌본다는 사명을 실현할 수 있다. 이머징 신학이 추구하는 총체적인 성령론은 성령님을 정의를 실현하는 영으로서 이해한다. 즉 그리스도의 평화로운 나라를 적극적으로 선포하고 이루어 나가기 위한 기독교 선교운동을 활발하게 일으키시는 분이라는 것이다.

정의는 이머징 신학이 평화의 나라에 관하여 성경을 바라보는 하나의 렌즈이다. "성경 전체에 나타나는 이야기를 통해 볼 때, 하늘에서처럼 땅에서도 정의를 구체적으로 실현하도록 철저히 헌신된, 신성과 영적인 능력의 현존으로 묘사되는 성령님을 어떤 분으로 상상할 수 있을까?" 하는 질문은 큰 도전이다. 성경 전체에서, 우리는 파괴된 창조를 다시금 하나로 엮어 내시고자 애쓰시는 정의로운 성령님을 목격한다. 성령에 해당하는 히브리 단어는 루아흐Ruach인데, 이 단어는 여성형으로 "바람" 혹은 "숨"이라 번역할 수 있다. 창세기에 기록된 창조 기사를 통해, 땅이 혼돈하고 공허하며, 어둠이 깊음 위에 있을 때, 이 지혜로운 하나님의 영이 물 위에 움직이고 계시면서 알을 품듯이 세상을 품고 계셨음을 알 수 있다. 이 성령은 바람, 공기, 땅, 불과 같은 자연적 요소들을 하나로 짜 맞추면서 선한 창조의 일에 적극적인 역할을 하신다. 이러한 지혜의 성령은 성경 전체에 잔잔한 바람으로 창조를 이루어 나가시며, 이 땅에서 정의를 위해 수고하는 모든 공동체를 하나로 묶어 주신다.

에덴동산에서 아담과 이브는 샬롬shalom, 즉 그들의 인간적 삶의 모든 면에서 정의를 누리며 살았다.11) 이러한 행복하고, 평화롭고, 정의로운 질서는 다른 사람들 및 선한 창조 세계와 올바른 관계를 갖게 하는 신학적 기반을 제공해준다. 샬롬Shalom은 하나님의 선한 창조 한가운데에서 인간들이 번영하도록 필요한 모든 조건을 제공한다.

창세기 3장의 이야기에 따르면, 창조된 공동체에서 하나님의 샬롬은 인상적인 모습으로 깨어진다. 아주 급진적인 분열로 말미암아 창조계에 존재하는 관계의 여러 차원이 파괴된다. 우선 하나님과 인간 간의 관계가 깨지고, 인간과 창조 간의 관계가 깨지고, 남자와 여자 간의 관계가 깨졌다. 죄와, 악과, 불의의 세속적인 권력이 들어섬으로 샬롬, 사랑, 정의로 다스려졌던 하나님나라가 깨졌다. 에덴에서 일어난 이 사건은 평화로운 창조계에 대격변을 일으켰다. 이러한 분열은 인간과 땅 위의 모든 존재의 깊은 차원에까지 영향을 미쳤다.

창조세계가 분열된 이후, 샬롬은 더 이상 창조계의 표준이 되기보다는 하나님의 백성이 추구해야할 궁극적 목적, 즉 삶의 목적telos이 되었다. 샬롬은 이스라엘의 열두 지파가 광야를 거쳐 약속의 땅으로 여행하는 동안 평화, 치유, 정의라는 하나님의 통치를 구하며 궁극적으로 이루어야 할 공동의 목표가 되었다. 유대 가르침에, 이 세상에서 하나님의 샬롬을 회복하기 위한 노력은 종종 티쿤 올람tikkun olam이라고 표현되는데, 이는 세상을 치유한다는 의미이다. 구속사를 가로지르는 큰 획을 바라보며, 우리는 이 땅 위에서 치유와 정의실현을 위해 고군분투하는 사람들을 능력 있게 만드는 하나님의 성령을 발견한다. 깨어지고 찢긴 세상을 고치고자 사람들을 모으시는 하나님의 성령을 발견한다. 하나님의 정의를 추구하면서 샬롬을 회복하는 것은 구속사라는 드라마를 이끌어가는 중심 사상이다.12)

하나님의 정의는 하나님의 거룩함이 사회적으로 드러난 것이다.13) 하나님의 거룩함은 고대에 이름이 "언급됨 없이" 계시되었다. 삼상2:2, 사6:3, 14) 거룩함은 신적인 신비와 밀접하게 연결되어 있어서 침묵 속에서 오래 묵상해야만 한다. 이는 너무나 거룩하여 인간이 발음할 수 없는 테트라그램마톤tetragrammaton(히브리 신을 나타내는 YHWH문자)이라는 유대주의 전통에 그대로 남아있다.15) 거룩함은 하나님께서 원하시는 윤리적 최상의 모습이다.신1:16~17; 출18:21~23 하나님의 거룩함은 지구 전 영역에 폭넓게 깃들어 있다.창18:25 이 하나님의 거룩함이 창조계를 넘어서 메시아적 미래의 지평을 열어 줄 것이다. 하나님의 거룩함은 포괄적이며 동시에 모든 것을 끌어안는 총체적인 것이다. 이는 각 사람의 인간됨을 끌어안고 인류를 창조의 공동체로 온전하게 만든다. 이 세상에 가득 들어차 있다는 죄, 죽음, 악의 현존 때문에, 거룩한 백성이 되고자 했던 이스라엘은 하나님과 인류 그리고 피조물과 올바른 관계를 맺고자 끊임없이 분투한 것이다.

예언서는 이러한 하나님의 거룩성을 사회적 차원에서 이루려는 노력들을 기록해 놓은 것이다. 히브리 예언자들은 창조주 하나님을 예배하는 구체적인 방식으로서 창조계에 샬롬을 회복하도록 이스라엘에 요청하고자 정의와 의, 즉 미스팟mishpat과 짜디카sadiqah라는 양자관계를 이용하였다.창18:19, 암5:21~24, 미6:6~8 정의를 실현하는 것은 하나님의 거룩한 백성이 되는 필수 요소이다.

예언자들은 불의를 종식시키고, 샬롬과 더불어 살아가려고 고군분투해야 구원이 이루어짐을 이스라엘에게 분명히 상기시켜 주었다.16) 하나님은 불의를 미워하시기 때문에, 그리고 샬롬 안에서 정의를 이루기 원하시기 때문에, 당연히 하나님의 백성은 불의를 종식시키도록 부름 받은 자들이다. 상처입은 백성의 악행으로 말미암아 불의가 드러나는 한편, 정의는 부당한 취급을 받은 사람들을 능력 있게 만들었고, 깨진 관계를 바로잡게 만들었다. 이처럼 이스라엘 백성은 정의를 이루려는 노력을 통해 그들의 거룩함을 표현하였다. 사회적 신성함으로서의 정의는 모든 하나님의 자녀, 특별히 소외된 사람들을 공평하게 대우한다. 유대법의 핵심은 바로 이스라엘 부족에 속한 소외된 사람들, 즉 고아, 과부, 이방인

과 가난한 사람들을 부지런히 돌아보도록 일깨우는 법이다.슥7:9~10

소외계층의 사람들이 학대 받을 때, 하나님은 예언자를 일으키시고 그들에게 기름을 부으신 후, 깊은 잠에서 하나님의 백성을 깨우시고자 희년의 정의를 선포하는 나팔을 불게 하신다.레25:8~12, 신15:1~7 희년의 해는 깨어진 사람들, 공동체, 창조계를 다시 하나님 앞으로 불러 모아 모든 것을 재구성하는 대담한 실천이다. 7년마다 땅은 안식해야 했고, 부채는 탕감되었으며, 노예는 자유함을 입고, 가난한 자들에게는 먹을 것이 주어졌다. 이처럼 하나님의 정의를 실현하도록 이스라엘 백성을 부르려고 히브리 성경의 성령님은 예언자들을 일으켜 세웠다. 그리고 이들은 항상 사랑, 정의, 평화의 시대를 가져올 메시아께서 오실 것이라고 예언하였다.

누가복음과 사도행전은 이 성령님이 육체를 가진 사람들에게 임하였다고 기록한다. 우선 이 성령님이 유대인이었던 마리아의 태로 들어오셨고눅1~2장, 그 후 오순절 사건을 통해 유대인, 이방인 할 것 없이 모든 육체로 들어오셨다.행1~2장, 17) 누가복음에서 성령은 예수 생애의 가장 중요한 장면마다 등장한다.18) 하나님의 정의도 바로 성령의 능력을 통해서 드러난다. 가난한 유대 여인 마리아의 태를 조직한눅1:35 것도 성령의 능력이다. 초기 기독교 신학자였던 콘스탄티노플의 프로크루스는 그리스도를 만들어내고자 아주 순전하고 죄 없는 옷자락을 직조하듯이 마리아의 태가 아기 예수를 배태하게 되었다19)고 설명하였다. 유대인으로 태어난 인간 예수 그리스도는 하나님과 창조계를 묶어주는 진홍색 실이다. 장난기 어린 성령님께서 완전히 서로 다른 창조의 부분들을 신비하게 엮으시듯, 그리스도의 몸을 이루는 실은 창조계라는 찢긴 의복을 한데 모아 놓으신다. 아들의 성육신을 통해 삼위일체 하나님이 창조계로 완전히 들어왔고 하나님의 새 창조, 즉 샬롬 안에서 하나님의 정의가 완전히 드러날 수 있다는 새로운 깨달음의 조건이 열리게 되었다.20) 마리아는, 소외된 이들을 향한 사회 정의를 통해 하나님의 이름을 거룩하게 하고자 사람들을 부르시며 열정적으로 예언하시는 성령님의 부르심에 응하였다.눅1:43~55, 시111:9 참조

성령님은 예수에게 기름을 부으셔서, 가난한 사람에게 기쁜 소식을, 포로 된 사람들에게는 해방을, 눈 먼 사람들에게는 눈 뜸을, 그리고 억눌린 사람들에게는 자유를 선포케 하셨다.눅4:16~19 예수는 취임과 동시에 당신 스스로가 평화로운 하나님나라셨다.21) 사역하는 내내 성령에 의해 기름 부은 바 된 예수는 "사람들 중 가장 작은 자들"마25:31~46을 불쌍히 여기시며 하나님의 사랑스런 정의를 선포하시고 직접 수행하셨다. 예수는 다른 사람의 필요를 채워주는 것이 거룩한 인류애라는 것을 보여 주셨다.22) 예수는 "다른 이들을 위한 삶"을 통해 정의의 모범을 보여주셨는데, 로마의 십자가 위에 친히 달리심으로써 그 막이 내렸고 후에 성령에 의해 부활하셨다. 이는 성령 충만한 십자가의 제자도를 향해 가는 우리 여정에 근원이 되며 영감을 준다.

부활 후에, 예수는 제자들과 40일간 머물러 계시면서 여전히 하나님 나라에 대해 가르치시고, 그들에게 아버지께서 약속하신 성령을 기다리라고 말씀하셨다.행1:1~5, 2:33, 눅24:49 성령이 유대인의 몸에 임하여 성육신화 되었고, 그것이 이제 다시 예루살렘에서 "땅 끝까지" 확대되게 되었다.행1:8 오순절에 갑자기 하늘에서 세찬 바람이 불어왔다. 그리고 불길이 솟아오를 때 혓바닥처럼 갈라지는 것 같은 혀들이 그들에게 나타나더니, 각 사람 위에 내려앉았고, 그곳에 있던 사람들이 모두 성령으로 충만하게 되어서, 성령이 시키시는 대로, 각각 방언으로 말하기 시작하였다.2:1~6오순절 사건은 성령께서 능력을 부여하시는, 다국적이고 다언어적이며 상호문화적인 모습의 기독교 정의 운동에 대한 본이 되었다.

오순절 성령의 강림하심은 초대 그리스도인에게 능력을 부어주셔서 개인, 사회, 경제, 생태계 등 모든 차원에서 정의를 실천하도록 만들었다. 개인들은 사도 베드로에 의해 회개와 세례를 받도록 인도되었다.행2:37~38 남자와 여자, 젊은이와 노인, 종과 주인으로 나누어진 사회의 수직구조는 거꾸로 되어 초대교회 내에 급진적인 만인평등 사상이 구현되었다. 이는 반제국적인 예언의 공동체가 로마 제국의 한 가운데 형성되었다는 것을 말한다.행2:17~18, 17:6, 욜2:28~32 교환 경제 대신에, 그들은 의도적인 공동체로 살면서 선물 경제를 실천하였다.행2:42~46, 4:32~37 그들이 이루어낸 치유, 기적, 이적은 창조를 돌보는 행동으로 보였고, "하늘과, 땅과 그 안에 있는 모든 것을 지으신 하나님께 영광 돌리는 행동"으로 보였다.행4:24 이처럼 오순절은 하나님의 정의를 잘 묘사하고 있다. 오순절은 하나님의 정의가 초기 기독교 운동의 성령 충만한 예언적 공동체로 실현된 모습을 잘 보여주고 있다.

1906년에 일어난 아주사 거리의 부흥운동은 미국의 오순절이라 할 수 있는데, 예언자적, 흑인 기독교 운동으로 시작되어 전 세계의 선교운동으로 빠르게 성장하였다.23) 미국 경건운동의 설교자였던 윌리엄 세이모어William J. Seymour가 아주사 거리 미션Azusa Street Mission에 사람들과 함께 모여 인종, 성별, 계급 및 언어의 경계를 넘어서는 성령 충만한 예배를 드렸다. 그러나 세이모어를 가르쳤던 백인 성경교사 찰스 파르햄Charles F. Parham이 다른 백인 리더들과 함께 이 모임에 합류하였는데, 흑인차별법인 짐 크로우Jim Crow America, 24)를 언급하면서 세이모어를 운동의 리더십에서 제외시키려 시도함으로써 교회에 인종적 긴장감이 발생하였다. 정의의 성령님은 남북전쟁 전에 노예 종교를 통해 강같이 흘러갔고, 노예제도 폐지를 위해 싸우도록 사람들에게 능력을 부여해 주었다. 이제 성령님께서는 다시 남부 캘리포니아의 아주사 거리에 인종에 상관없이 사랑과 정의의 공동체를 일으켜 세우도록 바람을 일으키셨다. 그러나 식민주의 세력과, 사회적 보수주의, 인종차별주의는 아주 뿌리가 깊었고, 전혀 기가 꺾이지 않았다. 그리스도의 평화로운 왕국은 이머징 기독교 공동체들이 미국에 존재하는 인종차별주의, 국가주의, 물질주의, 군국주의의 논리를 부술 때, 그리고 정의와 희망을 추구하는 반 제국주의적 공동체를 형성할 때에 구체적으로 현실화될 것이다.

제3의 은사주의 운동의 물결에 뿌리박은 이머징 교회 운동은 정의를 실천하는 전 세계 "오순절"운동이 되었다. 그러나 전 세계에서 군사 경제 및 지구촌 경제의 가장 큰 수혜자인 미국과 영국의 백인 엘리트를 중심으로 이머징 대화가 출현하였으므로, 이머징 신학은 그 어두웠던 식민주의 불의에 대해 뭔가 설명해야만 한다. 북미의 상황에서 이는 곧, 백인들이 근대주의의 표상으로 만들어 놓은 인종차별주의와 식민주의에 반대하고자 아시아계 및 흑인들이 벌인 정의 투쟁에 정의의 성령님께서 어떻게 힘을 실어 주셨는지를 분명히 설명해야 한다는 의미이다.25) 이것은 미국 기독교의 계보에 반대되는 모습이 있다는 사실, 즉 원주민 대학살과 흑인노예화 등의 역사를 가장 먼저 언급할 수 있어야 한다는 의미이다. 이것은 또한 백인 미국 이머징 공동체와 전 세계의 이머징 공동체가 서로 책임을 지고 함께 변화해 나가야 할 것을 요구한다. 식민시대 이후의 신학과 상호문화 신학에 대한 더 생생한 토론은 케케묵은 백인 현대주의에서 벗어나 새로운 대화로 나아오도록 만들며 흑인과 아시아계 그리스도인이 자유를 위한 분투를 위해 모든 것을 재설정하도록 만들 수 있다.

아주사 거리 부흥운동이 그리스도의 평화의 왕국에 대한 최근의 비유라고 한다면, 오순절은 그리스도의 성육신에 의해 그 막을 열게 된 새로운 역사와 새로운 몸의 정치를 미리 드러내준 사건이라 하겠다. 그러나 이러한 성령론적 순간들은 온 창조물이 하나님의 사랑과 정의를 추구하도록 힘을 합치지 않는 한 그냥 왔다가 사라지는 것이 되고 말 것이다. 정의 안에서 사랑을 실천하라는 하나님의 우주적 요청은 바울이 로마서 8장에서 시적으로 잘 표현해 냈다.26) 법과 죄의 길과 대조하면서, 바울은 그리스도의 의로움디카이오스, 정의, 평화, 기쁨으로 말미암아 우리가 실제적으로 성령 안에서 인생을 경험할 수 있음을 보여주었다.롬8:10 우리는 종종 이러한 것들이 개인적으로 경험된다고 생각한다. 그러나 바울은 평화로운 하나님나라는 우리 안에 정의, 평화, 기쁨을 창조하시는 성령 하나님께서 그 방법을 마련하시는 새로운 창조로서 탄생하는 것이라고 설명하였다.

성육신과 오순절 이후, 바울은 거룩한 삶은 단순히 가능한 것일 뿐 아니라, 지금 이 땅 위에서 경험되고 앞으로도 실현될 실재라고 선포한다. 우리는 우리의 속사람을 하나님의 삼위의 생명에 연결시켜주는 종말론적인 성령님의 은사를 통해 하나님의 신성한 에너지를 받는다. 거룩하게 생각하고롬8:6, 거룩하게 기도하고롬8:15~17, 26, 27 거룩하게 행동롬8:12~14하는 것은 우리가 성령의 능력을 통해 선택할 수 있는 사항들이다. 정의를 실천하려고 노력하는 중에도, 여전히 우리는 전 세계의 심각한 윤리적 위기 가운데에서 죄, 사망, 악, 고통으로 고군분투하는 모든 피조물과 함께 신음한다롬8:22~27). 27) 이러한 신음은 다가오는 그리스도의 왕국을 추구하는 종말론적 외침이다. 성령님을 통해 우리는 친밀한 성찬을 삼위일체의 하나님과 함께 나누고, 하나님께서 성령과 아들의 중보기도를 통해 우리에게 말씀하실 수 있도록 우리 자신을 열어 놓아야 한다.롬8:26, 34, 28) 정의의 성령께서 그리스도의 형상을 드러내야하는 정의의 사람으로 우리를 이끌어 가시는 동안, 우리는 모두 함께 그리스도의 새로운 창조의 사신들이 되고, 이를 재촉해야 한다.

정의의 성령은 하나님의 백성을 위해 샬롬의 삶을 살도록 촉구하며, 거꾸로 된 하나님나라를 노래하며, 주님의 은혜의 해를 선포하며, 모든 입술로 하여금 하나님의 우주적인 정의와 사랑을 말하도록 하고자 담대한 예언자들을 준비하신다. 그리스도의 형상을 따라 참된 인생을 살아가는 것은 그리스도를 따라 사는 삶 속에 거하시는 정의의 성령님을 통해서만 가능하다. 이머징 공동체가 성령 안에서 온전히 살아갈 때, 상처 입은 구시대에 새로운 창조를 가져오는 급진적인 모습, 즉 치유의 예식들, 정의의 행동, 변화의 예술, 화해의 기적, 그리고 죽음에서 생명으로 변화되는 다양한 형태의 회복을 이루심으로써 샬롬을 회복시키시는 하나님을 제대로 간증하게 될 것이다. 그리스도의 평화롭고 정의로운 통치가 온 천지에서 온전히 이루어질 때까지 정의의 성령님은 우리로 하여금 새로운 창조를 향해 나아가도록 만드신다.

4장
정의의 전통
교회사의 주요 사건들을 통해 본 정의를 추구한 교회들

젠엘 윌리암스 파리

내 친구 트리시아 엘리사라Tricia Elisara는 캘리포니아의 샌디에이고 카운티 내의 작은 산동네인 줄리안Julian에 살고 있다. 줄리안에는 쇼핑몰도 없고, 영화관도 없다. 하지만, 동네 사람들이 모여 이야기를 나누고, 연인들이 데이트를 하고, 야구경기와 스케이트보딩을 할 수 있도록 꾸며진 자그마한 공원이 하나 있다. 과연 이 공원을 비용을 들여가면서까지 유지할 필요가 있는가 알아보기 위한 재산세 평가에서 주민들이 반대투표를 실시할 때까지 이것은 그저 하나의 작은 공원일 뿐이었다. 이후로 공원에는 울타리가 쳐지고 아무도 이용하지 못하도록 폐쇄되었다. 이 일에 대해 트리시아는 뭔가 해야겠다고 생각했고, 지역 캠페인을 통해 우선 1차 투표를 준비하였다. 1차 투표에서 결과가 나오지 않아 재투표를 하게 되었을 때는 많은 영향력을 행사할 수 없었다. 그리스도인으로서 트리시아는 다른 사람들과 함께 지역의 공익을 위해 일을 진행해나감에 있어서

젠엘 윌리암스 파리스(Jenell Williams Paris)는 미국 펜실베이니아 주 그랜탐(Grantham)에 위치한 메시아 대학의 사회학, 인류학 교수이다. 파리 프로젝트(The Paris Project)는 www.jenellparis.blogspot.com에 가면 볼 수 있다.

정치적인 과정을 밟아나갔다.

작은 마을에 위치한 동네 공원을 지켜내는 것은 별로 대단한 일처럼 보이지 않는다. 정의는 자신이 영향을 미치는 세상에서 개인과 그룹이 올바른 일을 구체적으로 실천할 때 알 수 있는 아주 광대한 의미를 가진 개념이다. 사회 정의는 자선 행위와 밀접하게 연관되어 있다. 이러한 행동에 의해, 우리는 하나님의 사랑과 정의 안에서 가난하고, 소외되고, 잊혀지고, 눌려 있는 사람들을 어떻게 대해야 하는지를 드러낼 수 있다. 그러나 이러한 일은 상처를 입히고 그들을 가난에 처하도록 만드는 구조적인 불평등이 무엇인지 드러냄으로써 자선 행위 이상의 의미를 갖는다. 나는 이 장에서 바로 정의가 몇 사람이 특별한 상황에 특별한 관심을 보이는 식의 태도가 아닌 나이와 상관없이 모든 그리스도인이 가져야할 가장 중요한 관심사임을 논의하고자 한다. 특별히 이 이슈에 관련된 기독교 전통 전체를 살펴보도록 시각을 달리하여 조감해보고자 한다. 세상에서 그리스도인이 정의를 위해 일하는 모든 방식들에 대해 이렇게 말하는 것으로 충분히 이해되지 않거나 제대로 표현이 되지 않는다면, 만약 시간과 공간이 허락되는 한도 내에 필요에 따라 영국 노예제도를 반대했던 윌리엄 윌버포스William Wilberforce의 업적, 인도에서 여성을 위해 정의를 외친 판디타 라마바이의 운동, 흑인해방운동을 통해 정의를 외쳤던 미국의 마틴 루터 킹 주니어의 업적을 비롯한 많은 예를 고려해볼 수 있다.29) 그럼에도, 이 짧은 글에서, 우리는 정의가 교회 및 교회 전 역사에 얼마나 중요한 것인지 분명히 보게 될 것이다.

이머징 예배와 경건회 연습은 종종 옛것을 새것으로 대치하는데 적절한 모습을 보인다. 이러한 교회의 실천방안과 개인의 영성은 정의를 실천하는데 놀라운 잠재력을 보유하고 있음을 보여준다. 무엇이든 빠르게 변하는 우리의 시대적 맥락 속에서, 우리는 교회 역사에 존재해 왔던 기독교 사회운동의 지식을 통해 고무되기도 하고, 격려받기도하고, 때때로는 많은 경고를 받기도 한다. 또한 이머징 교회가 강조하는 우정관계에 관심을 가짐으로써, 우리는 교리나 교단 장벽을 넘어서는 정의에 대한 전례 없는 새로운 대화를 창출할 수 있을 것이다. 그리고 정의를 실천하도록 전혀 기대하지 못했던 새로운 협력체계를 만들어 나갈 수 있을 것이다.

초대교회

1세기 기독교 운동에 대해 모든 믿는 사람이 가진 아주 중요한 질문 하나는 그들이 사회에 대해 어떤 관계를 맺고 있었는가와 관련 있다. 만약 그리스도인이 그리스도 안에서 믿음으로 말미암아 영원한 안전을 보장받았다면, 그들은 이 세상, 이 사회, 그리고 그들이 사는 이웃의 실제 생활 및 조건들에 대해 그다지 많은 관심을 쏟지 않았을 것이다. 다행히도, 초기 그리스도인의 믿음은 그들을 이와 정반대 방향으로 이끌어 나갔다. 그들은 자신의 진정한 시민권이 하나님나라에 있음을 너무나 확실히 믿었기 때문에, 자신들이 발을 딛고 사는 이 땅 위의 사회적인 선을 위해 겁 없이 행동할 수 있었다. 히브리 사람들이 망명의 삶 속에서 자신들의 공동체를 세워나갔듯이, 초기 그리스도인들도 "잠시 거주하는 나그네"resident aliens로 삶을 살았다. "또 너희는, 내가 사로잡혀 가게 한 그 성읍이 평안을 누리도록 노력하라"는 예레미야 29장 7절의 말씀을 상기해 보자. 그들은 과부들과 가난한 사람들을 후원하고, 유아 살해로부터 아이들을 구해내고, 병든 사람들을 간호함으로써 이 일을 이루어나갔다.30) 실제로 초기 교회 문서는 다음과 같이 그리스도인을 설명한다.

그리스도인들을 식별할 때 그들이 속한 나라, 그들이 사용하는 언어,

그들이 속해 있는 문화로 다른 사람과 구분할 수 없다. 그들은 자신들 끼리만 도시를 이루며 살지 않는다. 그들은 특별한 형태의 언어를 사용하지 않는다. 그들은 보통 사람들과 다르게 살지 않는다. 그러나 비록 그들이 그리스에 살든지 그 외 다른 도시에 살든지, 각각 자신들에 맞는 옷을 입고 음식을 먹고 매일 생활 속에서 다른 사람들이 사는 모습을 따라 산다. 이와 동시에 그들은 자신들이 자신이 속한 사회의 법을 탁월하게 지키며 특출난 모습으로 인정받으며 산다. 그들은 자신의 나라에서 살지만, 외국인처럼 살아간다.31)

중세 시대

정의와 교회의 역사는 서로 따로 뗄 수 없다. 개인적으로든 전체적으로든 제도화된 교회를 통해, 그리스도인은 자신들을 위해 권력을 쌓는 동안 끊임없이 약자들을 학대하였다. 그리스도인이 정의를 실천했던 이야기들 중 사람들의 시선을 끄는 이야기들은 자기만족, 자기 강화 및 불의한 교회의 모습에서 신자들이 방향을 다시 잡고 교회를 회복하고자 했던 교회 갱신의 상황을 배경으로 한다. 그러한 중세 시대의 이야기들 중 하나가 바로 13세기 이탈리아 아씨시에서 살았던 성 프란체스코 이야기이다. 특혜를 받은 가정에 태어난 프란체스코는 종교적 열심을 갖고 살았다. 그를 따르는 추종자들과 함께 프란체스코는 가난한 인생을 살기로 결심하였다. 프란체스코와 그의 추종자들은 외로운 들에서 농부들과 함께 일하며, 황폐해진 교회들을 재건축하였고, 문둥병자들과 함께 지내면서 그들의 실제적 필요를 채우며 살았다. 같은 마음을 가지고 그 지역에 살고 있던 클레어Clare라는 여성이 프란체스코의 비전에 동참하였다. 결과적으로 여러 가톨릭 규칙들이 만들어졌는데, 주요한 두 가지는 프란체스코 수도회the Franciscans와 프란체스코 제 2 수도회the Second Order of St.

Francis, 혹은 가난한 클레어 수도회the Poor Clares : 성 클레어가 창시한 여성 수도회로 프란체스코 제 2 수도회의 다른 이름임–역주가 되었다. 현재 프란체스코 수도원은 여전히 가난한 생명들을 돌아보며, 자선을 베풀고, 복종의 삶을 살도록 헌신하고 있다. 가난한 사람들을 향한 마음은 그들의 종교생활의 핵심으로 자리한다.32)

종교개혁

여러 방면에서 그들이 로마 가톨릭 교회를 거스르는 동안, 개신교 개혁가들은 가난한 사람들을 돌아보는 교회의 역사적 전통을 수행해 나갔다. 예를 들어 존 칼빈은 고아들과 버려진 아이들, 노인, 병자, 장애인들을 위해 제네바의 종합병원을 세웠다. 이 병원은 가난한 사람들에게 음식을 제공하였고, 여행객들에게 잠자리를 제공하였다. 프랑스에서 교회들은 가난한 소년들을 위한 도제훈련을 시행하였고, 가난한 젊은 여성들에게 필요한 결혼 자금을 마련해 주기도 했다. 교회들은 사람들이 일자리, 결혼생활, 가족을 찾도록 도와주었으며, 이러한 모든 것은 사회적인 조화와 안정을 위해 크게 공헌하였다.33)

현대

현대 그리스도인은 여러 방면에서 사회 정의를 위해 일했다. 사회정의를 이끌어가기도 했고, 때로는 공익을 위해 다른 세계관을 가진 사람들과 함께 일하기도 했다. 20세기 복음주의자들은 자기규정을 위해 애쓰면서도 사회정의에 대해서는 가야할 길을 벗어났다. 이렇게 복음주의자들이 자신들의 성격을 잘못 규정짓고 있는 가운데, 자유진영이 사회정의에 관심을 가졌다. 그러나 자유진영은 성경에 강조점을 두지 않았고, 반면 복음주의 진영은 성경, 예수, 복음주의를 강조하면서 사회정의를 종교의 우선순위 목록에서 삭제해 버렸다. 비록 20세기 복음주의가 종종 사회 정의를 그저 선교의 한 요소로 경시했지만, 그들의 행동은 그들이 말하는 것 이상의 모습을 보이곤 했다. 1974년 스위스 로잔 언약은 복음주의의 정체성으로서 더 건강한 모습의 사회 정의 실현이 필요함을 재천명하였다.

로잔 언약 제5항은 "그리스도인의 사회적 책임"이라는 주제 아래 그러한 견해를 다음과 같이 정리한다.

> 우리는 하나님이 모든 사람의 창조자이신 동시에 심판자이심을 믿는다. 그러므로 우리는 인간사회 어디서나 정의와 화해를 구현하시고, 인간을 모든 종류의 압박에서 해방시키려는 하나님의 관심에 참여하여야 한다. 사람은 하나님의 형상을 따라 창조되었기 때문에 인종, 종교, 피부색, 문화, 계급, 성에 상관없이 본질적인 존엄성을 지니며, 따라서 사람은 존중받고 섬김 받아야 하며 누구든 착취당해서는 안 된다. 우리가 이 점을 등한시하여 왔고, 또 왕왕 전도와 사회참여가 서로 상반되는 것으로 잘못 생각한데 대하여 참회한다. 사람과의 화해가 곧 하나님과의 화해가 아니며, 사회 행동이 곧 전도는 아니며, 정치적 해방이 곧 구원은 아닐지라도, 전도와 사회정치적 참여는 그리스도인이 행해야 할 두 가지 의무라는 것을 우리는 인정한다. 왜냐하면 이 두 가지는 다 같이 하나님과 인간에 대한 우리의 교리, 이웃을 위한 우리의 사랑, 그리고 예수 그리스도에 대한 우리의 순종을 드러내는 필수적 표현들이기 때문이다. 구원의 메시지는 모든 종류의 소외와 압박과 차별에 대한 심판의 메시지를 내포한다. 그러므로 우리는 악과 부정이 있는 곳에서는 어디서나 이것을 공박하는 일을 무서워해서는 안 된다. 사람들이 그리스도를 받아들이면 그의 나라를 위

해 중생함을 받는다. 따라서 그들은 불의한 세상에서도 그 나라의 의를 나타낼 뿐만 아니라 전파하기에 힘써야 한다. 우리가 주장하는 구원은 우리의 개인적 그리고 사회적 책임을 총체적으로 수행하도록 우리를 변화시키는 것이어야 한다. 행함이 없는 믿음은 죽은 것이다.34)

현대에는 흥미로운 사회정의에 관한 일들이 너무나 많아서 전체를 개관해볼 수는 없지만, 내 인생에 가장 큰 영향을 끼친 것 중 하나가 20세기 말에 시도된 도시 목회 운동이다. 나는 필라델피아의 킹덤 웍스 Kingdom Works(현재는 미션 이어Mission Year로 이름이 바뀌었다)라는 곳에서 청년 사역을 하면서 두 해 여름을 보냈다. 이 사역은 바르트 캄폴로Bart Campolo에 의해 시작되었다.35) 나는 기독교 공동체 개발 협회와 함께 일하면서 폭넓게 네트워크를 구축하는 일을 했다. 기독교 공동체 개발 협회는 존 퍼킨스의 "재조직, 재분배, 재화해"36)라는 철학 아래 동일한 마음을 가진 도시 목회자들의 모임이다. 경제, 인종, 대인간 올바른 관계를 추구하고자 했던 이 기독교 운동은 내 인생을 변화시켜 놓았다. 결국 나는 어떻게 게토가 형성되고, 게토 거주민들이 어떤 식으로 자신들을 위해 행동하는지 알고자 13년 동안 필라델피아, 워싱턴 D.C., 버팔로, 미네아폴리스 등의 도시에서 시간을 보내며 도시 문화 인류학을 전공하였다.

다른 사람들뿐만 아니라 복음주의자들까지도 현대 시대의 그리스도인은 실패하였다. 그리고 성공신화뿐만 아니라 이러한 실패에 대한 이야기도 소중한 것들로 인정하는 것이 중요하다. 현대 시대에 그리스도인은 여성을 올바로 대해야 한다는 복음 메시지를 제대로 전달하지 못했고, 미리 효과적으로 예방할 수 있는 인종차별과 노예제도에 대해 말하기를 거부했다. 우리는 식민주의 사상에 대해 반대하지 못했을 뿐 아니라, 오히려 거기에서 얻어지는 유익을 적극적으로 누려왔다. 심지어는 아동 성도착, 교회 리더들의 윤리적 타락, 번영복음이라는 사기를 비롯해 교회의 불의와 추문에 대해 눈 감아버리고 말았다.

포스트모던

만약 우리가 세계의 거의 모든 부분에 있는 문제들이 무엇인지 진지하게 말하고자 한다면, 사회정의에 대한 외침의 소리를 들어야만 한다. 환경악화, 인간의 노예화 및 학대, 남성과 여성 사이에 존재하는 가부장적 영향들, 정치적 부정부패, 가난은 이러한 문제들 중 몇 가지에 불과하다. 우리가 말하는 동안에도 계속해서 변화하는 사회정의에 대한 포스트모던 접근법들은 기술과학의 창조적 사용, 사이버 활동, 자신을 모던시대의 반대자로 여기는 사람들 간의 새로운 협력 등이 있다. 한 가지 아주 혁신적인 프로젝트는 '관계형' 십일조인데, 인터넷 과학기술을 사용해서 지리적 한계를 넘어 전세계에 필요한 자원들을 서로 연결시켜주는 것이다.37) 또 사회운동의 또 다른 흥미로운 형태로 블로그상의 리더십 형성이 있다. 한 사람의 블로거가 다른 블로거의 개인적인 위기를 듣고 자신의 블로그나 페이스북을 통해 어마어마한 기금을 조성해내는 것을 여러 차례 보아왔다. 이러한 기금은 어마어마한 답글이나 이메일과 함께 페이팔 계좌를 통해 전달된다. 한번은 일단의 여성 블로거들이 죽어가는 한 여성에게 돈을 건네기도 하고, 답글이나 이메일을 통해 격려의 말을 남기기도 하며, 가능할 때는 직접 찾아가 신체적인 도움을 준 일이 있었다. 수많은 그리스도인은 이미 이러한 가능성을 창출해 내고 있으며, 사이버 사회운동과 실제 세상에서의 활동 사이를 오가며 정의를 실천하고 있다.

결론

각 시대를 살았던 그리스도인들처럼, 트리시아는 자신이 있는 지역에서 정의를 실천하려고 이미 존재하는 과학기술, 정치적 구조, 통신 기능들을 사용하였다. 그녀는 자발적인 파트너들과 더불어서, 유권자들에 영향을 미치게 될 전화를 하고 편지를 쓰고 대화를 계속해나가면서 지역공원을 보호하고자 노력했다. 그녀의 이야기에 대해 들었다. 트리시아는 그녀를 위해 기도하고 격려를 아끼지 않는 멀리 있는 친구들과 가족들에게 자신의 이야기를 나누었다. 정의는 관계의 온전함을 통해 일을 바로 잡는 것으로 매우 큰 개념이다. 그렇지만, 정의는 이 이야기처럼 아주 작은 실천을 통해 이루어지는 구체적인 것이다. 이 공원은 사람들의 기쁨을 위해 캘리포니아 산마을에 아름답게 자리하고 있다.

나는 사회 정의 대 복음주의, 그리고 복음주의 대 자유주의를 표방했던 20세기의 양극화 속에서 성장했다. 나는 이러한 것들을 통해 내가 물려받은 것들이 많이 있지만, 내 인생에 그것들을 어떻게 십분 활용할 것인가 선택해야만 한다. 이머징 대화는 유행하는 패러다임, 오래된 패러다임, 최근의 패러다임과 관례들을 현명한 방식으로 평가하고 적절하게 선택하도록, 그리고 우리 자신과 세상을 잘 부양하도록 새로운 방식을 창조해 내도록 희망을 선사해 주었다. 우리는 주도권을 잡고 있는 패러다임들을 와해시키고, 믿음과 삶에 대한 새로운 상황화를 추구하는 가운데, 여러 시대와 여러 장소의 그리스도인 형제자매에게 배우고 그들의 관례practices들을 적절히 선별해야만 한다. 정의를 위한 기독교 관심에 관한 한 새로운 것은 없다. 그러나 정의를 실천해야 할 이유에서는 늘 새로운 날이다.

5장
정의를 (해체)건설하기
포스트모던의 변화가 정의를 위한 기독교 열정에 무엇을 기여했는가?

토니 존스

2007년 봄, 이머징 마을Emergent Village은 아주 흥미로운 행사를 주최했다. 그것은 우리가 늘 갖는 연례 "신학 마당"이었다. 그러나 그 해에 우리는 좀 다른 방침을 세웠고, "신학 철학 마당"을 개최하였다. 3일 동안 우리는 포스트모던 제2세대 및 3세대 철학자들로 대변되는 존 카푸토 John Caputo와 리차드 키어니Richard Kearney와 함께 대화를 나누었다.

두 명의 저명한 포스트모던 철학자들과 함께 했던 모임이라 이미 추측한대로, 우리는 "진리", "정의", "사랑" 그리고 "은사"에 관한 많은 대화를 나누었다. 그러나 거기에는 당신이 전혀 기대하지 않은 뭔가가 있었다. 그것은 이 두 저명한 포스트모던 철학자들이 이러한 것들의 실재를 부정하지 않았다는 사실이다. 오히려 그들은 "진리", "정의", "사랑", 그리고 "은사"가 실제로 존재한다고 강력히 주장했다. 이들은 실재하는

토니 존스(Tony Jones)는 『새로운 그리스도인들』The New Christians: Dispatches from the Emergent Frontier의 저자이자 미네아폴리스의 솔로몬 행각Solomon's Porch에 거주하는 신학자이다. 프린스턴 신학대학원의 실천신학 박사로서, 그는 기독교 사역과 영성에 대한 많은 책을 저술하였으며, 이머징 처치, 포스트모더니즘, 기독교 영성 분야의 강사이자 자문위원이다. 세 명의 자녀들과 미네소타주 에디나Edina에 살고 있다.

것들이다. 당신이 말하고 싶어 하듯이 이들은 의심할 여지없이 존재하는 것들이다. 카푸토와 키어니의 전문적인 용어로 하자면, 이러한 것들은 "도저히 해체할 수 없다."38)

한편, 그들은 이러한 절대적인 것들을 인간의 언어로 표현하는 것이 그 존재를 완전히 해체하는 일이라고 말했다. 미국 사람들은 인류 역사상 가장 소송하기 좋아하는 사회에 살고 있다. 관세법만 해도 약 17,000페이지에 달하고 "포켓용" 연방형사법만 해도 1,400페이지에 달한다. 미국에 사는 사람들은 누구나 엄청난 연방법, 주법, 지역 조례에 의해 지배를 받는다. 이러한 법규는 유괴법에서부터 당신 정원의 잔디를 얼마나 길게 키울 수 있는지 까지 아주 범위가 넓다.

그러나 이러한 법들 중 그 어느 것도 완전히 공정하지 않다. 오히려 각각의 법은 정의를 이루려는 시도이며, 정의에 대한 희망으로서 존재한다. 운전자들이 과속하지 않도록 규제하고, 사람들이 명동 한복판에서 발가벗고 다니지 않도록 규제하는 것이 바로 우리가 추구하고자 하는 정의의 개념이다. 이러한 모든 것을 종합해볼 때, 법정에서 다루어지는 수백, 수천 페이지에 달하는 법은 정의의 아주 포괄적인 체제를 구축하려는 문화적 시도들이라고 할 수 있다.

그러나 매년, 우리는 이러한 법에 오래된 항목을 삭제하고, 새로운 항목을 추가한다. 이처럼 닿지 않는 곳에서 맴도는, 해체할 수 없는 정의는, 여전히 우리로 하여금 정의를 시도하고, 정의에 다다르고자 하고, 정의를 희망하도록 만든다. 그리하여 우리는 법이 최대한 정의로워지도록 계속해서 고치고, 투표하고, 토론한다.

그리스도를 따르는 제자들 사이에는 정의에 대한 열정이라 불리는 묘한 천상의 "감각"이 존재한다. 우리 역사와 문서들은 정의란 무엇인가에 대해 아주 감탄할만한 예들을 제시한다. 사실, 하나님께서 이스라엘 백성을 다루실 때 하나님의 마음에는 늘 정의가 자리 잡고 있었다. 예를 들어, 모세가 요단 강을 건너 약속의 땅에 들어가기 전 하나님의 백성에게 들려주었던 마지막 훈계에 따르면, 어떻게 이들 백성이 "낯선 이방인"을 다루는지는 하나님께 매우 소중한 것이라고 기록하고 있다. 사실 그것은 하나님의 거의 최고 관심사였던 것 같다.

그것이 전체적인 그림이다. 그러나 사소한 것, 레위법의 일점일획에 있어서도 정의는 아주 강력한 동기였다. 이스라엘 백성에게 매 7년 만에 땅을 휴작하라는 법이 전해졌을 때, 거기에는 한 가지 단서가 붙어 있었다. 비록 땅은 경작할 수 없다 할지라도, 단기 숙박객이나 야생동물들은 그곳에서 난 자연적 소산을 얼마든지 먹을 수 있다는 것이었다. 이와 같이 안식일 법에서조차도 이스라엘 백성에게 사회적 약자 및 소외계층을 향한 정의의 시행은 매우 중요한 것이었다.

세월이 흘러, 예수께서 역사의 무대에 등장하시면서 바로 이 안식법을 시행하셨다. 그의 신학적 적대자들이 핵심을 비켜가게 되자, 그는 이 안식법을 실제로 집행하셨다. 그는 "안식일이 사람을 위해 있는 것이지, 사람이 안식일을 위해 있는 것이 아니라"고 분명히 하셨다. 다른 말로, 법은 법이 제정된 목적이 있다는 말이었다. 그리고 그 목적은 인간 생활의 리듬을 따라 이루어져야 했다. 그러나 법이 율법적이 될 때, 그것은 더 이상 원래 목적을 이룰 수 없게 된다. 그리고 바울이 그 개념을 한 단계 발전시켜서, 예수님 덕분으로 이제 비유대인도 하나님의 가족이 되었음을 나머지 사도들에게 확신시켰다. 이방인들에 대한 정말로 명예롭지 못한 이러한 개념이 한동안 사람들 마음에 자리하였지만, 베드로와 동료들이 결국 더 이상 이방인들이 다른 사람이 아니라는 소식을 받아들이도록 만들었다.

물론, 우리는 아주 다른 시대를 살고 있다. 이미 오래 전에 막스 베버

Max Weber는 칼빈주의와 자본주의 사이에 존재하는 상승효과를 보았다. 칼빈주의는 자본의 비윤리적 욕망을 억제하고, 자본주의는 칼빈주의의 기업가정신을 적극 권장하였다. 그러나 서구인들의 종교적 경향이 바뀌면서, "프로테스탄트 기업 윤리"는 자본주의를 저지하는 데 있어서 더 이상 기댈만한 것이 못 되었다. 어떤 그리스도인은 자본주의에 대해 항상 회의의 시각을 견지하고 있지만, 오늘날 많은 이는 자본주의의 약점들을 더욱 더 정확하게 아는 것 같다. 실제로 전 미국 노동부 장관이었던 로버트 리치Robert Reich는 우리가 시장의 위력과 돈의 양이 엄청난 "초자본주의" 시대에 살고 있으며, 다가오는 미래에는 초자본주의가 미국의 근본을 이루는 민주주의를 위협할 것이라고 주장했다. 『초자본주의: 사업, 민주주의 그리고 일상의 변혁』Supercapitalism: The Transformation of Business, Democracy, and Everyday Life라는 책에서 리치는 미국인들이 더 늦기 전에 현 미국을 지배하는 기업들을 상대로 싸울 것을 강력하게 주장하였다. 그의 글에 따르면, 문제는 우리가 월마트 가격으로 구매를 원한다는 사실이다.39)

그러나 우리는 모든 것을 가질 수 없다. 그러므로 우리는 예수의 시대와는 매우 다른 21세기의 시민으로서 어떻게 세계화 속에서 정의를 위해 일할 것인지 선택해야 한다. 믿든지 믿지 않든지, 앞에서 말한 포스트모더니스트들이 우리를 도울 수 있다. 여기에 그 방법이 있다.

첫째로, 포스트모던 변화는 우리 자신들의 한계가 있음을 상기시켜준다. 한스게오르그 가다머Hans-Georg Gadamer나 폴 리꾀르Paul Riceour와 같은 포스트모던 이론가들은 해석학어떻게 해석할 것인가에 대한 서로 다른 이론들의 견해에 대한 글을 쓰고 있다. 그들에게 배울 것은 우리가 겸손한 모습으로 앞으로 나아가야 한다는 것이다. 처음 밟아야 할 단계는 모든 것을 아우르는 해석학의 본질을 인지하고, 현실에 대한 우리의 모든 대화에는 인간의 제한된 인식과 해석의 가능성이 있음을 인정하며, 그렇게 함으로써 질문하고 교정해 나가도록 길을 열어놓는 일이다. 비록 어떤 사람들은 "진리란 무엇인가?" 혹은 "어떻게 그 성경구절을 해석할 것인가?" 하는 질문에 대해 분명하고, 쉬운, 한 가지 답이란 아예 존재하지 않는다고 주장할 것이다. 만약 우리가 더 동일한 문화나 집단 속에 산다면 해석의 실재는 그다지 필요하지 않을 것이다. 예를 들어보자. 만약 당신들이 피부색이 같고, 모두 같은 말을 하고, 같은 종교를 갖고 있다고 생각해 보자. 당신과 이웃은 과연 무엇이 가장 정의로운 법인가에 대해 별다른 생각을 갖지 않아도 될 것이다.

그러나 지금 우리는 전 세계적으로 이동이 잦고, 어마어마한 양의 통신이 이루어지는 세상에 살고 있다. 이전의 그 어떤 역사에서도, 세상을 서로 다르게 인지하고 해석하는 사람들과 이처럼 근접해 있던 적이 없었다. 예를 들어 영국에는 그 어느 때 보다도 아랍과 아프리카 사람들이 대거 유입되고 있는데, 그들 중 상당수가 무슬림이다. 이러한 상황은 캔터베리 주교인 로완 윌리엄스Rowan Williams로 하여금 2007년에 영국 사람들은 이슬람법인 샤리아Sharia와 공존할 수 있는 영국 법을 찾아야 하지 않겠느냐고 제안하게 만들었다. 이 말에 대해 어마어마한 항의가 빗발쳤다. 그렇지만, 윌리엄의 이러한 제안과 상황이 바로 우리가 새로운 시대를 맞이하고 있다는 사실을 알려준다.

이처럼 진리, 정의, 사랑에 대한 다양한 해석에 마주칠 때, 심지어 한 나라와 국가 안에서도 이러한 다양한 경계선들이 존재함을 접할 때, 그리스도인은 우리의 성경해석 관점에 대해 더 주의 깊게 생각해 보아야 한다. 우리가 가진 생각이 유일하고 가장 진실한 해석인가? 우리가 속한 기독교 전통 내에 존재하는 다양성은 어떻게 다룰 것인가? 대중의 의견과 반대되는 목소리를 내는 포스트모던주의자들은 우리에게 이러한 질문을 피하라고 하지 않는다. 오히려 그들은 절대적인 답변들이 파시즘의 성향을 띤다고 주장한다. 겸손하고, 신중한 대답만이 평화로 우리를 인도해 줄 것이다. 이러한 견해 또한 논쟁을 불러일으키겠지만, 이것이야말로 가장 그리스도적인 태도가 될 것이다.

둘째로, 포스트모던 이론가들은 우리 모두가 불가피하게 공동체에 뿌리 내리고 사는 존재라는 점을 가르쳐 주었다. 예를 들어, 스탠리 피시 Stanley Fish는 "해석의 공동체가 갖는 권위"에 대해 많은 글을 썼다.40) 우리가 어떻게 성경 구절을 해석하는가, 혹은 "이러한 상황에서 가장 정의로운 길은 무엇일까?" 하는 질문에 어떻게 답하는가는, 불가피하게 우리를 형성시켜 온 공동체에 영향을 받는다. 내가 성장했던 곳, 나를 양육한 사람들, 나를 교육시킨 기관들, 친구, 동료, 가족구성원 모두가 내가 하는 답에 영향을 미친다.

피시와 같은 포스트모던주의자들에 대해 절대적인 도덕률을 따르지 않고 상대주의적 태도를 부추긴다는 또 다른 비판들이 존재하지만, 우리가 그리스도의 길을 따르는 데 있어서 위축될 필요는 없다. 왜냐하면 우리가 걷는 길은 공동체의 이야기들에 의해 이미 충분히 정의되어 있기 때문이다. 성경은 어떤 객관적인 것이나 실천할 수 없는 것에 대해 말하는 것이 아니라, 약 5천년 이상의 역사 동안 하나님을 따랐던 사람들이 실천해 낸 정의에 대해 말하기 때문이다. 그리스도께 헌신하는 사람으로서 우리는 이 5천년 역사를 통해 전세계에서 뻗어온 믿음의 공동체를 따르기로 매일 결단해야 한다. 역사 속의 공동체이든 현재의 공동체이든 이러한 공동체는 우리가 내리는 모든 결정, 그리고 정의에 대한 질문들에 우리가 어떻게 대답해야 하는지와 연관된다.

셋째로, 포스트모던주의자들은 우리로 하여금 이야기의 능력이 얼마나 위대한가를 보게 해 주었다. 포스트모던 상황에서 가장 자주 인용되는 인물로서 장-프랑수아 리오타르Jean-Francois Lyotard는 사람들이 "거대담론metanarrative을 의심하는" 가운데 살고 있다고 밝혔다.41) 다르게 표현하자면 우리는 인류에게 어떤 사람히틀러와 같은이 무엇인가 답을 가져다줄 것이라는 거대담론을 더 이상 믿지 않는 시대를 살고 있다.

대신에 우리는 더 세밀한 이야기micro-narrative를 듣고 싶어 한다.42) 실제로 현재 우리에게 들려지는 어마어마한 양의 정보(실제로 매 18개월마다 정보의 양은 두 배로 늘어나는 추세임)를 제대로 파악하는 올바른 방법은 서로의 이야기에 귀를 기울이는 것이다. 이러한 이야기는 우리 인생 속에 존재하는 다량의 자료들에 의미를 부여하며, 우리를 행동하게 만드는 것 또한 이러한 이야기이기 때문이다. 그러면 계속 증가하는 이야기가 아닌 성경과 기독교 전통은 도대체 무엇인가? 영웅들과 악한들, 죄인들과 성인들, 귀족과 농민들과 같이 두렵고 떨리는 마음으로 믿음을 이루어가는 우리의 이야기도 이 전집에 기록되는 것이다.

어떤 사람들은 포스트모더니즘의 이론이 갖는 장점에 대해 슬퍼한다. 왜냐하면 이러한 포스트모더니즘의 장점이 허무주의적 책임회피자들을 양산한다고 생각하기 때문이다. 그러나 실제로는 그 반대다. 지금 전 세계의 젊은 기독교 세대는 그 어느 때보다 정의에 대해 열정을 갖고 있다. 그들은 복음주의 권력이 제대로 그 모습을 지키게 하려고 자신들의 정치적 의제를 점점 더 넓혀가며, 정치적 태도를 덜 갖는 대신 선교적 활동을 더 많이 하도록 주류교단의 리더십을 자극한다.

겸손의 해석학적 관점을 견지하면, 그리스도인은 기독교 변증론에 대한 책을 쓰는데 시간을 덜 보내는 대신에 그들다른 종교들을 포함한에게 동의하지 않는 사람들과 함께하며, 정의를 위해 싸우는데 더욱 더 많은 시간을 보내는 경향을 보일 것이다. 공동체에 뿌리 내리고 사는 존재라는 것에 대한 인식과 더불어, 그리스도인은 동떨어지고 오래된 모습으로써의

지시적인 믿음에 덜 신경 쓰는 대신, 이웃을 변화시키는 일에 소매를 걷어붙이게 될 것이다.

이야기의 힘이 얼마나 큰지 감사하면서, 그리스도인은 우리 이웃^{저쪽에 사는, 혹은 세계 저편에 사는}을 악마처럼 생각하는 일을 줄여가야 한다. 그리고 서로의 이야기에 귀 기울여야 한다. 듣는 것, 진정으로 서로의 목소리를 듣는 것은 모든 일에 우선해야 하는 일이며, 우리 인생에서 실제적이며 성경적인 정의를 촉진시키도록 해야 하는 가장 중요한 일이다.

마지막으로 하고 싶은 말은 이러한 포스트모더니즘의 변화가 드러내는 특성들 중 그 어느 것도 그리스도인 특유의 모습을 경감시키지 못한다는 것이다. 이것은 믿음을 사라지게 하려는 것이 아니다. 오히려 이것은 어떻게 우리가 우리의 믿음을 지키며 살아갈 것인지에 대한 고찰이다. 이것이 반직관적인 것처럼 보일지는 모르지만, 포스트모더니즘 변화는 실제로 정의를 위한 그리스도인의 열정을 계발시켜준다. 이 점은 하나님께 감사드릴 일이다!

정의 프로젝트 2
정의의 책

6장
공평하지 못한 시각으로 성경을 읽다
어떻게 미국 교회들은 성경을 공평하지 못한 시각으로 읽어 왔는가?

리처드 트위스

내 이름을 타오야테 오브나진Taoyate Obnajin:자기 백성과 함께 하는 자 라는 뜻이라고 지어 준 라코타 부족의 작명예식에서 제리 엘로우호크Jerry Yellowhawk가 나를 위해 기도해주고, 그리고 빈센트 옐로우 올드 우먼이 독수리 깃털이 달린 모자로 내 인생이 창조주의 선물임을 확인해 주었을 때, 라코타에 사는 예수의 제자로서 내 인생에 새로운 의미가 부여되었다.

나의 아버지 오그라라 라코타 시욱스Oglala Lakota Sioux는 사우스다코타의 파인 리지 보호구역Pine Ridge Reservation출신이며, 나의 어머니 시칸구Sicangu는 사우스다코타의 로스버드 라코타 시욱스 부족Rosebud Lakota Sioux Tribe출신이었다. 나는 어머니의 부족가운데서 태어났지만, 그 보호

리처드 트위스(Rechard Twiss)와 그의 아내 캐서린은 워싱턴 주 밴쿠버에 살고 있다. 그들은 위코니 인터네셔널(Wiconi International)을 공동 설립하였으며, 원주민의 정의, 화해, 치유를 위해 목소리를 내고 있다. 그들의 비전은 "앞으로 다가오는 세대를 위해 공동체 내에 존재하는 장벽을 허물고 새로운 가교를 세우는 것이다." 그는 애스버리 신학 대학원에서 선교학 박사 학위를 받았으며, 북미원주민 신학연구소를 섬기고 있다. www.wiconi.com을 통해 연락할 수 있다.

구역에서 멀리 떨어진 곳에서 자라났다.

1972년, 600명의 다른 사람들과 함께 나는 미국 인디안 운동American Indian Movement: AIM에 참여하였다. 워싱턴 D.C.에 있는 미국 내무부 인디언 사무국 건물을 점거하고, 미국 정부가 원주민 부족과 맺어놓고 지키지 않은 700개 이상의 비준조약에 대해 항의하였다.

나는 1974년에 예수를 따르는 사람이 되었다. 나는 원수를 용서하고, 이웃을 사랑하고, 겸손한 마음으로 예수를 따르는 법을 배웠다. 나는 "성경적 그리스도인"이 보수 공화당원이라는 사실을 알게 되었다. 이들은 제임스 돕슨James Dobson의 가르침을 따라 자녀들을 양육하고, 거의 모든 것에 절제하는 삶을 살고, 다른 교회에 다니는 사람들을 비판하고, 각 사람들이 방언을 한다고 생각하고, "건강한 교리"라는 이름 아래 백인들의 낯선 문화적 행동을 받아들이기 기대한다.

여러 해 동안 나는 그리스도를 따르려면 나의 원주민이라는 문화적 배경, 음악, 춤, 북 연주, 예식을 버리고 성경을 해석해야 한다는 압력에 저항했다. 원주민 문화에 관하여, 나는 "불결한 것을 만지지 말라" 혹은 "그들 중에 머물러 있지 말고 나와라. 그들과 분리된 삶을 살라." 혹은 "빛과 어둠이 어떻게 서로 어울릴 수 있는가?"라는 식으로 성경의 가르침에 충만해 있었다. 이것은 나의 뿌리인 인디언 방식을 떠나야 한다는 것을 의미했다. 왜냐하면 나는 그리스도 안에서 새로운 존재가 되었기 때문이었고, 그리스도인이 되는 것은 인디언의 길이 아니었기 때문이었다! 성경은 하나님과 창조물이 하나가 된다는 우리 문화의 의식에 대한 모든 것을 귀신들린 것으로 보게 하였다.

이 장에서 나는 "거북이 섬"Turtle Island:북미를 지칭하는 인디언 용어을 식민화하는데 어떻게 성경이 사용되었는지 조사하는 일에 여러분을 초청하고자 한다. "하나님의 말씀에 기초한", "기독교 국가"가 되는 자유를 얻으려고, 미국은 하나님의 영광이란 이름으로 원주민들의 땅을 빼앗고, 대량인구학살을 자행했으며, 인디언 국가를 식민지화 했다.

미국을 건국한 사람들과 리더들은 미국의 성장을 하나님의 은혜와 축복이라 믿었다. 그리고 이러한 모든 것의 근원은 바로 성경의 은혜와 축복에 의해 "영감을 받은 것"이라고 이해되었다. 이는 종교개혁의 사상과, 예정설과, 약속의 땅에 들어갈 하나님의 선택된 백성의 구원 역할에 의해 한층 더 고무되었다.

> 하나님의 "모습"을 드러낸 것으로써, 세상과 예정된 "운명"으로써 역사는 1620년에서 1660년 사이 영국의 섭리주의자들을 강한 이념으로 무장시켰는데, 그 기간에 이들은 미국 동부의 뉴 잉글랜드New England로 이주를 시작하였다. 간단히 말해 종교를 기반으로 새로운 혈통이 시작된 것이다.1)

1845년 존 오설리반John O'Sullivan이라는 기자는 "매년 수백만 명의 사람들이 자유로이 개발을 이루는 것으로써, 하나님의 섭리에 의해 정해진 이 대륙을 온통 뒤덮는 것"2)이 미국의 소명임을 분명하게 표현하고자 "예시된 운명"이란 말을 만들어내 엄청난 인정을 받았다. 초등학교 때, 이 예시된 운명이란 말을 읽었을 때, 나는 엄청난 충격을 받았다. "거친 서부"에 정착해서 인디언들을 죽이려고 세인트 루이스에서부터 밀려드는 개척자들의 마차를 축복하는 아름다운 여인, 그리고 그 여인의 발아래에서 짓이겨지는 책 속 원주민의 모습이 바로 나였다. 거짓된 성경의 이념으로서 예시된 운명이란 신의 섭리와 특권이라는 무게를 갖고 있다. 예시된 운명은 제도적으로, 정치적으로, 종교적으로 뼈에 깊이 새겨져 있으며, "기독교 국가"라는 미국의 자기 정체성으로 자리하고 있다. 이러한 자기 이해는 하나님나라를 세우기 위한 성령의 인도하심, 성경적 진리, 신의 소명에 대한 감각이라는 기치 아래 기독교 리더들이 사상적으로 뒷받침하고 있다.

포르투갈이나 스페인을 포함한 미국의 기독교 식민통치자들은 자신들의 노력을 거룩한 모험으로 이해한다. 앤더스 스테판슨Anders Stephanson이 지적하는 것처럼, "출애굽기 이야기를 청교도들이 다시 재구성하는 방식은 선택받은 백성이라는 매우 놀라운 신학으로서 후에 미국의 자기 이해방식 뿐만 아니라 식민통치 과정에서 주기적으로 반복된다." 그는 이러한 신학을 다음과 같이 네 가지 성경적 주제로 요약하였다. 1) 신의 선택과 언약 2) 선택과 변증 3) 예언, 계시와 역사의 끝 4) 영역, 선교 그리고 공동체.3)

성경의 이야기들은 1629년 미국을 향해 떠날 채비를 했던 영국의 청교도들이 메사추세츠만 식민지Messachusetts Bay Colony를 통치하기 위한 국새를 만들었던 일, 즉 새로운 세계 시작을 위한 문명화 작업을 정당화 하는데 공식적으로 사용되었다. 이 국새의 한가운데에 서 있는 인물은 한 손에는 활을 그리고 또 다른 한 손에는 화살을 잡고 있는 인디언이었다. 그 인디언은 중요한 부분을 나뭇잎으로 가린 것 외에는 거의 나신에 가까운 모습으로 그려져 있다. 그의 입에서 리본이 흘러나오는데, 그 리본에는 "어서 와서 우리를 도와주십시오"4)라는 글귀가 적혀있고, 이는 사도바울의 "마케도니아 사람들의 요청"을 말하는 것이다. 이 옥새는 청교도들로 하여금 새로운 대륙에 사는 사람들에게 복음을 전하도록 하나님께서 인도하셨다는 느낌을 갖게 한다.

이 당시 영국에는 인디언이 이스라엘의 잃어버린 부족들 중 하나였다는 공론이 있었다.5)

1640년대와 1650년대에 있었던 토론은 유대인의 회심이 보편적인 기독교로 이어졌다는 신념을 근거로 한다. 만약 인디언들이 이방인이라면, 그들의 기독교 개종은 종말론적인 사건이 시작되는 표시가 아니라, 미래에 진행되어야할 대규모 회심 사건을 맛보는 것으로 볼 수 있는 것이었다. 그러나 만약 인디언들이 잃어버린 이스라엘 부족 중 하나라면, 그들의 기독교 개종은 임박한 그리스도의 재림을 나타내는 것이다.6)

청교도 작가들은 인디언 개종자들이 어떤 사람들인지 밝히려고 성경적 예표론을 사용하였다. 마른 뼈들이 살아나 생명이 된 에스겔의 비전과 기독교 인디언들을 동일한 구조로 보았다. 즉 그들은 인디언들을 말씀을 듣기 전에 죄 아래서 "죽어 있던" 사람들이라고 확신했다.7)

복음주의 사역은 고귀한 일이다…. 복음은 가난하고 길들여지지 않은 피조물, 사탄의 영향력 아래 있던 많은 사람, 그들의 발아래에서 오르락내리락 하는 악의 사슬에 묶인 영혼들을 어루만지는 고귀한 일이다.8)

미국의 첫 그리스도인은 해안가의 인디언 마을들을 전멸시키려고 구약의 출애굽기에 기록된 바이러스성 전염병을 예로 사용하였다. 존 윈드롭John Winthrop은 1639년 "하나님께서 어마어마한 전염병을 통해 이 지역의 원주민들을 세서하셨다."고 주장하였다. 그리고 이렇게 청교도 정착민들은 뉴 잉글랜드에 정착하는 "보증서"를 거머쥐었다. 페쿠오트 전쟁Pequot War 설명에 따르면, 청교도 승리자들은 적들의 끔찍한 죽음을 보면서 환호성을 질렀다고 하며 다음과 같이 기록을 남기고 있다. "그러나 하나님은 그들보다 위에 계셨다. 하나님은 그를 대적하고, 그의 백성을 대적하는 적들을 비웃으시고 꾸짖으시며, 그들을 뜨거운 화덕에 집어 넣으셨다…. 이렇게 주님께서 죽은 사람들의 시체를 그곳에 가득 채우심으로 미개인들을 심판하셨다."9) 악마의 영역을 기꺼이 점령하도록 많은 사람이 질병으로 죽어갔고, 그들의 죽음은 당연한 것으로 여겼다.10)

이렇게 미국이 "기독교 국가"로서 정체성을 강화하는 동안, 토마스 제퍼슨은 자신의 두 번째 대통령 취임연설에서 선택받은 백성이라는 성경적 주제를 다시금 강조하였고, 신의 예정된 손이 "오래된 이스라엘 백성으로서 우리의 선조들을 원래 땅에서 인도해 내셨고, 모든 필요와 생명의 안식이 흐르는 새로운 땅에 그들을 심으셨다"11)고 연설하였다. 미국의 1달러짜리 지폐의 "신의 섭리가 우리의 시작을 축복해주셨다." 혹은 "신의 섭리가 우리의 일을 축복해 주셨다."는 의미인 아뉴이트 코엡티스 Anuuit Coeptis, 12)라는 라틴 글귀가 적힌 미국 옥새에서 이러한 관점이 그대로 드러난다.

성경적 주제들 또한 어떻게 "인디언 문제"를 가장 잘 다룰 수 있는지에 대한 정부 정책 결정에 중대한 정보를 제공한다. 1869년을 시작으로 "인디언 기관들은 종교기관으로 배정되었다."13) 이는 미국 내무부에 속한 "책임 있는 부속 기관"14)으로 적절히 봉사하게 하기 위함이었다. 교단과 선교그룹과 더불어 연방 정부는 이러한 계획이 "인디언들의 도덕적·종교적 진보"를 선도하는 가운데 "야만적 짐승들을 더디게 성장"시키도록 하는 정부의 정책적 능력을 향상시켜줄 것이라고 믿었다.15)

1882년 인디언 담당부서 장관이었던 히람 프라이스Hiram Price는 지속적인 파트너십이 보여준 긍정적 효과에 대해 다음과 같이 보고하였다.

야만적인 사람들이 문명 생활을 하도록 변화시키는데 매우 중요한 조력자들은 교육가들과 선교사로 일한 그리스도인 남녀로서 이들은 매우 큰 영향력이 있는 사람들이다. 문명화는 기독교의 가르침과 영향력이 보충되지 않으면 아주 천천히 자라는 식물이다. 나는 어마어마한 혜택을 주기 위해 인디언들 가운데서 일하는 교육 선교사 확장 정책을 펴는 정부의 진보적 장려정책을 단호히 지지한다.16)

히람 프라이스는 연방 정책과 기독교 선교기관들이 함께 일하는 것을 후원하도록 성경을 인용한다. 스티븐 뉴콤Steven Newcomb이 설명하였듯이, "어떤 거대 유럽 기독교 교정 프로젝트는 비유적으로 미국 인디언들을 '교화해야 할 대상' 혹은 '잘못과 부적절한 행위로 말미암아 재소환해야 할 대상'"17)으로 여기고 있다.

성경의 렌즈를 통해 미국 원주민들을 볼 때, 유럽 사람들은 이들을 영적으로 속고 사는 우상숭배자, 반역으로 자신을 잃어버린 자, 지옥에 있는 자들로 보았다. 모든 사람과 모든 문화가 창조주의 아름다운 길을 거역하고 죄로 물들어 있기에 정말로 하나님과의 화해가 필요한 것이 사실이라면, 유럽의 계몽주의 사상이 성경 이해에 영향을 끼쳤고 그 결과 명백한 하나님의 뜻과 성경적인 선교를 분간할 수 없게 되었다는 것 또한 사실이 되었다. 게다가 "유럽의 기독교 선교사들과 교육가들이 그들이 견지하는 관점, 즉 '문명화되고', '기독교적인' 생명의 길, 즉 생명을 주는 윤리의 길로 인디언들을 인도할 필요가 있다"는 결론에 도달해야 한다.18)

초기 선교사였던 존 서전트John Sergeant는 자신이 기독교 원주민 공동체를 목회하는 동안, "그들의 부족함을 극복하도록 문화적 무능력과 개인적 책임… 오로지 자신들의 부족함에 대한 완전한 각성을 통해서만 인디언들이 기독교화 될 수 있다"19)며 원주민 회심자들에게 강조하였다.

그는 원주민들이 이러한 요구를 제대로 수행할 수 없다고 느꼈고, 기독교로의 전향을 돕고자 학교를 시작하였다. 학교의 목표는 "원주민으로서 그들이 가진 모든 모습을 완전히 근절시키며… 그들의 악한 습관들을 뿌리 뽑으며, 그들의 삶의 모든 방식을 완전히 바꾸는 것"이었다.20)

나는 이것과 동일한 인종 중심적 성경 해석을 담은 수많은 편지와 이메일을 받고 있다. 한 친구가 몇몇 신학대학원에서 복음주의 선교사들을 지도하는 리더들이 원주민 문화에 대해 매우 염려한다는 내용의 이메일을 내게 보내왔다. "복음을 위하여"라는 기치 아래, 그들은 인디언 문화에 지대한 관심을 가져보려는 내 친구의 바람에 대한 합법성에 대해 질문하였다.

우리는 하나님의 계획들이 무엇인지 알지 못합니다. 그렇지만, 우리가 인디언 문화를 생각하면서, 그들의 핵심 가치들이 단순히 의심의 대상이 아닌, 하나님께서 혐오하시는 가치들임을 보게 되었습니다. 그것은 이방 종교의 것으로 주술에 뿌리를 두고 있습니다. 특별히, 인디언 문화는 이방 종교결국 악마가 시키는에 뿌리를 두기 때문에 그들의 문화와 그들의 종교적 예식은 따로 분리할 수 없습니다…. 우리는 하나님께서 복음과 그 어떤 것, 특별히 사탄의 권세 아래 있는 거짓 종교와 혼합하는 것을 원치 않으신다고 믿습니다.

비록 나는 특별히 원주민들을 존중하지 못하는 모습으로 성경이 어떻게 불공평하게 읽히는지 기록하였지만, 여성들을 소외시키는 모습, 불의한 아프리카 노예제도, 정치적 정당이나 이념들을 악마처럼 여기거나 거룩하게 여기는 모습, 그리고 우리의 환경을 강탈하는 모습에서도 똑같이 부정적인 태도를 볼 수 있다. 만약 우리가 다른 신자들과 우리들을 분리시켜 놓는 모습으로, 편협한 종파주의의 모습으로, 소수의 사람들을 무시하는 모습으로, 그리고 서로 다른 신학적 관점을 가진 신자들을 반대자로 몰아가는 모습으로 성경을 읽는다면, 우리 또한 성경을 공평하지 못한 시각으로 읽는 것은 아닐까? 생각해 보아야 한다.

내가 미국 인디언 운동에 참여했던 1972년의 경험을 회고해 볼 때, 나는 근본주의적 수준에서 우리의 저항운동이 신학적이었다고 믿고 있다. 우리는 우리 원주민들의 것을 마땅히 자신의 것인 양 강탈해가는 그들의 모습을 정당화하려고 성경을 불의하게 해석하는 식민주의자들에 저항했다. 현재 존재하는 교회를 바라볼 때, 그리고 미래의 교회를 생각해 볼 때, 나는 과연 식민지주의자들의 후손이 이러한 불의한 방식으로 성경을 사용하는 것에 대해 얼마나 정직해질 수 있을지, 그리고 실제로 얼마만큼 참회할 수 있을지 궁금해 할 수밖에 없다.

물론 지난 34년 동안 나 또한 성경을 공평하지 못한 시각으로 읽었음에 대해 스스로 반성하고 있다. 성경을 공평하지 못한 시각으로 읽는 것은 단순히 "백인"들 혹은 유럽 출신들만의 문제가 아니다. 그것은 모든 사람이 마주치게 되는 본질적인 유혹이기 때문이다. 그것이 바로 내가 성경을 정의, 화해, 회복의 마음을 갖고 읽도록 여러분을 초청하는 이유이다…. 그렇게 함으로써 우리는 우리 조상들이 사용한 언어로 새로운 길을 닦으신 예수님 안에서 "아름다운 길"로 돌아갈 수 있을 것이다.

7장
정의로운 모세오경
정의도 없고, 평화도 없다 - 세계가 무시한 이단

숀 랜더스

정신적으로 병든 사람들을 정의롭게 치료하고, 찢어진 마음에 평화를 찾아주고자 애썼던 나의 아버지 피터 랜더스 박사에게 이 글을 바친다.

나의 친구이자 교사인 랍비 샤이 헬드Shai Held와 랍비 샤론 브로우스 Sharon Brous가 경고하듯이, 유대 신앙에서 가장 큰 이단은 이 세상을 있는 그대로 존재하도록 두어야 한다는 것이다. 이러한 이단은 우리가 창조 때부터 하나님의 동반자가 되었고, 계시의 도구가 되며, 구속의 촉매제가 되도록 하나님과 언약을 맺었다는 유대주의 핵심원리들을 부정한다. 만약 세상을 있는 그대로 존재하도록 두어야만 한다면, 소돔과 고모라의 백성을 구하고자 했던 아브라함은 하나님과 논쟁을 하지 말았어야

숀 랜더스(J. Shawn Landers)는 Jewish Jumpstart(www.jewish jumpstart.org)의 최고경영자이자 연구소장으로 공동체 설립 기관들과 유대 관계를 가지며 영성, 학습, 사회운동 및 문화를 개발하고, 강화하고, 배우고 있다. Synagogue 3000's Jewish Emergent Initiative의 주창자로서, 토니 존스Tony Jones와 함께 2006년 1월에 기독교 및 유대인 이머징 리더들을 한 자리에 모으는 모임을 주최하였다. 라이언 볼거(Ryan Bolger)와 함께 이머징 기독교와 유대주의에 관련된 다수의 논문을 발표하였다.

했다. 만약, 세상을 있는 그대로 존재하도록 두어야만 한다면, 야곱은 주의 천사와 싸우지 말았어야 했다. 만약, 세상을 있는 그대로 존재하도록 두어야만 한다면, 모세는 히브리인이 노예로 있는 그대로 두고, 불이 붙었지만 타지 않는 떨기나무를 보고 감탄하지 말았어야 했다. 만약, 세상이 있는 그대로 존재하도록 두어야 한다면… 내가 말하는 것이 무엇인지 이해했으리라 생각한다.

그러나 세상은 그렇게 있어야 할 모습대로 존재하지 않는다. 만약, 세상이 그렇게 존재하지 않는다면, 이에 대해 다음의 세 가지 질문을 던져 보아야 한다. 1) 말하자면 왜 세상은 존재해야 하는 모습대로 있지 못할까? 2) 그렇다면 세상을 향한 우리의 비전은 무엇인가? 3) 그렇다면 어떻게 지금 여기에서 세상이 마땅히 존재해야 하는 모습으로 옮겨 갈 수 있을 것인가?

첫 번째 질문은 모든 종교가 하는 질문이기에 나는 이곳에서 두 번째와 세 번째 질문에 집중하고자 한다. 유대인은 또 다른 질문 혹은 질문에 대한 설명을 덧붙임으로써 주어진 질문에 답하는 습관을 갖고 있기 때문에, 나는 내가 좋아하는 방식으로 이 질문에 답하고자 한다. 대략 2세기로 접어들 무렵, 아주 위대한 스승 랍비 타르폰Tarfon이 이렇게 말했다. "주어진 하루는 짧고, 할 일은 많고, 일꾼은 게으른데, 주인은 인내심이 없다."21) 다른 말로 하자면, 세상은 고쳐야 할 것들로 가득 차 있을 만큼 정의롭지 못할 뿐 아니라, 우리에게는 모든 것을 올바로 만들 수 있을 만큼 시간이 많지 않고, 인간들은 자신이 좋아하는 달콤한 시간을 즐기고 있고, 하나님은 인간들이 그 일을 하기를 기다리다 점점 더 넌더리가 나 계신다는 뜻이다.

자신을 예수의 제자라고 생각하는 사람들에게 있어서, 이러한 신학적 딜레마는 너무나 친근한 것일지 모른다. 하나님은 우리가 스스로 실행할 수 없는 너무나 큰 것을 우리하게 기대하신다. 그러나 이것은 특별히 기독교의 문제가 아니었다. 사실 이러한 딜레마는 성전 파괴의 재난이 시작되어 예루살렘에서 추방된 이후 유대인, 특히 타르폰의 전 생애동안 그가 해결하고자 했던 문제였다. 성전이 파괴된 이후 성전에서 희생제물을 드릴 수 없는 상황에서, 이스라엘 땅에 관한 수많은 법에 복종할 수 없는 상황에서, 어떻게 우리가 우리에게 요구된 이러한 일을 수행할 수 있을까? 어떻게 우리가 이 일을 끝마칠 수 있을까? 어떻게 우리가 존재해야 하는 그대로의 모습으로 세상을 변화시킬 수 있을까?

성전이 파괴된 이래로 약 이천 년이 지난 지금, 살아있는 랍비 유대주의는 이스라엘의 선조들이 실행해왔던 것과 비교해 볼 때, 아주 조금의 책임만 감당하고 있을 뿐이다. 이 글에서 나에게 주어진 과제가 무엇인지 생각해 보면서, 정의에 대한 새로운 이해를 위해 모세오경이 주고자 하는 교훈이 무엇인가 생각해 볼 때, 유대 전통의 교도권에서 가장 엄격한 의미를 갖는 모세오경의 이름, 토라Torah라는 단어가 의미하는 함축적인 것이 무엇인지 다시 생각해 보기 시작했다. 랍비 타르폰 시대의 유대주의와 우리시대에 남아있는 연결 고리들 중의 하나는 우리가 예배 때 사용하는 언어라는 사실을 깨달으면서, 유대인으로서 기도하는 방식이 무엇인지 생각하게 되었다. 예식을 통해 하나님께 요구하는 것은 무엇이며, 우리 스스로에게 요구하는 것은 무엇인지 생각한 것이다. 만약 정의가 완전한 세상을 창조하도록 우리에게 주어진 몫을 해나가기 위한 수단이라면, 기도는 세상을 향한 우리의 간절한 열망과 큰 뜻을 표현하는 언어이다.

나는 한 백성이, 결코 충분치는 않지만, 아주 많은 방식으로 정의를 위한 서사시적 투쟁을 한 반면, 우리의 예식들은 "정의"를 실천하는데 별로 많은 것을 하지 못했다는 사실을 발견했다.22) 예를 들어, 우리가 안식일을 맞이하는 금요일 밤, 우리는 짜디크(tzadik, 23)가 종려나무처럼 번성할 것이라 약속하는 시편 92편을 암송한다. 그러나 특별히 우리는 정의의 도구로서 하나님을 축복하지도 않고, 우리가 중보 기도를 하는 그 주간에 하나님께 정의를 가져다 달라고 기도하지도 않는다. 이 매일의 예식에서 하나님께 가장 많이 요청하는 것은 우리에게 "평화, 선, 축복, 은혜, 인애, 긍휼"을 가져와 달라는 것이다.24) 주 중, 정의에 대해 직접 염려하는 두 차례의 중보기도에서는 짜디카(tz'dakah) 혹은 "의"라는 용어를 사용하는데, 이 용어는 공동체적이기 보다는 개인적 용어이다. 첫 번째 기도는 예전의 날들처럼 우리의 재판을 회복해달라는 기도이며, "의짜디카(:tz'-dakah)와 시민의 질서미스팟(mishpat)"를 사랑하시는 하나님을 축복하는 기도이다. 하나님은 개인적인 요소로 뿐 아니라, 전체 사회의 행위로 의와 질서를 사랑하신다고 의식적으로 말한다. 두 번째 기도는 하나님께 의로운 사람들짜디킴(tzadikim)에게 긍휼을 보여 달라고 요구하고, 그들의 "후원자와 신뢰자"이신 하나님을 축복하는 기도이다.

"평화" 즉 샬롬이라는 단어를 종종 재귀적인 용법으로 번역하기 때문에, 우리가 slm이라는 어근이 전체, 완성, 안정감이 있는 완전이라는 의미를 함축한다는 사실을 잊는 경향이 있다. 이는 모든 안전의 시작인 엄마의 자궁, 에덴동산, 모든 것이 항상 완전하여 안전을 보장해주는 상태인 온전함을 제시한다. 샬롬은 단순히 유대인의 예식에서 드러나는 것일 뿐만 아니라, 하나님께서만 가져다주실 수 있는 무언가를 나타낸다.

샬롬은 하나님과 맺은 우리의 관계가 너무나 중요해서 중보 기도마저 쉬어야 하는 안식일하나님께서 쉬시는 제7일에도 대담하게 요구해야 한다. 샬롬은 수많은 공동의 예식 중 절정에 해당하는 삼중적인 제사장적 축복인

비르캇 코하님Birkat Kohanim의 최고 약속이다. 예식 중 방향을 전환하거나 결론을 맺는다는 표시로서 다양한 형태로 반복되는 전체 카디쉬Kaddish 기도 중에, 샬롬은 너무나 중요해서 한번은 아람어로 그리고 한번은 히브리어로 두 번씩 요청해야 한다. 매번, 샬롬은 하늘에서 발현되고, 이 샬롬을 땅으로 가져오시는 분은 하나님이시다. 만약 땅 위에서 짜디카tz'dakah를 발견하기를 원하시는 분이 하나님이시라면, 우리는 하늘의 위대한 샬롬을 사랑하는 사람들이어야 한다.

샬롬은 사람들과 언약을 맺으신 하나님께서 우리에게 보상으로 주시는 것이 아니라 정의tzadek와 의로운 삶, 짜디카tz'dakah의 성취에 대한 금상첨화 격으로 주시겠다고 약속하신 것이기 때문에, 유대인들의 기도에 아주 필수적인 요소이다. 우리는 의롭게 행동함으로써 정의를 추구하라는 명령을 이행한다. 이 땅위에서 의롭게 사는 짜데크(tzadek) 인류에 대한 하늘의 답변이 바로 샬롬shalom이다. 우리가 창조의 협력자이며 계시의 협력자라면, 우리는 구속의 협력자이기도 하다.

이 글에서 나에게 주어진 과제는 "새로이 부상하는" 정의에 대한 이해로서 토라가 주는 교훈이 무엇인가 고찰하는 것이다. 그러나 시내산에서 급진적으로 계시된 온전한 법으로써 전체 토라는 그 자체로 새로이 나타난 것이며, 혁명적이며, 새로운 패러다임이었다. 이것은 우리가 하나님과 더불어 정의짜데크(tzadek)와 평화샬롬(Shalom)를 연결하는 언약의 협력을 통해 하늘에서 뿐만 아니라 이 땅에서도 완전해질 수 있다는 아주 특별한 개념이다.

그러기에 하나님에 대한 우리의 언약이란 이렇다. 우리는 정의를 추구하며, 하나님은 평화로 우리를 구원하신다. 언약의 도구는 토라인데,

이는 여러 세기를 거쳐 오면서 하나님과 인류를 연결해준 명령이며, 이 야기며, 권고이며, 훈계이며, 해석이다. 인류에게 주어진 가장 큰 책임은 모든 예배의 끝에 드리는 알레이누Aleinu 기도라타켄 올람 바말쿳 샤다이 l'taken olam b'machut Shaddai에서 암송되는 것으로, 이는 "하나님나라 안에서 세상을 치유하는 것"이다. 우리의 거룩한 목적을 완전히 성취하여 땅에서는 정의를 하늘에서는 평화를 추구하는 화해를 통해 온전함을 이루는 것이다.

세상은 그렇게 있어야 할 모습대로 존재하지 않는다. 그러기에 우리가 우리의 마음을 다해, 우리의 영혼을 다해, 우리의 힘을 다해 행동해야만 한다. 우리는 정의 그 자체가 올바로 서도록, 단순히 우리 세대에 만이 아니라, 다가오는 세대를 위해서, 그리고 하나님과 맺은 우리의 언약을 위해서 정의를 추구해야 한다. 급진적이며 혁명적인 모세오경의 단어들에 그 뿌리를 두는 유대 전통은 오직 사람만이 이 세상에 정의를 가져올 수 있다고 가르친다. 만약 우리가 정의를 실천한다면, 만약 우리가 생명을 선택하고 창조의 길을 선택한다면, 만약 우리가 하나님의 계시의 도구로 사용된다면, 그 때 우리는 단지 하나님만이 가져 올 수 있는 구속과 평화의 촉매제가 될 것이다. 카디쉬 기도에 절정을 이루는 단어들로 사용되는 저 높은 하늘에 평화를 가져오는 그분께서, 우리 즉 하나님의 모든 이스라엘 백성에게로, 그리고 이 세상에 사는 모든 사람에게로 평화를 가져오실지어다. 아멘.

8장

정의의 예언자들
예언자들의 사회-정치적 상황 속에서
어떻게 예언서들을 읽을 것인가?

제레미 델 리오

히브리 예언자들에게 정의는 신학자들이 해석하는 것 이상이다. 정의에 대한 그들의 개념은 파벌을 지어 싸우는 경계선 너머에 있으며, 구호를 외치는 대중문화를 꿰뚫는 것이며, 학문적인 결론 너머에 존재한다. 히브리 예언자들에게 정의란 이론적인 구조 및 철학적 연구의 범주를 초월하여 이야기의 가장 중심에 놓여있는 것이다.

> 주님께서 너에게 요구하시는 것이 무엇인지도 이미 말씀하셨다. 오로지 공의를 실천하며 인자를 사랑하며 겸손히 네 하나님과 함께 행하는 것이 아니냐! 미6:8

정의는 자비와 은혜와 분리할 수 없는 것으로써 타락한 인간을 향해

제레미 델 리오(Jeremy Del Rio)는 교회와 공동체를 위한 청년개발사역, 사회정의 및 문화 사역 분야의 자문역할을 담당하고 있다. 공립교육의 변화를 위한 20/20 Vision for Schools의 공동설립자이며 수석 전략팀장으로 활동하고 있다. Generation Xcel을 통해 방과 후 학습프로그램과 여름 캠프를 담당하는 Community Solutions Inc.를 관리하며, Chain Reaction이라는 프로그램을 통해 국가적으로 시행되는 봉사체험프로그램을 주최하고 있다. 제레미는 Abounding Grace Ministries에서 청소년 사역자로 섬기면서, 뉴욕의 변호사 사무실에서 일한다. www.jeremydelrio.com

사랑의 하나님께서 베풀어 주신 것이다. 하나님은 정의, 자비, 은혜 안에서 죄를 용서하시고, 구속을 이루시고, 메시아를 약속하셨다. 하나님의 정의와 자비와 은혜는 노예들을 탈출시키는 기폭제가 되었고, 낙담했던 산꼭대기의 선지자를 아주 조용하고 자그마한 목소리로 위로해 주었다. 이러한 하나님의 정의와 자비와 은혜는 말하지 못했던 사람을 웅변가로, 매춘부를 왕의 증조할머니로, 시골 목동을 거인을 쓰러뜨리도록 능력을 부여해 주었다.

정의, 그렇다, 너희는 마땅히 정의만을 찾아라. 그리하면 너희가 살 것이다. 신16:20

정의는 깨어진 관계를 회복시킨다. 정의는 시내산에서 정해지고 예수에 의해 성취된 하나님의 법으로 가는 길이자 목적지다. 정의는 가난한 자에게 복음을, 갇힌 자에게 자유를, 병든 자에게 치유를, 눌린 자에게 자유를 주시려고 성육신하신 그리스도의 모습이다.

나 주는 공평을 사랑한다. 사61:8

이 책에 글을 기고한 사람들은 왜 우리가 각 장에서 예언서의 말씀을 반복해서 인용하는지 그 이유를 잘 알고 있다. 그들이 처했던 역사적 상황에서 예언자들은 하나님을 똑바로 보도록 도전하며, 우리가 처한 세상에서 하나님을 새로운 시각으로 바라보도록 도전한다. 2005년 퓨포럼 Pew Forum:종교와 사회현상을 주제로 개최하는 포럼-역주에서 릭 워렌이 발표했던 고백은 많은 사람에게 본보기가 되었다.

저는 "하나님, 저는 이제까지 과부와 고아들을 생각하지 않음을 회개합니다."라고 말해야만 했습니다…. 저는 그렇게 돌아가서 성경을 읽기 시작했고, 그동안 감겨졌던 눈을 뜨게 되었습니다…. 저는 세 가지 장점을 발견했습니다. 저는 4년 동안 그리스어와 히브리어를 공부했고, 박사학위를 받았고, 두 개의 신학대학원과 한 곳의 성경학교를 다녔습니다. 그런데 어떻게 가난한 사람에 대해 언급하는 2,000개나 되는 성경말씀을 놓쳤을까요?

2,000개의 구절 중 아주 많은 것이 구약 성경의 예언서에서 발견된다. 예언서들은 비록 고통과 비참한 세상에서라도 하나님과 다른 사람들을 어떻게 사랑해야 하는지 잘 규정하고 있다. 예언자가 외쳤던 정의를 자기 것으로 만든 한 십대의 상황을 구약 성경의 가르침에 따라 생각해 보자.

너희를 두고 계획하고 있는 일들은 오직 나만이 알고 있다. 내가 너희를 두고 계획하고 있는 일들은 재앙이 아니라 번영이다. 너희에게 미래에 대한 희망을 주려는 것이다.^{렘29:11} 얄궂게도, 예언자 예레미야는 바빌로니아의 독재자에 의해 멸망당한 정치적 포로이자 노예의 상황에 있는 사람들을 위해 이 말을 기록했다. 이들에게는 힘도 없고, 가진 것도 없고, 아무런 지위도 없었다. 더 나아가 전쟁포로로서 예루살렘에서 수백 킬로미터나 떨어진 현재 바그다드까지 사막을 가로질러 끌려가는 신세였다.

내가 그리스도인으로 성장하는 동안 한 사람도 이러한 사실을 나에게 말해주지 않았다. 십대 때 친구들이 농담 삼아 이야기 하듯이, 나는 날 때부터 내 손에 성경을 손에 들고 태어난다는 목사의 자녀로 태어났고, 주일학교, 직업학교, 학생부, 청소년 캠프, 기독교 학교를 통해 꾸준히 복음주의자들의 가르침을 받으며 자라났고, 이 예레미야 성경말씀을 주제로 한 설교를 몇 십번씩이나 들어왔다. 감동의 설교는 대개 봄철에 있는 졸업식이나 결혼식에서 쉽게 들을 수 있다. 특별히 인생의 이정표가 될 만한 사건들을 즐기며, 더욱 더 많은 축복을 기다리라는 번영과 안전에 대한 약속의 메시지가 주를 이루었다.

그러나 정작 나에게 이 약속의 배경에 대해 설명해 주는 사람은 없었다. 아마도 설교자들이 역사적 배경에 대해 더 깊은 연구를 하지 않았을지도 모른다. 그리고 나도 그렇게 성경을 깊이 연구하지 않았고, 십대인 나는 설교자들의 판단을 따랐다 예레미야 29장의 첫 네 절은 이 글의 배경을 아주 명확하게 설명한다. "이것은 예언자 예레미야가 예루살렘에서 보낸 편지로서, 포로로 잡혀 간 장로들 가운데서 살아남은 사람들을 비롯하여, 느부갓네살이 예루살렘에서 바빌로니아로 잡아간 제사장들과 예언자들과 온 백성에게 보낸 것이다."

열왕기하 24장과 다니엘서 1장은 이러한 배경에 대해 더 자세히 설명한다. 전쟁의 패배로 말미암아 약 1만 명이 넘는 이스라엘 엘리트, 7천명의 병사, 1천 명의 장인으로 이루어진 포로의 물결이 3년 동안 끊이지 않았다. 그래서 불타버린 그 도시에는 "아주 가난한 사람들 말고는 하나도 남지 않았다." 왕하24:14

이 예레미야의 편지를 받은 수신자 중 한 사람이 이러한 바벨론 정복의 다른 면을 경험했던 것 같다. 귀족의 자녀로서, 다니엘은 다른 사람들이 직면했던 똑같은 가난, 부패, 거리의 폭력에 영향을 받지 않은 모습으로 기록되어 있다. 고위층은 정치적 불안을 느끼지 못하도록 보호되었다.

그러나 전쟁 포로가 느끼는 배고픔은 현실의 문제다. 침략한 군인들이 이미 주변의 농장들과 농토들을 약탈하였다. 무역의 길은 차단되었고, 병사들은 젖줄인 수원을 막아버렸다. 도시의 가게들은 금세 텅비어버렸다. 처절한 기아가 극심한 가난의 고통을 몰고 왔고, 영양실조와 더불어 사람들은 역병을 근심해야 했다. 수인성 질병이 창궐하고, 몸은 천근만근 무거워져만 갔다. 거리에서의 절규가 특권층으로 집에 머물러 있던 다니엘에게까지 공명되었다. 보통사람들의 고통과 절망에 대해 더 이상 무감각해질 수 없었던 그는 분명 자신들이 매일 누리던 삶 속의 불의에 대해 처음으로 맞서야 했을 것이다.

몇 달 뒤, 예루살렘이 무너짐으로 전쟁이 끝났다. 편집증적인 왕은 침략에 대한 책임을 모든 사람에게로 돌렸다. 반역과 쿠데타가 일어날까 두려웠던 왕은 타협을 위해, 수많은 고위관리와 총명한 사람들을 바벨론의 노예로 보냈다. 젊은 다니엘도 피하고 싶었지만, 그들이 시작하지 않은 전쟁의 전리품과 함께 포로가 되었다.

발목에 쇠사슬이 묶인 채 포로가 되어 아라비아 사막을 가로질러가야 하는 강행군을 통해, 다니엘과 세 명의 친구들은 그들이 어디로 끌려가는지조차 잘 알지 못했다. 그들에게 바빌로니아지금의 이라크는 신비에 싸인 먼 나라였다. 적국의 왕을 섬기도록 포로 중에 다시 추려지는 이중적 비참함을 기대한 사람은 아무도 없었을 것이다. 귀족의 혈통 중에 배움의 자질이 있고, 용모가 준수한 사람들로서 다니엘과 세 친구, 하나냐, 마사엘, 아사랴는 왕의 궁정에서 일하도록 선택되었다. 그들의 히브리 이름은 바벨론 이름으로, 관습은 바벨론 왕궁의 문화를 따라야 했다. 마치 집종을 부렸던 과거 미국의 야비했던 상황처럼, 이 소년들은 강제로 왕의 지식 노동자intelligentsia로 살아야 했다.

예레미야가 쓴 편지는 바로 다니엘과 그의 세 친구 그리고 그 밖의 여러 포로로 잡힌 사람들에게 보내졌다. 예레미야는 그들에게 예루살렘으로 곧 돌아갈 것이며, 문제가 쉽게 해결되리라고 말하는 거짓예언자들을 무시하라고 했다. 오히려 바빌로니아에 정착해서 살아가도록 그들을 권고했다. 가족을 이루고, 가정과 사업을 잘 다스리라고 권고했다. 자녀들과 손자손녀를 위한 안정된 미래를 계획하라고 권고했다. 편지의 내용은 정치범들이 듣기에 희망적인 그런 소식이 전혀 아니었다.

그러나 예레미야는 한 걸음 더 나아가 이러한 것보다 더 높은 기준을 제시했다. 그는 정복자들에게서 자신들을 분리시키지 말고, 뼈아픈 고통을 숨기지 말고, 복수를 계획하지 말라고 격려했다. 대신에, '너희는 내가 사로잡혀 가게 한 그 성읍의 평안을 구하고 그를 위하여 여호와께 기도하라. 이는 그 성읍이 평안함으로 너희도 평안할 것임이라' 렘27:9고 썼다.

하나님은 예루살렘에서 겪었던 아픔을 되갚는 것 보다, 바벨론에 있는 다른 사람들의 잘못된 행위를 바로잡을 때, 포로 된 사람들을 위한 정의가 시작된다는 사실을 예레미야를 통해 보여주셨다. 하나님은 자신들에게 말로 다 표현할 수 없는 공포를 가져다 준 원수들에게 자비를 베푼 후에, 그들의 잘못된 것들을 올바로 고쳐주시겠다고 약속하셨다. 70년 이후에 그들을 고치시고 다시 예루살렘으로 돌려 보내주시겠다고 약속하셨다.

이러한 배경에서 11절이 기록된 것이다. 해가 아니라 번영이라는 하나님의 계획들은 고대 바그다드에서 전쟁포로가 된 이스라엘 노예들이 추구했던 샬롬Shalom으로 21세기 서구 사회의 그리스도인이 추구하는 건강, 부, 안전에 비해 완전히 다른 의미이다. 개인이 안고 있는 과거의 고통이 얼마나 컸는지 상관없이, 약속된 미래의 희망은 우리가 평화를 추구하고, 다른 사람들과 함께 할 때 찾아온다.

계속해서 예레미야는 "너희가 나를 부르고, 나에게 와서 기도하면, 내가 너희의 호소를 들어주겠다. 너희가 나를 찾으면, 나를 만날 것이다. 너희가 온전한 마음으로 나를 찾기만 하면, 내가 너희를 만나 주겠다. 나 주의 말이다. 내가 너희를 포로생활에서 돌아오게 하겠다"12~14절라고 기록한다. 예레미야는 약속된 기도 응답은 조건적이라고 분명히 밝히고 있다. 하나님과 관계를 발견하는 약속은 조건적이다. 그리고 자유를 경험하게 하겠다는 그 약속도 조건적이다. 그 조건이란 사로잡힌 곳에서 하나님이 요구하시는 정의와 평화를 추구하는 것이다.

다니엘과 친구들에게 바벨론의 평화를 추구하는 일은 우선 왕의 식탁에서부터 시작되었다. 정복과 노예가 되면서 입은 정신적 상처가 있었음에도, 그들은 권력이 가져다주는 유혹과 자신들의 몸을 더럽히는 일에 맞섰다. 그러나 바벨론의 우상들에게 바쳐져 종교적으로 더럽혀졌다고 해서, 왕의 음식을 먹지 않는 것은 왕의 명령을 어기는 일이며, 죽음에 처하는 범죄행위였다.

세력에 가까이 다가가는 것은 타락의 유혹을 받는 것이면서 동시에 변화의 기회가 된다는 사실을 사람들은 잘 알고 있다. 기회를 잡으려면 용기도 필요하지만, 어마어마한 위험을 감수해야 한다. 남는 것이라고는 목숨을 잃는 것밖에 없는데도, 다니엘과 세 친구는 불의한 법을 바꾸려고 감독관을 만났다. 그들은 모든 공적인 정책이 항상 올바르지 않다는 사실을 알고, 이를 개혁하고자 태도를 분명히 했다. 그들은 아무런 계획 없이 저항할 수도 있었지만, 실험을 통해 더욱 더 나은 해결책을 제시하였다. 법을 바꾸어 달라. 그렇지만, 우선 가능한 결과들을 보고 책임을 질 수 있도록 해달라고 요청하였다. 그들은 10일 간의 시험을 거쳐 현 상태와 자신들이 제안한 것을 비교해보자고 제안하였다.

이것은 뜨거운 풀무불에 던져지는 것과 사자굴에 갇히는 것을 포함한 수많은 시험 중 첫 번째 시험에 불과했다. 그러나 그 어떤 상황에서도 그들을 일으켜 세운 강한 믿음에 뿌리를 둔 다니엘과 세 친구는 함께 한 사람들 중에서 가장 뛰어난 열매를 맺었다. 그들은 포로들에게서 뿐만 아니라, 그들을 잡아들인 사람들이 가져다주는 모든 고난을 극복했다. 정의를 실천하는 사람들과 사회운동가들에게, 이것은 깊이 뿌리내린 병리현상에 대해 미봉책이 아닌 근본적인 해결책을 제시하는 것을 의미한다. 이는 가장 핵심적인 문제를 극복하도록 깊은 웅덩이를 파서 정말로 필요한 구조적인 변화를 제시하는 것이다. 약속은 적게 하고 제대로 된 실천을 보여주는 것이며, 수행능력에 대한 상호책임을 지는 것이다. 훈련을 마친 결과, 왕은 예루살렘에서 온 네 명의 포로와 견줄만한 사람이 없다는 것을 알게 되었다. 우리를 다스리는 왕, 혹은 학대하는 왕, 강압적인 보스에 의해 이와 같은 메시지를 경험한 것은 언제인가?

포로의 상황에서지만, 공의를 실천하고자 했던 다니엘의 노력을 하나님께서 얼마나 영광스럽게 생각했겠는가? 어떤 "번영"이 그에게 주어졌는가? "노예로서 왕의 고문이 된" 이 소년은 세 번씩이나 왕조가 바뀌는 모든 기간 동안에 살아남았고_{바벨론은 메대와 페르시아에 의해 정복당했다} 70년이나 되는 포로기간 동안 정치적 성공을 이루었다. 그는 포로들이 예루살렘으로 되돌아올 것이라는 예레미야의 약속을 실현시켜 주었던 페르시아의 고레스 왕의 고문이 되었으며, 느부갓네살 왕에 의해 파괴된 도시와 성을 재건하는 일에 메도-페르시아에서 무제한적인 지원을 받아냈다. 더 나아가 그를 포로로 잡아온 느부갓네살 왕을 비롯해 다리오 왕, 그리고 다른 왕들에게 하나님의 정의가 어떤 것인지 소개하였을 뿐만 아니라, 바그다드에 평화를 이루어 냈다. 영원한 왕국을 통치하시려고_{단 7:27} 왕 중의 왕이 오실 것이라며 하나님을 무제한적으로 신임했던 다니엘의 예언자적 통찰력은 잘못된 것을 바로 잡고 우리 모두를 위해 평화를 회복한 것이었다.

내가 훈련 받은 것처럼 대부분 성경을 읽는 사람들은 예언자적 시각이 아닌, 제사장적 시각으로 성경을 읽도록 훈련받아 왔다. 이것이 바로 독자들이 개인적인 칭의라는 제사장적 주제에 관심을 갖는 반면, 사회 정의라는 예언자적 주제를 무시하는 이유이다. 그들은 공적인 정책보다는 개인적인 신앙심을 통해 하나님을 기쁘게 해드리려고 노력한다. 그들은 축복하는 존재가 되기보다는 축복 받는 존재가 되는 것에 관심이 많고, 원수를 섬기고 사랑하기 보다는 빨리 폭탄을 던져버리고, 우선적으로 정의를 추구하기 보다는 정의를 교묘히 회피하는 일에 마음을 빼앗겨 왔다. 그들은 맛있는 체리를 따먹듯이 자신들이 좋아하는 성경구절만 보도록 훈련받아왔다. 예를 들어 "오너라! 우리가 서로 변론하자. 너희의 죄가 주홍빛과 같다 하여도 눈과 같이 희어질 것이며, 진홍빛과 같이 붉어도 양털과 같이 희어질 것이다"사1:18라는 말씀 바로 앞 절에 기록되어 있는 도전적인 말씀, "옳은 일을 하는 것을 배워라. 정의를 찾아라. 억압 받는 사람을 도와주어라. 고아의 송사를 변호하여 주고 과부의 송사를 변론하여 주어라"17절는 말씀과 곧이어 나오는 "그 신실하던 성읍이 어찌하여 창녀가 되었습니까?… 시온은 정의로 구속함을 받고, 회개한 백성은 공의로 구속함을 받을 것"21,27절이라는 말씀을 무시하는 이유다.

이렇게 성경을 읽는 사람들에게 예언자들은 과연 무어라 말하겠는가?

9장

복음서가 말하는 정의란 무엇인가?
하나님나라의 복음은 정의를 어떻게 다루는가?

수바 프리야 라빈드란

보팔Bhopal(인도 마드야 플라데시(Madhay Pradesh)에 있는 깡통으로 지은 집에서는 숨 막힐 듯 열기가 뿜어져 나오고 있었고, 이 집에서 원주민 소그룹이 아무런 음식을 먹지 않고 단식을 하고 있었다.25) 그들의 집은 사라져 버렸고, 마을은 물에 잠겨버렸고, 그래서 지금 단식을 통해 별 볼 일 없고 하잘 것 없는 "약속의 땅"과 정의를 향한 여정을 떠난 것이었다. 비노드 파트와Vinod Patwa, 치타루파 팔릿Chittaroopa Palit, 맨가트 베르마 Mangat Verma 그리고 램 쿤와르Ram Kunwar는 이미 29일 동안의 단식으로 너무나 약하고, 여위어 있었다. 정의의 아름다움을 목격하고자 했던 그들의 눈동자는 너무나 오랜 기다림에 상당히 지쳐있었다.

이들은 나르마다 강을 구하려고 운동을 일으킨 나르마다 바카오 안돌란Narmada Bachao Andolan(NBA)의 사회 운동가들이다.26) 그들이 살던 마을들은 거대한 댐 건설로 말미암아 물에 잠겼고, 개발이라는 이름 아래 완

수바 프리야 라빈드란(Suba Priya Rabindran)은 남편 라빈드란 셸리 Radindran Shelley 사이에 두 명의 자녀 사무크타(Samuktha)와 하르샤)Harsha를 두고 있으며, 인도의 뉴델리에 살고 있다. priyarabi@gmail.com으로 연락가능하다.

전히 파괴되었다. 그들은 그렇게 난민이 되었다. 수백만 명의 집을 담보로 한 이 재난은 이미 오래전부터 계획된 것이었고, 철저히 계산된 것이었다. NBA 운동가들과 같은 많은 사람에게 불의란 매일 생존을 위해 몸으로 싸워야 할 상대였다.

하나님나라에서의 자유와 정의

자유와 정의는 동전의 양면이다. 하나님나라는 하나님의 정의로 이루어진다. 즉 하나님의 뜻이 "하늘에서 이루어 진 것처럼, 땅에서도 이루는 것"이다.마6:10 "이러한 일이 일어날 때 정의가 이루어 질 것이다."27) 이와 비슷하게 요한은 "너희가 진리를 알지니, 진리가 너희를 자유롭게 할 것이다"요8:32라고 말하였다. 그리고 곧 이어서 "아들이 너희를 자유롭게 하면, 너희는 참으로 자유롭게 될 것이다."36절고 하였다.

그리스도의 산상수훈은 하나님의 정의를 아주 밝혀 놓은 핵심이자 근원적인 말씀이다. 마태복음에서 그리스도는 자신 홀로 시간을 갖고자 산 위로 가셨다. 그 때 많은 사람이 그를 따라왔고 예수는 그들에게 말씀을 들려주셨다. 그날 인류를 행해 도전하시는 말씀이 그의 입에서 쏟아져 나왔다. 그 말씀은 멈추어지지 않았고, 앞으로도 멈추지 않을 것이다.

예수는 "마음이 가난한 사람은 복이 있다. 하늘나라가 그들의 것이다."라면서 말문을 여셨다. 이것은 깜짝 놀랄만한 선언이었다. 왜냐하면 그 어떤 나라도 결코 가난하고 천한 사람과 함께 시작된 적이 없었고, 또 그렇게 끝난 적이 없었기 때문이다. 세상 나라들은 가난한 사람들과 아무 것도 없는 사람들을 위한 공간을 주지 않는다. 경제적이든 영적이든 가난은 저주가 될지언정 결코 축복으로 볼 수는 없었다. 인도의 초대 수상이었던 자와할랄 네루Jawaharlal Nehru는 가난을 "끊임없는 부족함과 항상 존재하는 불안함"이라고 표현했다. "도처에 가난이 창궐하고 수많은 종족이 가난에 허덕이고 있다. 이 가난이라는 짐승의 표시가 모든 사람의 이마에 붙어있었다. 삶은 눌려있고, 짓이겨지고, 모든 것이 악으로 변해있었다."28) 이것은 결코 유쾌한 모습이 아니다. 이러한 광경을 두고 결단코 축복이라고 말할 수는 없을 것이다.

그러나 여기에 능력 있고 힘센 사람들의 메시야가 아닌 가난하고 아무것도 없는 사람들이 하나님나라를 소유할 것이라고 선언하는 메시야가 왔다. 그는 그가 살던 사회의 질서를 뒤흔들어 놓았다. 그는 능력 있고, 영향력이 있는 사람들에게 하나님나라를 빼앗아 가난한 사람들에게 주었다. 마태복음 23장 25~27절에서 예수는 "탐욕과 방종으로 가득 차 있는 외식하는 사람들아!"라며 바리새인들을 혹평하셨다. 누가복음 11장 42절에서, 그는 하나님의 사랑과 불의는 결코 함께 할 수 없는 것이라며, "정의와 하나님께 대한 사랑을 소홀히 하는" 바리새인들을 고발하셨다.

십자가에 달리기 몇 시간 전에 그리스도는 당혹스러움을 감추지 못하면서 권력이 어디에서 비롯되었는지 그 근원을 다시 추적해 나가셨다. 요한복음 19장 11절에서 그는 "위에서 주지 않으셨더라면, 당신에게는 나를 어찌할 아무런 권한도 없을 것이오."라며 모든 힘의 근원을 분명하게 말씀하셨다. 즉 권력은 하나님께 나온 것이라는 뜻이다. 그러나 하나님의 아들 예수는 하나님나라의 권력을 힘센 사람들에게서 가난한 사람들에게로 돌려놓으셨다. 마리아의 찬가에도 눅1:46~55 이러한 권력의 뒤바뀜이 분명하게 묘사되어 있다. "그는 제왕들을 왕좌에서 끌어내리시고 비천한 사람을 높이셨습니다. 주린 사람들을 좋은 것으로 배부르게 하시고, 부한 사람들을 빈손으로 떠나보내셨습니다." 눅1:52~53 이와 더불어 예수는 "온유한 사람은 복이 있다" 마5:5며 말씀을 계속 이어갔다. "온유하다"는 것은 본질적으로 '영적으로 부드럽고 겸손한 모습'으로 번역된다. 마리아의 찬가는 이 단어를 "비천함"으로 표현했다. 그리스도는 온유한 사람이 "땅을 차지하게 될 것"이라고 선언하셨다.

　이 예수의 메시지는 아주 깊고 오묘한 정치적 의미를 내포하고 있다. "하나님나라가 저들의 것"이라는 뜻은 하나님나라가 완전하며 이미 성취된 목적임을 선언하는 것이었다. 그러나 "그들이 땅을 기업으로 받을 것"이라는 표현은 여전히 그 일을 끝내야 할 필요가 있는 것임을 함축하고 있다. "땅과 그 안에 가득 찬 것이 모두 다 주님의 것, 온 누리와 그 안에 살고 있는 모든 것도 주님의 것"이라는 시편 24편 1절의 말씀처럼 산상수훈의 말씀들은 주님의 땅에 있는 자원들을 제대로 나눔으로써 정의를 실천하라는 그리스도의 명령이다. 이러한 성경말씀을 통해서 우리는 하나님의 풍부한 창조를 가난한 사람들이 충분히 누릴 수 있도록 가난한 사람들에게 문을 열어주라는 주님의 호출명령을 받아들고 있다. 마찬가지로 예수의 사역은 우리 삶의 모든 측면에서 하나님의 정의가 실현되도록 함으로써 하나님나라의 소명의 급진성을 보여주었다. 예수의 하나님나라 메시지는 정의에 대한 하나님의 관심을 분명하게 묘사함으로써 관계의 새로운 모형을 제시해 주었다. 하나님나라의 메시지는 침묵하고, 자기만족적이고, 중립적이고, 타성에 젖어 있는 우리로 하여금 자리에서 벌떡 일어나 정치적으로 행동하라고 도전한다. 데스몬드 투투Desmond Tutu 주교가 말한 것처럼, "만약 당신이 불의한 상황에 중립적인 태도를 취한다면, 당신은 박해자 편에 서는 것"이다.29)

소금과 빛

　마태복음 5장 13절에서, 예수는 우리를 보고 "세상의 소금"이라고 말씀하셨다. 소금은 대단히 많은 기능을 한다. 소금은 어떤 물질에 스며들고, 침투하고, 퍼지면서 상호작용한다. 그럼으로써 음식에 섞이고, 맛을 내며, 오래 가도록 보존한다. 그러나 소금은 효과적으로 이용되어야 한다. 그러려면 소금은 우선 필요한 물질과 접촉해야 한다. 마찬가지로 "소금"으로써 우리의 위치는 회중의 식탁이나, 찬장의 병 속에 제한되어서는 안 된다. 소금으로써 우리는 세상을 뒤흔들어 놓아야 한다. 우리는 "다른 사람들"의 실제 삶을 건드려야만 한다. 소금으로써 우리는 "주저함 없이, 확실하고, 끊임없고, 습관적이며, 공평한 모습으로"30) 우리 자신을 세상 속에서 녹여야 한다. 세상을 변화시키는 데는 많은 소금이 필요하지 않다. 사실 너무 많은 소금이 모이면 생명 속에 존재하는 탁월한 모습을 지탱하지 못하게 하는 사해바다처럼 될 뿐이다.31)

우리의 일은 사람들을 짜증나게 하거나 문제를 일으키는 것이 아니다. 우리의 일은 평화롭고, 설득하는 일로 이는 결코 쉬운 일이 아니다. 맥클라렌의 말을 빌자면, 소금이 되는 것은 뿌리 깊이 내려있는 제도적 불의와 맞섬으로써 "정의를 행하는"32) 것이다. 그것은 가난하고 목소리가 없는 사람들이 땅을 기업으로 물려받는 더 정의로운 세상을 창조하도록 우리가 소유한 모든 것시간, 재능, 자원, 지식 및 우리 자신을 투자하는 것이다.

마태복음 5장 14절에서 예수는 "너희는 세상의 빛이다."라고 멋지게 설명해 주셨다. 그러나 요한복음 8장 12절에서 예수는 "나는 세상의 빛이다."라고 말씀하셨다. 이것은 아주 특별하게 들릴지 모르나, 태양의 빛을 반영하는 달처럼 우리는 그리스도의 빛과 의를 드러내는 사람들이다. 이렇게 그리스도의 빛을 다시 비추는 것이란 불의를 양산해내는 불공평, 거짓, 속임수 등 여러 가지 어두움을 쫓아내는 것이다. 빛은 또한 더 나은 사회적 구조를 창조해내며, 소외된 사람들과 눌린 사람들, 여성들과 사회적 약자들의 정의를 보장해 주며, 압제와 인종차별을 뿌리 뽑는 긍정적인 권력의 한 형태이다. 권력은 우리 빛의 근원 곧 위로부터 오는 것이기 때문에, 빛은 변화를 창조해내는 권력을 소유한다. 빛이 되는 것은 내면적 정신의 의로움을 필요로 한다. 왜냐하면 빛은 이러한 위장된 불의 및 근본적인 불의를 밝히 드러나게 하기 때문이다. 이러한 빛은 겉으로 드러나는 불의의 모습뿐만 아니라, 근본적인 불의의 원인들을 일소한다.

이러한 빛의 개념은 드러내놓고 저항할 것을 요구한다. 모든 지역에서, 우리는 끊임없이 더 민주적이고, 더 정의롭고, 더 공평한 세상을 만들어내는 목소리를 내야한다. 정의를 행하는 방법에는 수백만 가지가 있다. 만약 필요하다면 우리의 생각이 변하지 않도록 서약하고, 필요한 자원들을 모으고, 속이는 일을 멈추고, 진리와 정의의 우물을 파내야 한다. 필요하다면 꼭 해야 하는 일에 헌신하기로 서약해야 한다. 누가복음 12장 1~3절이 제안하는 것처럼 빛은 숨겨진 것을 드러내며, 감추어진 것을 드러내며, 세상 속에서 찢겨진 것이 무엇인지 드러낸다. 그렇게 정의가 실현될 것이다.

조직체로서의 기독교와 정의

기독교의 한 형태인 "기관으로써의 기독교"는 불의와 어느 정도 안전거리를 유지하며 적절한 자선을 베풂으로 그들이 갖고 있는 죄의식을 묻어 버린다. 이러한 자선의 모습은 하나의 작은 빵, 몇 개의 구급약통, 폭탄이 터지고 난 후 나누는 과자 등 작은 물품, 기부 및 보조금을 통해 드러난다. 사람들은 양심에 대해 침묵하려고 이렇게 무기력한 자선 행위를 필요로 한다. 이러한 자선은 공포와 죽음으로 더럽혀진 악취를 씻어내면서 달콤한 향내를 풍겨낸다. 다른 모든 자선단체처럼, 기관으로써의 기독교 또한 더욱 많은 군중, 돈, 권력, 전쟁들을 좋아한다. 이러한 조직으로써의 기독교에게 전쟁은 "하나님의 뜻"이다. 이들은 총을 축복하면서 동시에 전쟁미망인들과 전쟁고아들에게 빵 살 돈을 보낸다.

그러나 그리스도는 양을 이리떼 가운데로 보내는 심정으로 제자들을 보내셨다.^{마10:16} 밤은 어둡고 늑대들은 자유롭게 활보한다. 그러나 그는 우리에게 교회 안의 편안한 의자나 멋진 예배 음악이 연주되는 콘서트에 머물지 말라고 하신다. 과연 우리는 그리스도께서 원하시는 대로 보냄받고 있으며, 비폭력적 생각을 가진 "양"이 되기 원하는가? 브라이언 맥클라렌이 말한 것처럼, "서로를 대적하여 싸우는 대신, 불의를 상대로 함께 싸워야만 한다. 서로의 선을 위해 무기를 들지 않고 함께 싸워야만 한다."33)

이렇게 하는 것은 매우 작은 일로 보일지라도 엄청난 능력으로 나타난다. 그리스도는 하나님나라를 누룩에 비유하였다. 적은 누룩이 반죽 전체를 부풀게 한다. 예수는 또한 하나님나라를 겨자씨에 비유하였다. 하나님나라의 핵심 메시지들은 종종 유기체와 비교된다. 씨는 자라나고, 나무가 되어 그늘을 드리우며, 수많은 생명체가 그 나무에 깃들며, 강한 바람과 폭풍우를 막아준다. 그리고 그 가지에 새들이 날아와 자유와 구원의 노래를 부르게 될 것이다. 정의의 송가는 하나님나라의 씨앗에서 비롯된다.

섬기는 리더십 – 정의에 이르는 새로운 길

그러면 어떻게 불의의 군대를 저지할 것인가? 예수는 뿌리 깊은 제도적 불의에 대해 싸우고 가난한 사람을 세워줄 수 있는 섬기는 리더로 구성된 새로운 군대를 훈련시키라고 요구하신다.^{마20:25~28} 예수는 군림하는 권위적인 이방 리더십과 자신이 보여주신 고난과 섬김의 리더십을 나란히 비교함으로써 우리에게 참된 리더십이 무엇인지 가르쳐 주셨다. 큰 사람이 작은 사람을 섬김으로써 능력을 키워주라고 가르쳐 주셨다. "너희 가운데서 위대하게 되고자 하는 사람은 누구든지 너희를 섬기는 사람이 되어야 하고, 너희 가운데서 으뜸이 되고자 하는 사람은 너희의 종이 되어야 한다."마20:26,27 이러한 모델은 시간이 많이 들고, 매우 어렵고, 그러기에 오랜 시간을 두고 검증해야 한다. 이것이 바로 사랑의 수고이다.

그렇다면 이것은 모든 것을 포기하고 무조건 종이 되라는 말인가? 그렇지 않다. 그것은 정의와 평등에 대한 뜻 깊은 메시지이다. 이것은 소외된 사람들에게 가장 위대한 존엄을 부여해 주는 행위이다. 그것은 세상의 가난한 사람들에게 자신의 인생을 살아가고 스스로 이끌어 갈 능력을 부여해 주는 일이다. 그것은 자선행위가 이루어내지 못하는 위대한 부르심이다. 그것은 또 다른 섬김으로의 부르심이다. 곧 교육, 능력, 가능성, 도움에로의 부르심이다. 이러한 섬기는 리더십 모델은 추종자를 만드는 것이 아니라, 리더를 만들어 낸다. 섬기는 리더들만이 불의의 군대를 저지할 유일한 군대이다. 외부에서 오는 리더십이 아니라, 지역에서 개발된 지속가능한 리더십만이 공동체를 유지하고 실제적인 계획을 세울 수 있다. 이러한 리더십은 성장 속도는 느리지만, 가장 자연스러운 리더로 자리하게 될 것이다. 아마르티아 센Amartya Sen이 말했듯이, "더 위대한 자유는 사람들을 스스로 돕도록 만들고, 세상에 영향을 끼칠 수 있도록 능력을 고양시킨다."34) 이러한 것은 바로 나중 된 자가 처음 되는 일이며, 그런 사람들이 세상에 영향을 끼친다. 이것이 바로 그리스도의 복음이 명확하게 보여주고자 하는 진정한 의미의 정의이다.

10장
사도들이 기록한 서신들을 통해 본 정의
초기 그리스도인은 어떻게 정의를 이해했는가?

실비아 키스마트

2001년 9월 14일, 조지 W. 부시는 워싱턴 D.C.에 있는 워싱턴국립대성당National Cathedral에서 세상의 악을 제거하는 것이 미국의 임무라고 선언하였다. 이러한 소명을 이루도록, 아프가니스탄에서 미국이 수행할 임무에 "무한 정의 수행 작전"이라고 이름 붙인 것은 그리 놀랄만한 일이 아니다. 악의 세력을 제거할 때까지 정의를 수행해야 한다는 측면에서 그 범위는 "무한"이어야 했고, "악"을 저지른 사람들을 타당하게 응징하려면 "정의"로워야 했다. "정의는 이루어질 것입니다."라고 말하는 부시의 거만한 태도는 아름다우리만큼 멋져 보였다. 그러나 그렇게 말하는 당사자들은 담담했다. 평화로 가고자 폭력을 찬양하는 세상에서 군사적인 폭력을 사용하여 세상에 정의를 가져올 수 있다는 것은 전혀 놀랄 일이 아니다.

실비아 키스마트(Sylvia Keesmaat) 박사는 성서학자이자 정원사이며 자녀들을 홈스쿨링으로 양육한 교육가이다. 토론토 신학대학원의 기독교 학문 연구소에서 성경연구 교수로 섬기고 있다. 남편인 브라이언 왈쉬(Brian Walsh)와 함께 『골로새서 재구성: 제국을 전복시키다』*Colossians Remixed:Subverting the Empire*를 공동 저술하였다. 캐나다 온타리오 주의 카메론에서 태양에너지를 이용한 유기농업을 하고 있다.
www.russethouse.farm.ca

당신이 주후 50년경 갈릴리에 살았던 1세기 유대인이라고 가정해 보자. 우선 당신은 로마인이 당신의 땅을 그냥 내버려두었던 적이 한 번도 없었다는 사실을 잘 알 것이다. 그들은 항상 갈릴리에 주둔해서 당신들이 거두어들인 곡식 중 가장 좋은 것을 가져가고, 무기를 만들려고 좋은 나무를 베어가고, 당신이 저축해놓았던 얼마 되지 않는 돈마저 빼앗아가고, 마을을 공포에 시달리게 하고, 평화와 미래에 대한 희망을 짓밟아왔다.

그러나 한편 당신은 정의의 하나님을 믿기에 이들이 당신의 모든 희망을 짓밟아 버릴 수 없다는 사실도 알고 있다. 매주 당신은 시편을 통해 기도하고, 오래된 이야기들을 들려주고, 하나님이 원수를 무너뜨리시고 당신이 사는 땅에 평화와 의의 나라를 회복하실 것이라는 하나님의 약속을 잘 알고 있다.35)

물론, 로마인은 당신을 위해 정의를 가져다주겠노라고 말해왔다. 그들은 자신들을 보호해 주는 정의의 여신, 이우스티티아Isutitia를 섬기고 있다.36) 그러나 당신은 이 외에도 많은 사실을 알고 있다. 당신은 로마의 법에 저항하는 아주 작은 마을에 살기 때문에 로마의 "정의"가 얼마나 두려운 존재인지 잘 알고 있다. 당신은 진짜로 로마의 정의가 어떤 것인지 잘 알고 있다. 친구들에게 한 약속 때문에 헤롯이 요한의 머리를 쟁반에 담아 오도록 한 것이 바로 로마의 정의였다. 죄를 발견하지 못하였기 때문에 자신은 무죄하다고 손을 씻었던 로마의 통치자 본디오 빌라도조차 어쩔 수 없이 한 사람을 십자가에 못 박도록 내어준 것 또한 바로 로마의 정의였다. 이것이 정의의 여신인 이우스티티아의 보호 아래에서 매일 살아가는 사람들에게 베풀어지는 전형적인 로마의 정의였다.

그러나 이러한 1세기 상황에서 당신은 예수의 제자로 무엇인가 기다리고 있다. 당신은 예수께서 약속하신 정의가 무엇인지 알고 싶어 한다. 이미 예수는 사람들을 떠나버렸고, 당신은 그가 사람들에게 들려주었던 말씀을 기억하고자 애쓴다. 그러나 예수가 들려준 말씀은 너무나 어려울 뿐이다. 곳곳에서 볼 수 있는 것이라고는 로마인이 마을을 점령한 후 황폐해진 땅뿐이다. 로마인이 정복한 후 불태워진 들판에는 달랑 나무 몇 그루만 남아있고, 땅은 더 이상 농작물을 생산해내지 못했다.

곳곳에서 당신이 볼 수 있는 것은 뼈를 에는 가난의 모습이다. 기근이 만연했고 당신에게도 남은 것이 별로 없다. 농부들이 부자들을 위해 노예처럼 일하지만, 임금도 제대로 받지 못한다. 죽음의 그늘이 드리워진 아이들의 눈동자를 바라보지만, 그대로 두는 것 외에 대책이 없다. 아무 것도 없는 사람들에게 무엇인가 나누고 싶지만, 당신은 가진 것이 없어 나누지 못한다.

당신이 바라보는 세상의 구석구석마다 폭력이 난무한다. 로마 자체가 폭력이다. 로마 정부를 대상으로 싸우는 부대들에 의한 폭력. 로마 정부에 충성하기 위한 폭력. 마을을 약탈하는 폭력. 아무 것도 가진 것이 없어 절규하는 폭력. 더 이상 잃을 것이 없어 폭력을 행사한다.

어느 날 당신은 당신의 마을에서 예수의 제자들이 보낸 소식을 들었다. 사도들이 당신에게 보낸 편지였다. 그 편지는 당신이 속한 저녁 모임에서 큰 소리로 낭독되었다. 당신은 매우 흥분되어 있다. 이 편지가 우리 마을에서 일어나고 있는 이 끔찍한 불의에 대해 뭔가 말해주지는 않을까? 다가오는 하나님의 정의의 나라에 대한 희망을 가져다 줄 수 있지 않을까?

그날 저녁 편지를 가져온 사람이 도착할 무렵, 거의 모든 마을 사람이 한 자리에 모였다. 그 사람은 누가라는 사람이었는데, 나는 그날 예수에 대한 이야기들을 들으려고 사람들이 모이는 동안 그와 함께 할 수 있었다. 리더가 사람들의 주의를 집중시키자, 누가가 글을 읽기 시작했다.

"하나님의 은혜로 말미암아 사도로 부르심을 받은 나 바울과 예수 그리스도의 제자 베드로와 하나님과 주 예수 그리스도의 종 야고보와 그의 형제 유다와 주의 종 요한이 주님의 은혜를 여러분에게 전합니다."

편지는 그렇게 시작되었다. 여러 교회에 정기적으로 편지를 쓴 모든 사도가 갈릴리에서 고통당하는 당신에게 그리고 함께 한 공동체의 거룩한 동료들에게 문안 인사를 전해 왔다. 누가는 이러한 시작 인사와 더불어 편지를 읽어 내려갔다.

"우리는 갈릴리에 있는 여러분의 교회의 급한 필요를 따라 우리의 차이를 따지지 않고 여러분에게 보낼 편지를 쓰려고 함께 모였습니다. 우리는 여러분의 고난과 겪고 있는 불의와 폭력에 대한 소식을 들었습니다. 뿐만 아니라 여러분의 믿음과 인내가 온 세상에 전해지고 있다는 소식도 들었습니다. 우리는 여러분이 믿음을 통해 하나님의 정의를 드러내는 복음을 확신하기 원합니다."롬1:16~17

이 부분에서 누가는 낭독을 멈추고, 읽고 있던 양피지 위로 사람들을 쳐다보면서 다음과 같이 말했다. "사도들이 기록한 그리스어 디카이오수네dikaiosyne라는 단어를 여러분이 읽을 때, 그들이 말하고자 하는 뜻은 히브리 단어 짜디카sadiqah(의, 언약을 지키려는 신실함) 및 미스팟mishpat(정의)과 동의어라는 점을 분명히 하도록 제게 요청하였습니다. 아마도 디카이오수네의 완전한 의미가 '하나님의 구원하시는 정의' 라는 것을 분명히 해야 할 것 같습니다. 여러분이 처한 불의의 상황에서 단지 하나님의 구원하시는 정의만이 좋은 소식이 되리라 믿습니다." (정의와 의를 위한 그리스어는 디카이오수네라는 한 단어다. 1세기 유대인은 이 단어가 정의와 의라는 의미를 동시에 함축함을 잘 알고 있었다. 결론적으로 의라고 기록된 서신서의 모든 기록은 정의로 번역될 수 있다는 말이다.)

누가는 다시 양피지에 눈을 고정한 후 편지를 읽어 내려갔다. "우리는 갈릴리에서 성도로 부름을 받은 여러분들이 하나님의 구원하시는 정의가 모든 창조물을 위한 것임을 알기 원합니다. 실제로 하나님은 예수의 죽음 안에서 모든 창조물과 화해를 이루셨습니다.고후5:19; 골1:20 이것이 바로 그가 여러분을 부르셔서 모든 피조물에게 복음의 좋은 소식을 전하게 하신 이유이자골1:23 여러분을 하나님의 구원하시는 정의로 부르신 이유입니다.고후5:21 그러므로 모든 창조물은 새롭게 될 것입니다. 복음으로 말미암아 당신 자신만이 새롭게 된다고 생각하지 마십시오. 그리스도 안에 있으면 누구든지 새로운 창조물입니다. 예수를 따르는 사람들에 의해 창조된 모든 것이 새롭게 만들어 집니다!고후5:17; 갈6:15 그리고 피조물이 이 사실을 알 것입니다. 피조물은 하나님의 자녀들이 나타나기를 간절히 기다리고 있습니다. 자신들이 해야 할 일을 올바로 감당하는 예수의 제자들을 간절히 기다리고 있습니다. 우리가 부활한 몸으로 돌보게 될 새 하늘과 새 땅을 간절히 기다리고 있습니다.롬8:18~23 그리고 이러한 모든 피조물이 새롭게 되고 정금과 같이 될 때, 정의가 편히 시행되는 세상에서 살게 될 것입니다.벧후3:14 그러므로 창조물을 치유하는 당신이 하나님의 치유하시는 사랑을 모든 피조물에게 보여주는 것이라는 사실을 기억하십시오."

"그리스도의 날이 오기를 기다리는 동안, 여러 형제와 자매 중에 극심한 고통을 겪는 사람들이 있을 것입니다. 우리 자신도 예수의 복음을 위해 동일한 고난을 받은 사람들입니다. 예수의 복음을 위해 굶주리고, 헐벗고, 매를 맞고, 목이 베어지고, 감옥에 갇혔습니다. 그렇지만, 복음의 영광을 위해 이러한 모든 것을 감내해야 한다는 사실을 여러분이 알기 원합니다. 우리는 복음을 부끄러워하지 않기로 했습니다."

"하나님의 가족 안에서, 고난 받는 사람들, 버려진 사람들, 수치를 당한 사람들을 돌보는 일은 매우 중요합니다. 여러분의 시간을 이러한 사람들과 함께 보내십시오. 이러한 사람들을 배나 귀히 여기고, 낯선 사람들을 환영하고, 공동체의 다른 지체들, 가난한 사람들, 고아와 과부들, 땅과 돈이 없는 사람들과 함께 모든 것을 나누십시오."롬12:13; 고후8, 9장; 갈2:10; 딤전5:9~11; 약1:27~26; 벧전3:9 나 바울은 가난한 사람들에게 은혜를 베풀려는 여러 교회들을 방문하면서 돈을 모았습니다. 때로는 돈 모으는 것을 주된 사역으로 하였습니다. 이러한 일을 통해 하나님의 구원하시는 정의가 온 세상에 퍼지게 될 것입니다."고전16:14; 고후8, 9장; 롬15:25

"사랑하는 친구들이여, 우리는 편애가 아닌 평등에 관심이 있습니다.고후9:13~14; 약2:1~13 우리가 관심을 갖고 있는 것은 세상의 위계질서가 아니라, 하나님의 은사입니다. 그리스도 안에서는 유대 사람도 그리스 사람도 없으며, 종도 자유인도 없으며, 남자와 여자가 따로 있지 않습니다. 여러분 모두가 그리스도 예수 안에서 하나이기 때문입니다.갈3:28 세상이 인정하는 것과는 달리 우리는 하나님의 은사에 제한을 두지 않습니다. 오히려 우리는 우리가 받은 은사를 따라 서로에게 목회를 합니다. 이방인, 종, 여자도 상관없습니다."롬12:3~8, 16:1~16; 고전12장; 빌4:2~3; 골4:9

"우리는 교회 안의 어떤 사람들이 다른 사람들보다 더 많이 갖고 있음을 압니다. 그래서 한 사람이 굶는 동안 다른 사람들이 배불리 먹는 일 없이 더불어 살라고 권고합니다. 예수께서 자신의 살과 피를 우리 모두를 위해 주시지 않았습니까? 여러분이 주의 만찬을 나눌 때, 어떤 사람들은 배고프고 어떤 사람들은 취하도록 마시는 세상 사람처럼 하지 말아야 합니다. 그렇지 않으면 세상이 심판 받을 때 여러분도 심판을 받게 될 것입니다."고전11:20~32; 유12

"부자로 사는 사람들은 늘 조심하십시오! 여러분의 밭에서 곡식을 벤 일꾼들에게 주지 않고 가로챈 품삯이 소리를 지르고 있습니다. 그래서 그 일꾼들의 아우성소리가 전능하신 주님의 귀에 들어갔습니다.약5:4 여러분을 위해 일을 했지만, 품삯을 받지 못한 이 일꾼들은 누구입니까? 부자들의 교만은 세상에서 온 것입니다.딤전6:17, 약1:2~7, 요일1:16 그러나 이것을 아십시오. 하나님의 사랑 안에 머물러 있는 사람들은 말을 통해서나 행동을 통해서 사랑을 드러내게 되어 있습니다. 형제나 자매가 먹을 것이 없어 배고파하고 입을 것이 없어 헐벗고 있는 모습을 보면서도 도와주지 않으며 사랑한다고 말만하면 무슨 소용이 있겠습니까.약2:14~16; 요일 3:17~18, 4:19; 딤전6:17~19 하나님은 이 세상의 가난한 사람들을 선택하셔서 믿음에 부요한 자로 삼으시고 하나님나라를 유업으로 받게 하셨다는 것을 기억하십시오. 야고보서 2:5, 고린도전서1:26~29 공동체 안이든 세상이든, 형제와 자매가 어디에 있든지 여러분은 궁핍에 처한 그들의 목회자로 부름을 받았습니다.

"하나님의 자녀들이여, 이것을 아십시오. 만약 우리가 부족하거나, 정의를 실천할 능력이 없을 때라도 하나님께 우리를 변호해 주실 분이 계십니다. 우리가 죄를 자백하면, 하나님은 신실하시고 의로우신 분이셔서, 우리 죄를 용서하시고, 모든 불의에서 우리를 깨끗하게 해주실 것입니다.요일1:9 만약 우리가 어려움을 하나님께 구하면, 성령께서 우리로 하여금 빛의 자녀로 살아가게 하시고 일할 수 있도록 친히 이루 다 말할 수 없는 탄식으로, 우리를 대신하여 간구하여 주실 것입니다.롬8:23~27, 요일 1:5~7 이러한 말씀을 기쁨으로 받아들이십시오."

"여러분의 공동체가 위로를 필요로 한다는 사실을 우리는 압니다. 여러분이 가난하고, 모든 피조물이 큰 피해를 입고 있으며, 원수들이 주는 고통을 여러분이 잘 견뎌내고 있다는 사실을 잘 압니다. 사랑하는 형제 자매여 인내하십시오. 인내는 연단을, 연단은 소망을 이루며, 소망은 여러분을 결코 실망시키지 않을 것입니다."롬5:3~5, 약5:7~11

"사랑하는 이들이여, 무엇보다 폭력에 관해 기억해야 할 것이 있습니다. 예수를 따르는 제자들은 사랑으로 반응해야 합니다. 실제로 그렇게 하는 것이 하나님의 정의입니다. 우리가 여전히 원수로 있었을 때, 우리를 하나님과 화목하게 하시려고 예수님이 십자가에서 죽으셨습니다. 그 결과 우리가 의로운 사람으로 살게 되었습니다. 롬5:10; 벧전2:24; 요일4:10,19 그러므로 여러분도 원수를 사랑하도록 부름 받은 것입니다. 그들을 받아들이고 필요한 음식과 물을 대접하십시오. 롬12:13~21 진실로 우리 주님께서 하신 말씀을 따라 여러분을 핍박하는 사람을 축복하십시오. 롬12:14; 마5:44; 눅6:28; 벧전3:9 결국 만약 당신이 당신의 몸을 번제로 드릴지라도, 당신 손의 모든 것을 내어줄 지라도, 사랑이 없으면 무슨 소용이 있겠습니까? 사랑은 오래 참고, 친절하며, 당신을 핍박하는 사람들까지도 사랑하게 만듭니다. 진실로 사랑은 허다한 죄를 덮어 줍니다. 고전13장; 벧전4:8 계명은 이렇습니다. 하나님을 사랑하는 사람들은 서로 사랑하게 되어 있습니다. 요일3:14~24, 4:7~27; 요이5절 그러나 만약 우리가 우리 자신을 복수와 분노에 내어주고, 사랑하지 않는다면, 분노로 말미암아 하나님의 구원하시는 정의를 이루어내지 못할 것입니다. 약1:12~20; 요일4:1~12 자기를 십자가의 죽음에 넘긴 원수들까지 용서하신 주님의 나라에서는 자비가 심판을 이겨낼 것입니다." 눅23:32; 약2:13

"형제자매 여러분, 이것을 기억하십시오. 비록 우리가 도살장으로 끌려가는 양과 같지만, 그 어떤 것도 우리를 하나님의 사랑으로부터 멀어지게 할 수 없습니다. 로마 군인들에 의한 죽음도, 황제의 칼도, 기근이나 헐벗음도, 우리를 못살게 하는 박해도, 이 땅 위에서 가장 강한 나라의 통치자도, 우리를 주님의 사랑에서 끊어 낼 수 없습니다."(롬8:35~39

"그러므로 인내로 하나님의 날이 임하기를 바라보고 간절히 사모하십시오. 우리가 말한 것처럼 하나님은 그의 약속대로 정의가 편히 시행되는 새 하늘과 새 땅을 가져오실 것입니다.^{벧후3:13} 당신이 쌓은 것이 무엇이든 그 날에 불로 시험을 받게 될 것이라는 사실을 기억하십시오. 그 날에 우리는 새로운 몸을 입고 새 땅에서 살게 될 것이기에 우리의 일이 결코 헛된 것이 아니라는 사실을 확신하십시오."^{고전15:51~58; 고후3:10~14}

"우리를 대신해서 성도들에게 인사하십시오. 우리 하나님나라의 정의가 드러나기를 기다리는 동안, 하나님의 은혜와 평화가 여러분을 강건하게 해주실 것입니다."

누가가 낭독을 막 마치자 주변의 모든 사람은 놀라운 모습으로 각자의 느낌을 나누었다. 무엇보다 당신 또한 모든 사도가 서로 다른 모습을 뒤로하고 당신이 속한 공동체를 위해 편지를 써 보냈다는 사실에 놀랐을 것이다. 두 번째로 당신은 그들의 말을 하나하나 믿기 어려웠을 것이다. 하나님나라에 관한 정의가 당신 개인에게만이 아니라 당신의 땅에 사는 모든 사람에게, 그리고 당신이 발을 딛고 서 있는 땅을 위해 선포되는 모습에 대해 놀랐을 것이다. 이러한 모든 것은 예수께서 다시 오실 때 완전히 새로워질 것이다. 이것이 바로 당신이 실제로 다루어야 할 정의의 메시지이다. 정말로 좋은 소식이다!

그러나 당신은 혼돈스럽기도 할 것이다. 그동안 당신은 로마인들을 미워하는데 많은 시간을 사용해왔다. 미워하는 일에 아주 많은 시간을 써왔다. 자신 안에 적지 않은 차이들이 있었지만, 이러한 차이를 옆으로 미루어놓고 당신에게 원수를 사랑하며, 더 나아가 먹을 것과 마실 것을 제공하라고 도전하는 모습에 적잖이 혼돈스러울 것이다. 어쩌면 당신이 이러한 말을 오해할 수도 있을 것이다. 그러나 편지를 읽어준 누가에게 당신이 알아야 할 사실이 무엇인지 질문한다면 그는 아주 분명하게 대답해 줄 것이다. 예수님은 그의 원수들의 손에 의해 죽었지만, 그들에게 용서를 베푸셨다. 우리가 아직 죄인으로 있을 때, 우리를 위해 십자가에서 돌아가셨다. 예수는 자신의 몸과 피를 우리를 위해 주셨다. 그리고 예수는 자신을 따르도록 우리를 부르셨다. 이는 우리의 원수들에게 하나님의 정의와 용서를 베풀라고 설명할 것이다. 이러한 하나님의 정의가 당신이 실천하기에는 너무 어렵게 다가올 수 있다. 그러나 당신은 하나님의 구원하시는 정의를 당신이 좋아하고 싫어하는 것을 따라 선택해야 할 사항이 아니라는 사실을 알아야 한다. 하나님나라는 당신의 모든 것을 요구한다. 하나님의 정의는 당신에게 폭력을 포기하고 당신을 미워하는 사람을 사랑하라고 요구한다.

이러한 말씀이 있음에도, 상황은 별로 달라져 보이지 않는가? 그렇다. 여전히 우리가 사는 세상은 전쟁으로 말미암아 창조세계가 희생되고 있으며, 농사법도 일 원이라도 더 벌도록 온갖 수단을 다 사용하고 있다. 여전히 우리가 사는 세상은 부자들이 가난한 사람을 천대하고, 많은 사람이 소수의 부자들을 위해 일하는 모습이다. 그래서 사도들의 말은 현재 우리가 사는 세상을 변화시키고 적용하기에 너무나 미미한 것처럼 보인다.

이뿐 아니다. 우리는 하나님의 용서와 정의가 더 이상 선포되지 않는 곳에 살고 있으며, 교회에서조차 이러한 모습을 찾아보기가 어렵다. 우리는 처벌을 좋아하고, 폭력을 통해 정의를 이루려고 한다. 그러나 본질적으로 하나님의 말씀에서 용서와 평화와 사랑은 하나이다.

한 기자가 유투U2 노래집 제목인 "핵폭탄을 없애는 방법" How to Dismantle an Atomic Bomb이라는 가사에 대해 보노Bono에게 질문했다. "어떻게 사람들이 핵폭탄을 없앨 수 있을까요?"라는 질문에 보노는 "사랑이지요. 사랑. 사랑이 있으면 없앨 수 있습니다"라고 대답했다. 그 끔찍한 악, 끔찍한 폭력, 불의를 어떻게 없앨 수 있을까? 사도들은 이 질문에 대해 "사랑이지요. 사랑. 사랑이 있으면 없앨 수 있습니다"라고 말하고 있다.

정의 프로젝트 3
미국에서의 정의

11장
숫자가 많은 내 이름은 군대
근원적 정의로서 귀신 축출

앤소니 스미스

예수께서 그에게 물으셨다. "네 이름이 무엇이냐?" 그가 대답하였다. "군대입니다. 우리의 수가 많기 때문에 붙여진 이름입니다." 막5:9

내가 어렸을 때 다녔던 알라바마 주 버밍햄의 시온산 침례교회 목사님이 "나는 미스터 찰리를에 맞서 내 견해를 고수하고 있었지"라는 말씀을 하셨다. 그의 말씀은 지역 경찰들이 갖고 있던 편견에 대한 것이었다. 목사님은 청중들과 함께 호흡하는 설교자만이 할 수 있는 방식으로 이야기를 들려주셨다. 겉보기에 경찰들은 인종차별이 없는 듯 행동하면서 젊은 흑인들을 길거리에 불러 세운다. 그러나 실제로 그 목사님은 마을에서 매우 존경받는 젊은이였다. 안타깝게도 그는 흑인운전자라는 이유로 경찰의 표적이 되었다. 범죄가 자주 일어나는 장소에서 흑인운전자는 용의자로 지목받는다. 특히 젊은 흑인은 더 그렇다.

앤소니 스미스(Anthony Smith)는 샬롯Chalotte 지역을 대표하는 "전임 이머징 신학자"이며 국가적 차원의 이머전트 빌리지 협력그룹을 섬기고 있다. "포스트모던 니그로의 묵상"Musings of a Postmodern Negro(postmodernegro.wordpress.com)라는 이름의 블로그를 운영하고 있다.

내가 지금 여러분에게 말하고자 하는 것은 북미에서도 잘 알려져 있지 않는 이야기이다. 흑인 설교자 간에 인종차별주의자들을 통칭하는 암호가 있는데, 그것이 바로 미스터 찰리이다. 이 미스터 찰리는 우리 사회 저변에 존재하는 인종적 불의를 상징하는 개인이나 제도를 말한다. 이는 가장 널리 확대되어 있어 아예 습관이 되어버린 아주 분명한 인종차별이다. 미스터 찰리는 인종적으로 불의한 일을 대담하면서도 습관적으로 행하게 만드는 힘이기도 하다. 언어학적으로 미스터 찰리는 성경에 더욱 신실한 모습을 보이는데, 이 시대를 사는 그리스도인은 바로 이러한 귀신들을 내어쫓는 방법을 습득해야 한다. 왜냐하면 우리가 정의를 추구하려면 미스터 찰리의 모습이 정확하게 무엇인지 이름 짓고, 이를 쫓아내고, 이러한 악영향에서 우리 몸을 회복해야 하기 때문이다. 이렇게 하도록 우리는 일상 속에 미스터 찰리를 유지시키는 습관들이 어떤 것인지 매일 확인하고, 잘못된 것을 내쫓아야 한다.

이러한 상황을 염두에 두고, 마가복음의 군대 이야기로 여러분을 안내하고자 한다. 마가복음의 군대 이야기를 읽을 때, 사람들이 미스터 찰리와 군대 사이에 존재하는 유사성을 볼 수 있기 바란다. 이들에게는 공통적인 모습이 존재한다. 우선 그들은 모두 개인적이면서 동시에 사회 권력에 미쳐있는 모습을 극명하게 드러낸다.

군대 귀신을 내어쫓는 이 말씀은 너무나 잘 알려진 이야기로 복음서에 기록된 귀신이야기 중에 가장 자세히 설명되어 있다. 이 이야기는 그 사건이 일어난 장소, 이름을 명확하게 기록하고 있고, 전체적인 설명은 마치 영화의 한 장면처럼 뚜렷이 각인되도록 묘사하고 있다. 예수는 배에서 뛰어내려 귀신들린 사람을 만났다. 그 사람은 무덤에서 살면서 소리를 지르고 자신의 몸을 상해했다. 귀신들은 예수께 살기 좋은 그 마을에서 자신들을 쫓아내지 말아달라고 간청했다. 그렇게 간청한 이유는 예수가 이미 귀신인 자신들의 이름을 알고 있었고, 사람을 억누르는 자신들을 쫓아낼 만한 능력이 있다는 사실을 잘 알았기 때문이다. 복음서들은 귀신들의 탄압이 로마의 통치와 깊이 연결되어 있다는 실체를 뚜렷이 제시한다. 귀신들린 사람의 이름이 로마군의 조직인 "군대"였던 것이 바로 이를 증명한다. 학자이자 사회운동가인 채드 마이어스Chad Myers는 그의 책, 『이 산에게 말하라: 제자도에 대한 마가의 이야기』*Say to This Mountain: Mark's Story of Discipleship*에서 1세기 팔레스타인 지방에 있었던 예수의 치유/귀신 축출 캠페인에 대해 설명하였다. "치유자이자 축사자로서 예수는 개인의 몸이 얼마나 아팠는지 그리고 그 몸의 역학관계를 이루는 탄압/박해의 근본 뿌리가 어디에 있는지에 집중하였다."1)

포스트모던 그리스도인에게 주어진 예언자적 임무는 우리의 집단적 습관과 상상력이 갖고 있는 인종차별주의라는 귀신의 이름을 제대로 알고 내쫓는 일이다. 이러한 일에는 그리스도인이 우리 몸의 역학관계를 구성하는 미스터 찰리를 내어 쫓도록 귀신을 내어쫓는 모습이 어떤 것인지 창조적인 배움과 실천이 필요하다. 예수와 귀신들의 이야기는 이러한 상황에 처한 우리들에게 필요한 정의가 어떠한 모습이어야 하는지 상상해보도록 제시하는 탁월한 방법이다. 리차드 호슬리Richard Horsley는 그의 책『전체 이야기 듣기: 마가복음의 정치적 구성』*Hearing the Whole Story: The Politics of Plot in Mark's Gospel*이라는 책에서 예수의 귀신 축출 이야기를 후기식민주의적 시각으로 읽어보도록 제시한다.

엄밀히 말해 예수께서 귀신을 내어 쫓으신 일련의 일화들과 귀신 내쫓기의 중요성에 대한 토론들은 예수께서 축사逐邪라는 행위를 통해 로마의 법을 패배시키고 하나님나라를 세우고 있음을 여실히 보여준다. 근본적으로 우리는 복음서의 이야기와 말씀에서 우리 스스로를 소외시킴으로써 이러한 사실을 올바로 분변하지 못하고 있고, 우리 자신의 역사와 문화적 맥락이라는 귀신에 들려서 보는 능력을 상실했다.2)

예수와 군대 사이에 존재하는 개인적인 조우를 통해 이들 사이에 일어나는 싸움을 자세히 살펴볼 필요가 있다.

귀신이 쫓겨날 위기에 처하자 귀신은 자신의 모습을 드러내야 했다. 그 이름이 "군대"라고 밝혀졌다. 이 이야기를 들은 원래 청중은 "군대"라는 말을 듣자마자 그것이 곧 로마의 군사라는 것을 알아차렸다. 최근에 그들은 로마 군대가 막달라Magdala와 세포리스Sepphoris 도시 주변의 마을들을 불사르고, 엄청난 사람들을 도륙하고, 수천 명의 부모들과 노인들을 노예로 잡아가는 광경을 목격하였다. 게다가 연속되는 군사적 이미지들 중, 군대는 비탈길로 달려 내려가는 돼지 "부대"로 들어감으로써 "해산"되었다. 이는 마치 군대가 전투를 위해 돌진하는 모습을 연상시키는데, 대상이 "호수"가 되어 거기에 빠져 죽는 모습이 되었다. 그러나 이러한 모습은 작은 호수라기보다는 사람들을 정복하려고 그들이 왔던 지중해를 연상케 한다.3)

군대로 민중을 탄압하고 노예로 만드는 로마 권력을 상대로 싸우는 예수와 그의 나라는 해방과 치유에 관한 이야기를 들려준다.

그러나 예수가 그 지역에서 활동하는 군대 귀신을 "해산"하기 전에, 우리는 거대한 로마의 체제를 내면화시켜 그 습관을 따라 사는 한 사람을 만난다. 그는 죽은 사람들 가운데 거하며, 자신을 자해한다. 이것은 그가 로마제국 체제에 의해 형성된 조직적인 폭력을 자신의 백성을 상대로 정교하게 내면화하고 있음을 암시하는 것이다. 여기에 복음이 제시하는 몇 가지 진리가 드러나 있다. 그것은 우리 매일의 삶이 더욱 더 큰 실제 세상에 의해 형성되고, 눌리고, 억압받는다는 사실이다.

예수께서 귀신들린 사람에게 관심을 보였을 때, 복음서는 그가 옷을 입었고 정신이 온전해졌다고 기록한다. 현재 제국주의의 실재를 다룰 때, 우리는 마치 과정을 중시하는 민주주의의 심리과정만이 우리 몸 안에 있는 마성적 역학관계를 치유하는 것처럼 아주 민주적이고 자유로운 언어로 말한다. 그러나 예수의 군대 귀신 축출은 이와 다른 방식으로 매우 정치적이었다. 그는 제국에 의해 영향 받고 있는 지역 공동체에 치유책을 가져왔다. 복음서에 따르면 이전에 귀신들렸던 사람이 정신이 멀쩡해지고, 묶였던 곳에서 풀려나고, 아름다운 모습으로 살게 되었다.

우리 시대에 끊임없이 계속되는 인종차별주의와 관련된 토론이 생겨날 때, 우리는 이러한 문제를 개인적 의향과 편견이라는 문제로 치부해 버린다. 이 사건에서 개인적 차원뿐만 아니라 체제의 불의에 맞섰던 예수와는 달리, 우리는 인종차별적 행동과 습관을 지극히 개인적 차원으로 축소시킨다. 2008년, 예레미야 라이트Jeremiah Wright 목사가 했던 흑인 위주의 선동적 설교에 대한 반응도 같은 맥락이다. 아주 오랜 시간동안 서서 설교하는 흑인 교회의 전통을 따라 진행된 그의 설교는 "정도를 벗어난" 것으로 여겨졌고, 믿지 못하겠지만, 그는 손쓸 수 없는 "인종차별주의자"로 처리되었다. 나는 예수께서 우리가 직면한 세상의 문제를 보시고 배에서 뛰어내리신 후, "네 이름이 무엇이냐?" 질문하는 장면을 상상할 수 있다. 이에 대해 귀신은 "내 이름은 미스터 찰리입니다."라고 대답할 것이다.

이러한 인종차별이라는 "귀신들린" 상황에서 어떻게 탈출할 수 있을까? 우리가 처한 귀신들린 상황을 예수께 가져가면, 예수께서 우리 안에 있는 귀신을 어떻게 내어쫓으실까? 매일의 습관과 믿음으로 자리해 있는 이러한 인종차별의 문제를 어떻게 고침 받을 수 있을까?

나는 브루클린 대학의 교수이자 사회운동가인 멜라니 부시Melanie Bush가 우리가 원하는 퍼즐의 한 부분을 제시하였다고 믿는다. 『선한 의도로 법질서 어기기:백인주의를 이루는 일상의 모습들』*Breaking the Code of Good Intentions: Everyday Forms of Whiteness*라는 책에서 멜라니는 "결백의 벽에 난 금"이라는 표현과 함께 다음과 같은 글을 실었다.

> 순간은 분명히 존재한다. 인종분류, 인종차별, 불평등의 과정과 유형들에 대한 인식이 점차로 증가하고 있을 때도 순간은 존재한다…. "결백의 벽에 난 금"은 인종차별의 패턴을 강화하고 재생산해내는 이데올로기에 의해 우리 사회에 제도화된 역사적 불평등과 불의에 도전할 가능성과 희망이 있다고 본다.4)

멜라니 교수는 소위 말하는 인종차별주의의 거대담론에 의해 통제되는 우리 몸과 마음에 수많은 방식이 존재하고, 그 방식들이 무엇인지 지적하였다. 이런 상황에서 자라나면 인종적 불의와 불평등의 유산이 무엇인지 보지 못하고, 침묵하는 경향을 보인다. 미스터 찰리의 이야기를 고치도록 예언자적 관점에서 우리의 습관을 바라보면 우리 삶속에 깃들어 있는 미스터 찰리를 무너뜨릴 수 있다. 멜라니 교수의 "방법론" 및 "금 깨기"와 더불어 나는 미스터 찰리의 "교리"를 목록으로 정리하고자 한다.

1. 빈곤, 부, 그리고 불평등을 자연스럽게 받아들이거나 신비한 것으로 만드는 것. 많은 사람은 인종적 불평등이 문제이긴 하지만, 그 운명을 받아들일 수밖에 없다고 생각한다. 이들은 "이것은 늘 그래왔어."라는 식

으로 반응하고, "'예수께서도 가난한 사람들은 항상 너희 중에 있느니라' 고 말씀하셨지."라고 반응한다. 이는 마치 하나님께서 항상 가난하게 살도록 정해 놓은 것처럼 말하는 것이다. 어떤 사람은 가난을 운명으로 갖고 태어났다고 생각하거나 이러한 생각을 자연스럽게 받아들인다. 주석가들은 복음서에 기록된 가난한 사람에 대한 이 성경말씀을, 예수를 따르고자 하는 공동체가 항상 가난한 사람들 가운데 있어야 하며, 권력에 의해 규정되는 정치적, 사회적, 경제적 영역에 의해 눈이 가려지지 않도록 해야 한다는 의미로 해석한다.5)

2. 눈에 보이지 않는 인종적 우위. 백인들이 인종적으로 우월하다고 생각하는 것은 눈에 보이지 않지만, 개인적으로나 집단적인 습관과 무의식에 깊이 자리하고 있다. 통상적으로 미국 백인들은 인종에 관한 모든 것을 경험으로 잘 알고 있을 것이라 생각한다. 그러나 그들에게 인종이란 피부색깔을 가진 사람들만을 말한다.6) 많은 백인은 자신을 "인종"에 포함시키지 않는다. 그들 생각에 자신들은 그냥 인종에 좌우되지 않는 평범한 사람이다. "인종차별을 인정하면서도 무의식적으로 자신과 인종차별은 별개의 문제로 분리시켜 생각하는데, 그런 식으로 백인들은 불평등에 참여하는 셈이 된다."7) 내 경험상 눈에 보이지 않는 인종우월주의는 그것이 의도한 것이든 아니든 북미의 인종차별 역사에 대해 매우 냉담한 반응을 보인다. 눈에 보이지 않는 인종우월주의를 막으려면 진심에서 우러나는 공감이 필요하다.

3. 말의 엄격한 통제. "대화에서 엄격한 규율을 적용하는 것은 사회의 제도적 구조 내에서 인종차별을 강화하고 재생산해내는 제3의 장치다."8) 담론은 우리 공동체 역사를 이해하는 방법인데, 거대담론은 불평등과

하나님께서 인종을 다루도록 허락한 언어를 지속적으로 감추어 아메리칸 드림의 내면을 바라보지 못하게 만든다. 미국 역사의 어두운 부분을 들추어내는 파괴적인 담론과 인종차별주의를 지속시키는 언어는 박물관의 유물이라 칭해진다. 제2차 세계대전 이후 백인들에게 연방정부가 증여해준 자원과 부의 양은 땅과 교육적 혜택 등 그 양이 어마어마하다. 동시에 유색인종을 소외시킴으로써 백인 우월주의 중심의 고안물을 증진시키고, 흑인게토를 형성해 나간다. 예언자적 방식으로 북미 역사를 이야기할 때도 특권을 가진 사람들 중에서 탁월한 이야기꾼만 말할 수 있도록 언어가 제한되어 있다.

우리는 제국의 공동묘지에 서있다. 우리 몸의 역학관계는 인종적 특권, 우월의식, 엄청난 경제적 불평등이 인종이라는 깊은 지형을 벗어날 수 없는 모습으로 습관화 되어 있다. 우리는 주어진 고통 속에서 소리 지르고, 다른 사람들의 역사에서 단절된 고통으로 말미암아 몸부림치고, 회개라는 실천적 사슬에서 헤어 나오지 못하고 있다. 우리가 제정신으로 말끔히 옷을 차려입으려면 어떤 모습이어야 할까? 우리는 인종적 불평등의 복잡한 모습이 우리 안에 완고하게 자리하고 있다는 사실을 인정하고 직시해야 한다. 우리는 우리 자신의 특권을 인정하고 그대로 받아들이지 말아야 한다. 우리는 대단한 "직업윤리"나 "개인의식"을 갖고 우리가 성공을 이루어 냈다고 여겨서는 안 된다. 다른 사람이 모진 씨름을 하는 동안 어떤 사람은 성공하는, 그런 인종간의 역학관계를 제대로 볼 수 있어야 한다. 예수가 우리에게로 오실 때, 우리는 인종적 문제에 있어 정의의 발걸음을 뗄 수 있어야 한다.

만약 하나님나라가 정의, 사랑, 자비가 넘치는 대안적 실재라고 믿는다면, 그때 우리는 미스터 찰리에게 제대로 된 기도와 의식과 습관적인 관심을 보일 수 있을 것이다. 결국 미스터 찰리는 우리나라에 존재하는 국가귀신이다. 예수께서 우리에게 말씀하셨던 것처럼, 어떤 마귀는 기도와 금식으로만 쫓아낼 수 있다. 이것은 죄와 사망의 권세를 이기시고 부활하신 주님께서만 주시는 분별의식과 열정을 필요로 한다.

12장
정의로운 땅
미국 원주민에게 가장 중요한 정의의 이슈는 무엇인가?

랜디 우들리

> 모든 세리와 죄인들이 말씀을 들으러 가까이 나아오니 바리새인과 서기관들이 원망하여 가로되 이 사람이 죄인을 영접하고 음식을 같이 먹는다 하더라. 눅15:1~2, 개역한글

왜 바리새인들은 예수에 대해 그렇게 격노했을까? 결국 그들은 모든 가난한 사람을 위해 기금을 마련하고 배고픈 죄인들을 먹이는데 자신들을 헌신하지 않았던가? 그러나 거기에는 한 가지 중요한 차이가 있었다. 그 차이는 자신들과는 달리 예수가 죄인들과 함께 먹었다는 것에 있다. 이렇게 죄인들과 함께 식탁에 앉아 음식을 먹은 예수의 단순한 행위는 가난한 사람, 희망이 없이 사는 사람들에게 새로운 존엄성을 부여해 주

랜디 우들리(Radny Woodley)는 이문화연구 박사로 키투와 체로키 인디언(Keetoowah Cherokee Indian) 후손이다. 목사, 저자, 교사, 신학자, 시인, 사회운동가로 활동하고 있다. 『유색인종으로 산다는 것: 다양한 인종을 향한 하나님의 열정 끌어안기』*Living in Color: Embracing God's Passion for Ethnic Diversity*라는 책을 저술하였다. 아내(Edith)와 함께 독수리 날개 사역(Eagle's Wings Ministry)을 시작하였고 (www.eagleswingsministry.com) 원주민 목회 및 리더십 개발을 위한 엘로헤 마을Eloheh Village에서 원주민 목회 및 리더들을 양육·훈련시키고 있다. 네 명의 자녀와 함께 오리건 주 뉴버그Newberg에 살고 있다.

었고, 바리새인과 서기관들을 격노케 했다.

바리새인들에게 가난한 사람, 굶주린 죄인들은 "자비"를 행할 대상으로써 필요할 뿐이었다. 가난한 사람들에게 먹을 것을 주고, 그들을 위한 기금을 마련하는 것이 그들이 해야 할 사역이었고, 그렇게 사회적 신용을 쌓으면 될 일이었다. 그런데 예수는 가난한 사람들과 같은 식탁에 앉음으로써 그들을 자신과 동등한 존재로 여겼다. 바리새인들이 갖고 있던 주도권 상, 이러한 사실은 너무나 견디기 어려운 일이었다. 결국 사회적인 계급주의가 강조되어야 했다. 헌신적인 바리새인들이 인정하지 않으면, 하나님을 찾는 희망조차 가질 수 없었던 것일까?

미국의 원주민들에게 이러한 패러다임의 역동성은 고통스러울 만큼 친숙한 상황이다. 그리스도인들 특히 백인 그리스도인들이 가난하고 궁핍한 원주민과 함께 하는 상황이 펼쳐질 때 더욱 그렇다. 부득이하게 우리 원주민은 최악의 건강 상황, 높은 유아 사망률, 가장 낮은 평균 수명, 최악의 생활수준, 열악한 교육환경, 최고의 실업률, 최고의 십대 임신율, 그리고 최고의 자살률을 기록하고 있다. 선교적인 관점에서 볼 때, 우리의 상황은 정말로 끔찍하다. 이러한 상황을 키플링Kipling이 "백인들이 짊어져야 할 짐"이라는 시어로 표현한 것은 수박 겉핥기에 불과하다. 내 친구 브라이언 맥클라렌은 이러한 상황을 "유럽인들의 지나친 확신"이라고 표현했다. 만약 우리가 백인과 동등해 지려면, 십대들 모두가 가능한 단기 선교여행을 다녀와야 하지 않을까? 그 누구도 매년 멕시코로 단기선교를 다녀올 수는 없다. 내가 너무 냉소적인가? 아마 그렇게 보일지 모른다. 그러나 나는 당신이 내가 이렇게 냉소주의적 태도를 취하는 진짜 이유가 무엇인지 생각해 보아야 한다.

현재 북미 원주민들이 직면한 정의에 관한 문제는 경제·사회적 불평등, 형법체계, 정치적 제소자 등 한 두 가지가 아니다. 마치 남아공의 넬슨 만델라처럼, 미국에는 로키 보이스 주니어Rocky Boice Jr.와 레오나르드 펠티어Leonard Peltier와 같은 정치범이 실제로 존재한다.9) 우리를 향한 불의는 성경에 나오는 군대 귀신으로, 이러한 귀신은 인디언 보호구역에서 가부장적, 문화적 주도권을 갖고 교회를 개척하거나 유지하는 거의 모든 교회와 선교기관에 여전히 존재한다.

그러나 이러한 주제들 중 그 어떤 것도 공식석상에서 효과적으로 다룬 적이 없다. 더욱 암담한 현실은 만약 다른 사람들이 우리를 위해 정의를 실천하기를 원할 때, 과연 그들이 진정으로 우리와 함께 정의를 실천하고자 원하는지 의심할 수밖에 없다는 사실이다. 여러분이 보아서 알겠지만, 정말로 사람들이 우리에 대해 알아야할 것들은 너무나도 많다.

나는 백인들이 대부분의 신학교에서 인종차별에 대해 가르친다는 사실을 잘 알고 있다. 한 학생이 절망 속에서 손을 들며 "그러면 당신이 우리에게 원하는 것이 뭡니까?" 하고 내게 질문하였다. 나는 그것이 매우 공평한 질문이라고 느꼈다. 그리고 아마도 지금 당신도 비슷한 질문을 하리라 생각한다. 잔인한 미국 정부와 미국 기독교 식민주의가 파괴한 과거의 역사를 되돌려놓도록, 우리 땅을 도둑질해간 일과 우리 문화를 말살하고 사람들을 말살시키는 일에 기꺼이 동참한 미국 기독교 일을 자행한 이 나라의 진정한 역사가 무엇인지를 제대로 알리도록, 그리고 모든 부문에서 치유가 일어나고 정의가 시행되도록, 1) 동등한 사람으로서 우리 원주민는 우리가 참석할 수 있는 '식탁'에 사람들을 초대해야 하며 2) 원주민이 아닌, 특히 백인 여러분은 우리가 하는 말이 뼈아프고 공격적으로 들릴 때조차 자리를 뜨지 말고 들어야 한다.

평등에로의 초대

절망에 휩싸인 채 신체적·감정적 아픔을 안고 사는 사람들과 함께 식탁에 앉았을 때, 예수는 그들 중 한 사람으로 자리에 앉았다. 우리는 예수가 가진 이러한 식사 시간에 대해 많은 것을 알지 못한다. 그러나 적어도 그는 "최고의 자리" 앉지 않았고 거만한 "지배자"의 모습으로 앉아 계시지 않았다. 예수는 그저 다른 사람들과 똑같은 사람으로서 그 자리에 앉으셨다. 그의 순전한 모습은 인정받아야 할 필요가 있는 사람들에게 존엄성을 부여해 주었고, 평등의 모습이 무엇인지 보여주었다. 예수의 원수들이 "술고래들"과 "폭식가들"과 함께 있었다고 그를 고발한 것을 보면, 예수는 그런 자리에 참 잘 어울리는 사람이었음에 틀림없다.

최근 "미국 흑인 연합"이라는 모임의 연사였던, 제시 잭슨Jesse Jackson은 시민권리운동Civil Rights Movement을 흑인들이 자신들의 자유를 위해 싸운 것이 아니라, 그들의 평등을 위해 싸운 것이라고 언급하였다. 그의 비유를 이용한다면, 당신을 운동장에 데려가 주는 것이 자유라면, 당신에게 운동장에서 경기를 할 수 있게 하는 것이 평등이다. 원주민으로서 우리는 운동장에서 경기를 할 지위를 갖지 못했다. 우리가 축적했던 "자본" 땅, 돈, 교육, 건강 등은 모두 착취당한 상황에서 서구 그리스도인들은 "경기할 준비"를 하라고 한다. 여러 방면에서 우리는 여전히 시민권리운동 이전의 세상을 살아가고 있다. 진정한 초대란, 우리를 초대하기 위해 자신이 희생을 해야 할 부분이 있더라도 동등한 모습으로 식탁에 참여하도록 끊임없이 헌신하는 모습이어야 한다.

미 백인들은 앉아있는 자리가 불편하면 언제든지 일어날 준비가 되어 있다. 그들은 우리의 이야기들을 고통스럽게 들을 필요가 없다. 원주민들이 식민통치를 받아야 하는 똑같은 상황에 처해있는 동안에도 그들은 자신들이 갖고 있는 식민통치의 특권을 포기하지 않으려 한다. 우리의 이야기를 듣는 것이 그들에게 상처가 된다. 때때로 그들은 그렇게 이야기를 듣고 있으면 우리도 힘들 것이라고 한다. 그래서 우리는 웃는다. 우리는 우리가 울 때, 함께 울어줄 사람을 원한다. 그러나 우리는 고통이 너무 버겁게 느껴질 때, 이유는 모르지만 모두 함께 웃기 시작하는 데, 우리는 그 순간 그들이 거기 있기 원한다. 바로 이러한 과정이 참된 관계를 만들기 때문이다. 모두가 평등해 지는 데는 오랜 시간이 걸린다.

여러분이 생각하는 것 이상으로 여러분에게 우리가 필요하기 때문에 모두가 함께 식탁에 머물러 있어야 한다. 우리는 여러분이 결코 무시해서는 안 되는 몸의 한 부분이다. 성경이 말하는 것처럼 여러분이 완전해 지려면 우리가 갖고 있는 특별한 은사와 이해들을 함께 나누어야 한다. 우리는 어떤 일을 위해 필요한 존재가 아니라, 우리의 있는 그대로 존재할 필요가 있다. 여러분은 창조주께서 우리에게 부여하신 장점과 독특한 모습 그대로, 즉 우리의 있는 모습 그대로가 필요하다. 만약 우리가 그리스도 안에서 온전하여지지 않는다면, 온 몸이 고통 받게 될 것이다. 지배적인 서구 교회들이 우리를 사라지게 하려고 수많은 고통을 주었지만, 나는 어쩌면 가장 중요한 것 한 가지 땅에 대해 더 말하려 한다.

땅

미국 기독교를 포함한 서구 기독교는 땅에 대한 신학이 빈약하다. 빼앗은 대륙은 실제로 그러한 신학을 발전시킬만한 최상의 장소는 아니다 원주민들은 우리가 관계를 갖고 언약을 맺어야 하는 살아있는 대상으로 땅을 본다. 우리는 자연보다 위에 있거나 자연 위에 군림하는 존재가 아니라, 단순한 자연의 부분으로서 그리고 땅과 창조자와 언약의 관계에 있는 사람으로서 우리 자신을 이해한다. 이러한 하나님, 사람, 땅과 맺는 언약 관계는 원주민 영성의 근원이다.

우리가 땅과 더불어 산다고 말할 때, '더불어' 라는 의미는 다른 것보다 더욱 중요한 부분으로 이해되어야 한다. 모든 사람은 땅 위에 살면서 땅이 얼마나 소중한지 모르거나 잘못 이용하면서 살 수 있다. 그러나 땅과 더불어 산다는 것은 조화로운 관계 속에 산다는 것이며, 인간과 그 외 모든 것을 동반자로 생각한다는 의미다. 즉 토양, 물, 나무, 야생동물, 곤충 등과 조화를 이루며 산다는 의미다. 땅과 더불어 사는 이러한 관계를 이해하는 것은 우리 조상들이 물려준 기본적인 뼈대이자 우리가 기독교적 신념 및 이해와 조화를 이루어야 한다는 의미다. 우리는 바울이 로마서 8장에서 만물이 "신음하고 있다"고 했던 그 깊은 의미가 무엇인지 안다.

미국 그리스도인은 대개 땅을 물자로 본다. 그들은 땅을 관계적으로 풍부한 성경적 패러다임이 아닌 메마른 경제적 패러다임으로 바라본다. 그러나 훌륭한 청지기적 관점으로 땅을 보려면 관계나 협력이라는 새로운 감각이 필요하다. 이는 땅이 그저 흙이라는 물질이 아닌 그 이상의 의미가 있다는 것을 말한다. 대부분 원주민들은 이처럼 땅에 대한 폭넓은 관점을 갖고 있다.

기독교 환경운동가들이 견지하는 땅에 대한 관점조차도 우리가 가진 것과는 많이 다르다. 언젠가 산꼭대기에서 석탄 채취를 반대하는 그룹과 함께 일한 적이 있다. 이 환경운동가들은 산꼭대기에서 석탄을 채취하는 일이 얼마나 사악한 일인지 논리적으로 폭로하고 설득함으로써 땅을 약탈하지 못하도록 하는 훌륭한 이들이었다. 그러나 나는 마음속에서 깊은 슬픔을 느꼈다. 그들의 노력에 성원하였지만, 나는 왜 그들 중 땅과 가져야하는 자연스런 관계에 대해 말하는 사람이 한 사람도 없는지, 그리고 이러한 관계에 대해 슬퍼하는 사람을 전혀 만나지 못했는지 아직도 이해할 수 없다.

우리는 인간들을 "걸어 다니는 토양"으로 이해한다. 우리는 성령께서 거하시는 흙이다. 우리가 죽으면 우리 몸은 곧바로 흙으로 돌아간다. 창조주는 원주민들에게 이러한 단순한 진리와 땅의 가치를 잘 이해하도록 감각을 주셨다. 반대로 우리는 서구 신학에서 발견할 수 있는 이원론이 창조주를 혐오하고 거룩한 언약을 파괴하고 있다고 믿는다.

원주민들은 좋으신 하나님이 창조한 땅을 선한 것으로 본다. 성경은 이러한 관점을 잘 입증해 주고 있다. 하나님은 동산을 거니셨다.창3:8 그리고 그 창조주 하나님은 여전히 지으신 모든 것에 거하신다.시139:7~12 모든 살아있는 것을 땅에 거하도록 하셨기 때문에, 땅은 거룩하다.창세기 1~2장 우선 인간은 흙으로 만들어졌고창2:7, 거룩한 공간이 만들어지고 거기에 인간이 거하게 되었고창2:8, 다양한 인종 그룹들이 땅 위에 거하게 되었다.행17:26 더 나아가 땅을 창조하신 분이 바로 창조주의 아들인 예수이기 때문에 땅은 더욱 거룩해 졌다.요1:3,10; 골1:16; 히1:14 예수는 영원히 새롭게 될 땅롬8:21으로 다시 돌아오시겠다고 약속하셨다.마24:30

땅의 신학은 창조주, 우주, 우리의 장소를 이해하는 핵심이다. 창조주와 인간과 땅의 관계는 성경에 기록된 그 어떤 것보다 거룩하다. 내 경험을 통해 볼 때, 서구적인 생각으로 이러한 것들을 이해한다는 것은 쉽지 않다. 원주민들에게 미국은 거룩한 땅이다. 원주민이 아닌 사람들은 어떻게 땅과 조화로운 삶을 살아가는지 배우고, 이러한 땅과의 관계를 이해하도록 원주민에게 도움을 요청해야 한다.

현재 서구 세계관의 여러 측면에 변화가 일고 있다. 유럽배경의 미국사람들이 더 성공적으로 "자연친화적" 삶을 살고 있다. 한사람의 원주민이자 그리스도인으로서, 나는 더 자연스러운 창조적 관점으로 살아가고자 노력하는 사람들과 어머니 땅에서 자연스럽게 살아가고자 회복을 추구하는 시도들에 박수를 보낸다. 그러나 원주민들과 유럽배경의 미국사람들이 가진 세계관에 큰 차이가 존재하는데, 유럽배경을 가진 미국사람들은 공동체보다 개인을 더 강조한다는 점이다. 그리스도를 따르는 우리 원주민들은 공동체를 만들고 유지함에, 그리스도의 방식을 실천함에, 그리고 원래의 목적대로 땅을 사용함에, 땅을 치유하며 새롭게 되도록 축복하고자 노력한다. 땅과 조화를 이룸으로써, 땅은 원래 창조주가 의도한 목적을 이룰 것이다.

우리의 실천 즉 창조주께 기도하며, 서로 사랑하며, 거룩한 공동체를 이루며, 우리의 전통과 소중한 의식을 실행하며, 야생동물과 원래의 삶을 회복하며, 지역에서 생산되는 음식을 먹으며, 특히 가난한 사람들과 함께 자원을 나누며, 정의를 실천하며, 더욱 더 검소하고 평화롭게 살며, 다른 사람들에게 좋은 소식을 전하며, 이 땅에서 무슨 일이 일어나는지 아름다움과 추함, 선함과 악함과 관련된 진리를 말하는 등 다양한 실천이 우리를 창조주, 사람, 땅, 그리고 그 안에 있는 모든 피조물과 조화로운 삶을 살도록 회복시켜 줄 것이다. 예수 그리스도를 따르는 원주민으로서 우리는 이러한 실천사항을 따르는 공동체에 살며 서로를 격려할 필요가 있다.

진정한 의미에서 인디언들은 이사야 62장 3~5절이 말하는 그대로 "땅과 결혼Beulah"한 사람들이다. 미국 원주민들은 땅을 알기 때문에, 땅이 아름답기 때문에, 그리고 땅이 우리의 필요를 채워줌을 너무나 잘 알기 때문에 땅을 사랑한다. 땅의 각 부분에는 저마다 중요한 역사가 있다. 수많은 미국 원주민 종족들은 창조주와 맺은 자신의 땅에 관한 언약의 이야기를 갖고 있다. 우리는 우리 땅에 온 이방인인 당신들을 환영하지만, 우선 모든 일이 올바르게 되려면 당신들이 차지한 땅을 우리에게 돌려주어야만 한다. 훔쳐간 땅을 되돌려주어야 한다는 것 외에 그리스도인들에게 또 다른 결론이 있다면 무엇인가? 이런 종류의 질문들은 동등한 교제의 식탁에 둘러앉아 함께 나눌 가치가 있는 질문 아닐까?

정말로 필요한 이러한 질문들을 갖고 식탁에 앉아서 이야기를 나누는 예수는 그들에게 공동체의 선물을 나누어 주었다. 이것은 그가 모든 사람에게 제시했던 것과 같은 동일한 초청이다. 공동체에게 주어진 가장 중요한 선물은 듣는 것이다. 단지 다른 사람에게 귀를 기울임으로써 엄청난 치유를 가져올 우리의 존엄한 존재성을 공유하는 것이다. 그러면 쌍방이 모두 치유를 경험하게 될 것이다. 그러한 식탁에서 우리는 모두 가난한 사람들이며 동시에 엄청난 선물을 받은 사람들임을 깨닫게 될 것이다. 그리고 우리는 모두 저마다 서로에게 드려줄 이야기가 있다는 사실을 새삼 깨닫게 될 것이다. 이러한 식탁에서 우리는 서로의 존엄성을 느끼고 축복해 줄 것이다. 만약 우리가 이렇게 평등한 모습으로 한 자리에 앉는다면, 그 자리에 예수님도 함께 하실 것이다.

13장

정의로운 선거
현재 민주주의 투표자들에게 가장 절박한 이슈는 무엇인가?

바르트 캄폴로

나는 정치와 글쓰기를 좋아하는 사람이지만, 정치에 관한 글을 그다지 많이 쓰지는 않았다. 목사로서 문제의 부분인 미국의 한 게토 지역에서 목회하고 있는 나에게 정치란, 중요한 시기에 이슈나 선거들을 다루는 것보다 마약거래자들, 녹초가 된 경찰들, 그리고 어쩔 줄 모르는 사회사업가들을 상대하는 것이 더 정치라 할 수 있다. 그러나 길거리 삶에 관한 대부분의 문제들이 나의 정치적 이상들을 너무 많이 부수어 놓았기 때문에 이들 중에 한 가지에 대해서만 글을 쓰고자 한다.

신시내티에 처음 도착하였을 때, 나는 그곳 게토에 사는 이웃을 민주주의 진행 과정에 더 적극적으로 동참하도록 설득시키려고 무진 애를 썼다. 그러나 결국 나는 도대체 그런 민주주의가 이 나라에 존재하는지 아닌지에 대해 길가에서 논쟁을 벌이면서 사람들을 잃게 되었다. 지금까지 살아오면서, 비록 선거에 참여하는 사람들일지라도 실제로 선거가 그들

바르트 캄폴로(Bart Campolo)는 경험 많은 도시 목회자이자 사회운동가로서 은혜, 사랑의 관계, 사회정의를 주제로 강연 및 저술활동을 하고 있다. 바르트는 신시내티의 도심지에 있는 월넛 힐 펠로우십(Walnut Hill Fellowship)의 리더이자 세계를 위한 혁신적인 선교 프로젝트를 후원하는 the Promotion of Education의 총책임자로 일하고 있다.

의 목소리를 제대로 반영하는지 생각해 보는 것이 더 낫겠다는 깨달음을 얻었다. 여기까지 오면서, 나는 모든 사람이 미국 정치에 관심을 가질 때, 그들의 유일한 관심사는 단지 돈에 관한 것이라는 사실을 알게 되었다.

사전적 정의에 따르면 민주주의란 모든 사람이 자유와 평등의 권리를 갖고 그들의 정부 시스템에 참여하는 것이다. 이론상, 일반적인 정치참여는 대표자를 뽑도록 정보를 받은 개개인들과 관련되어 있고, 투표 발의권은 자신이 가진 정치적인 뜻을 가장 잘 표현하도록 되어 있고, 숫자적 우위에 상관없이 자신의 정치적 소신을 가장 잘 표현하고 가난한 사람들의 이익을 대변하고 보호해주는 일과 관련되어 있다. 그러나 우리처럼 "진보된" 사회에서 선거란, 상상할 수 없는 엄청난 선거비와 기술을 가진 사람들이 고도로 복잡하고 공개적으로 결과를 조작하면서 최대의 투표자를 얻어 다수당이 됨으로써 가장 큰 영향력을 끼치는 사람들을 후원할 능력 있는 사람들만을 위한 것이라고 이해해야 한다. 이러한 상황에서 개인의 정치적인 뜻을 가장 효과적으로 표현해야하는 선거에 체계적인 억제 조항 없이 선거운동을 재정적으로 조작하는 것은 자유와 평등의 권리에 참여하지 못하도록 만드는 행위이다. 미국의 선거 시기가 다가올 때, 선거를 말하는 모든 방법이자 유일한 방법은 돈에 대해 말하는 것이다. 더 구체적으로 말하자면 선거운동은 돈이다.

그러기에 진정으로 예수를 따르는 제자로서 우리가 확실하게 해야 할 것은 각종 과학기술로 투표를 조작하고 손상시키는 선거방식에 대해 정부와 공동의 책임을 짐으로써 가난한 사람들과 핍박받는 사람들을 위해, 하나님의 정의와 관련된 모든 일을 끊임없이 언급하면서 금권선거를 개혁하는 것이다. 사실 이일은 아주 간단하다. 만약 우리가 미국 정치판에서 사적인 돈과 기업의 돈을 사용하지 않게 한다면, 엄청나게 다른 좋은 방법이 그 자리를 대신할 것이다. 우리가 잘 아는 짐 월리스Jim Wallis가 좋아하는 표현대로 정치인들은 그들의 손가락을 빨아먹고 사는 사람들이자 바람이 어디로 부는지 그 길을 보고자 손가락을 허우적대는 사람들이다. 그러므로 우리가 일으켜야 할 사회 운동은 이러한 바람의 방향을 바꾸는 것이다. 그러나 나는 우리가 선거비용을 지원하는 방식을 철저하게 변화시킬 때까지는, 돈이 흘러가는 곳으로 바람이 분다는 사실을 더욱 인정하고 확신할 수밖에 없다.

지금 역사의 이 순간에도 내가 궁금해 하는 것은 과연 우리 지도자들에게 영향을 미치는 이러한 개인적인 돈과 회사의 돈이 미국 주류의 관심과 반대로 행동하도록 하는 예를 얼마나 많이 들 수 있을지, 과연 미국이 전 세계 형제·자매의 관심을 제대로 보고 있는지, 혹은 나의 이 글이 변화를 충분히 가능하게 한다는 점을 보여주기보다 문제를 더 구체적으로 설명하는 것에 불과한 것은 아닌가 하는 점이다. 결국에는 우리가 갖고 있는 관심의 에너지와 정치적 환경마저 석유 및 제조업자들의 관심사 혹은 미국 총기협회에 의해 대변되는 총기류 관련법 혹은 몇 안 되는 대기업 농에 의해 규정되는 우리의 농업정책들을 따라 좌지우지 되는 것은 아닐는지 누군가에 의해 여전히 의심받는 것은 아닐는지? 사람들이 여전히 우리 관세법, 잘못된 법규, 경제법 등이 부자들과 가장 권력이 많은 몇몇 개인 및 회사가 제시하는 방향에 불공평하게 편향된 것으로 믿고 있지 않은지? 혹은 이러한 관세법, 법규, 규정 등을 쓰는 "공공의 관료들"이 얼마 안 되는 부자들과 회사들의 주요한 재정원을 조달하려고 모든 것을 문서화하지는 않는지?

대체로 현재 우리 정부 체제가 실제 민주주의의 표준에 한참 미치지 못한다는 사실을 모든 사람이 매우 잘 알고 있다. 불행히도, 문제의 본질은 공동의 선을 위해 기능해야하는 이러한 법들을 변화시킬 최상의 위치에 있는 사람들이 자신들의 친구들을 위해 일하고 그들의 권력을 옹호함으로써 불평등한 현상을 지속시킨다는 사실이다. 그들은 민주주의의 이상에 대해 크게 외치지만, 실제로는 미국의 과두제 지지자로서 그들의 부와 관계없이 모든 미국인이 자유와 평등을 누릴 정치 체제를 전혀 상상하지 못하는 사람들이라는 사실이다. 성경의 용어를 빌자면, "그들은 자유를 약속했지만, 그들 자신은 부패의 노예가 되었고 따라서 사람들은 그들을 다스리는 주인들의 노예가 되었다."벧후2:19

그렇다면, 만약 정의의 이름으로 평화를 추구하는 우리가 우리 손으로 직접 뽑은 사람들, 즉 진정한 자유와 평등을 위한 정치체제를 꿈꾸고 실현해 나갈 관료들을 신뢰하지 못한다면, 적어도 그 일이 실현되도록 우리가 뭔가를 해야 할 것이다. 실제로 이러한 일이야말로 그리스도인들이 외쳐야 할 정치의 궁극적인 형태가 되어야 할 것이다. 이 점에서 정치적 변호인은 그 자신이 직접 일해야 할 것이다. 결국 가난하고 눌린 사람들을 위한 목소리는 하나이다. 그것은 그들 자신이 목소리를 내야한다는 것이다.

잠시 눈을 감고 모든 후보가 아주 작지만, 자신이 참여한 선거에 필요한 공적 선거자금을 공평하게 받고, 자기 스스로 마련한 돈뿐만 아니라 다른 사람들의 돈을 사용하지 못하게 하는 선거, 실현가능한 기본 기준을 따라 이루어지는 선거에 대해 생각해보자. 물론 이러한 후보들은 어마어마한 돈을 필요로 하지 않는다. 선거 기간이 길지 않을 뿐 아니라, 개인적인 텔레비전과 라디오 광고도 허용하지 않는 선거운동을 생각해 보자. 대신에 평범한 문제의 한가운데 후보자 자신을 놓게 하고, 다양한 정식 방송토론회와 그들이 참된 성품과 자신들의 이상을 제대로 표현할 공개적인 회의를 계획해 보자. 공평한 시간을 배당하는 한편 직업적인 로비스트들을 이용하는 것은 불법이라는 사실을 알리고 여러 정당을 조직해 나갈 기회를 증진시킨다면 정치판은 더 밝아질 것이다. 이러한 수준으로 정치판이 돌아간다면 투표인의 힘이 제대로 회복될 것이며, 진정한 조직능력을 가졌거나 제대로 된 리더십을 가진 후보들이 더 나은 정치를 하게 될 것이다. 아마도 이러한 생각은 미숙하게 보일수도 있다. 그렇지만, 선거가 어떻게 돌아가는지 제대로 알 수 있을 것이다.

이제 눈을 뜨고 다음의 말을 이해해 보자: 비록 가능한 최선의 방식들에 대해 우리가 모든 일을 구체적인 모습으로 진행한다 해도, 선거인들인 우리가 당파심으로 똘똘 뭉친 사람들의 표심이 정치를 이끌어가지 못하도록 직접 법을 변화시키지 못한다면 더 나아가 나라를 위해 우리 손으로 뽑아 놓은 공무원들보다 조금도 나은 것이 없다면 이 땅에 변화는 결코 일어나지 않을 것이다. 아주 실제적인 의미에서 이러한 주도권이야말로 현재 기업이익을 손에 쥐고 단기적인 이익을 추구하면서 장기적인 인류의 이익을 만져보지도 못하게 하고, 가난한 사람들의 믿음을 저버린 현재 엘리트 중심적 다국적 기업들로부터 이 나라를 구해내는 마지막 희망이다.

만약, 우리가 50개 주에 걸쳐서 선거운동 및 선거자금에 긍정적 변화를 가져온다 할지라도, 연방정부차원의 변화를 위해서는 헌법을 고쳐야 하는 문제가 남게 될 것이다. 그러나 그러한 현상유지와 고질화된 의회에 모든 것을 내어준다면, 본질적으로 정치적인 자기 변화는 결코 이루어내지 못할 것이다. 그렇게 되면 언뜻 보기에도 우리의 민주주의는 어둡게 보일 수밖에 없을 것이다. 그러나 주 정부가 의회지역구에 획을 긋는 것을 포함한 연방정책에 미칠 영향력이 얼마나 큰지는 반드시 기억해야 할 것이다. 50개 주에서 헌법수정을 요구하는 어마어마한 공공의 외침들이 얼마나 큰지 상상해보라. 그리고 두 단계의 선거변화가 갑자기 몰고 올 현실적인 변화에 대해서 상상해 보라.

물론, 비록 우리가 선거 주도권을 갖고 혁명을 주도한다 해도, 우리는 선거자금을 대는 개인이나 회사를 넘어서 선거를 할 수 있도록 개혁적인 선거운동에 헌신되어 있는 후보들을 선택해야만 한다. 우리가 이러한 사실을 인정하는 한도 내에서 민주주의를 확립하기 위한 절실한 변화들이 정의를 향해 편을 들게 될 것이다. 그런 의미에서 우리 진정한 신자들은 선한 일을 위해 돈이 필요하다는 목소리 보다 더 큰 목소리로 말할 새로운 길을 모색해야 한다.

나는 이 글에 많은 성경말씀을 일일이 적어 놓지 않았다. 그렇지만, 나는 다른 사람들이 그러한 일을 하리라고 믿으며 더 올바르게 되게 돕도록 다른 사람들과 우리의 관계를 세워나가리라 믿는다. 특별히 이들 중 가장 작은 사람들과 우리와의 관계를 바로 잡도록 돕는 것이 하나님께 대한 예배이며, 성령님께서 크게 기뻐하실 일이며, 예수 그리스도를 따르는 진정한 길임을 믿는다. 이 글을 읽는 당신이 바로 목적이며, 교육의 주체이기에, 하나님께서는 당신이 이 나라의 선거재정이 투명한 쪽으로 옮겨 가도록 당신에게 능력을 주셨다. 이곳 신시내티 게토에 있는 나의 이웃은 정의를 실행하기 위해 당신을 의지하고 있다.

14장
정의로운 진보정당
성경적 정의의 빛에 비추어 본 진보정치의 장점과 약점

헤더 커크-데비드오프

자라나면서 나는 기독교와 민주정치 간에 어떤 차이가 있는지 잘 알지 못했었다. 기독교와 민주정치 두 가지 모두 다 우리 가족에게 중요하였다. 그러나 누구든 이 둘을 분리시키거나, 내국에서든 외국에서든 기독교가 시민 권리를 후원할 필요가 없다고 제안하거나 정부가 경제적 불평등에 대해 대처방안을 마련할 때면, 우리 부모님은 이 주제를 밀어놓았다. 그러다가 어느 일요일 아침, 잊지 못할 일이 발생하였다. 우리 도시에서 성적 성향에 대한 차별을 법제화해야한다는 찬반투표운동이 일어났다. 당시 우리 가족이 출석하던 장로교 예배 중에, 담임 목사님이 "저는 여러분의 양심을 따라 투표하기 원합니다."라고 말하면서 회중에게 투표를 독려하였다.

아버지는 그 어느 곳에도 편을 들지 않을 요량이었다. 회중의 사람들에 더 놀라웠던 일은그리고 그의 자녀들에게 크나큰 치욕이 되었던 것은 아버지가 일

헤더 커크-데비드오프(Heather Kirk-Davidoff)는 메릴랜드 콜롬비아에 있는 키타마쿤디 공동체(Kittamaqundi Community)의 능력 있는 목회자이다. 키타마쿤디는 주님의 교회 전통에 속해 있는 독립교회이다. 헤더에게는 세 명의 아이가 있으며 두 권의 책을 저술하였다. 헤더의 목회에 대해 더 알고 싶다면 www.kc-church.org나 www.kirkwoodassociates.org를 방문해 보라.

어서서 손가락으로 목사님을 가리키면서, "이러한 중요한 일에 우리 목회자가 명확한 태도를 밝히지 않은 오늘은 우리 교회에 아주 슬픈 날입니다"라고 한 것이었다. 물론 이 말에 충격을 받은 그 목회자는 어떻게 자기가 그런 찬반투표에 자신의 견해를 강하게 드러내느냐며 냅다 지껄여 댔다. 상황이 그렇게 되자 아버지는 조용히 자리에 앉았고, 예배가 계속되었다.

이제 세월이 흘러 내가 목회자가 되었다. 그 때 있었던 일을 생각해 보며 아직까지 우리 교회에 그런 사람이 없다는 것에 혼자 웃음을 지어본다. 그렇지만, 나는 어렸을 때부터 그리스도인이 된다는 것이 소외받고 천대받는 사람들 편에 서는 것이라는 것을 가르쳐주신 부모님께 감사한다. 예수께서 세리와 창녀들과 함께 식탁에 앉으셨을 때, 그리고 사마리아 사람들에게 말씀하시고 문둥병자를 끌어안으셨던 것과 똑같은 모습으로 부모님은 나에게 가르침을 주셨다. 예수께서는 모든 것을 창조하신 사랑의 하나님을 나누는 것이 어떤 것인지 우리에게 보여주셨다. 우리의 피부색이 붉든, 노랗든, 검든, 희든 그의 눈에는 모두가 평등하다. 그리스도의 모범을 따른다는 것은 사람들이 동등한 권리를 가졌으며, 법에 따라 동등하게 보호받아야 하며, 더 나아가 세계 인권을 보호하는 모습으로 나가야한다는 것을 의미한다. 또한 우리가 "이들 중 가장 작은 자" 즉 스스로 기본적인 필요를 채우지 못하는 사람들을 섬기셨던 그리스도의 모범을 따라야만 한다는 것을 의미한다. 그리 나쁘지 않은 작업 환경에서 일하고, 괜찮은 의료서비스를 받고, 안전한 집에서 살고, 일하도록 경제 정책을 세워야한다.

시민권, 평등한 보호, 경제정의는 우리 가족만의 특별한 관심사가 아니다. 이러한 것들은 미국 진보주의 진영이 추구하는 가장 핵심적인 원리들이다. 이것이 바로 내가 어렸을 적부터 숨 쉬어 온 환경으로써, 예수

외에 우리 공공의 삶을 형성하는 이러한 방식에 대해 글을 쓰고 가르쳤던 사람들이 있었다는 사실을 고등학교 때까지 배우지 못했던 환경이다.

'L' 이라는 글자의 역사

대부분의 사람은 고등학교 사회 시간에 미국의 "진보 자유주의"에 대해 배웠을 것이다. 이 진보 자유주의란 우리가 선택한 사람들이 대표 정당을 꾸려 정치를 하도록 하는 것이며, 다수결의 원칙 아래 개인의 자유와 권리를 보호하도록 하는 의회주의를 말한다. 의회에서 개인의 권리를 보호한다는 사상은 존 로크나 존 스튜어트 밀과 같은 계몽주의 사상가들에게서 비롯된 것이다. 이것은 소위 신적인 권리를 소유하였던 왕정을 반대해서 일어난 사상이며 하나님께서 모든 사람을 동등하게 창조하였다는 사상을 지지한다. 이러한 단어들과 원리들은 미국을 건국한 사람들을 감동시켰고, 정치 성향이 어떻든지 간에 현재 미국에 있는 사람들에게 여전히 감동을 주고 있다.

미국의 진보 민주주의라는 맥락에서, "진보주의"는 정치적 이념으로 출현하였고, 프랭클린 델라노 루즈벨트의 뉴딜 정책이나, 린던 존슨Lyndon Johnson의 위대한 사회라는 고귀한 관점을 창출해 냈다. 뉴딜 정책 시절 텍사스 출신 의원이었던 마우리 메이브릭Maury Maverick은 이러한 정책을 "자유와 식료품"이라는 말로 간략하게 정리했다. 루즈벨트와 존슨이 제안한 정부 정책을 옹호하고자 우리 정부는 종종 "권리"를 보장하겠다고 말하기도 한다. 그러나 그들은 우리 시민이 자신들의 자유를 보호하기 위한 "소극적 권리들"을 가질 뿐만 아니라, 삶의 기본적 필요를 쟁취하기 위한 "적극적 권리들"도 갖고 있다고 주장한다.

기독교는 나에게 다른 사람들의 필요가 무엇인지 유념하도록 가르쳐 주었다. 그러나 존 라울스John Rawls는 어떻게 이러한 동정적인 윤리를 정치세계 속에서 실현할 것인지 가르쳐 주었다. 존 라울스의 전통적인 문서인 『정의론』Theory of Justice, 10)은 내가 대학 시절에 읽어야만 했던 글들 중에 가장 도전적인 것 중 하나였지만, 내 평생에 가장 깊은 인상을 남긴 책이기도 하다. 라울은 자기 스스로가 "독창적 지위"를 가졌다고 생각하는 사람, 즉 경제적인 지위, 인종, 성, 혹은 능력과 아무런 상관없이 존재하는, 즉 모든 체제 밖에 존재하는 사람들에 의해 계획된 것으로 나의 생각을 정립해 주었다. 라울은 이 "독창적인 지위"로부터 우리의 자유가 보장될 뿐 아니라, 사회의 불평등을 최소화할 정치제도를 모든 사람이 좋아할 것이라고 여긴다. 만약 우리 중 그 어떤 사람도 가난해 질 수 있다는 사실을 생각한다면, 정부가 그 가난한 사람을 정말로 끔직한 모습에서 헤어 나오도록 지켜줄 수 있어야 한다.

라울의 첫 저서였던 『정의론』은 1971년에 출간되었다. 이때는 미국에서 정치적인 운동으로서 진보주의가 한창 가도를 달리다가 주춤하는 때였다. 미국 시민운동과 반전운동에 의해 지대한 영향을 받았던 우리 부모님은 자신들을 정치적 진보주의로 여기는 데 있어서 조금도 주저함이 없었다. 그러나 내가 정치적으로 활동할 나이가 될 때 즈음에 "자유진영"이라는 이름은 이미 경멸적인 용어로 전락했고, 이미 여러 번 당혹스런 사건들이 일어난 뒤였다. 현재, 나의 정치적 동료 중 많은 이는 진보주의를 위해 liberal이란 용어 대신에 progressive라는 용어를 사용한다. 그러나 우리가 가진 기본적 헌신은 이전 세대가 가졌던 것과 거의 다르지 않다. 즉 가능한 의료보험 제도와 최소생계비를 포함한 시민의 권리, 법 앞에 평등, 경제적 정의 등에 대한 헌신은 거의 다르지 않다. 한 가지 더 해진 중요한 것이 있다면 깨끗한 공기와 물을 지켜내고, 지속가능한 에너지 자원을 누릴 "긍정적인 측면의 권리"를 주창하는 우리의 열정이다.

나는 현대 미국 진보주의가 표방하는 근본적인 관심사와 신구약에 기록된 성경적 정의라는 탁월한 주제 사이에는 부분적이지만, 엄청난 일치점이 있다고 생각한다. 왜냐하면 이 둘은 모두 세상이라는 물리적 실재를 넘어선 뭔가를 바라보고 의지하기 때문이다. 나는 어렸을 적부터 예수께서 그의 제자들에게 "이들 중 가장 작은 자들"-가난한 사람들, 옷을 제대로 입지 못하는 사람들, 옥에 갇힌 자들-을 어떻게 대하라고 말씀하셨는지 그리고 제자들이 어떻게 그들을 섬겼는지 들어왔다. 대학생이 되었을 때, 나는 롤스Rawls에게 내가 이 땅의 어떤 동네에 사는 평범한 어머니에게서 태어날 수도 있었다는 사실을 배웠다. 신학대학원에서 나는 히브리 성경에 기록된 사회의 가장 낮은 계층에 속한 그 어떤 사람과 내가 별로 다르지 않다는 것을 깨달음을 통해 나의 소명이 무엇인지 알게 되었다. 하나님께서는 불타오르는 떨기나무에서 모세를 부르셨고, 그곳에서 모세는 노예가 된 이스라엘 백성의 울부짖음을 듣고 거기에 반응하도록 요청하시는 하나님의 요구에 자신의 삶을 조율하였음을 배웠다. 그 이후로 유대인은 노예들과 자신들을 동일시하였으며, 매번 유월절을 맞이할 때마다, "하나님께서 강한 팔을 펴셔서 우리를 이집트에서 구해내셨다"고 고백한다. 이러한 생각을 한다는 것은 나보다 더 못한 환경, 열악한 상황에서 살아가는 사람들에게서 나 자신을 분리하려는 의향을 극복하도록 도와주며, 이러한 사람들과 함께 살고 행동하도록 격려해 준다.

"진보적"이란 용어를 품으면서 정치적 혜택을 더 이상 논하지 않는 가운데 이러한 관심을 표출해 내는 것, 그리고 이전에 없던 정치적인 모습을 견지하는 것이 우리의 관심사다. 존슨이 "위대한 사회"라 일컬은 이후로 2009년 미국의 경제적 불평등은 그 어느 때보다도 더 큰 관심거리가 되었다. 미국 통계청이 사용하는 기니 지표Gini Index에 따르면 경제적 불평등은 지난 40년 동안 끊임없이 증가했다. 1960년 이래로 미국 경제는 끊임없이 성장하였음에도, 지난 20년간 단지 상위 20% 사람들의 수입만 증가했을 뿐이다. 미국 인구의 가장 많은 나머지 80%의 가족들은 경제 호황기에 오히려 더 가난하게 되었다.[11]

미국이 안고 있는 끊임없는 경제적 불평등은 경제가 정치적인 관심의 중심이 되어야 한다는 주장만 되뇌는 가운데 진보주의가 너무 멀리 나왔다는 사실만을 명확하게 해줄 뿐 아무런 문제를 해결하지 못하고 있다. 롤스Rawls와 같은 진보주의자들이 경제적 불평등을 너무 극단적이지 않다면 오히려 당연한 것이라고 편하게 받아들이는 반면, 성경은 전체적으로 이러한 경제상황에 대한 해결책을 제시한다. 레위기 25장에 따르면, 매 50년이 "희년"인데 모든 빚을 면제해 주고, 노예를 해방시켜주고, 번 돈을 재분배하고, 경제적 불평등이 완전히 사라지도록 사람들을 촉구한다. 초기 기독교 공동체는 이보다 더 철저한 경제윤리를 따라 살았다. 사도행전 2장 45절에 따르면 초기 교회의 멤버들은 "재산과 소유물을 팔아서, 모든 사람에게 필요한 대로 나누어주었다." 우리는 이러한 모델에서 너무 멀리 떨어져있다. 그리고 지금 우리가 사는 방식에서 어떻게 그러한 방식으로 살아갈 수 있을지 생각하는 것조차 너무 어렵다. 아마도 이것이 진짜 문제일 것이다.

상상을 훈련하라

진보정치의 부적합한 모습 혹은 성경적 정의의 실천부족을 인정하기 전에, 우리가 먼저 해야 할 것은 우리 각자의 가슴 속에 놓여있는 상상이라는 활동을 다시 자극하여 모두가 서로 연결되어 있음을 확인해야 한다. 사회를 지나치게 계층화시키거나 분리시킬수록, 우리와 다르게 사는 사람들의 인생이나 처절한 삶을 위한 사람들의 노력이 어떤지 상상하기 어렵게 된다. 가난하게 사는 우리 주변의 이웃을 한 번도 찾아보지 않고

서, 가난한 사람들 중에 계신 예수를 발견하기란 불가능하다. 우리가 경제적인 면에만 관심을 갖고 점점 부자가 되려고 할 때, 수많은 미국 중산층 가족이 그런 것처럼, 우리보다 어렵게 사는 사람들이 있다는 사실을 기억하지 못할 것이다.

상상력이 실패하는 것에 대한 치료법은 롤스가 제안하는 이성으로 상상하는 종류의 단순한 방식으로는 얻을 수 없다. 우리 사회의 불행한 상황에 대해 전혀 아는 바 없이 치료법을 찾아보려는 것은 불가능한 실험이다. 그러므로 우리 사회의 불행한 사람들과 관계 맺기 전까지는 그 어떠한 치료법도 생겨나지 않을 것이다.

긍휼에 의해 자라나는 공동체를 세우려면 단순히 우리 스스로에 대해 다르게 생각해서 되는 것이 아니라 다르게 행동해야 한다. 이러한 통찰력이야말로 현존하는 기독교 사상가들이 진보주의를 향해 쏟아 놓은 비평에 대해 진정으로 고마운 마음이 들도록 만들어 준다. 알라스타이어 맥킨타이어Alastair MacIntyre와 더불어 저명한 신학자 스탠리 하우어워스Stanley Haurerwas는 진보적인 사회는 인류 공동체가 의존할 만한 덕이 무엇인지 제대로 배우게 하는데 턱없이 부족한 기반만을 제공하였을 뿐이라고 주장하였다. 인간의 개인적 자유를 보호하기 위한 근본적인 관심과 뼈대로는 긍휼, 관계, 공동체라는 수준 높은 가치를 실행하도록 격려하기에 역부족이다.

여기에 교회가 담당해야할 결정적인 역할에 대해 소개하고자 한다. 내가 섬기는 교회는 미국에서 가장 황폐한 동네 중 하나인 벌티모어의 중심가에서 약 30킬로미터 정도 떨어진 중산층 마을에 위치해 있다. 이 두 마을은 두려움과 무지라는 극복하기 힘든 간격으로 서로 분리된 채로 존재해 왔다. 최근 지난 10여 년간 두 마을에 위치한 교회가 서로 협력하기로 한 덕택에, 우리 교회에 속한 대부분의 사람이 벌티모어에 사는 가난한 사람들과 매우 소중한 관계를 유지하게 되었다. 이러한 관계는 단순히 우리로 하여금 그 마을에 가서 직접 봉사할 기회를 준 것 뿐 아니라, 우리가 지지하는 정당과 우리가 뽑는 정당 후보자들에게 큰 영향을 끼치게 되었다. 이를 계기로 우리 동네에 있는 모든 교회가 다음 단계를 밟았고, 각 신앙 공동체 및 기관들이 서로 연계하여 적절한 주택프로그램, 공립학교 후원 및 가능한 프로그램들에 대한 공적인 지원을 늘려가도록 만들었다.

약 30여 년 전 아버지께서 교회에서 일어나셨을 때, 비록 당신의 자녀들을 당황하게 만드셨지만, 나는 그 의미가 무엇이었는지 분명히 알고 있다. "당신의 양심을 따라 투표하십시오."라는 애매한 표현으로는 그 어떠한 변화도 이루어 낼 수 없다. 추상적인 표현은 사람들의 인생을 바꾸지 못한다. 공동체에 대한 인식 없이는 정치적인 진보주의라도 아무런 의미가 없다. 이머징 처치는 바로 이러한 종교적인 삶에 대한 바람을 따라 움직인다. 그 바람은 더 유기적이고, 관계 중심적이며, 공동체적이다. 진보적 정치는 이러한 모습일 때에 가장 역동적으로 기능할 것이다.

15장
정의로운 보수주의
성경적 정의의 관점에서 본
보수정치의 강점과 약점은 무엇인가?

조셉 마이어스

사람에게 어떻게 물고기를 잡는지 가르쳐주면 그를 평생 먹이는 것이다. 정말로 그런가?

여러분 중 어떤 사람은 이 책, 정의 프로젝트를 위한 글을 써달라고 부탁을 받았을 때 내가 처음 그랬던 것처럼 매우 의아해 했을 것이다. "사회 정의라고요? 저는 보수주의자인데요. 사회정의에 대해 제가 아는 게 뭐 있겠습니까?"라는 생각이 들었다. 그러나 다른 사람들의 글을 읽으면서 나는 빙그레 웃음을 지었다. 가정에 대한 비슷비슷한 경험을 갖고 있다는 것이 신기했다. 물론 엄청난 차이들도 존재했다. 그러나 믿음과 정치 사이에 어떤 연결고리가 존재하는지 정리해 주었던 헤더Heather의 설명은 또 다른 편에 있는 것도 진리라는 사실을 내게 알려주었다. 그리

조셉 마이어스(Joseph Myers)는 여러 기업을 운영하는 기업가이며, 중재자이며, 좌담가이며, 구조조정자이며, 사상가이다. 소속감을 주제로 한 책 *The Search to Belong: Rethingking Intimacy, Community, and Small Groups* (www.languageofbelong.com/the-serach-to-belong)와 공동체를 주제로 한 책 *Organic Community: Creating a Place Where People Naturally Connect*(www.languageofbelong.com/organic-community) 의 저자이다. 공동체 개발과 필요를 증진시키기 위한 창조적인 대화와 전략을 컨설팅하는 Front Porch라는 회사를 운영하고 있다.

고 사회정의와 실천에서 역동적이지 못한 의견들도 나름 지식을 만들어 내며 부패할 수 있다는 사실과 더불어 나름 독특한 관점을 갖는다는 사실을 깨닫게 해주었다.

나는 매우 보수주의적인 가정에서 자라났다. 정치적인 것에 대해서는 직접적인 토론을 한 적이 별로 없었다. 만약 당신이 그러한 가정에서 믿음을 갖고 자라났다고 가정한다면, 당신이야말로 정말 보수주의자일 것이다. 대학을 졸업할 때까지 그리고 정치적으로 진보성향을 띤 그리스도인 친구를 만나기 전까지, 나는 내 신앙실천을 정치적 보수주의와 따로 떼어놓고 생각해 본적이 한 번도 없었다. 그 때까지 나의 신앙과 정치는 하나였고 같은 것이었다.

보수주의는 옹호주의자들이다. 그들은 자신들의 진리를 옹호하며, 책임의식을 갖고 정의를 수호하며, 국가재정을 책임지며, 그렇게 사는 것이 "미국인의 삶의 방식"이라고 여기는 사람들이다. 당신이 이러한 것들이 보수적인 신앙의 요소들로 여긴다면 당신은 거룩하고, 의롭고, "기독교적 미국인의 삶"을 옹호하는 사람이다. "하나님은 스스로 돕는 자를 도우신다"라는 속담은 보수주의자들의 영혼에 달콤한 소리로 들린다. 그러나 그것은 사회정의에 관한 그 어떤 진지한 대화의 물꼬도 트지 못하는 막다른 골목이다. 더 나아가, 당신이 아무리 열심히 찾아보려고 애써도 이 속담을 성경에서 발견하지 못할 것이다. 특히 예수의 가르침과도 아무런 상관이 없다.

누가복음 10장 29절에는 예수의 말을 가로막는 보수주의적 율법 전문가가 등장한다. 이 율법교사는 예수에게 "그러면 나의 이웃이 누구입니까?"하고 묻는다. 이 질문에 대한 대답으로 예수는 선한 사마리아 사람에 대한 이야기를 들려주신다. 이 이야기는 적어도 세 가지 측면에서 대단한 보수주의에 대한 이야기로 들린다.

첫 번째, 이 이야기는 본질적으로 마음속에 어려운 문제를 가진 사람을 향한 이야기다. 한 남자가 강도를 만나 몸에 피가 흥건할 정도로 두들겨 맞고 거의 죽게 된 상태에서 버려졌다. 이렇게 버려진 사람 곁으로 두 사람이 지나간다. 이 사람들은 거룩한 모습을 지키든지 아니면 측은한 마음으로 그 사람을 도와주든지 결정해야만 했다. 만약 그들이 동정심을 보이고 불쌍한 사람을 돕는다면 그들은 자신들의 손에 피를 묻힘으로써 "부정한" 사람이 될 것이다. 왜냐하면 그들은 소위 말하는 옳고, 거룩하고, 순전하고, 깨끗한 것을 지키고자 하는 사람들이었기 때문이다. 이 두 사람 다음으로 이야기에 등장한 사람은 사마리아 사람이다. 사마리아 사람은 소위 인생자체가 "부정한" 것으로 처우 받던 사람이다. 그러나 그는 이전의 사람들과 아예 관심사가 달랐다. 그에게 옷에 피가 묻는 것은 지극히 인간적인 일이었고, 이웃으로써 돕는 것은 당연한 일이었다. 그는 그 무엇보다 상처 입은 사람을 돕는 길을 선택했다.

대부분 보수주의자는 이러한 문제, 즉 거룩이냐 동정심이냐 하는 딜레마를 놓고 씨름한다. 왜냐하면 보수주의적인 종교 신념 체계가 동정심보다 의로움을, 도움보다 진리를, 희망보다 책임을 선택하도록 가르치기 때문이다. 이러한 씨름은 돌아온 탕자와 함께 잔치를 벌이고 춤추는 일을 금한다. 이러한 말쑥한 거룩함은 가난이라는 저편의 문제들을 그냥 두고 지나가라고 부추긴다. 우리는 "진리"를 지키기 위함이라며 우리의 행동을 정당화 한다. 이는 고상한 것처럼 들릴지 몰라도 실제로는 우리가 추구하는 의로움의 노예가 되어 동정심을 저버리게 만들었다.

예를 들어 "물고기 한 마리를 잡아 주면 그에게 하루의 양식을 준 것이지만, 물고기 잡는 법을 가르쳐 주면 그에게 평생의 양식을 주는 것이다."라는 말은 고상하고 올바른 것처럼 들린다. 그러나 이것은 그 사람이 지금 당장 먹어야할 필요를 부정하는 말이기도 하다. 현실의 필요는 그 사람이 고기를 잡아서 자신의 필요를 직접 충족시키도록 하는 능력배양과 배움의 성장곡선을 용인하지 않는다. 이는 낚시를 해도 고기를 잡지 못할 수 있다는 사실과 공장의 폐수가 강물에 흘러 들어가 고기를 모조리 죽여 버린 현실을 전혀 반영하지 않는다. 그리고 이러한 것을 낚시꾼이 전혀 통제할 수 없다는 사실을 반영하지 않는다. 이머징 대화가 실천하고자 하는 것은 정말로 필요한 동정심을 실제 장소에서 보이라는 것이다.

이 이야기는 단지 동정심을 보여주어야 한다는 선택에 대한 것만 이야기하는 것이 아니다. 이 이야기는 동정심의 방식이 분명해야 한다는 사실을 동시에 말한다. 강도만난 사람은 사마리아 사람에 의해 나귀에 실려 충분히 돌봄 받을 수 있는 장소로 옮겨졌다. 그러한 돌봄은 희생, 불편함, 관대함을 필요로 한다. 필요하다면 우리도 이유, 전략, 시간적 헌신이라는 상황과 상관없이 사마리아 사람처럼 기꺼이 행동해야 한다.

그러나 이 이야기는 또 다른 통찰력을 우리에게 보여준다. 사마리아 사람은 자신이 직접 강도만난 사람을 돌보아 주었을 뿐 아니라, 치유의 장소가 필요한 곳에서 새로운 이웃을 찾아, 그에게 돈을 지불하고, 떠났다는 사실이다. 그는 정말로 필요한 도움을 주었고, 그 도움이 폐해가 되지 않도록 충분히 도왔다. 그리스도인이 정치에 접근할 때, 이러한 모습으로 실천하는 것은 쉽지 않다. 무조건적으로 사랑하라는 우리의 부르심은 우리를 너무 지나치게 사랑에 빠지도록 만든다.

그러므로 사랑에는 조건이 있어야 하는데, 무조건적 사랑이라는 조건이 충족되어야 한다. 이러한 조건은 당신이 너무 사랑에 빠져서 진정한 사랑을 하지 못하는 것을 방지해 준다. 사마리아 사람은 강도 만난 사람이 어느 정도 기운을 차려 운신할 만할 때, 그 사람을 떠나는 방식으로 도움을 주었다. 그는 너무 오래 머물러 있지도 않았고, 너무 많은 도움을 주지도 않았다. 건강한 동정심은 어느 한 곳에 소속되어 있어서는 안 된다는 이상한 요소를 갖는다. 즉 건강한 동정심은 어떤 경계선을 설정하여 주고, 우리의 부분적인 역할과 그 사람이 스스로 살아가도록 감당할 역할이 있다는 사실을 믿게 해준다. 동정심을 표현한 이웃은 비인격적 처우를 받아 상처 입은 다른 사람들을 당장 도움이 필요한 절박한 상황에서 구조해 낸다. 그리고 그 다음 자신이 아닌 다른 의지할 사람의 도움을 받도록 배려한다. 이처럼 우리는 예수께서 들려주신 비유를 통해, 우리 시대가 요구하는 정의와 관련된 주제에 대해 동정적이고, 지속가능하고, 건강한 해결책을 발견해야 한다. 우리의 종교적 "거룩함"을 염려한 나머지 도움이 필요한 저편의 사람들을 못 본 척하며 지나가지 않도록 해야 한다. "부정한" 모습이 되더라도 인간들이 악행으로 더럽혀진 상황 속에 기꺼이 뛰어 들어가야 한다. 우리는 깔끔하게 계획된 우리 자신의 삶에서 빚어지는 전혀 뜻밖의 일과, 빡빡하게 짜놓은 개인적인 예정표를 불편하게 만드는 뜻밖의 사건들에 뛰어들 수 있어야 한다. 그리고 우리는 그다지 건강하지 못한 의존적인 혹은 상호의존적인 새로운 "해결책"들을 준비하지 않고 갈수 없다. 그러기에 우리 주님의 사랑조차 그를 위해 너무 오래 머물러 있기를 허락하지 않으셨다는 사실을 기억할 필요가 있다. 선한 사마리아 사람의 비유는 진보주의와 보수주의자 모두를 위한 이야기로써 우리 모두가 정의와 동정심의 길을 함께 걸어가라는 모두를 향한 부르심이기도 하다.

16장
정의로운 가족의 가치
그리스도인은 비전통적 가족을 위해
어떻게 정의를 옹호해야 하는가?

페기 캄폴로

편집자 주 가족을 위한 정의라는 말을 듣는다면, 가정폭력, 남성우월주의나 성차별주의, 아동 학대 및 무관심, 아동인권, 이혼, 엄마와 아기를 위한 돌봄, 아동 노동력, 노인 학대 및 무관심 등 수많은 주제를 생각해야 할 것이다. 이러한 주제들은 절대로 간과해서는 안 될 중요한 것들이며, 원한다면 각각의 주제를 더욱 더 진지하게 다루어야 할 것이다. 이러한 주제와 동떨어져 논의의 대상이 되고 있는 비전통적 가족을 위한 정의 문제, 특히 여기에서는 지난 한 세대 동안 미국의 주요 현상이었던 "문화전쟁" 이후 나타난 현상에 대해 다루고자 한다. 이 책에 글을 기고한 사람들 내에도, 그리고 이 책을 읽는 독자들 간에도 인간의 성에 관한 의견은 천차만별이겠지만, 인권운동가인 페기 캄폴로는 우리에게 "전통적인 가족의 가치"를 넘어서 우리의 관심사를 넓힘으로써 비전통적 가족의 가치를 공유하라고 권한다.

1976년 지미 카터 대통령이 가족과 관련된 주제로 총회를 소집했다. 이 행사는 엄청난 논쟁을 불러일으켰고 결국 4년 뒤인 1980년에 행사가

페기 캄폴로(Peggy Campolo)는 게이, 레즈비언, 양성애자, 성전환자들의 인권을 옹호하는 일을 하며, 특별히 교회에서 이들을 받아들이도록 노력하고 있다. Eastern University를 졸업하였으며 펜실베니아주 웨인 카운티에 있는 Central Baptist Church의 멤버이다. P.O Box 565, Wayne, PA, 19087로 서신을 보낼 수 있다.

치러졌다. 이 총회와 관련하여, 종교우파는 동성애자들의 권리특별히 결혼에 대한 권리를 적극 반대하였으며, 80년대와 90년대 이것을 자신들의 정치적 토대로 여겼다. 2004년 공화당은 칼 로브Karl Rove로 하여금 동성애자 결혼에 반대하는 투표를 실시하도록 이끌어내었고, 복음주의 그리스도인을 적극 투표에 참여하도록 부추겨 결국 조지 W. 부시를 대선에서 승리하도록 만들었다.

하루 밤 사이에 "전통적인 가족의 가치"란 것이 "결혼"이란 용어를 수호하기 원하는 사람들에 의해 법적 용어가 되었다. 이는 시민의 기본권을 가진 한 남자와 한 여자의 결합을 위해서 뿐 아니라, 동성커플들과 가족들을 반대하기 위함이었다. 미국 행정 감독부U.S. Government Accountability office는 이성간에 부부가 된 사람들이 즐길 수 있는 1,138개의 권리들을 인용하면서, 동성애부부와 그 가족은 다음과 같은 권리를 요구할 수 없다고 명시한다.12)

- 파트너의 사회보장제도의 혜택을 요구할 권리
- 가난한 사람들에게 지원되는 식량 및 저소득층 주택을 신청할 권리
- 군대에서 전역한 게이 파트너를 위해 연금을 요구할 권리
- 병든 파트너를 위해 의료 기록을 요구하거나 방문할 권리
- 세금 보고를 할 때, 같은 파일을 사용할 권리

몇 년 전에 열린 동성애자 집회에서 나는 세 명의 어린 자녀를 둔 베티를 만났다. 그녀의 파트너 게일Gail은 상당히 좋은 보수를 받는 전문직 여성이었다. 베티와 게일은 모두 베티가 집에 머물러서 가정 일을 돌보는 엄마역할을 감당하기 원했다. 그러나 그 일은 실현 불가능했다. 왜냐하면 두 사람의 법적결혼이 불가했기 때문이다. 그래서 가족 구성원으로서

베티와 아이들이 게일의 의료보험 혜택을 받을 수 없었다. 베티의 이야기는 거부된 정의에 대한 매우 슬프고도 감동적인 이야기이다. 이 이야기는 과연 정의와 관련하여 어떻게 그리스도인이 "가족의 가치"를 바라볼 것인가? 라는 질문을 하게 만든다. "전통적인 가족의 가치"를 알리는 캠페인은 동성애자들의 시민권을 부정한다. 그리고 이러한 캠페인은 게이, 레즈비언, 양성애자, 성전환자들에게 큰 상처를 주며 그들에게 비참한 삶을 감내하라고 한다.

텔레비전의 명사인 로지 오도넬Rosie O'Donnell은 세 명의 아이를 입양한 레즈비언이다. 그녀는 자신처럼 전통의 범주에 포함되지 않은 사람들이 편하게 휴가를 보낼 만한 장소가 많지 않다는 사실을 깨달았다. 2003년, 로지와 그녀의 파트너인 켈리 오도넬Kelli O'Donnell은 로지 오도넬 크루즈 휴가Rosie O'Donnell Cruise Vacation라는 이름으로 함께 휴가를 보낼 선상 여행을 처음으로 기획하였다. 그 이후 이 선상 휴가 여행에 참가한 사람들에 대한 다큐멘터리 영화가 제작되었고, 전통적이지 않은 가족들이 휴가를 즐기는 방법을 소개하고 자신들을 인정하지 않는 사람들과 동떨어진 장소에서 함께 즐거운 시간을 보내는 것이 얼마나 소중한 의미를 갖는지 공개적으로 논하였다. 그러나 그들의 배가 바하마에 도착하였을 때, 화가 잔뜩 난 군중이 배로 다가와 그들에게 욕설을 퍼부었고, 그들을 환영하지 않는다는 팻말을 들고 그들 앞에 나타났다. 그 그룹이 그리스도인인지 알 수는 없었지만, 그 팻말에는 성경구절이 기록되어 있었다. 어떤 가족들은 배를 떠나지 않았지만, 남아있는 가족들은 흐느껴 울었고 아이들은 겁에 질려 있었다.

정의를 부정하는 그 동일한 "가족의 전통적인 가치들"이 바하마에 정박한 배처럼 똑같은 장면을 연출하도록 장려하고 있다. 프레드 펠프스Fred Phelps는 침례교 목사로서 1998년 와이오밍 주에서 벌어진 끔찍한 사건의 희생자인 매튜 쉐파드Matthew Shepard의 장례식에서 세인의 이목을 집중시켰다. 매튜 쉐파드는 게이라는 이유 때문에 벽에 묶인 채 한껏 두들겨 맞고 방치되어 목숨을 잃은 젊은 청년이다. 그 후로도 펠프스는 정기적으로 자기 가족을 포함하여 미국의 여러 교회 교인들로 하여금 동성애자들의 장례식에 참석하여 "매튜는 지금 지옥에서 고통 받고 있다", "하나님은 호모를 증오한다"라는 구호가 적인 팻말을 들고 시위하였다. 많은 그리스도인이 바하마에서 혹은 프레드 펠프스가 이끄는 그룹에 참가해야겠다는 생각은 하지 않겠지만, 도대체 "가족의 전통적인 가치들"을 어떻게 정의해야 하는지, 백악관이 주관한 가족 관련회의13) 결과로서 가족 관련법규정에 대해 어떻게 자신의 투표권을 행사해야 하는지 의문을 갖고 있을 것이다.

성경에 결혼과 가족에 대한 정의는 한 가지만 존재하는 것이 아니다. 오히려 일부다처제, 과부가 고인의 형제와 결혼하는 수혼, 중매결혼, 그리고 소위 우리가 말하는 "전통적인" 결혼의 모습이 모두 기록되어 있다. 그러나 에베소서 5장 21~33절에서 우리는 소위 그리스도인의 결혼이 어떠해야 하는지 힌트를 얻을 수 있다. 이 말씀에 따르면 한 남자와 한 여자 사이의 관계가 유지되어야 하며, 결국 이 결혼 관계에 기반하여 그리스도와 교회의 관계를 설명한다. 그리스도께서 교회를 사랑하셨고 그 결과 교회를 위해 돌아가셨다.

그리스도인의 결혼은 서로 돕기 원하는 각 사람이 하나님께서 원하시는 사람이 되어 함께 하나가 되는 과정으로 두 사람 간의 평생 헌신을 전제로 한다. 현재, 결혼이 더 이상 한 남자와 한 여자 사이에만 국한되는 것이 아니라고 확신하는 그리스도인이 점점 늘고 있지만, 여전히 두 사람 간의 헌신이 필요하다고 믿고 있다.14) 게이, 레즈비언, 양성애자, 성전환자들을 변호하고 그들과 함께 20년 이상 목회를 해온 나는 법적으로 결혼이 용인되지 않는 상황에서도 사랑, 희생, 헌신이라는 실제적인 전통적 가족의 가치를 따라 사는 수많은 부부를 알고 있다.

때때로 나는 결혼의 의미를 "배관 공사"나 아이출산의 필요로 축소시킴으로써 결혼의 가치를 훼손하는 사람들이 동성 간의 결혼을 반대한다고 생각한다. 물론 이러한 것들이 중요하긴 하지만, 결혼은 그 이상의 것이다. 16년 전에 서로를 향해 평생 헌신하기로 약속하고, 함께 사는 나의 친구 랜디 맥케인Randy McCain과 개리 에디Gary Eddy에게 결혼이란 이러한 것보다 훨씬 더 많은 의미를 갖는다. 그들은 그리스도인이며, 그리스도 중심의 가정을 꾸리기 원했다. 랜디는 아주 어렸을 적 하나님의 부르심을 느꼈고, 젊었을 때 게리와의 관계에 깊이 헌신하는 가운데 장로교회에 소속되어 음악 목회를 하였다. 그러던 중 담임 목사가 게리와 랜디가 서로 간의 평생 파트너로 살고 있다는 사실을 알게 되었고, 그 사실을 아무에게도 알리지 말라고 했다. 그들의 멋지고 거룩한 관계에 대해 아무 말도 하지 못하는 것이 큰 수치심으로 다가오자, 랜디의 불편함은 점점 더 커져만 갔다. 어느 날 이러한 상황을 알지 못하는 설교자가 그 교회를 방문하여 그들의 마음을 편하게 해주었다.

"당신 침실에서 일어나는 문제가 누구 일입니까? 다른 사람들은 신경 쓰지 마세요" 라는 그의 말이 그들에게 위로가 되었다.

"우리 부모님들의 결혼 50주년 기념일은 그들의 침실에 관한 것이 아니었던 것처럼 게리와 나의 관계 또한 침실에 관련된 것이 아닌 그 이상의 관계입니다. 그들은 서로를 향한 사랑과 주어진 가족에 대해 기뻐하였습니다. 게리는 내 가족입니다. 그리고 그것이 바로 사람들에게 우리의 관계를 알려야만 하는 이유이지요. 저는 독신이 아닙니다. 나는 사랑하고 있고, 한 사람이 한 사람을 사랑하는 단혼주의자이며 그리스도 중심의 관계를 갖고 있습니다."라고 대답하는 랜디의 마음속에 뭔가 스치고 지나가는 것이 있었다.

이 일 후, 랜디 앞에 놓여 있는 숙제는 과연 게리와의 관계를 언제 교회 앞에서 함께 나눌 수 있는가 하는 타이밍과 그의 목회를 끝내야 하는가 하는 문제였다. 게리의 사랑 때문에, 랜디는 말씀과 노래로 회중을 이끄는 목회를 다시는 할 수 없는 위험을 감수해야 했다. 그는 항상 게리를 잃어버리면 그 고통으로 말미암아 죽을지 모른다고 생각했다. 그러나 하나님은 그를 위해 다른 계획을 갖고 계셨다.

12년 전 그의 거실에서, 랜디는 성경공부를 시작하였고 이 그룹은 작은 교회가 되었다. 그곳은 게리의 거실이기도 했고, 교회가 랜디에게 무슨 일을 했는지 지켜본 장소이기도 했다. 게리가 고통스러워 할 때, 다시는 교회 일을 하지 않겠다고 했다. 그러나 랜디를 사랑하기 때문에, 자신의 감정을 뒤로 하고 기꺼이 랜디를 도왔다. 일요일의 모임을 위해 토요일 밤에 거실의 집기들을 자신들의 침실로 옮기는 일을 기꺼이 감수해 주었다. 하나님의 랜디를 향한 목회로의 부르심을 게리가 인정하였고, 이는 알칸사스주의 셔우드에 있는 오픈도어공동체교회Open Door Community Church를 탄생시켰다. 이 교회는 모든 사람을 환영하는 "은혜의 장소"이기도 하다. 오래 전에 맥케인-에디의 거실에서 성장을 거듭하여 지금은 자체 건물을 갖고 있다.

나는 자녀를 입양하기 원하지만, 게이라는 이유 때문에 거부되어 자녀 없이 살아가는 게이들을 알고 있다. 정말로 오랜 시간을 보낸 후에 아이를 입양한 수많은 게이도 알고 있다. 때때로 간접적으로 "아무데도 갈 수 없는 아이들"을 양육하도록 요청받고 수많은 사람이 기꺼이 이들을 입양한다. 제프 루터스Jeff Lutes와 그의 파트너 게리 스타인Gary Stein은 아이들을 입양하여 부모가 되고 싶어 했다. 제프는 믿음이 강한 남침례교 가정에서 자랐다. 게리의 어머니는 가톨릭 교인이셨고 아버지는 유대인이어서 두 종교적 전통 아래서 자라났다. 그의 부모처럼, 그는 청각장애를 갖고 있었다. 그렇지만, 게리는 사람들의 입술을 읽어냄으로써 사람들의 말을 알아들었고, 제프가 미국 수화를 배울 때까지 이러한 방식으로 의사소통하였다.

처음 헌신을 약속했던 초창기 시절에, 제프와 게리는 하나님께서 청각장애를 가진 아이를 입양하라는 부르심을 받았다. 아이의 특별한 필요를 채울 수 있도록 의사소통해야만 하기 때문이었다. 그들의 첫째 아들 니코Niko는 청각장애자이다. 그들은 중국에서 니코를 보자마자 곧 하나가 되었다. 제프와 게리는 입양하기 전에 5년간 두 명의 히스패닉 아이들을 양육하였다: 트레이Trei는 청각장애자 아들이며, 졸리Jole는 딸이 되었다. 게리와 제프는 자신의 가족을 "전통적인 게이-청각장애-유대-가톨릭-침례교-중국-히스패닉 가족"이라고 소개하기를 좋아한다. 그러나 실제로 법을 만드는 사람들에게 이들은 전혀 "전통적"이지 않다.

법적으로 이들에게는 정의가 존재하지 않는다. 결혼하였기 때문이 특별한 가정에 정의가 존재하지 않는다. 그들은 부부로서 아이들을 입양할 수 없다. 다만 혼자 사는 사람이나 홀로된 사람이 자녀를 입양할 수 있다는 법률상 허점이 존재하기 때문에 이들이 아이들을 입양할 수 있게 되었다. 제프나 게리가 먼저 아이들을 입양한 후, 다른 사람에게 법적인 양육권을 주는 방식이다.

동성 결혼이란 주제에 대한 의견은 정말 다양한데, 주된 의견들은 종교 공동체에서 시작된다. 그러나 성경에서 우리는 생물학적 관계 위에 영적인 의미의 가족을 규정하는 예수를 발견할 수 있다. 예수의 어머니와 형제들에 대해 관심을 집중하도록 요청 받았을 때, 예수는 "하늘에 계신 내 아버지의 뜻을 따라 사는 사람이 곧 내 형제요 자매요 어머니이다"마12:46~50라고 선언하셨다. 십자가 위에서 죽어가고 있을 때조차, 예수는 어머니와 그의 사랑하는 제자 요한에게 어머니와 아들의 관계임을 선언하면서요19:26~27 그가 사랑했던 사람들을 위해 새로운 가족을 만들고자 애쓰셨다.

정의는 우리 중 대부분의 사람들이 따르는 전통적인 방식 안에서 가족의 권리를 찾고 게이, 레즈비언, 양성애자, 성전환자라는 하나님의 자녀들의 결혼을 존중하고 확실히 하는 방법을 찾아보라고 요구한다. 또한 정의는 동성애자 결혼에 관해 양쪽이 서로 강요하지 않는 가운데, 자신들이 옳다고 믿는 것에 대한 타협안을 찾아보라고 요구한다.

내가 제안하고자 하는 것은 동성애 커플이든 일반 커플이든 그들이 원하면 정부가 결혼식을 치러주는 현재 네덜란드에서 시행하는 모델이다. 일단 정부에 의해 필요한 예식이 치러지면, 커플이 원하는 바에 따라서 종교적인 결혼식을 다시 엄숙하게 치를 수 있다. 어떤 교회나 회당은 동성애 결혼식을 집례해주지만, 어떤 교회나 회당은 집례해주지 않는다. 한 사람의 진실한 침례교인으로서 나는 지역 교회가 자치권을 갖는 가운데 동성애자들의 결혼식을 집례 할 것인지 아닌지 결정해야 한다고 믿는다. 그러나 위계질서를 강조하는 교단에서는 교단에 속한 모든 교회가 하나 되어 의사를 결정한다. 중요한 것은 국가가 교회에서 누가 결혼을 할 수 있고 누가 할 수 없는 것인지 결정하지 못하며, 그 어떤 종교 그룹도 동료 시민에게 자신들의 "전통적인 가족의 가치들"을 부과할 수도 없고, 이러한 가치들에 동의하지 않는 사람들에게 기본적인 시민권을 빼앗아갈 수도 없다는 사실이다.

나는 수많은 목사가 결혼식 마지막 부분에 "이제, 국가가 내게 부여해준 권위에 의해, 아내와 남편이 되었음을 선언합니다"라고 선포하는 것을 불편하게 여긴다는 사실을 잘 알고 있다. 국가가 부여한 시민권을 결혼이 가져다주는 영적인 축복과 분리시킬 수는 없는 것일까?

17장
더욱 훌륭한 방법으로
국경에서 보내는 예언자의 목소리

가브리엘 살구에로

여기 우리가 있다! 진정한 대화를 위하여

아내 제넷과 함께 나는 두 살 된 우리 아들 존-가브리엘Jon-Gabriel을 데리고 난생처음 Dr. Seuss' Horton Hears a Who! 닥터 수스가 쓴 책 『코끼리 호튼, 소수의 목소리에 귀를 기울이다』를 영화로 만든 것를 관람하러 갔다. 아들과 함께 영화관에 처음 들어가 앉아서 본 놀라운 장면 하나가 나로 하여금 이민에 대해 깊이 생각하게 했다. 후Who—마을에 사는 사람들이 반복해서 소리치는 장면 "우리가 여기 있어요! 우리가 여기 있어요!" 하는 목소리는 끝까지 들리지 않았다. 여러 면에서 후-마을에 사는 사람은 이민이라는 주제에 대해 논쟁하는 여러 나라의 다양한 목소리를 그대로 반영한다. 양쪽에서 "여기 우리가 있어요!"라고 외치지만, 이것이 의미하는 바는 주 문화와 이민 문화들의 아주 다른 면들만 부각할 뿐이었다. 세계화 속에서 밀고 당기는 씨름은 극적으로 다른 방식들이 존재한다는 것으로 해석

가브리엘 살구에로(Gabrial Salguero)와 아내 제넷(Jeanette)은 뉴욕에 있는 다문화교회인 Lamb's Church의 목사이다. 가브리엘은 프린스턴 신학대학원의 남미지도자프로그램(Hispanic Leadership Program)의 대표이다. 그는 Latino Leadership Circle의 회원이며 유니온 신학대학원에서 후기식민주의에 관한 연구를 통해 기독교 사회윤리학 박사과정 중에 있다.

된다.15) 세계화로 대변되는 이민에는 다양한 측면의 이야기들이 존재한다. 주 문화와 이민 문화들은 경제, 생존, 법, 인간 존엄에 관한 여러 질문을 놓고 씨름을 벌이면서 서로를 더 먼 세계로 밀어낸다. 이러한 주제를 다루다보면 예수를 따르는 사람들조차도 패가 나뉜다. 이러한 이야기를 우리의 토론 주제로 삼아야만 하는 걸까?

그리스도인으로서 국가적 논쟁에 끼어들기 전에, 우리는 그 어떤 것이라도 기꺼이 다루고 싸울 준비가 되어 있어야 한다. 너무 급진적이고, 혐오스럽고, 게으르다는 등 필요하면 어떤 단어로든 상대방을 규정하거나 무시하는 것은 대화에서 서로 멀어지게 하는 아주 쉬운 방법이다. 열매 없는 논쟁을 하지 않으려면 서로에 대해 충분히 알도록 돌보는 노력을 기울여야 한다. 이민논쟁은 상투적인 문구나 자동차 범퍼에 붙이는 구호수준의 토론을 말하는 것이 아니다. 이사야 선지자에게 주어졌던 하나님의 말씀은 너무나 분명했다. "오라, 우리가 서로 변론하자."사1:18 토론할 주제가 얼마나 복잡한지 우리는 파악한 후에야 다른 방법을 제안할 수 있다.

가시밭 길: 지배적인 이야기 들여다보기

양쪽에서 표출되는 두려움은 종종 이민에 대한 논쟁을 뜨겁게 달군다.16) 물론 그러한 대화는 단순히 정책이나 이론에 대한 이야기가 아니라 실제 사람들의 삶에 대한 이야기이기 때문에 매우 감정적이 될 수밖에 없다. 그렇지만, 만약 미국에서 이민에 대한 지적이고 의미 있는 대화를 하려면, 그 모습이 정확이 어떤지는 잘 알 수 없지만, 대다수의 미국 사람이 이민정책의 근본적인 개혁을 요구한다는 사실을 직시하면서 더욱 냉철하고, 명확하고, 정직하게 이야기해야한다.

몇 가지 중요한 이야기가 미국 국경에 관련된 논쟁에 불을 지폈다. 나는 그들을 비용 강제집행cost-enforcement 관점, 환영하는 개혁론자 Welcoming reformist 관점, 극단주의자extremist 관점으로 나누어 부른다. 다양한 목소리는 종종 불협화음으로 변하여 일을 더 악화시키거나 관련그룹들을 매우 비참하게 만들 수 있다. 만약 우리가 "혼돈에서 공동체"17)로 움직이고자 한다면, 우리 자신의 이야기를 아주 분명하게 표현할 필요가 있으며, 마찬가지로 다른 사람들이 말하는 이야기들을 잘 이해할 필요가 있다.

국경에서 볼 수 있는 비용 강제집행cost-enforcement 관점은 다음과 같은 경제적 이득과 법적 공평성을 따지면서 시작된다.

- **개인적 안전/경제적 부담**. 약 천 이백 만 명이나 되는 이민서류 없이 사는 이민자들이 우리의 자원을 좀먹고, 우리의 직업을 가로채고, 국가의 자원에 부담을 주고, 적은 자원을 얻으려고 경쟁하게 만든다.
- **국가의 주권**. 모든 국가가 자신의 국경에 대한 권리를 주장하는 것은 당연한 것 아닌가?
- **법의 통치**. 만약 우리가 이민서류 없이 사는 이민자들에게 시민권을 취득할 법적인 길을 열어준다면, 법을 어긴 사람들에게 보상해 주는 것은 아닌가?

경제적 이슈에 대해 전문가들은 이민서류 없이 사는 이민자들이 일반적으로 국가 경제에 미치는 영향력이 얼마나 큰지에 대해, 그리고 구체적으로 저임금 노동력에 대해 끊임없이 논쟁한다.18) 어떤 연구는 이민서류 없이 사는 이민자들이 경제에 큰 부담이 된다고 보고한 반면, 또 다른 연구조사들은 경제적 자원으로 보고하였다. 견해가 어떻든지, 서류 없이 사는 이민자들이 미국 경제에 미치는 영향은 긍정적 측면과 부정적 측면이 서로 뒤엉켜 있다는 것에 모든 사람이 동의한다. 이러한 복잡한 영향들은 무시할 수 없다.

국가의 주권 및 법의 통치에 관하여는 정부가 법과 질서를 운영해야 할 책임이 있다는데 모든 사람이 동의 한다. 어떤 그리스도인은 로마서 13장이 제시하는 바울의 주장을 따라 권위를 무정부 상태를 방지하고 국가에 속한 자국민을 보호하도록 하는 신적인 위임장으로 보기도 한다.19) 다른 사람들은 이러한 국가적 책임과 세계적 책임을 서로 긴장관계에 있는 것으로 보기도 한다. 자국민의 어려움을 해결하는 것이 국가 정부가 가져야할 우선순위라면, 시민이 아닌 다른 사람들의 인권에 대해서는 책임지지 않아도 된다는 말인가?

이민자들을 환영하는 개혁론자Welcoming reformist 관점은 시민의 권리뿐만 아니라 모든 사람의 인권을 강조한다.

- 세계의 불평등. 자국에서 식량, 고용, 안전의 부족을 채우지 못한 사람들은 자신들과 가족들에게 나은 기회를 찾고자 타국으로 이주한다.
- 가족 이별. 적법한 서류가 없는 수많은 이민자는 강제추방령을 받는 동안에도 자녀들과 떨어져 살고 있다. 그리고 이민서류가 없는 이민자들 중 약 1/3이 부모와 함께 살려고 온 자녀들이었다.

이민자들을 환영하는 개혁론자들은 이민이 세계 불평등 상황과 결코 무관하지 않다고 말한다. 즉 우리는 이민이라는 당면한 도전을 해결하기에 앞서 제대로 기능하지 못하는 세계구조라는 더 큰 문제를 다루어야 한다.20) 이민자들을 환영하는 개혁론자들은 국경문제를 NAFTA나

CAFTA와 같은 국제 무역조약과 결코 분리할 수 없다고 말한다. 무역조약은 이민서류 없이 일꾼을 불러들이는 결과를 초래함으로 미국 내외의 일꾼들이 가질 취직 기회에 거꾸로 영향을 미칠 수 있다.21)

다양한 극단주의자 그룹은 "이 백성 곧 이스라엘 자손이 우리보다 수도 많고, 힘도 강하다. 그러니 이제 우리는 그들에게 신중히 대처하여야 한다"출1:9~10는 바로의 불길한 말을 자꾸 생각나게 한다.22) 아마도 극단주의자들이 남미의 히스패닉Hispanic을 볼 때, 그들을 "공포"his panic로 느낀다는 제랄도 리베라Geraldo Rivera의 말이 옳다는 생각을 하기도 한다.23) 라틴계 이민자들을 향해 공식적으로 표출되는 공포는 아이티, 서인도제도, 아시아 등의 수많은 이민자에게도 표출된다.24)

최근에 친구 프레드Fred와 대화를 나누는 동안, 나는 이러한 관점이 나와 같은 수많은 라틴계 사람들에게 어떻게 직접적으로 영향을 미치는지 깨닫게 되었다. 프레드는 나에게 "잠깐 조깅을 하러 나갈 때라도 나는 신분증 없이 결코 집을 떠나지 않지. 운동복 주머니에 신분증을 넣고 조깅을 하거나, 주머니가 없으면 양말 옆에 넣고 가지."라는 말을 해 주었다. 이 말에 나도 마찬가지라며 반응했다. 백인들 중 신분증 없이 집을 떠나는 것을 두려워하는 사람들이 얼마나 많은지 궁금하다. 비록 프레드와 나는 미국에서 태어났지만, 우리는 가족과 변호사들에게 알려지지 않은 채 갑자기 감금당할까봐 두려워한다. 나는 우리 동료들 중 얼마나 많은 사람이 이러한 실제적인 두려움과 싸우는지 궁금하다. 극단주의자들이 논쟁을 이끌어갈 때, 두려움은 확대된다.

"그러나 내가 말하지만": 예수께서 어떻게 법률을 제정하시는가?

만약 우리가 극단주의적 접근방법을 비생산적인 것이라 제켜놓는다면, 이민에 관한 두 가지 중요한 접근방법이 남고, 이 두 가지 접근방법은 서로 교착상태에 머물게 된다. 예수는 이것 아니면 저것이라는 식의 대화가 교착상태에 빠질 때 대화의 물꼬를 주도해 나가시기로 유명하다. 그 대표적 예인 마태복음 5장에서 예수는 우리에게 무엇인가 새로운 방식을 찾아보라고 반복해서 도전하신다. 예수의 제자들로서 우리가 이민이라는 이슈에 반응할 때 이쪽 아니면 저쪽을 선택해야 할 것이다. 그 때 과연 우리는 예언적이며 정의로운 대안을 제시할 수 있을까? 크레익 옹 Craig Wong이 제안하듯이, 우리는 이민에 대해 이야기 할 때 새로운 제3의 접근방식을 필요로 한다.25) 다행히도 기독교 미합중국인Unitestatesians, 26)은 이러한 다른 지형을 살펴보도록 가능한 모델들을 갖고 있다.27) 성경은 특별하거나 가장 간단한 방법을 추천하고 있지 않지만, 더욱 나은 방법을 찾아보도록 유용한 이야기들을 제공한다. 아마도 성경의 도움아래, 우리는 비용 강제집행cost-enforcement 진영과 환영하는 개혁론자 Welcoming reformist 진영 모두가 가진 법적 관심사가 무엇인지 인정할 수 있을 것이다.

대화들이 긴장 상태로 치달을 때, 과거 언젠가 인정되었던 그리스도인이 취할 수 있는 반응은 최선의 방법summum bonum:최고의 선 혹은 더욱 훌륭한 방법을 추구하는 것이다.고전13장 더욱 훌륭한 정의와 사랑의 방법을 찾는 것은 우리가 함께 공유하는 성경말씀을 다시 읽음으로써 깊은 발상의 전환을 필요로 한다. 그 결과 우리는 순례자로서 혹은 낯선 사람으로서 혹은 거류민으로서 서로에 대해 듣고 새로운 것을 배울 것이다.28) 예를 들어 "그 땅에 기근이 들었다"창12:10라는 말로 시작하는 아브라함과 사라의 인생은 이민이야기로 펼쳐진다. 마찬가지로 야곱의 가족은 기근과 관련된 이주 이야기와 더불어 헤어졌다 다시 만난다. "이집트 땅 모든 곳에 기근이 심하게 들었다. 기근이 온 세상을 뒤덮고 있었으므로, 다른 나라 사람들도 요셉에게서 곡식을 사려고 이집트로 왔다."창

41:56~57 우리 시대의 수많은 이민자는 각종 기근 즉 식량 기근, 직업 기근, 기회 기근, 불의와 타락한 독재 정부에 의해 일어난 "인류학적 기근" 29) 곧 불의라는 기근을 피해 번영과 안전을 최우선적으로 추구하는 현대의 아브라함이요, 사라요, 야곱이요, 요셉이다. 성경은 믿음의 사람인 우리로 하여금 이민을 바라볼 때, 단지 경제적, 정치적 시각만이 아니라, 어린 아이들을 살해했던 헤롯 통치기간 동안 이집트로 피신해야 했던 예수의 이야기를 포함한 여러 성경 이야기와 더불어 이민을 바라보도록 초대한다. 하나님나라에서 다양한 인종이 아름다운 조화를 이루는 요한계시록 7장 9절의 비전과 더불어, 그리스도인은 민족주의적 염려에만 머물러 있어서는 안 된다. 오히려 모든 사람이 하나님의 돌보심 아래 살아가야 하기에 우리는 미국과 이민 국가들 간에 새롭고 정의로운 법을 수행하도록 해야 한다. 더욱 고상한 성경적 관점을 가지고, 이민이 인생과 세계 공동체가 당면한 본질적인 이슈임을 보아야 한다. 모든 민족적 고려 내용은 기독교 사랑과 정의라는 더 높은 가치에 의해 재고해야만 한다.

또한 잠언서의 가르침인 지혜와 소박한 생활이라는 성경적 주제는 우리로 하여금 미국의 외교정책과 그 정책이 전 세계의 사람들에게 어떤 영향을 미치는지 더 깊이 들여다보라고 도전한다. 예를 들어 우리가 북미자유협정NAFTA나 중미자유협정CAFTA의 복잡한 영향들에 대해 주의 깊게 살펴보지도 않고, 남미나 중미 사람들을 미국의 영향으로부터 지키려면 무조건 담장을 높이 쌓아야 한다고 주장한다면, 우리는 "이 땅의 기근"의 근본적인 원인이 어디에 있는지 모른 채 무조건 처방만 하는 어리석은 사람들이 되고 말 것이다. 그러므로 우리가 성경적인 지혜가 무엇인지 잘 살피고, 문제와 가능한 해결책을 위해 문제를 잘 진단할 뿐 아니라, 하나님 앞에 존귀하고 가치 있는 사람들로서 "나그네와 이방인"을 바라보는 성경적 정의를 회복해야 할 것이다. 이웃, 형제, 자매들을 위한 우리의 관심은 우리나라의 국경에서 끝나지 말아야 한다. "세상이라는 한 집"에 사는 사람들이라고 했던 마틴 루터 킹 주니어의 말은 여전히 진리로서 우리의 마음을 울리고 있다.

안타깝게도 많은 미국 그리스도인은 근시안과 건망증의 유혹에 빠져 있다. 남미와 여러 나라에서 행해지는 직접적이면서 무조건적인 미국의 절대적 군사 통제권은 라틴 아메리카부터 북쪽에 이르는 대규모 비행과 따로 떼어 생각할 수 없다. 미국의 유전자가 조작되거나 변이된 옥수수 이용과 수만 명의 중미 농부가 북쪽으로 이주하는 것은 결코 무관한 일이 아니다. 세계은행World Bank, 국제통화기금IMF, 그리고 세계개발은행과 같은 다국적 기관들의 끊임없는 영향력과 권력으로부터 개발도상국가들이 가진 가공할만한 외채를 분리해서 생각할 수 없다. 그리스도인으로 우리의 부름에 신실하려면 우리가 속해 있는 나라의 과거와 현재의 행위가 현실 속에서 마주하고 있는 이민이라는 도전에 어떻게 대응해야 하는지 눈을 크게 뜨고 보아야 한다.

가난한 일꾼들을 배제시키고 지구촌 경제를 불안하게 만드는 다국적 기관들과 미국의 외교정책의 복잡함을 인정하면서 그리스도께서 이민 개혁을 이루실 것을 상상해 보자. "그 땅에 기근이 들었다"는 사실을 인정하는 것은 갚을 수 없는 빚을 면제해주고, 땅을 쉬게 하고, 회복되도록 하는 "희년의 해"신15장의 성경적 개념 없이 쫓겨난 가족들과 의미 없이 쌓아올린 울타리를 인정하면서 우리를 정의라는 더 깊은 의미로 이동하게 한다. 사랑은 불의를 기뻐하지 않음과고전13:6 정의 없는 사랑은 존재하지 않는다는 사실을 이해하면서 그리스도께서 이민 개혁을 이루실 것을 상상해 보자.

"모든 민족과 종족과 백성과 언어에서 나온 사람들"에 대한 요한계시록의 비전은 우리로 하여금 세계 교회라는 관점으로 이민 개혁에 대해 생각해보도록 격려한다.계7:9 에드가르도 콜롱-에머릭Edgardo Colon-Emeric 은 "교회에는 시민권시험이 없다!"고 했다.30) 요한계시록의 종말론적 비전은 우리에게 우리가 세례를 받고 빵을 떼는데 어느 나라 시민이었는지 묻지 말아야 할 것을 상기시켜준다. 이 비전은 우리에게 교회의 우주적인 면에 대해 더욱 깊이 이해하도록 초청한다. 즉 우리는 단순히 이 세상에 잠시 머물렀다 가는 거류민 일뿐 아니라, 불법체류자들의 모임인 파로쿠이아paroquia이다.31) 르네 빠딜라C. Rene Padilla는 세계 교회에 있어서 민족주의적인 교회론이나 토착민주의적 교회론에 대해 다음과 같이 말하였다. "어디에서나 사람들은 그들 모두가 예외 없이 공동의 인류애를 나누며, 같은 인권을 소유하고 있다는 사실을 인식할 필요가 있다." 32) 우리가 요한계시록의 비전을 볼 때, 더는 멕시코와 미국 국경 사이의 사막에서 혹은 아시아에서 들어오는 수하물을 실은 거대한 배 안에서 죽어가는 사람들의 얼굴을 무시할 수 없다. 그들은 그저 "문서 없는 이민자"들이 아니다. 그들은 어린양의 생명책에 이름이 등재되어 있는 우리의 형제요 자매이다. 그들이 죽어갈 때, 교회의 지체가 죽어가는 것이다. 이러한 종말론적, 교회론적 비전이 수많은 사람 중에 있는 한 사람을 살리기 위한 최고의 희망이 될 것이다. 하나님의 백성으로서 우리는 제국이 관심을 두지 않는 사람들을 환영하고 존경한다.33) 하나님의 샬롬이 다스리는 나라에는 국경이 없다. 그리고 하나님의 샬롬이 다스리는 나라에는 시민권이나 비자도 필요 없다.

　이러한 새로운 비전을 갖는 것이 경제적인 관심에 대해 눈 먼 사람이 되거나 국가 간의 경계가 필요 없다고 말하는 것은 아니다.34) 그러나 이러한 새로운 비전은 우리가 붙들고 있는 염려들에서 우리를 자유롭게 하며, 우리를 정의와 사랑이라는 더욱 훌륭한 방법으로 나아가도록 돕는다. "법을 폐기하란 말인가요?"라는 질문을 받을 때, 우리의 믿음은 "아니요."라고 대답할 것이다. 그러나 법이 선의 도구가 아닌 악의 도구로 사용될 때, 우리는 "법이 사람을 위해 있는 것이지, 사람이 법을 위해 있는 것이 아니라"는 예수의 담대한 말씀으로 돌아가야 한다. 땅의 법롬 13:1~7이 우리를 사랑의 법에서 벗어나도록 만들지 못한다. 롬13:8~10 우리는 하나님을 사랑하는 법과 세계 이웃을 사랑하라는 상위법에 저촉되지 않는 한, 위에 있는 권위에 복종한다. 우리는 국경을 존중한다. 그러나 비록 우리가 그들을 위해 비용을 지불해야 할지라도, 마치 선한 사마리아 사람이 이름도 없는 손님을 위해 행했던 것처럼 우리는 우리 중에 여행하는 낯선 사람들을 위해 머물 수 있는 방을 항상 준비해 놓아야 한다. 환대는 결코 값이 싸지 않다. 그러나 "내가 나그네로 있을 때, 너희가 나를 영접하였다"마25:35고 하신 그리스도의 말씀을 기억한다면 결코 이들을 냉대해서는 안 될 것이다.

정의 프로젝트 **4**
정의로운 세상

18장
정의로운 시각
우리는 어떻게 정의로운 세계 시민이 될 것인가?

애슐리 번팅 시버

    중학교 때, 나는 미국의 대통령이 될 것이라는 확실한 꿈을 갖고 있었다. 나는 "나는 미국 대통령이 되려고 태어났지"라며 친구에게 말했던 기억이 생생하다. 내 나라 미국. 내가 사랑했던 미국, 그리고 지금도 사랑하는 미국이 얼마나 많이 변했는지… 나는 우리의 이야기, 영웅들, 어려운 일들과 승리의 이야기들을 들으며 자라왔다. 누가 18세기에 새로운 행동원리들을 기반으로 새 나라를 세웠던 혁명가들에 대한 이야기를 싫어하겠는가? 20세기에 숨 막힐 듯한 통치에서 유럽을 해방시킨 이야기를 누가 싫어하겠는가? 그 당시에 이러한 이야기는 정말로 큰일이었고, 지금도 마찬가지다. 이러한 이야기들은 사람들의 인생에 매우 소중하며 큰 영향을 미친다.

    그리고 고등학교 때, 나는 하나님께서 이스라엘과 그 주변의 나라들을 꾸짖는 이사야 13~37장을 읽게 되었다. 당시 내가 읽었던 성경은 "국

애슐리 번팅 시버(Ashley Bunting Seeber)와 그녀의 남편 킬란(Killan)은 스위스 제네바에 살며, 복음주의 루터 교회의 멤버이다. 애슐리는 영국 Sheffield 대학에서 성경 및 후기식민지 연구로 석사학위 중에 있다. 달리기, 여행, 요리 및 뉴스읽기를 좋아한다.

제관계"에 관해 설명해 주었다. 주석 성경의 마지막 설명은 "만약 이사야가 현재 미국이나 러시아처럼 엄청난 능력을 가진 나라들에 대해 글을 쓴다면 어떻게 쓸 것이라 생각하는가?"[1]라는 질문으로 끝이 났다. 이 질문은 나를 졸지에 충격의 도가니로 몰아넣었고, 이것은 그 이후 몇 년 동안 내가 받았던 충격의 서장이 되었다.

내가 북미대륙을 떠나 첫 번째로 여행한 곳은 태국이었다. 태국은 정말로 추천하고 싶은 여행지로 나는 여름 동안 영어를 가르치려고 태국을 방문하였다. 태국은 마치 어마어마한 변화의 소용돌이에 있는 것 같았다. 아름다운 경치는 펩시콜라와 코카콜라 간판으로 뒤덮여 있고, 새로운 상점가는 온갖 즉석식품을 파는 상점으로 가득 차 있었다. 북부지역으로의 짧은 여행 중에, 작은 마을의 어느 부족이 하룻밤 동안 우리 일행을 맞아 주었다. 이 마을 사람들은 우리가 생각하기에 전통 복장을 하고 전통춤을 보여주었다. 우리는 그것이 아주 멋지다고 생각했다. 그러나 그 때 나는 마을 사람 중 한 사람이 나와 함께 여행하던 친구에게 뭐라고 하는 말을 들었다. 말을 알아듣지 못한 나는 친구에게 "도대체 뭐라는 거야?"하고 물었다.

"마을 사람들은 한 번도 이렇게 옷을 입고 이런 춤을 춘 적이 없었다고 말하는데"하고 내게 대답해 주었다. 그 순간 나는 상당히 어리둥절했다. 이 사람들이 한 번도 이렇게 옷을 입고 춤을 춘 적이 없다는 말이 무슨 뜻인가? 질문하지 않을 수 없었다. 그러면 왜 그들은 우리를 위해 이렇게 옷을 입고 춤을 추었단 말인가? 하는 질문이 이어졌다. 그 순간 사람들이 이렇게 하는 것이 마을의 수입을 위해서였으며, 생존을 위한 벌이를 위해 이렇게 했다는 것을 알게 되었다. 그러면 그들이 실제 전통적인 춤을 춘 것이 언제인가, 만약 그들이 전통적인 춤을 아직도 추고 있는가? 그렇다면 그들의 문화는 어디에 있는가? 하는 질문이 들었다.

태국 문화는 놀라울 정도로 풍부하지만, 태국 사람들은 우리를 위해 그들의 소중한 문화와 의식, 풍습, 더 나아가 음식까지 포기하기 시작했다. 미국의 즉석식품보다 태국의 음식이 훨씬 낫다는 것에는 거의 모든 사람이 동의할 것이다. 그러나 경제적인 규모에서 우리는 그 어떤 음식보다 싸고, 그 누구보다 더 효과적으로 생산해 낼 수 있기 때문에, 많은 사람이 이러한 일을 하고 있다.2) 우리는 또한 미국 음악, 즉석 식품, 멋진 패션을 양산해 내고 있다. 비록 이러한 것이 주주들을 만족시키고 월급으로 지불되지만, 많은 사람은 미국의 대중문화가 전 세계의 상점을 휩쓸고 상점의 전형적인 모습으로 자리하게 된 것에 대해 매우 유감스럽게 생각한다. 토착문화가 가진 유일한 가치는 어느 새 관광산업의 상품으로 전락하였다. 우리가 방문했던 그곳에서도 문화는 돈을 좀 더 쓰기를 원한다면 언제든지 서구 관광객들의 입맛에 맞추어 바뀔 수 있었다. 이러한 문화들은 생존을 위해 문화를 포기하도록 강요받는 모습으로 멸종하고 있다.3) "만약 미국이 자신을 사랑하는 것처럼 태국을 사랑한다면 무슨 일이 일어날까?"4) 생각해 보기 시작했다.

내가 북미대륙을 떠나 여행한 두 번째 여행지는 보스니아와 헤르체고비나Herzegovina였다. 이곳으로의 여행도 가르치는 일을 통해 이루어졌다. 어떤 보스니아 친구들은 NATO를 통해 그 지역에 평화를 가져다 준 빌 클린턴을 좋아한다고 설명해 주었다. 우리 팀이 그러면 현재 대통령인 조지 W. 부시에 대해서는 어떤 생각을 갖고 있는지 묻자, 보스니아 친구들은 사람들에게 결코 이롭지 못한 이라크에서 미국의 군사 행동과 이라크 사람들에게 쏟는 비용을 셈하는 미국 사람들의 관심이 매우 염려된다고 설명해 주었다. 그 순간 그들의 말이 나에게 충격으로 다가왔다. 만약 다른 사람이 아닌 예수가 주님이시라면 왜 우리는 다른 나라 사람들이 전혀 원하지도 않고 허락하지도 않은 일을 수행하도록 내버려 두어야 하는가? 얄궂게도 그 순간 그들이 쿠웨이트를 침공했을 때, 이라크를 저지시킨 것도 우리라는 사실이 기억이 났다. 몇몇 보스니아 사람들은 그들이 자본주의 체제 아래에서 모든 사람이 서로 경쟁하며 살아가기 때문에 마을들이 점점 붕괴되어가고 있다는 사실에 대해 슬퍼하였다. 그것은 마치 공산주의도 전쟁도 그들의 마을을 훼손시키지 않았는데, 자본주의가 마을의 결속력을 약화시키고 사람들의 사이를 나쁘게 만든 것 같아 보였다. 왜 내가 살아가는 삶의 방식이 보스니아 사람들의 눈에 그렇게 나쁘게 보이는 것일까?

스위스 제네바로 이사했을 때, 나는 놀라우리만큼 다양한 삶의 모습에 깜짝 놀랐고, 어떻게 내가 이러한 현실을 전혀 몰랐는지 적잖은 충격을 받았다. 제네바는 온 세상 사람들이 와서 사업을 하는 도시다. 도시 인구의 38%나 되는 사람들이 스위스 사람이 아닌 외국인이다.5) 그러나 도시에는 세계무역기구WHO, 적십자, 세계교회협의회World Council of Churches와 같은 많은 국제기관과 세계보건기구WHO, 세계아동협회UNICEF와 같은 유엔기구들이 들어와 있다.6) 두말할 필요 없이, 이곳에서 나는 좋은 이웃으로 함께 살아가는 것을 통해 많은 것을 배우게 되었다. 이름조차 들어보지 못한 나라에서 온 사람들을 만났고, 그들 중 미국에 대해 모르는 사람이 없다는 사실도 알게 되었다. 왜 모든 사람이 내가 아는 것보다 더 세상과 미국에 대해 잘 알고 있어야 할까?

나는 역사 수업과 역사 교수들을 정말로 좋아한다. 그러나 종종 우리가 겪은 혁명전쟁, 시민전쟁, 그리고 세계 1,2차 대전에 대한 것보다, 최근 역사에 대해서는 배운 것이 별로 없게 느껴진다. 그리고 우리는 세계2차대전의 승리, 냉전에서의 승리에 대해서 가르쳐준 학교를 떠나면서 동시에 더 이상 역사에 대해 배우지 않는다. 그래서 나는 정말로 이것이 우리가 생각하는 세상의 영웅들에 대한 전부인지 궁금해 할 수밖에 없다.

다른 나라를 지원하면서 우리가 어떤 불의를 저질렀는지 알지 못한다.7) 혹은 국제적인 금융과 경제규모를 우리 좋을 대로 이끌어왔는지 잘 알지 못한다.8) 한 나라로서 과연 우리는 자신의 모습을 분명하게 보고 있는가? 이 점에 있어서 아마도 (나) 우리는 이러한 과거의 영웅적인 나날들에서 실제로 다른 나라들이 정말로 고마워하는 우리 시대의 영웅적인 모습으로 이동하기 어려워하는 것 같다. 나의 영국 친구, 폴Paul은 내가 이 책을 쓰기로 한 계획에 대해 우리가 처한 상황을 자세하게 설명해 주었다. "그래, 훌륭한 생각이군. 그렇지만, 미국 사람들이 말하는 정의는 무엇일까? 회복적 정의인가 아니면 보복적 정의인가? 미국 사람들은 그 무엇보다 잘못한 사람들을 응징하는 보복적 정의에 모든 관심을 집중하는 것처럼 보이는데"라는 식의 반응을 보여 주었다. 과연 우리는 어떻게 정의를 올바로 분배하며, 우리가 우리 자신을 사랑하는 것처럼 다른 나라들을 사랑할 수 있을까?

나는 정말로 잘 모르겠다. 1년 전 스물 네 살이었을 때, 나는 우간다 캄팔라에서 열린 아마호로 아프리카 회의에 참석했었다. 회의 후, 아프리카 출신이 아닌 대부분의 사람들은 견학을 위해 여러 곳으로 여행을 떠났다. 내가 속한 그룹은 아프리카에서 두 번째로 큰 슬럼가인 키베라Kibera를 방문하려고 케냐의 나이로비로 갔다. 우리가 키베라를 걸어가는 동안, 하나님께서 나에게 끊임없이 질문하셨다. "애슐리, 너는 이 키베라에서 나의 모습을 찾을 수 있겠니? 너는 이 어린 아이들과 부모들의 얼굴에서 나의 모습을 발견할 수 있겠니?" 그러나 나는 하나님을 발견하기보다는 당장 그 곳에서 빠져 나오고 싶었다. 할 수만 있다면 많은 사람을 데리고 그곳을 빠져나오고 싶었다. 몇 시간 후에, 나는 키베라에서 사람들이 어떻게 거기에서 빠져나올 수 있는지에 대해 대화를 나누게 되었다. 친구 마리우스Marius가 나에게 어떤 이야기를 들려주었다. 마리우스의 학급은 그 반에 있는 한 명의 학생을 그들이 자라났던 슬럼가 밖에 있는 아파트에 살게 하고자 함께 돈을 모았다. 그리고 한 명의 아이를 아파트에서 살게 해 주었다. 그러나 아파트에서의 삶은 그 아이를 미치게 만들었다. 결국, 그 아이는 아파트에 한 달 남짓밖에 살지 못하고 다시 키베라로 돌아왔다. "이러한 곳에서 어떻게 살 수 있니?"라는 질문에 "아파트는 너무 조용하고, 나는 내 가족과 친구들에게서 너무 멀리 떨어져 있게 되었잖아."라는 것이 반 친구들에게 건넨 그의 대답이었다. 비록 키베라가 당신에게는 지옥 같아 보이겠지만, 그 곳에 사는 약 백만이 넘는 사람들에게 키베라는 집이다. 목표는 키베라를 떠나도록 만드는 것이 아니라, 그곳을 변화시키는 것이다. 물론 어떤 사람들은 키베라를 떠나기 원하고, 거기를 떠날 필요가 있을지 모른다. 그렇지만, 나는 하나님과 그의 나라가 다른 곳에 실재하듯이 바로 키베라에도 실재한다고 믿는다. 비록 나는 이러한 상황에서 무엇을 어떻게 도와야 할지 알 수 없지만, 그곳에 사는 사람들의 말을 듣고, 그들을 더 알아가고, 그들의 노력을 후원할 수 있을 것이다.

그러면 미국사람으로서 우리는, 정의로운 지구촌 시민으로 어떻게 살아야 하는가? 어마어마한 힘을 가진 미국이라는 나라를 향해 하나님께서는 무어라 말씀하시는가? 우리의 동맹국이든 적성국이든 만약 다른 나라들이 우리를 어떻게 보는지 제대로 들을 수 있다면 무슨 일이 발생할까? 만약 우리가 우리 스스로를 사랑하듯이 다른 나라를 사랑하면 무슨 일이 벌어질까? 만약 다른 사람이 아니라, 예수께서 우리의 주님이시라면, 우리가 다른 나라들을 사랑하지 못하게 만드는 것이 무엇일까? 우리가 다른 문화들, 다른 사회들이 번영하도록 도울 방법은 무엇인가? 어떻게 하면 그들에게 도움이 되는 방법을 알도록 잘 경청할 수 있을까?

내가 할 수 있는 일이 몇 가지 있다. 비록 사람들이 나에게 왜 미국이 그런 방식으로 살아야하는지 무수한 질문을 하겠지만, 나는 제네바에서 좀 더 많은 친구들을 사귈 수 있고, 그들의 이야기에 귀 기울일 수 있을 것이다. 아마호로 아프리카Amahoro Africa의 일에 관여하면서 클라우드Claude, 켈리Kelly, 마리우스Marius 및 다른 친구들이 나에게 해주는 설명을 경청할 수 있을 것이다. 그리고 나에게 이러한 배움의 교훈을 따라 살도록 도와주는 정말로 훌륭한 교회에서 더욱 더 능동적인 사람이 될 수 있을 것이다. 브라질 목사, 루스마리나Lusmarina는 예배를 통해 우리에게 도전한다. 우리는 북극을 제외한 여러 대륙에서 온 사람들로 일 년에 한 번씩 모든 나라를 위해 연합 기도회를 갖는다. 그리고 음악을 통해 목회를 하는 테리Terry 목사님과 함께 전 세계의 음악으로 함께 예배를 드린다.9) 비록 이러한 것은 결코 쉬운 일이 아니지만, 이러한 일은 우리를 더 나은 사람으로 만들어 준다. 왜냐하면 우리가 다른 사람에게 말하지 않기로 작정하든, 서로에 대해 배우고자 하는 먼 여정을 떠나기로 작정하든 모든 것이 우리의 선택에 달려있기 때문이다. 우리는 비록 먼 길이지만, 함께 여행을 떠나는 길을 선택했다.

그렇다면 우리나라가 더욱 더 나은 이웃이 되도록 미국 시민 한 사람, 한 사람이 할 수 있는 것이 무엇인가?

1. 당신의 도시에 있는 세상에 대해 알 것. 다른 나라에서 온 당신의 이웃들과 친해지고, 이웃한 도시에 대해 알아보고 그들에게 물어보라. 당신이 한 번도 시도해보지 않은 음식을 먹어보라. 미국에 새로이 정착한 난민들을 도울 수 있을 것이다. 그러한 일은 쉽지 않지만, 당신에게 다르게 사는 삶을 이해하도록 도와줄 것이다. 국제 구호 위원회International Rescue Committee, 10)나 가톨릭 사회 봉사회 Catholic Social Services, 11)를 찾아가보라.

2. **5분 동안 지도 혹은 지구본의 구석구석을 들여다보라.** 우리는 혼자가 아니다.

3. **여행하라.** 재정이 여유가 없다는 것과 시간이 많지 않다는 것도 안다. 그러나 적어도 일생에 한번 혹은 가능한 많은 나라를 여행해보라. 사람들에게 말을 걸어보라. 그리고 그들의 이야기들을 들어보라. 그들의 인생은 우리가 사는 방식과 다르다는 것을 기억하라. 무엇보다 여행객으로서 당신이 원하는 모습이 아니라 주변의 문화를 있는 그대로 바라보며 감사하는 시간을 가져보라.

4. **다양한 출처의 정보와 뉴스를 읽으라.**
   - 아랍권: http://english.aljazeera.net/
   - 남아프리카: http://www.mg.co.za/[12]
   - 독일: http://www.spiegel.de/international/
   - 프랑스: http://www.france24.com/en

5. **뉴스를 보면서 기도하라.** 성경을 놓고 기도하듯이, 뉴스를 보고 읽으면서 기도하라. 하나님께 당신이 세상을 이해하도록, 하나님께서 일을 간섭하시도록, 그리고 당신이 정보를 보고 무슨 일이 일어나는지 잘 알 수 있도록 도움을 요청하는 기도를 드리라.

6. **세상을 위해 기도하라.** 당신은 홀로 혹은 그룹으로 에큐메니칼 기도 사이클Ecumenical Prayer Cycle, [13])을 따라 기도할 수 있다. 무엇을 기도해야할지, 그리고 당신이 따라할 수 있는 기도문이 각주에 안내되어 있다. 우리가 적국이라고 생각하는 나라들을 위해서도 기도하라. 이는 원수를 사랑하고 박해하는 자를 위해 기도할 기회이다.[14])

7. **학교의 세계사 및 지리 시간을 후원하라.** 만약 당신이 학부모라면, 자녀의 세계사 및 지리 숙제를 도와보라. 당신이 많은 것을 배울 수

있다는 것에 놀라게 될 것이다. 만약 학교에서 세계사나 지리를 가르치지 않으면, 교육위원회에 청원하라.

8. 일반화시키기 보다는 "잘, 모르겠어요."라고 말하라. 이러한 말은 우리가 신학적인 질문에 대한 답을 잘 모를 때만 하는 것이 아니라, 익숙하지 않은 세계 및 국제적인 문제에 대한 답을 잘 모를 때에도 하는 말이어야 한다. "잘, 모르겠어요."라는 말이 배움을 포기한다는 의미는 결코 아니다. 그것이 의미하는 것은 배움에 대한 열린 자세이기 때문이다.

9. "그렇고 그런 거라는 생각에 대해 의문을 품으며" 물으라. 누구든 그렇고 그렇다는 식의 답은 결코 자신을 이런 저런 일에 관련시키지 않겠다는 태도이다. 나는 반기문이 미국에 대해 어떻게 생각하는지 알지 못한다. 북한이 원하는 것은 정확하게 무엇인가? 다음 단계는 실제로 그것을 찾아보는 일이다.

10. 다음 장을 읽고, 친구를 초청하여 함께 읽으라.

19장

정의로운 부
어떻게 가난한 사람들의 빈곤을
부자들의 정의의 문제가 되게 할 것인가?

다리오 로페즈

정의로운 부자가 있을까? 전 세계의 가난에 대한 최근 통계를 살펴보면 약 10억백만 인구 도시가 1000개나 되는 규모이나 되는 사람들이 하루에 채 천 원 정도밖에 되지 않는 비용으로 살아가고, 약 28억이나 되는 인구가 이천 원 정도의 비용으로 살아가는 것으로 조사되었다. 그러나 이러한 소식을 들으면서 정말로 각성해야하는 것은 수백만 명의 인구가 겪고 있는 이러한 물질적인 참상에 대한 단순한 반응도 아니고, 냉담한 통계수치에 대한 전문적인 정보도 아니다. 스스로 생명의 주님을 따르는 제자들이라고 여기는 사람들, 적어도 자신이 따르는 주님은 공의로우시며 정의를 사랑하시는 분이라고 믿는 제자들에게 진정한 각성이란 다음과 같은 질문을 던질 수 있어야 하고 이에 대한 답을 찾도록 스스로를 헌신해야 한

다리오 로페즈(Dario Andres Lopez)는 페루의 수도 리마의 부에리토 데 카라오, 벨라비스타(Bellavista)에서 태어났다. 리마 대학에서 수산업을 전공하였으며, 영국 옥스퍼드에서 선교학 박사학위를 받았다. 국제복음주의학생회(IFES)에 가입된 Asociacion de Grupos Evangelicos Universitaros del Peru (AGEUP)의 총회장을 역임하였고 국가조정자로 섬겼다. 2000년부터 2004년까지 페루의 Evangelical National Council의 대표로 섬겼고, 페루 정부와 연관된 여러 부서의 회원으로 활동하였다. 신학, 선교학, 오순절운동, 인권, 복음주의 신앙 및 정치활동에 관련된 여러 권의 책을 저술하였다.

다는 것을 의미한다: 세상의 가난한 사람들에게 오늘 지금 이 시간 무엇을 먹일 것이며, 어디에서 잠을 자게 할 것인가? 그들이 월급 받을 만한 일을 찾을 수 있는지, 아니면 자신들의 능력을 부자들의 부만 축적시키는데 이용당하지는 않는지? 질문할 수 있어야 한다.

스스로 이러한 질문을 하는 것은 다음과 같은 또 다른 질문들을 낳는다. 정의로운 부가 과연 존재하는가? 방어할 능력이 없는 사회의 약자들과 억압받는 사람들이 만들어 놓은 상품들이 정의로운 부의 선한 부분이 될 수 있는가? 보호해 주어야만 하는 상태, 즉 인간 이하의 상황 속에 사는 수많은 사람에게 과연 정의가 존재하는가? 반면 누가복음 12장 25절에 기록되어 있듯이, 자신의 재물이 차고 넘쳐 어떻게 처신해야 할지 몰랐던 어리석은 부자처럼 부의 극치를 달리는 모습으로 사는 부자들의 냉담한 삶은 어떻게 이해해야 하는가? 현재 시행되는 방식, 특히 부유한 선진국에 본부를 두고 여러 저개발국에 지사를 세우며 사업을 확장하는 다국적 기업이 부를 축적할 때 이를 정의로운 부라 할 수 있는가? 이들은 주로 저개발국가의 부패한 정치인들 및 있어서는 안 될 사악한 관료주의자들과 결탁하여 이익을 보장받고 자본을 축적한다.

개인적인 죄

가난한 나라들의 부유한 사람들이 얻는 어마어마한 수익들과 은행계좌에 들어있는 돈이 과연 가난한 사람들의 존엄을 존중하고, 노동자들의 권리를 보호하는 일에 철저히 순응한 결과물이라 할 수 있을까? 복음서에 나오는 삭개오 이야기눅19:1~10는 당시 정치적·경제적 상황15)에 의해 세무직원의 사기와 부당징수를 당연시하였다. 이는 현재 부자들이 사용하는 방법 즉 최소의 비용으로 짧은 시간에 엄청난 투자가치를 중대시킴으로써 안전하게 부를 축적하는 모습을 잘 묘사한다.

제국의 권력아래 아무런 대책 없는 사람들을 탐욕스러운 모습으로 착취하여 부를 축적한 삭개오라는 사람은 말 그대로 엄청난 불의를 통해 부자가 되었다. 나사렛 예수를 만난 후로, 그는 당시 유대 법이 규정해 놓은16) 필요 이상으로 강탈한 금액을 기꺼이 돌려주고자 했다. 예수님 말씀처럼 이러한 행동은 "이 집에 구원이 이르렀다"고 선언할만한 증거가 되었다. 비록 경제적인 번영을 위해 반드시 지불해야할 사회적 비용으로써 가난한 사람을 쓰고 버리는 대상으로 취급하면서 자신들의 호화스럽고 낭비적인 삶을 어느 정도 줄일지는 몰라도, 모든 부자가 삭개오가 한 것처럼 기꺼이 자신의 재물을 되돌려주지는 않는다.

그렇다면 이 삭개오 이야기가 불의한 부를 축적하는 현재 상황에 대해 우리에게 말해주는 것은 무엇일까? 가장 직접적인 교훈은 부자들이 종종 자신들의 부를 증진시키려고 불의한 구조를 사용하며, 스스로를 보호할 수 없는 사람들을 짓누르고, 자신들이 이루어 놓은 업적을 열렬히 변호한다는 사실이다. 그들은 대개 "우리는 법대로 했습니다." "내가 무슨 법이라도 어겼단 말입니까?" "저는 인권을 무제한적으로 신봉하는 사람입니다."라는 위선적인 주장과 더불어 자신들의 행들을 정당화한다. 이러한 법들 중 많은 것이 대기업과 부자들이 바친 뇌물의 산물이거나 그들에게 권력을 실어주려고 정치인들이 짜깁기 해놓은 법이라는 사실을 그들은 무시한다. 이러한 법들은 타락한 정치인들이 공동의 선을 법제화한 것이 아니라, 자신의 은행 계좌를 부풀리거나 투표수를 얻고자 사들인 것이다.

다른 말로 표현하자면, 현재 행정관리들에 의해 행해지는 금품 강요나 사기행각, 사회 곳곳의 힘없는 사람들을 억압하고 착취하는 것은 어떻게 부자들이 매일 더 큰 부자가 될 수 있는지, 그리고 왜 가난한 나라들이 점점 더 가난해져서 경제적으로 부유한 나라를 전적으로 의지해야만 하는지 그 이유들을 설명해 준다. 지구상의 가난한 나라들에서 볼 수 있는 빈곤은 그들이 게을러서가 아니다. 희망적으로 부를 창출할 수 있는 상상력이 부족한 사람들이라서도 아니다. 빈곤은 이기적인 사람들이 불의한 구조를 사용하여 자신들의 부를 증식시킨 결과이며, 자신들의 특권을 유지하려고 투표권을 사들이고 후원 조직을 사들인 결과이며, 그렇게 지속적으로 부를 축적해 나가기 때문에 초래된 결과이다. 부자들은 인류의 미래라든가, 환경 보호라든가, 다시금 소생시킬 수 없는 자연 자원을 마구잡이로 이용하는 것이라든가, 자원 부족으로 말미암아 미래에 기대할 것이라고는 폭력과 죽음 외에는 아무런 약속조차 없이 영양실조에 걸려 서서히 죽어가는 수백만 명의 아이들에 대한 현실 등 그 어떤 비판적인 주제들에 대해 별 관심을 갖지 않는다.

구조적인 죄

지금 막 설명한 개인적 죄에 대한 부분은 이러한 빈곤의 현실이 개인적 탐욕과 개인적 불의에만 있는 것이 아니라, 제도화된 불의 혹은 구조적 폭력이 직접적으로 가난한 사람들에게 영향을 미침을 자연스럽게 확인시켜 준다. 그러므로 그리스도인으로서 우리의 반응은 단순히 사람들이 개별적으로 짓는 개인적 죄악을 고발하는 차원뿐만 아니라, 국가적으로 혹은 국제적으로 시행되는 정책이 결국 인권을 유린하며, 수백만 명을 물질적으로 비참한 상황으로 몰아가는 사회적 죄악을 공적으로 고발하는 모습이어야 한다. 또한 우리가 취할 반응은, 오랫동안 구조적으로 뿌리내리고 있으며 특히 경제적으로 가난한 나라의 역사에 일반적으로 자리하는 빈곤, 인종차별, 배타주의 같은 죄들의 고발이다. 따라서 우리가 실행할 것은, 제대로 된 월급을 받지 못해 매일 먹을 것을 구걸해야만 하는 수백만 명의 가난한 사람이 생존투쟁을 하는 동안에도 소수의 부자들은 점점 더 부자가 되는 불의한 구조를 근원적으로 변화시키는 것이다.

이러한 불의한 구조들은 가난한 사람들을 대할 때 스스로 변화시킬 수 있도록 힘을 불어넣어 주어야 할 대상으로 여기기보다는, 변화의 대상 혹은 다스려야 할 대상으로 여김으로써 불의한 부를 축적하게 하는 경제 정책을 시행하도록 부추긴다. 부자들은 지역 엘리트들과 외국 혹은 다국적기업들을 선호한다. 그들은 부의 축적을 위해 납세도 피한다. 그들은 (부를 축적하려고 세금이 부과되지 않는 나라로) 자본을 빼돌릴 때도 전혀 방해를 받지 않으며, 자연환경과 지역공동체에 끼치는 위험에 대해 아무런 주의도 기울이지 않은 채 여러 가난한 나라에서 자연 자원을 무제한적으로 착취한다. 이러한 정책들은 가난한 나라들에서 불의한 부의 분배가 어떻게 시행되는지 설명해 주고 있으며 필연적인 결과로서 대대수의 사람이 느끼는 가난, 실업, 축출 및 불만족스러운 사회 및 정치적 기대감이 어떤지 여실히 보여준다.

전 세계적 차원에서 볼 때, 외국 빚을 갚을 수 없는 개발도상국들은 영구적으로 노예 신세를 면하지 못하게 되어있다. 그들은 국제통화기금IMF이라든가, 세계은행World Bank과 같은 국제적인 재무기관들에 진 원금과 급증하는 이자를 위해 자신들이 가진 자원을 팔아서 빚을 갚으려고 애쓰지만, 국제 신용등급 자격조차 갖추지 못하고 있다. 이러한 나라들은 소위 말하는 구조조정, 즉 권력을 행사하는 나라들이 마련한 조건들을 그대로 받아들일 수밖에 없다. 이러한 구조조정은 채무 국가의 정부가 건강보험, 교육 및 사회기간 시설 확충 등 자국민의 가난한 사람들을 위한 프로그램에 투자하도록 함으로써 국제적인 빚을 갚게 하는 제도적 장치다. 이러한 과중한 빚은 정부가 제공하는 융자도 거의 받지 못하도록 만들기 때문에 가난한 사람들을 더욱 비참한 지경으로 몰아넣고 있다. 그러므로 전 세계 가난한 나라들의 정치적 자치권은 부자 나라들과 여러 기관에 종속되어 있으면서 국제시장, 부, 생산의 중요한 역할을 감당하고 있다.

중미무역협정CAFTA라든가 북미 자유무역협정NAFTA과 같은 국제조약들은 미국과 같은 부자나라들이 가난한 나라의 경제능력을 더욱 약화시키고 통제하는 가운데 제한된 경제적 혜택을 보장하는 조약들이다. 또한 널리 알려져 있는 신자유 경제체제는 "자유시장경제"를 방해하는 작은 국가들을 배제시킨다. 여기에서 자유라는 의미는 무제한적 이기주의 및 자본축적을 뜻한다. 이러한 모든 것은 엄청난 실업율과 실직을 낳게 함으로써 공교육의 붕괴, 건강보험제도의 붕괴를 초래하며, 부자와 가난한 사람의 빈부격차를 넓히고 있으며, 점점 더 많은 사람이 살만한 집, 최소한 요리를 위해 필요한 전기, 수도, 배관, 연료제공을 위한 기본 서비스조차 받지 못하도록 만들고 있다.

공동의 선교과제

개인적, 구조적 죄에 대한 이러한 설명을 기반으로, 우리는 공동의 선교과제가 무엇인지 분명히 제시할 수 있어야 한다. 잘 사는 나라든 가난한 나라든 모든 교회와 나사렛 예수의 제자들이라면 다음과 같은 방식으로 함께 일해야만 한다.

1. 우리가 불의한 생산과 부의 축적을 정당화하거나 합법화하는 일을 내버려 둠으로써 복음의 공적인 선포와 시민의 책임에 대해 사회적, 구조적 죄악을 제대로 고발하고 있는지 우리 스스로에게 물어야만 한다.
2. 생명의 하나님을 따르는 제자들로서, 불공정한 무역, 기본적으로

경제적 이득을 얻도록 전쟁을 정당화시키는 일, 잘 사는 나라들이 권력으로 가난한 나라의 자연 자원을 통제하는 일과 같은 구조적 죄악을 제대로 고발하고 있는지 평가해야만 한다. 또한 우리가 합법적인 문서가 없어서 아무런 대책 없이 당하고 사는 소수민족과 같이 스스로를 보호하지 못하는 그룹들과 어린이들의 생존권을 위협하는 구조적 폭력을 묵인하고 있지 않은지 평가해야만 한다.

3. 특별히 미국을 비롯하여 부유한 국가에 사는 그리스도인은 우리가 대통령이나 국회의원이 되고자하는 사람들이 발표하는 정견, 특히 인간과 생명의 존엄성에 대한 근본적 인권을 증진시키겠다는 제안들이 단지 자국민을 위해서가 아니라 전 세계 시민을 위한 것인지 정밀하게 평가하고 점검해야 한다.

4. 우리는 다국적 기업들이 환경오염을 야기시키는 공장들, 극도로 낮은 노동 임금, 노동자들의 기본권[1일 8시간 노동, 유급휴가, 사회보장제도 이용 등 부인 등, 불의한 부를 창출하려고 사용하는 구조들에 대한 정보를 주어야 한다.

5. 가난한 사람들을 착취하는 기업과 환경보호 정책을 제대로 따르지 않는 기업들이 판매하는 제품들을 구매하지 않도록 해야 한다.

6. 우리는 가난을 퇴치하려고 일하는 국제기관들에 기금을 후원하는 것만으로 변화를 이룰 수 없다는 사실을 이해해야만 한다. 경제적 남·북이 없이 공정한 무역이 시행되며 모든 사람이 동등한 기회를 부여받을 수 있도록 일해야 한다. 이러한 과제가 이루어지지 않는다면, 가난하고 소외된 사람들을 위한 변화는 미미한 것이 될 수밖에 없다. 부유한 그리스도인은 "사회적 쓰레기"로 가난한 사람들을 없애야 한다는 식의 제도화된 폭력과 이를 조장하는 구조적 문제에 변화를 주어야 한다는 절박한 필요를 진지하게 반성해야 한다.

7. 불의에 대한 각성과 퇴치를 넘어서 가난한 사람들을 위한 정책입안 등 정치적인 행동에 적극 연대해야 한다. 가난한 사람들은 얼굴 없이 보고되는 통계수치도 아니며, 역사적으로 우연히 그렇게 된 것도 아니기 때문이다. 가난한 사람은 부자들이 제공하는 "자선"의 대상도 아니며, 그들의 존엄이 국가 정책에 귀속된 부속물이 아니라 하나님의 형상으로 창조된 온전한 인간이기 때문이다. 물질적으로 가난은 개인적 죄라는 차원뿐만 아니라 사회적·구조적 죄라는 차원에서 설명되어야 하며, 인간 착취를 증대하는 것이라는 사실을 기억해야 한다.

8. 만약 우리가 부유한 그리스도인이거나 부유한 나라에 사는 그리스도인이라면, 우리의 무관심을 인정하고, 정치적·경제적 이득을 챙기고자 자기 맘대로 현실을 감추고, 왜곡하는 사람들이 "객관적"이며 "거짓이 없다"는 정보들을 의심해 보아야 한다.

우리 앞에 놓여 있는 과제는 쉽지 않지만, 이러한 과제는 그다지 효과적이지도 않고 효율적이지 않게 보이는 아주 단순한 행동에 의해 촉발될 수 있다. 검소한 생활양식을 따라 살기로 결정하는 것, 직접 눈으로 가난을 목격하려고 가난한 나라를 방문하는 것, 정치인들과 공적 기금이 어떻게 사용되는지 살펴보도록 깨어있는 시민의식을 발휘하는 것 등은 낭비와 사치를 막아줄 것이다.

정의로운 부자가 있을까? 우리가 사는 불의한 세상에서 정의로운 방식으로, 기본적 인권을 침해하지 않고 사람들을 존중하며 부를 획득한다는 것은 사실상 매우 어렵다. 북반구에 사는 나라들이 세계 시장과 자원들을 주무르고 있다는 사실, 남반구에 사는 나라들의 수익분배가 불공평하고 부패한 모습이라는 사실, 이러한 모든 것이 정치적·경제적 권력을 소유한 사람들의 기호에 따라 움직인다는 사실을 참작할 때, 정의로운 방식으로 부를 축적한다는 것은 거의 불가능하다.

이러한 현실 앞에서, 북반구에 사는 부유한 그리스도인은 주님께서 가르쳐주신 기도에 들어있는 빵이 "나의 빵" 혹은 "너의 빵"이 아니라 "우리의 빵" 즉 인류가 함께 나누고 사회적·경제적으로 불리한 상황에 처한 사람들과 연합하여 나누어야 할 성찬의 빵임을 기억해야 한다. 결국 그들은 자신들의 물질적인 빵을 자신들의 이웃과 함께 나누도록 배워야 하며, 가난한 나라의 형제·자매들에 대해 더 민감하게 반응하고 후하게 대해야 할 것이다. 또한 가난한 사람들을 향한 그들의 관대함과 연대에 있어서 가난한 사람들의 존엄성을 인정하고, 제도적인 폭력을 인정함으로 이를 영속시키는 구조와 체제를 변화시키는 정의로운 관계를 적극적으로 추구해야 한다.

그들은 음식이 가득 들어있는 자신들의 창고와 집 안에 넘쳐나는 불필요한 사치와 안락함을 보면서 스스로 질문해야 한다. 나와 동일한 한 인간으로서 가난한 사람들이 오늘 적절한 음식을 섭취하고 있는가? 그들이 정당한 대우를 받으며, 어엿한 일자리에, 봉급은 제대로 받고 있는지? 최소한 요리를 위해 필요한 전기, 수도, 배관, 연료제공을 위한 기본 서비스조차 받지 못하는 가정에서 살고 있지는 않은지? 의료 혜택과 기본적인 교육은 받지 못한 채 영양섭취를 하지 못해 미래를 저당 잡히고 있지는 않은지? 음식을 제대로 먹지 못하는 사람들, 비인간적인 작업환경 때문에 건강문제로 씨름하는 사람들, 하루에 여덟 시간 이상 일하는 사람들에게 과연 희망이란 무엇인지? 다른 말로 표현하자면 경제적으로 열악한 환경에 사는 사람들에게 자선을 베풀고 이들과 연대하는 것은 그리 간단한 문제가 아니다. 왜냐하면 이렇게 하려면 세상에 정의로운 거래를 유통시킬 수 있도록 생각의 변화와 사회·정치적 행동을 수반해야 하기 때문이다. 가난한 사람들의 존엄성을 고양시키며, 부의 정의로운 분배와 공평한 생산자원을 가지도록 경제정책을 실행해야 하기 때문이다. 이렇게 해야 하는 이유는 "땅과 그 안에 가득 찬 것이 모두 다 주님의 것, 온 누리와 그 안에 사는 모든 것도 주님의 것"시24:1이기 때문이다.

Bendice Señor, nuestro pan, y da pan a los que tienen hambre y hambre de justicia que tienen pan. Bendice Señor, nuestro pan.

주님, 주님께서 우리에게 주신 빵을 축복하시고, 가난한 사람들에게도 이 빵을 나누어 주소서. 빵과 함께 의에 주리고 목마르게 하소서. 주님, 우리에게 주신 빵을 축복하소서.17)

20장
정의로운 사업

패밀라 윌헬름스

세계에서 가장 큰 187개의 경제 단체들 중, 100개가 기업이다.레트 버틀러(Rhett A. Butler), 18)

이러한 문제를 되돌이키는 데는 단 하나의 기관이면 충분한 능력과 파급력을 발휘할 수 있다. 그 기관이면 문제해결을 최우선에 놓고 해결할 수 있다: 사업. 산업. 사람들이 우리를 좋아할 것이다. 우리를!레이 앤더슨, 인터페이스(Interface) 창업자이며 CEO.

그날 밤 우리가 차에서 내렸을 때 덴버Denver의 도심지는 영하 15도였다. 그런 여행을 감행했던 데는 상당한 이유가 있었다. 연례행사를 위해 모금위원이 다수의 음악가, 예술가, 사회기업가, 목회자, 기업리더들을 불러 모아, 개발도상국의 마을에 깨끗하고 안전한 식수 공급을 위한 한 기관을 도우려는 모임이었다. 그날 저녁, 우리는 남반구의 저개발국가들

패밀라 윌헬름스(Pamila Wilhelms)는 사회적 건축가이며, 기관을 위한 컨설턴트이자, 코치로 활동하고 있다. 개인과 기관이 다차원적인 능력을 개발함으로써 국제적인 변화가 가능하도록 개인적·공적 리더십을 개발하려고 일하고 있다. 보이지 않는 사회 구조에 필요한 수단을 사용하도록 시스템의 혁신을 주제로 리더들을 코치함으로써 회사에 변화를, 건2강한 경제적 갱신을 위해 일하고 있다. www.wcgsite.com

의 턱없이 부족한 물과 관련된 가슴 아픈 통계 수치를 전해들었고, 전 년도에 성공적이었던 프로젝트들에 대해, 중앙아메리카의 한 구체적인 마을에 대한 이야기를 전해 들었다. 미국 소속의 한 공장이 유해물질을 마을의 상류에 버림으로써 수원에 얼마나 큰 해가 끼쳐졌는지 들었다. 이러한 이야기들을 듣고 난 후, 우리는 기금을 약정하였다.

다음 날 아침, 그곳에서 일을 마치자마자 나는 다음 고객을 만나려고 곧바로 캘리포니아 행 비행기에 몸을 실어야 했다. 만나기로 한 고객이 있는 회의실로 가는 복도를 걸으면서 아무 생각 없이 문득 오른 쪽 벽을 쳐다보았는데 거기에서 나는 평생 잊을 수 없는 그림을 보았다. 그 아름다운 벽에, 바로 전날 밤에 이야기 했던 중앙아메리카에 투자하는 그 미국회사의 그림들이 걸려 있었다.

회사의 중역들을 상대로 문화적 변혁과 시스템에 관련된 회의를 인도했던 그날 내내, 나는 내 자신의 삶 속에 작동하는 시스템이라는 새로운 이슈들을 발견하게 된 사실에 대해 적잖은 방해를 받았다. 시스템을 생각하는 것은 사람들로 하여금 "전체"적인 시각을 제공해 주고 큰 그림을 그리도록 도와준다. 즉 자신들의 일과 자신들이 사용하는 전략에 영향을 미치는 큰 틀과 연결고리들을 볼 수 있도록 도와준다. 나는 이 영역의 전문가라 자처하는 사람이지만, 그날 나는 아주 복잡한 시스템 안에서 뜻밖에 주어진 내 역할을 감당하면서 자못 엄청난 충격을 받았다. 결국 나는 사람과 환경에 해를 끼치면서 이익을 추구하는 기업을 코치함과 동시에 피해를 입은 사람을 돕기 위한 자선단체 후원 행사에 참여하여 대책을 논의한 것이었기 때문이다.

만약 우리가 규정하는 정의가 "우리의 관계 속에서 힘을 올바로 사용하는 것"이라면, 우리는 역사의 가장 강력한 제도에 대해 우리가 무슨 역할을 할 수 있는지 면밀히 살펴야 한다. 그 기업체의 중역 회의실은 현재

이 땅 위의 권력을 좌지우지하는 왕국이다. 그러기에 가장 큰 권력을 가진 사업의 리더로서, 고용인으로서, 주주로서, 혹은 소비자로서 우리는 우리가 감당해야할 역할, 즉 우리가 갖고 있는 공동의 힘에 대한 근본적인 질문을 던질 수 있어야만 한다. 우리는 산업혁명이라는 위대한 업적을 이루었다. 하지만, 우리가 전혀 의도하지 않았던 결과들 중 하나는 공해를 유발하는 경제활동인데 이는 지구 위의 70억 인구를 위한 지속가능한 모습이 아니다. 우리는 제한된 자연자원의 한계를 넘어서 살고 있으며 정의라는 이슈들은 왜 우리가 지구에 존재하는 모든 시스템을 바꾸어야 할 만큼 중요한 변화를 시도해야하는지 핵심적인 질문을 하게 만든다. 산업혁명 시대 이래로 일어난 변화는 단순히 경제적 순이익이 아닌 경제, 사회, 환경의 번영을 모두 도모하는 새로운 시스템, 새로운 모델, 새로운 틀을 필요로 한다. 이러한 경제적, 사회적, 환경적 시스템은 거대 시스템 안에 모두 뒤엉켜 있는 것으로, 생명을 번영시키는 중요한 요소이다. 우리가 당면한 위기는 우리 세상에 존재하는 이러한 시스템들이 밀접한 관련을 갖고 있음을 여실히 드러낸다. 만약 우리 지구 경제 시스템이 불의로 점철되어 있다면, 이러한 시스템은 사회 시스템에 악영향을 끼치며, 우리의 경제 시스템을 무너뜨림으로써 사회 시스템에 피해를 주게 된다. 그런데 두 가지 시스템, 즉 사회적·경제적 시스템은 우리에게 건강한 생태계를 통해 자양분을 제공해주는 자연이라는 시스템에 의존한다.

예수를 따르며 하나님나라라는 새로운 경제구조에 참여하는 우리에게 부란 새로운 의미의 정의를 창출하는 것이어야 한다. 우리에게 부란 다른 시스템을 희생시킴으로써 얻는 이익이 되어서는 안 된다. 왜냐하면 그것은 정의, 사랑, 관계, 섬김을 모두 포함하는 것이어야 하기 때문이다. 하나님나라의 경제를 위해 이러한 모든 시스템은 최고의 가치를 표현하는 수단이기 때문이다. 이러한 것들은 개인에게 뿐만 아니라 모든 사람, 즉 사회 전체에 정의로운 것이며 진정한 부의 근간이기 때문이다. 이러한 근본적인 정의를 통해, 우리는 의미, 목적, 화해, 경제적 독립을 이루는 수단으로서 사업을 재평가할 수 있으며, 하나님의 풍성하신 창조 안에서 생명을 꽃피우게 할 것이다.

그러나 우리는 이 나라에서 거짓된 양극화를 일으키고 있다. "영리"를 추구하는 기업들은 돈을 벌려고 존재하고, "비영리기관"들은 사회의 공동선을 위해 존재하는 것으로 이해한다. 이러한 잘못된 양극화를 바라보면서, 전 세계의 움직임이 영리를 추구하는 기업을 변화시키고 있음과 이러한 기업들이 성경적인 소명이 요구하는 정의에 부응하려는 모습을 목격하게 된다. 후기산업 혁명에서 성공하는 이러한 기업들은 선교적 사명에 의해 운영되고, 경제적·사회적 가치를 창출하며, 공동의 선에 변화를 창출하고, 생태학적으로 더 좋은 세상을 만들고자 노력한다.

기계론적 세계관에서 살아있는 시스템으로

상업에 정의가 존재하는가? 정의는 과연 "비영리"를 추구하는 인도주의적 활동에만 일어나는가? 사업은 사업에 불과한가? 정의로운 기업을 살펴볼 때, 우리는 현대 산업시대에서 엄청난 이득을 창출하도록 도와준 다음과 같은 경제적 가설들을 세밀히 살펴보아야 한다.

- 경제성장은 항상 진보한다.
- 자연자원은 무한하다.
- 과정을 최소한으로 축소하는 것이 효율성을 증대시킨다.
- 자본과 물리적 자산은 우리에게 최고로 소중한 자원이다.
- 개인성취를 위해 기회를 주는 것이야말로 자본주의의 핵심이다.

이러한 가설들은 산업시대의 기계자동화를 촉진시켰지만, 지구에 심각한 위험을 남겨 놓음으로써 의도하지 않은 부정적 결과들을 초래하였다. 이러한 가설들은 우리들이 마주한 현재의 시스템들을 움직여가며, 전 세계의 시장에 긍정적으로 혹은 부정적인 결과로 그 모습을 드러내도록 완벽하게 설계된 것이다.

지난 수십 년간, 서구사회의 사업은 산업사회가 추구해 왔던 이러한 기계론적인 틀에서 정보화시대를 후원하는 새로운 틀로 탈바꿈하고 있다. 세계화는 우리가 이전에 전혀 알지 못했던 상호독립적 관계를 제시하였고, 새로운 구조와 이 새로운 구조를 이해할 새로운 모습들을 요청하고 있다. 점차로 기계적인 시스템들을 대신해서 자연적이며 유기적인 시스템이 자리하여 우리가 어떻게 살고, 조직하고, 적응하고, 변하고, 창조해야 하는지를 설명해주고 있다. 피터 센지Peter Senge, 멕 휘트리Meg Wheatley, 데이빗 봄David Bohm을 비롯하여 수많은 작가가 우리 기관들이 갖고 있는 모델들의 구조에 대해 도전하고 있다. 단지 고정된 사회의 기계화된 단위로 기능하는 우리 자신들을 보는 시각에서 우리는 살아있고, 복잡하고, 선택적인 시스템 내에서 더 역동적인 참여자로 이해하는 시각으로 돌아서고 있다. 더욱 심원한 생태적 차원으로 기관의 시스템을 이해하는 이러한 움직임 속에서 우리를 위해 생명을 지속가능하게 하는 세상과 모두가 서로 연결되어 있다는 사실에 대해 처절하게 배우고 있다. 기계론적 사고 구조에서 우리는 경제적인 성장을 위해 우리를 부양하는 것을 소모해 왔다. 게이로드 넬슨Gaylord Nelson은 이를 "경제는 환경의 부가물일 뿐"[19]이라고 표현하였다. 결국, 우리가 목격하는 모든 환경적 불의는 사회적 불의이기도 하다.

현대 혹은 산업시대를 사는 동안 우리는 "전체whole"라는 개념에 대해 매우 둔감했다. 그러나 이제 우리는 우리의 뇌 구조를 "우리"라는 더 큰 그림, 공동과 연합이라는 더 큰 그림에 얽어매도록 요구받고 있다. 시스템을 생각하면서, 우리 전체는 부분의 총합보다 더 크다는 것을 이해해야만 한다. 인식의 지평을 넓히는 것은 사업에 새로운 에너지를 불어넣어준다. 공동의 변화를 통해 내 인생에서 배운 가장 큰 교훈은 본질적으로 우리 모두가 관계적인 존재라는 사실이다. 우리가 핵심 가치 및 우리 주변 사람들과 적극적으로 관계를 가질 때, 그리고 우리가 공동의 선이라는 더욱 더 지고한 가치에 관심을 둘 때, 우리는 생명으로 나아가며, 특별한 수준의 능력을 발휘하게 된다.

지난 15년 동안 생명력 넘치고 역동적인 시스템을 갖도록 기관과 리더들을 교육하면서 나는 그리스도와 그의 메시지를 근본적으로 다시 이해하게 되었다. 이제 나는 예수께서 하나님나라라고 부른 그 핵심으로 존재하는 더욱 더 깊은 생태적 시스템을 볼 수 있게 되었다. 그리고 복음서 전반에 걸쳐 예수께서 비유를 들어 사용하신 생명이라는 시스템에 대해 볼 수 있게 되었다. 나는 성장, 변화, 치유, 구속이라는 비유로서 이러한 이야기들을 이해할 뿐만 아니라, 근원적인 도전으로써 리더십을 다시 생각하게 되었다. 아주 복잡하고, 적합하고, 생명력 있는 시스템 내에 있는 우리 지도자들은 새롭고 전혀 다른 방식으로 힘을 사용해야만 한다. 리더들은 "군림하는" 위계적 권력의 역동성을 다중지능 및 일반 사람들의 힘을 하나로 묶는 섬기는 권력이라는 새로운 모델로 변화시킬 수 있을 것이다. 이러한 맥락에서, 권력은 승패의 경쟁구도가 아니라, 공동의 선을 추구하도록 사용함으로써 모든 사람이 탁월한 힘을 발휘하도록 할 것이다.

의미와 목적을 위해 핵심적인 인간의 필요를 드러내기

여러 대륙에서 온 기관 대표들 및 리더들과 함께 일하면서, 내가 분명하게 알게 된 것은 어느 문화든 의미와 목적을 추구하기 위한 인간의 핵심적인 필요가 있다는 사실이다. 건강한 시스템은 회사의 생태계에 자신들이 무엇을 기여할 수 있을지 이해하도록 돕는다. 사람들은 자신들의 은사, 재능, 관심, 강점, 열정을 가지고 일할 때 더 생산적이 된다. 나는 사람들이 스스로에 대해 더욱 더 잘 알 때, "그러면 이런 은사는 무엇 때문에 있는 걸까?" "내가 이 땅에서 사는 시간의 의미는 무엇일까?"라는 더 심오한 질문을 하게 된다는 사실을 터득하였다. 이러한 질문들은 사람들을 더욱 생동감이 있게 만들며, 그들의 눈에 희망의 불꽃을 피우며, 정의감을 불타오르게 만든다. 사람들은 자신들의 가치를 제대로 평가하게 되며, 새로운 방식으로 그 가치를 "발산"하게 된다. 뼛속 깊은 곳에서부터 정의를 갈구하며, 인자를 사랑하며, 겸손히 하나님과 함께 행하게 된다. 그리고 우리가 일상의 구매, 상업 혹은 생산 활동의 부분으로써 이러한 하나님께서 원하시는 바를 행하게 될 때, 말할 수 없는 기쁨을 누리게 될 것이다. 데이비드 화이트David Whyte가 말한 것처럼, "일이란 주어진 임무를 수행하거나, 그것을 끝마치는 것이 아니라, 우리 존재의 가장 중요한 요소가 무엇인지 이 세상에서 시험하는 하나의 여정이자20) 순례"이다.

미학, 정의 그리고 샬롬

내가 일하면서 느끼는 큰 기쁨은 기관들이 돈을 벌어야 한다는 순이익 차원보다 더 높고 큰 목적이 있음을 스스로 발견하도록 도와주면서 전체의 아름다움과 샬롬이 가져다주는 아름다움을 직접 경험하는 것이다. 개인들이 자신의 은사가 무엇인지 분명히 알게 될 때, 그리고 그 은사들을 공동의 선을 위해 사용할 때, 기관은 사업의 구속적인 잠재능력에 관한 꿈을 꾸게 되며, 더 심오한 미적 감각을 수행하는 살아있는 유기체가 된다.

"이러한 미"에 의해 나는 다양한 차원 즉, 감정적, 물리적, 영적, 지적 차원의 아름다움을 한껏 경험하게 된다. 미학이 가져다주는 심오한 느낌을 담지하게 될 때, 당신은 영혼이라는 저수지의 물꼬를 트기 시작한다. 기계적인 마음은 미를 바라볼 수 있는 우리의 시각을 깔끔하게 틀어막겠지만, 회사는 시인, 음악가, 시각예술가 및 다른 많은 창조물을 통해 사람들을 기계적인 틀에서 벗어나도록 도울 것이다. 우리 시대에서 가장 성공적인 회사들은 경제적 성공과 인간의 충만한 경험 사이에 상당히 밀접한 관계가 있음을 인식하는 회사들이다. 미적 감각이 인류 공동체를 따뜻하게 해주고 마음을 촉촉하게 해주는 동안, 정의의 씨앗이 움트게 될 것이다.

문화는 에너지를 되찾아 생동감이 넘쳐흐르고, 인간의 영혼에는 생기가 넘치며, 사람들은 창조될 때 심겨진 하나님의 형상에 관한 뭔가 신성한 실존에 대해 새롭게 깨어날 것이다. 사업은 세상의 모든 사람이 의미 있는 일에 종사하도록 하며, 청정한 물, 먹을 것이 부족하지 않도록 함께 일하는 인간의 창조적 능력, 집단지성, 학습, 성장의 최적지가 될 것이다. 이것이 바로 미에 대한 그림이자, 하나님의 공의와 하나님나라에 대한 표현이다. 사람들에게 이러한 것이 가능하다는 사실을 볼 수 있도록 본질적인 변환 혹은 회심의 경험이 필요할 것이다.

나는 이러한 정의의 아름다움을 드러내며 일하는 회사, 적어도 그들의 기관의 여러 곳에서 이러한 아름다움을 드러내며 일하는 수많은 회사를 알고 있으며 그들과 함께 일하고 있다. 완벽한 회사는 없기에 나도 그들에게 완벽을 요구하지 않을 것이다. 그러나 그들은 방법적으로 산업을 통해 세계의 빈곤을 줄여나갈 수 있으며, 생산으로 말미암은 독이나 공해를 제거하고 환경회복을 위해 가능한 방법들에 대해 논의할 것이다. 그들은 우리가 생산하고 소비하는 모든 것을 쓰레기 매립지의 독극물의 모습이 아니라, 미래를 위한 생명의 자원이라는 모습을 띤 채 환경으로 되돌려 놓을 방법에 대해 연구할 것이다. 그들은 자신이 속한 회사, 산업, 공급책들에게 소비적이고 파괴적인 사업방식에서 지구 경제를 재생시키는데 참여할 수 있는 건설적이고 창조적인 사업방식으로 전환하도록 자신이 속한 회사를 도울 것이다.

나이키가 지난 세월동안 자신들이 잘못한 것에서 많은 것을 배움으로써 산업에서의 윤리적 리더가 되어가는 것을 하나의 예로 들 수 있다. 공적으로 드러난 것처럼, 다국적 기업인 나이키는 스포츠 세계에 가장 좋은 제품들을 만들어 내고 있다. 그들은 단지 어떻게 순이익을 증대시키는지 묻지만 않는다. 그들은 다음과 같은 새로운 질문을 갖고 있다: 어떻게 우리가 우리의 강점을 사용하고 우리의 핵심 사업이 세계를 더 좋은 곳으로 만드는가? 과연 불리한 조건에 놓여있는 세상의 구석구석에 스포츠가 무엇을 가져다 줄 수 있을까? 어떻게 스포츠가 더 정의로운 세상을 창조하게 할까? 그들은 연구 조사를 통해 스포츠와 관련된 젊은 여성들이 더욱 더 높은 교육을 받기 원하며 덜 학대받는 다는 사실을 알아냈다. 그들은 2008년 올림픽에서 사용되었던 옷들을 기증받아 컨시더러 Considered라는 사업을 만들어내기도 했다. 이러한 옷들은 그들의 중요한 범주에 따라 금, 은, 동의 등급을 매겼다. 나이키의 목표는 모든 생산품이 최소한 2011년에 최소 동메달 수준의 질을 확보하는 것이다. 그리고 2020년까지 낭비 없고, 공해 없고, 100퍼센트 재활용할 수 있는 제품을 생산하는 목표를 세웠다. "혁신은 우리의 본질"이라는 그들의 좌우명에서 알 수 있듯이 나이키는 더 나은 미래를 창조하고자 헌신된 창조적 인물들을 영입하고 있다.

"일곱 번째 세대"Seventh Generation라는 기업은 무독성 상품을 생산해 내는 가정 청소회사를 탈바꿈하는 일을 돕고 있다. 이는 "우리는 모든 일에 의도적으로 우리의 결정이 우리 이후의 일곱 세대에 어떤 형향을 미치는지 심사숙고해야 한다"는 북미의 이러쿼이 부족의 이름에서 비롯되었다. "일곱 번째 세대를 위한 공동의 양심"Corporate Consciousness for Seventh Generation이라는 단체장인 조지 반햄George Barnham이 나에게 말해 준 것처럼, "모든 디자인에 있어서, 만약 아름다움의 수준, 즉 최고의 도덕적 선과 정의라는 수준을 만족시키지 못하는 디자인을 따른다면, 우리는 영혼 없는 기업일 뿐이다. 이는 영적으로 깊은 수준 없이는 이루어 낼 수 없는 것이다. 사람들은 우리 문화가 '하나님을 제거하는' 문화라는 사실을 인식하지 못한다." 반햄은 상품과 서비스의 교환이 일어나는 매일의 생활에서 우리가 심원하고 정의로운 하나님의 일하시는 모습을 보지 못하게 하는 기계화되는 지점을 잘 알고 있다. 그러나 우리가 영혼의 중요성을 알고 사람과 일을 연결시킬 때, 우리는 신적인 모습을 인정하는 것이다.

현재 경제적인 위기는 우리의 경제 시스템의 불의하고 역기능적 모습을 그대로 드러내는 것이다. 그러나 우리가 단순히 워싱턴과 월스트릿에 그 탓을 돌릴 수만은 없다. 우리가 선택하지 않은 정부는 없고 우리 소비자들과 투자자, 고용주와 고용인이 없는 월스트릿은 존재하지 않기 때문이다. 사실 우리는 우리가 생각하는 것보다 더 많은 능력을 갖고 있고, 우리가 무엇을 사고, 어떻게 투자하고, 부를 어떻게 정의하며, 우리의 자원을 어떻게 보살피고, 어떻게 사업을 이끌고 관리하는지 시간 속에서 능력을 행사하기 때문이다. 실제로 우리 모두가 사업에서 정의를 추구하고 실행하는 사람이어야 한다.

21장
정의로운 생태학
지구가 예수의 제자들에게 요구하는 정의는 무엇인가?

린지 모슬리

델리오Delio의 목소리는 겨우 알아들을 만큼 작았지만, 흥분은 제대로 전달되었다. "호랑이다! 호랑이!" 한껏 편 팔로 그가 가리키는 방향을 따라 나는 지난 밤 약 60센티미터 강수량을 기록한 비 덕분에 급격히 불어나는 쿠야베토 강Cuyabeto River을 바라보았다. 모두가 강을 가로질러 수영하는 물체를 바라보며 가쁜 숨을 들여 마셨다. 흐르는 물에 우리가 볼 수 있었던 것은 머리뿐이었고, 호랑이는 급류를 따라 흘러내려갔다. 까맣고 단호했던 호랑이 눈은 자신을 바라보고 있는 우리들을 바라보며 깜짝 놀란 모습이었지만, 호랑이는 자신이 떠나 온 곳으로 뒤돌아가기엔 너무 멀리 와 있었다. 나는 우리가 타고 있던 카누 끝 부분을 지나 반대편 강둑을 향해 헤엄쳐가는 호랑이에 모든 시선을 고정하면서 강둑으로 흐르는 물에서 호랑이를 끌어당겼다. 구부렸다가 펴면서 흔들어 제치는 호랑

지구 환경보호 운동가로 유명한 **린지 모슬리**(Lyndsay Moseley)는 Holy Ground: A Gathering of Voices on Caring for Creation이란 잡지의 편집장이며, *Faith in Action: Communities of Faith Bring Hope for the Planet*이란 책의 공동저자이다. 2005년 린지는 National Religious Partnership for the Environment의 직원으로 일을 마친 후에 시에라 클럽이라는 국가 차원의 프로그램을 시작하였다. 린지는 2008년 6월 소저너스의 잡지를 통해 이머징 그리스도인 리더로 알려지게 되었다. 현재 워싱턴 D.C.에 산다.

이의 몸짓에 반점의 가죽에 한껏 머금었던 물이 사방으로 흩뿌려졌다. 시야에 보이는 울창한 에콰도르의 원시림이자 시노아Sinoa 부족의 땅으로 사라지기 전에 호랑이는 우리를 한번 힐끗 쳐다보았다.

침묵 속에서지만, 누군가가 아주 나지막하지만, 기쁜 목소리로 "저거 봤어?" 하며 속삭였다. "응, 재규어를 봤어!"

"도저히 믿을 수 없군!" 하며 누군가가 흥분에 찬 목소리로 말을 이어 받았다. "카메라를 치우고 봐야겠군!"

나는 한편으로 히죽 웃으면서 믿을 수 없는 광경에 머리를 흔들었다. 시노아의 주술사이자 우리가 묵고 있는 곳의 주인인, 델리오Delio는 자랑스런 아버지가 자식에게 이야기 하듯 지난 며칠 동안 자신이 경험한 열대우림의 홍수에 대한 어마어마한 지식과 정보를 우리에게 들려주었다. 그는 우리를 배에 태우고 여기저기를 보여주었고, 알록달록한 큰부리새, 앵무새, 물총새, 개구리, 뱀, 큰 악어 등 자신이 보물처럼 여기는 것들을 보여주었다. 세발가락 나무늘보, 그리고 그 지역에서 살고 있는 수많은 원숭이 종들 중 한 가지를 보여주었다. 또한 이글거리는 석양 아래에서 떠들썩거리며 파라니아를 낚는 동안 진기하면서도 멸종위기에 처해 있는 "핑크"빛 민물 돌고래들을 보여 주었다. 그런 와중에 이 열대우림에서 빠르게 멸종되고 있기에 가장 보기 힘들다는 재규어를 만나게 된 것이었다. 내 주변의 강처럼, 눈앞에 펼쳐진 광경을 어떻게 이해해야 할지 내 마음도 주체할 수 없었다.

우리는 뉴 커뮤니티 프로젝트New Community Project라는 기관과 함께 아마존에 왔다. 이곳에 온 이유는 단지 열대우림의 생명의 종 다양성에 대해 배우려는 것뿐 아니라, 그들이 어떤 어려움에 처해있는가를 알기 위해서였다. 경제적 관심이 약하고도 약한 생태계를 위협하는 동안, 열대 우림과 야생동물, 그리고 그 속에 사는 토박이 생물들이 얼마만큼 파괴되고 있는지 경종을 울리고 있다. 동 에콰도르의 열대우림은 엄청난 기름 침전물로 고통당하고 있다. 남미의 나라들 중 가장 가난한 나라인 에콰도르 정부는 상상하기 힘들만큼 어마어마한 국제적 부채의 압력을 받아왔고, 지금도 그 압력 속에 있다. 에콰도르는 전 세계의 3%밖에 되지 않는 기름을 생산하지만, 기름 자원이 가져다주는 나라의 생산은 국민총생산의 절반에 이른다. 결국 정부는 얼마 되지 않는 역사적 환경보호지역이라는 아주 민감한 지역에서 원유개발을 적극적으로 장려하고 있다. 미국의 거대 정유회사인 텍사코Texaco가 이 지역에서 원유를 발견한 첫 번째 회사였으며, 1972년부터 에콰도르가 환경보호법을 입안했던 1990년까지 원유를 시추하였다.

   어느 오후 나는 번질번질한 기름이 엉겨있는 물을 가리키며 슬퍼하던 델리오의 퀭한 눈을 기억한다. 그 모습은 원유지에 서있던 평화로운 한 남자가 나에게 보여주었던 유일한 분노의 모습이었다. 안을 대지 않은 저장 웅덩이는 바닥부터 약 9미터나 되는 깊이였는데, 오래전 원유가 새는 곳을 덮기 위해 독성 찌꺼기들이 들어있는 봉지들이 가득 차 있었다. 이곳을 깨끗이 청소를 해야 한다는 델리오의 끈질긴 요청이 있은 후, 정유회사들은 시오나Siona 사람들을 고용하여 오염된 시궁창과 새는 봉지들을 파 올렸다. 이 일을 위해 수고했던 시오나 사람들은 하루에 10달러를 받고 일을 하였지만, 한 켤레의 장갑이 주어졌을 뿐, 독성유해물질에 대한 아무런 정보와 교육을 받지 못한 채 투입되었다. 사람, 식물, 동물들을 포함한 열대우림지에 사는 모든 생물은 그들이 필요한 모든 물을 이 강에서 공급받았다. 자연적으로 이 물을 마신 많은 생물과 사람들이 질병을 앓게 되었다. 특히 다양한 종류의 암, 시도 때도 없는 산모의 유산, 기이한 피부병 감염, 두통 및 구토증이 발생하였고, 그 지역 토속 무당의 전통 의약 지식과 처방을 무색하게 만들었다. 이러한 질병의 상황은 이미 이 지역에 만연한다.

　1950년 이래 세계 열대우림지의 약 50퍼센트 이상이 사라졌다. 아마존의 삼림도 약 20퍼센트 이상 사라졌고, 매년 약 2만 평방마일의 숲이 사라지는 것으로 추정하고 있다. 이러한 추세라면 전체 아마존이 50년 내에 사라진다는 계산이 나온다. 벌목채취, 방목, 커피 및 코코아 생산에 혈안이 된 경제적 세력들이 열대우림을 위험으로 몰아가고 있다. 이러한 생산과 개발을 위해 열대 다우림 한가운데 장비가 필요하고, 장비 운송을 위한 길을 내야하고, 일을 따라 들어온 "정착민"들은 자신들이 살 장소를 꾸미고자 땅을 필요로 한다.

　이러한 어마어마한 삼림벌채와 개발의 영향은 공기와 물을 오염시켰고, 토양침식과 식물 및 동물의 멸종, 더 나아가 토착부족의 멸종을 불러왔다. 이러한 벌채와 개발은 이 지역의 생명의 근원인 취약한 생태계를 완전히 무너뜨렸다. 과학자들은 이러한 열대우림의 파괴 때문에 무려 137종이나 되는 식물과 동물들이 매일 사라진다고 보고했다. 현재 에콰도르와 콜롬비아지역을 전부 합한 지오나 부족민은 채 500명이 되지 않는 것으로 밝혀졌는데, 한 세대 전만해도 이 숫자는 전체 부족민의 작은 부분에 불과했다.

　델리오의 아들은 배에 붙어있는 아주 작은 외부 엔진에 시동을 걸고 약 세 시간 동안 쿠야베노 보호구역Cuyabeno Reserve을 돌아보는 여행을 시작했다. 나는 배 뒷전에 앉아서 텅텅거리는 엔진 소리를 들으며 상념에 잠겼다. 찬바람이 내 얼굴을 쓰다듬어 주었고, 나는 간간히 나타나는 나뭇가지를 피하면서 내가 배운 모든 것을 어떻게 충분히 이해해야 하는지 생각해 보았다. 세 시간 후에 우리는 카누에서 기어 나와 우리를 기다리는 소형화물차에 짐을 실었다. 열린 창문으로 나는 미소를 지으며 지나간 시간동안 우리를 안내해 주었던 델리오에게 감사를 표했다.

그는 우리를 바라보며 해맑은 웃음으로 "바이, 바이." 하고 인사를 건넸다. "바이, 바이."는 그가 말한 유일한 영어였다.

그곳을 빠져 나오면서, 나는 이번 여행 중 나를 흥분시킨 기쁨과 환희의 감정을 불현 듯 방해하는 분노와 좌절감을 부정하느라 몹시 슬퍼했던 기억들이 떠올랐다. 그러나 그것도 잠시 우리는 곧 쿠야베노를 벗어나오는 먼지 길을 따라 운전해야 했다. 거대한 송유관이 우리가 달리는 길을 함께 달리고 있었다. 에콰도르 아마존에서 내가 눈으로 지켜보았던 모든 것을 통해, 사람의 손을 통해 만들어진 것이야말로 가장 흉측하고 파괴적이라는 사실을 새삼 깨달았다. 매년 40퍼센트의 에콰도르 원유가 미국으로 수출되어 우리가 아까운줄 모르고 소모하는 화석연료로 사용되고 있다. 미국 사람으로서 나는 우리가 사라지는 열대우림과 우리 눈앞에서 홀연히 사라진 재규어와 멸종되고 있는 수많은 식물과 동물 종에 재앙을 가져온 공범자이며, 델리오의 눈에 뼈아픈 슬픔을 가져다 준 공범자라는 사실을 알게 되었다.

이 책의 글을 한데 모은 브라이언 맥클라렌은 우리가 다른 것들에 대해 더 많은 관심을 쏟도록 배웠기 때문일 뿐 실제로 성경은 우리가 생각하는 것 보다 훨씬 더 많이 정의에 대해 말한다고 했다. 하나님의 창조와 우리의 관계를 정의라는 측면에서 살펴볼 때에도 상황은 마찬가지이다.

식물, 동물, 강, 산을 하나님의 창조라는 아주 거대하고 상호의존적인 그물망을 이루는 필수 요소로써 바라보기보다, 우리는 인간중심, 기계적인 문명의 관점으로 모든 것을 바라본다. 하나님의 선하신 창조를 이루는 이러한 자연의 모든 환경요소들에 단지 물질적인 측면만 존재하는 듯 바라 거나 혹은 인간의 유익을 위해서 가공하고 활용해야할 "원료"로만 바라보고 대하는 것 같았다. 산업혁명이 일어난 19세기 이후로, 우리는 급증하는 강력한 과학기술을 이용하여 다시는 회복할 수 없는 피해를 일으킬 뿐, 성경이 제시하는 하나님의 창조를 전체적으로 바라보지 못하게 되었다. 우리는 삼림지를 민둥산으로 만들고, 원유와 천연가스를 채취하려고 순전한 야생에 구멍을 뚫고, 아팔래치아의 값싼 석탄을 캐내고자 산을 파 없애고, 흐르는 냇물과 강을 독성 물질과 쓰레기로 가득 채우고 있으며, 대기에 이산화탄소를 방출함으로써 지구 온난화를 부채질하고 있다. 우리는 생태계를 파괴하였고, 공기와 물을 오염시켰고, 땅을 척박하게 만들었고, 숲을 병들고 피폐하게 만들었으며, 셀 수 없는 생물 종들을 멸종의 위기에 처하도록 만들고, 그들의 서식지를 파괴하는 길을 걸어왔다.

그리스도의 제자로서 우리는 하나님께서 창조의 모든 부분을 보시며 사람의 존재와 아무런 상관없이 "매우 좋았다"고 말씀하셨다는 사실을 겸손히 인식해야만 한다. 시편 24편 1절은 "땅과 그 안에 가득 찬 것이 모두 다 주님의 것, 온 누리와 그 안에 살고 있는 모든 것도 주님의 것"이라고 선언한다. 시편 104편은 하나님은 창조에 지대한 관심을 쏟으시고 이를 기뻐하셨다. "주님, 주님께서 손수 만드신 것이 어찌 이리도 많습니까? 이 모든 것을 주님께서 지혜로 만드셨으니, 땅에는 주님이 지으신 것으로 가득합니다… 이 모든 피조물이 주님만 바라보며, 때를 따라서 먹이 주시기를 기다립니다. 주님께서 그들에게 먹이를 주시면, 그들은 받아 먹고, 주님께서 손을 펴 먹을 것을 주시면 그들은 만족해합니다."시

104:24,27,28 그리고 창세기 2 장에 기록되어 있는 것처럼 하나님께서 친히 만드신 모든 것을 관리하도록 사람을 청지기로 위임하시고 그 모든 것을 "맡아서 돌보도록" 전적으로 신임하셨다는 놀라운 명령을 발견한다.

하나님의 놀라운 창조를 관리하는 청지기가 된다는 것은 소유권이 우리에게 있지 않고 하나님께 있다는 사실, 그러나 하나님의 창조물과 우리의 관계가 근본적으로 동등하다는 인식, 즉 우리는 모두 서로 연결되어 있다는 인식과 더불어 시작된다. 우리가 어떻게 사는가 하는 것은 우리 주변의 세상에 영향을 끼친다. 우리가 내리는 결정, 즉 어떻게 에너지와 물질을 사용할 것인가 또는 쓰레기를 어떻게 처리할 것인가 하는 결정에 따라 하나님의 창조가 번영을 계속하든지 파괴되든지 할 것이다. 이것은 아주 기본적인 과학의 원리이며, 성경이 제시하는 지혜이다. 샬롬Shalom은 평화를 뜻하는 단어로 구약 성경 전체에 걸쳐 기록되어 있는 히브리어이다. 샬롬의 비전은 영어 단어 평화peace가 뜻하는 것보다 훨씬 풍부하다. 그것은 태초부터 하나님께서 창조하신 의도이며, 생명력으로 가득한 세상을 의미하며, 물리적 정서적 건강이 충만한 상태를 말하며, 하나님의 창조 전체가 구석구석 빠짐이 없이 평화와 조화와 풍부한 기쁨으로 충만한 상태를 말한다. 이 비전은 그리스도를 따르는 모든 제자를 한군데로 불러 모아 희망을 바라보게 한다. 그러나 만약 우리가 하나님의 창조와 관계를 경시할 때, 하나님의 평화와 정의를 이 땅에서 경험하기 어렵게 만들어 버렸다.

많은 그리스도인은 생태계와 정의에 관한 이러한 성경의 비전을 품지 못하고 있다. 그러나 우리가 피조물의 외침을 듣고, 우리 자신의 생명력이 더욱 위대한 건강과 축복과 연결되어 있음을 이해함으로써, 그리하여 새로운 눈과 열린 마음을 갖고 성경으로 돌아갈 수 있어야 한다. 예수는 그의 제자들에게 가장 큰 계명은 하나님을 사랑하는 것이며, 둘째 계명은 자신을 사랑하듯 이웃을 사랑하는 것이라고 말씀하셨다. 그러면 우리의 유익을 위해 하나님께서 직접 손으로 만드신 자연을 파괴하면서, 어떻게 하나님을 사랑한다고 선포하겠는가? 우리의 입맛에 맞는 에너지를 위해 다른 사람들의 집과 삶의 터전을 사라지게 만들고, 그들이 들이 마시는 공기와 물을 오염시키면서, 어떻게 우리가 이웃을 사랑한다 하겠는가? 우리가 선택함으로써 발생한 환경오염의 무거운 짐을 저소득 및 유색인종 공동체들이 불공평하게 지고 가는 현실을 무시해서는 안 된다. 그리고 사람은 아니지만, 생명을 가진 우리의 이웃은 어떠한가? 성경이 말하는 샬롬의 의미가 가져다주는 정의의 비전은 그리스도의 제자들에게 단지 우리의 형제·자매들뿐만 아니라, 우리의 사랑과 돌봄을 받아야 할 하나님의 모든 창조물을 깊이 생각하라고 권고한다. 그렇게 하지 않으면, 요한계시록 11장 18절이 말하는 최후의 심판에 처할 것이다. "이제는 죽은 사람들이 심판을 받을 때가 왔습니다. 주님의 종 예언자들과 성도들과 작은 사람이든 큰 사람이든 주님 이름을 두려워하는 사람들에게 상을 주실 때가 왔습니다. 땅을 망하게 하는 자들을 멸망시킬 때가 왔습니다."

무슨 일이 일어날 것인가? 그리고 우리가 할 수 있는 것은 무엇인가? 여기에 우리가 하나님의 창조세계와의 관계에서 정의를 실현할 방법이 있다.

1. 회개하라. 권리를 가진 모습에서 감사의 모습으로 당신의 태도를 바꾸라.
2. 당신이 사는 지역의 식물과 야생동물들에 대한 지식을 함양함으로써 창조세계를 향한 하나님의 사랑을 품으라. 그리고 당신이 창조세계와 친밀하게 연결되는 방법들을 발견하고 귀하게 여기라.

3. 하나님의 창조세계를 위협하는 요소들, 특히 예수께서 "이들 중 가장 작은 것들"이라 부르신 창조물들에 불균형을 일으키는 위협적인 요소들이 무엇인지 연구해보라.
4. 당신의 삶 속에서 하나님의 피조물, 이웃, 지구에 영향을 적게 주는 방법을 실천하라.
5. 당신의 가족, 교회, 회중 및 공동체 리더들을 포함한 다른 사람들이 당신의 환경보호를 위한 여정에 참여하도록 요청하라.

22장
정의로운 종교
왜 우리는 하나님의 이름을 독립시켜야만 하는가?

사미르 셀마노빅

> 형제자매 여러분, 무엇이든지 참된 것과, 무엇이든지 경건한 것과, 무엇이든지 옳은 것과, 무엇이든 순결한 것과, 무엇이든 사랑스러운 것과, 무엇이든지 명예로운 것과, 또 덕이 되고 칭찬할 만한 것이면, 이 모든 것을 생각하십시오. 빌4:8

24년 전, 나는 그리스도의 이야기를 듣고, 성경을 부지런히 연구하고, 열정적으로 예수를 사랑하게 되었다. 나는 그리스도인이 되려고 나의 성장 배경이었던 공산주의 무신론을 버리고, 동양종교들의 수행을 포기하였으며, 강요에 의해 무슬림 가정을 떠나야만 했다. 그리고 뜻하지 않게 15년 만에 회심하게 되었고, 약 10년 동안 목회를 하면서 그간 배웠던 기독교 이야기로부터 괴롭힘을 당하였다. 기독교 이야기가 처음 믿었을 때

사미르 셀마노빅(Samir Selmanovic) 박사는 유럽의 무슬림 가정에서 성장하였고, 9/11 기간과 그 이후 기독교 목사 및 공동체 행정가로서 섬겼다. 『정말로 그 모든 것이 하나님에 대한 것이었다: 무슬림, 무신론자, 유대인, 그리스도인에 대한 고찰』It's All About God: Reflection on Muslim Atheist Jewish Christian이라는 책이 2009년에 출간되었다. 그는 National Council of Churches의 Inter-faith Relations Commission의 회원이며 목사, 랍비, 이맘이 함께 이끄는 회중인 Faith House Manhattan의 설립자이다.
www.samirselmanovic.com

보다 덜 참되고, 덜 귀하고, 별로 올바르지 못하고, 순수하지 않고, 사랑스럽지 못하고, 감탄할만하거나, 탁월하거나, 찬양받을만하지 않다는 것을 알게 되었다.

나는 이 천년 전 하나님께서 갇혀있는 우리를 방문하셨다고 굳게 믿고 있다. 그리스도의 삶, 죽음과 부활을 통해서, 하나님은 우리를 위해 그리스도가 되셨고, 우리 안에 계심을 선언하셨다. 그러나 내가 그리스도를 통해 살아계신 하나님을 만나게 된 것을 세상에 간증하게 되면서, 나를 괴롭히는 무엇인가가 내안에 생겨났다. 그것은 다른 종교 혹은 아예 종교를 갖고 있지 않은 사람들 중에도 하나님께서 온전히 존재하시고, 살아계실지 모른다는 생각이었다. 만약 이것이 증명되고 정말이라면, 그 가능성은 우리의 신학과 실천에 관련된 다른 모든 이슈를 방해할 것이 분명했다. 그것은 바울이 "우리가 지금은 부분적으로 밖에 알지 못한다"[21]고 말했던 것처럼, 도대체 우리가 사는 이곳에서 어떻게 그리스도인이 되었는가에 대해 다시금 배워야만 한다는 것을 의미했다. 우리는 이 땅의 시민으로서 하나님의 진리를 독점하는 관리인이 된 양 아무런 근거 없이 우리의 편안함에 정당성을 부여해서는 안 된다. 오히려 우리 자신을 "하나님의 지휘 아래" 맡기는 효과적인 삶을 배울 필요가 있다. 우리는 피조물로서 다른 피조물들과 제한적이면서도 상호의존적인 우리의 지위를 끌어안을 필요가 있다. 하나님나라에서는 우리가 아닌 다른 분이 다스리신다.

하나님 주변으로 관심을 집중하도록 우리의 성향을 인정함과 동시에 의문을 품는 것으로 우리가 하나님과 관계하고 서로를 다루는 방법을 변화시킬 수 있다. 하나님께서는 그리스도를 통해 자신을 우리 가운데 거하도록 하셨고, 그렇게 결정하신 행동에 대한 기록들은 과거와 현재 이 지구상에서 살았던 대부분의 사람에게 그들 가운데 계시고자 했던 하나님의 행동을 보여주실 필요가 있었다. 그러기에 우리는 하나님이 세상을 구원하시려면 이곳에 현존하셔야 한다는 것이 종교적으로 뭔가 단단히 잘못된 것은 아닌지? 하나님이 구원하시려면 이곳에 꼭 계셔야만 하는지? 질문해야 한다.

비인간성에서 기쁨으로

본질적으로 인종, 성, 국적, 정치적 신념, 연령 등 우리가 다른 사람들과 우리 자신을 차별화 시키는 방법은 아주 다양하다. 차이는 단지 사실에만 국한되지 않는다. 이는 삶의 원칙과 관련되어 있다. 다양성은 축복이다. 상호의존성은 하나님께서 세상이 그렇게 되기를 원하는 모습이다. 우리가 스스로 부족함이 없다고 주장하거나, 혹은 우리가 가진 인종과 같은 독특한 특성은 우리를 특별하게 보이도록 할 뿐 아니라, 진정으로 인간이 되게 한다. 모두가 똑같다는 것은 다른 사람들이 진정한 인간이 아니라는 것을 암시하며, 그러므로 다른 사람들을 비인간화시키는 것을 정당화 한다. 조만간 이것은 불가불 무관심, 무시, 폭력을 불러일으킬 것이다. 내가 떠나온 유고슬라비아라는 곳에서 최근에 일어난 전쟁처럼 이러한 것 때문에 끔찍한 전쟁이 일어난다. "러시아 사람들도 그들의 자녀들을 사랑한다"는 말은 아주 엄청난 풍자로서 다른 편에 있는 진정한 인간성을 보지 못하는 서구 사회의 두려움과 불안정을 폭로하기 위한 말이다. 종교에서도 마찬가지다.22)

내가 논쟁하려는 것은 다른 편23)에 존재하는 하나님을 보고 싶어 하지 않거나, 그리스도의 대 사명을 예수님께서 가르치신 겸손과 포용이라는 쌍방통행의 방법으로 보지 못함으로써 세상 속에서 우리가 고백하는 증거를 전술적인 실수로 만들고 우리를 무덤으로 인도하는 모습이다. 이는 우리의 신학을 막다른 골목으로 몰아가 불구가 되게 하고, 우리의 상상력을 사라지게 만들고, 우리의 정체성에 위기를 몰고 와 우리를 낙담시키는 것이다.

나는 지금 일부러 경박하게 보이려고 하는 말이 아니다. 나는 엄청난 비용을 지불하고 그리스도인이 되었다. 나는 처음 그리스도를 믿었을 때보다 훨씬 더 그리스도께 열정적으로 헌신하고 있다. 그런 면에서 나는 상대주의자가 아니다. 나는 예수가 그의 삶 속에서 모범을 보여주셨듯이, 하나님나라의 복음을 통해, 우리와 함께 그리고 우리를 위해 고난 받으신 분으로써 하나님의 성품을 보여주심으로써, 부활하심으로 죽음의 권세를 물리치심으로써, 그리고 성령 하나님의 현존을 통해 모든 종교의 모든 사람에게 은혜를 베풀어 주셨다고 믿고 있다. 또한 나는 다른 사람들 가운데에 하나님의 온전한 개입과 현존하심을 부정하는 것이 단지 사마리아인과 세리들 예수 당시의 타인들을 무시하는 것일 뿐만 아니라 그리스도를 부인하였던 베드로의 행동을 다시 자행하는 것이라고 믿는다.

현재, 나는 다른 사람들 속에서 하나님을 보기 원한다. 그들의 공동체, 그들의 실천, 그리고 그들의 문서 속에서 하나님을 보기 원한다. 이는 마치 다른 사람들이 우리 공동체, 우리의 실천, 그리고 우리의 문서 속에서 하나님을 보기를 원하는 것과 같은 이치이다. 나게 있어 이러한 것은 정의로운 기독교가 보여주어야 하는 최소한의 자세이다. 이는 내가 그리스도의 대 사명을 추구하는 동안 황금률을 거슬러서는 안 되며, 그를 나누는 행동을 통해 예수를 배신하지 않으려는 처사이다.

하나님은 버리려고 세상을 창조하신 것이 아니다. "이스라엘 자손아, 나에게는 너희가 에티오피아 사람들과 똑같다. 나, 주가 하는 말이다." 암 9:7 우리의 배타적인 성향과는 대조적으로, 하나님은 인류를 끌어안으신다. "나 주가 긍휼과 공평과 공의를 세상에 실현하는 하나님인 것과, 내가 이런 일 하기를 좋아한다는 것을, 깨달아 알 만한 지혜를 가지게 되었

음을, 자랑하여라. 나, 주의 말이다."렘9:24

하나님과 이러한 기독교 이야기의 한 부분으로 자리한 우리의 사랑이야기는 아주 특별하고, 독특하며 열정적이다. 그러나 하나님 사랑의 핵심이 전 세계와 인류를 포괄하지 않는다면 그건 아무 것도 아니다. 하늘 아버지는 자신의 사랑을 제대로 알게 하려고 "내가 너의 누이보다 너를 더 사랑한다."는 말을 은밀히 귀에 대고 속삭이지 않으신다. 하나님은 다른 사람들과 함께 하시고, 다른 사람들 속에 계시며, 다른 사람들을 위해 계시는 분이시다. 실제로 하나님은 모두를 아신다. 그리스도인으로 성장한다는 것이란 내 마음이 이러한 것들을 기뻐한다는 의미다.

소외된 자의 편에 서기

아마도 모든 세대는 그들이 다음 세대를 위해 남긴 유산이 무엇인지에 의해 심판을 받을 것이다. 이는 신학적 유산을 포함한다. 우리가 붙들고 있는 신념은 우리가 환경을 어떻게 대하는지, 우리가 정부 관료를 어떤 기준으로 선출하였는지, 우리가 어떤 경제정책을 폈는지를 보여주며 윤리적으로 매우 중요하다. 우리 시대는 여러 다양한 종교가 서로 충돌하고 있고, 미래의 세대들에게 물려주는 기독교 신학은 단순히 우리 자녀들이 소유하고 실천하기에는 매우 부적절한 것들이다.

우리는 모든 종교가 사람들을 배척할지라도 우리가 붙들고 있는 복음만은 다르다고 주장한다. 그것이 바로 우리가 배척하는 방식이다. 하나님이 우리를 받아주신 것은 우리가 그 누구보다 더 나아서가 아니라 십자가에서 우리를 위해 처절하게 소외되셨던 예수 그리스도 때문에 받아주신 것이다. 그러나 다른 믿음들은 이러한 실재, 하나님과 함께하고, 서로 함께하는 그들만의 방식을 갖고 있다. 기독교에 낯선 이러한 방식들은 참되고, 고귀하고, 올바르고, 순수하고, 사랑스럽고, 감탄할만하고,

탁월하고, 찬양받을 만하다. 이러한 종교와 세계관은 단순히 세상에 기여할 수 없는 기독교의 모습뿐만 아니라 자신들을 지지하는 사람들을 후원할 수조차 없는 기독교를 바로잡고 치유해 나간다. 이처럼 세상이 기독교를 필요로 하듯이 기독교도 세상을 필요로 한다.

또한 우리는 우리 생각 속에 자리하지만, 쉽게 대답할 수 없는 아주 큰 질문을 갖고 있다. 복음을 한 번도 들어본 적이 없는 사람들에게 어떻게 복음이 좋은 소식이 되게 할까? 예수에 대해 한 번도 들어본 적 없는 사람들에게 혹은 아주 부정적인 모습으로 예수를 아는 사람들과 타당한 이유로 기독교를 거부하는 사람들에게 어떻게 예수 그리스도를 통한 구원의 놀라운 능력을 전할 수 있을까? 예수를 세상에 전하려는 "통제된 그룹"이 경험하는 것은 과연 무엇을 의미할까? 다른 사람들을 희생시키는 것이 역사 속에서 그들이 감당해야하는 역할이란 말인가? 우리 시대의 신학이 보여주는 하나님은 전혀 동정심도, 창조성도, 능력도 없으신 분이란 말인가? 우리는 하나님에 대한 이러한 개념을 매우 불쾌한 것으로 분류하거나 "하나님의 신비"라 말함으로써 이러한 질문들을 회피하려 든다. 그러나 이러한 신비는 아주 나쁜 신비이다. 왜냐하면 그들은 불의하며 이기적이기 때문이다. 그들은 신비로운 소모품으로써 인간을 버린다.

맨하탄에 바이러스 균이 창궐하여, 시 당국이 어떤 버스를 그곳에 버렸다고 말하는 사람이 있다고 상상해 보라. 이 상황에서 버스에 탄 시민들에게 어떻게 좋은 소식을 전할 수 있을까? 이제 그러한 "좋은 소식"은 그 소식에 대해 한 번도 들어본 적이 없는 사람들에게 뿐만 아니라 똑같은 소식을 수천 번씩이나 들었던 우리에게조차 문제가 된다. 기독교 신학은 동정심의 부족으로 고통당하고 있다. 나의 어린 딸들은 하나님을 재단하고 나머지 세상에 은혜가 없다고 주장하는 종교들을 물려받기 원하지 않는다. 만약 기독교가 자녀들의 친구들과 함께하지 않고, 그들을 위해 존재하시는 하나님을 발견하지 못하도록 방해한다면, 그들은 그저 친구들과 함께 머물기 원할 것이다. 그들은 그냥 버스에서 내려버리고 말 것이다. 그들은 예수를 위해 다른 사람을 소외시키기 보다는 차라리 예수처럼 소외되는 길을 선택할 것이다.

낯선 이방인으로서의 하나님

열정적인 헌신을 지켜나가고, 온전한 그리스도인이 됨과 동시에 다른 사람들에게 열린 모습으로 남아있으려면, 우선 불가능하게 보일지라도 우리 자신을 내어주어야 한다. 여러 세기동안 이 주제는 기독교 신학의 각주에서만 언급되었다. 다행히도 지난 몇 십 년 동안, 종교에 대한 신학적 발전이 주변에서 중심무대로 옮겨지게 되었다. 다양한 기독교 전통을 배경으로 한 비교 종교주의자들, 신중한 실천가들, 신학자들이 여러 사람 가운데 나타난 하나님의 모습을 연구함으로써 기독교 정체성에 대한 서로 다른 모델들을 제시하였다. 이러한 모델들은 아주 깊은 통찰력을 통해 적절한 성경말씀과 어마어마한 지혜 및 영감을 제공해 주었다.24)

그 어떤 순간도 그냥 이루어진 것이 아니다. 기독교 양심이라는 구조적 변화는 비록 비밀리에 행해지긴 하지만, 일반 사람들 가운데 잘 준비되어 왔다. 익명으로 진행된 연구조사에 따르면, 그리스도인을 포함한 열 명 중 일곱 명의 미국 사람이 자신의 종교뿐 아니라 많은 다른 종교에도 구원이 있다는데 동의하였다.25) 일부 예외가 있긴 하지만, 설교시간, 성경공부시간, 예배 중 찬송시간, 잡지를 읽는 시간에는 이러한 움직임이 제대로 포착되지 않는다. 우리의 양심, 공식적인 그룹이 보여주는 정체성은 여전히 냉정하고, 창조적이지 못하고 불공평한 하나님을 필요로 하는 것 같아 보인다.

이머징 기독교는 우리 기독교의 오만 불손함을 공개적으로 다루어야 하며, 부적절한 동기로 하나님의 성품이나 복음의 선함에 대해 질문하지 못하게 하는 행태를 계속해서는 안 된다고 주장한다. 우리 자녀 세대는 우리가 허세를 부리고 있다고 지적한다. 그리스도를 본받는 행동은 이러한 합법적인 질문들에 부적절하게 대답하는 교만함을 더 이상 보여서는 안 되며, 사람들이 무조건 받아들이도록 뻔히 아는 답만 제시하는 행태를 멈추어야 한다. 특히 "믿음의 행동"과 "신비"라는 미명아래 다른 사람들을 밀어내지 않도록 해야 한다. 이러한 개념들은 그리스도의 수치를 제대로 다루지 못하며 기독교의 창피한 모습을 제대로 다루지 못하게 한다.

이 부분에서 나는 사람들이 가려하지 않는 모퉁이로 돌아가야겠다. 감히 "하나님은 신분이 낮다"는 사고방식의 영역으로 들어가고자 한다. 그리고 정말 하나님이 그러한 분이신지 알기 원한다. 만약 수많은 현 그리스도인이 주장하듯이, 하나님의 구원하시는 모습이 거기에 없다면, 만약 한 번도 이런 소리를 들어본 적 없는 사람들이 있다면, 아마도 나는 나의 자녀들에게 기독교가 아닌 더 좋은 소식을 발견하며 살아가라고 충고해야 할 것이다. 우리의 신학은 위험에 처해있다. 만약 우리가 속해있는 세상 밖에 하나님이 계시지 않다면, 내부의 것도 무너지게 되어 있다.

한편, 만약 내가 밖에서 즉 다른 사람과 종교들 중에서 하나님을 발견한다면, 그것이 우주적인 그리스도로서 "말씀의 씨"가 다른 종교들의 개념과 실천 안에 숨어있는 것이거나 진정으로 다른 형태로 숨겨진 것이든, 나는 새로이 갱신되는 기쁨과 열정의 기독교 이야기를 품을 것이다. 그리스도를 믿는 나의 믿음은 내가 가진 종교적 열심을 왜소하게 만들 것이다. 만약 모든 다른 이야기들이 거짓으로 판명된다면 진짜 이야기만이 살아남게 될 것이다. 단순히 다른 사람들 안에 존재하는 하나님의 현존을 인정할 뿐만 아니라 축하해야 할 일로써 내가 말하고자 하는 정의로운 기독교의 모습이다.

우리는 이러한 일을 함께 해야 한다. 그들의 종교가 무엇이든 상관없이, 모든 인간은 하나님의 사랑을 받고 땅위의 하나님의 대리인이 되도록 부름 받았다. 만약 우리가 그들과 함께 살며, 서로 의존하는 법을 배우지 못한다면 도대체 어떻게 세상을 고칠 수 있을까? 그리고 우리가 그들의 빛을 어두움이라 말하면서 어떻게 우리가 그들과 상호의존적이 될 수 있을까? 어둠과 빛은 종이 한 장 차이다. 알렉산더 솔제니친 Alexander Solzhenitsyn이 말한 것처럼, 이 종이 한 장 차이는 "우리"와 "그들" 사이에 있는 것이 아니라, 모든 인간의 마음에 존재한다.26)

끝으로 우리의 생각과 실천에 이러한 변화가 없다면, 우리는 하나님을 향한 우리의 사랑을 잃게 될 것이다. 항상 우리를 거스르는 거룩한 존재로서의 신적 타자와 함께 갖는 우리의 관계와 삶에 대한 이해는, 우리를 당황하게 하는 인간성의 부분과 속성을 갖는 존재로서의 타자들과 함께하는 우리의 관계와 삶 속에 엉켜있다. 이는 서로 뗄 수 없는 관계이다. 우리는 낯선 사람들과의 관계를 통해 하나님과의 관계를 연습한다. 이것이 바로 구약 성경이 말하는 "나그네를 사랑하라"는 말의 의미다. 이것이 바로 구약 성경에 "네 이웃을 네 몸과 같이 사랑하라"는 말은 한번 나오지만, "나그네를 사랑하라"는 말이 36회나 나오는 이유이다. 이것이 바로 예수께서 우리의 이웃이 누구인지 질문 받았을 때, 우리와 똑같은 사람들에게 자비를 베풀기보다, 나그네에게 자비를 베풀라고 하신 이유이다.27) 이것이 바로 예수께서 마태복음 25장에서 다른 사람들과 우리의 관계를 통해 하나님께서 당신과의 관계를 측정해보신다고 하셨던 이유이다. 이것이 바로 성경의 하나님이 종종 그의 백성을 방문할 때, 아브라함을 방문했던 천사들과 아기 예수를 방문했던 동방박사들처럼 나그네의 모습을 하시는 이유이다. 나그네는 항상 새로운 소식을 가져온다. 그들은 정말 필요한 존재이다. 우리는 나그네를 의지하도록 지음 받았다. 나그네라는 말과 나그네의 일을 소외시키는 것은 주님이라는 단어와 주님의 일을 거부하는 것이다. 나그네만이 우리가 볼 수 없는 우리의 모습을 보고 말해줄 수 있으며, 우리의 믿음에 새로운 열정과 사랑의 바람을 일으킬 수 있기 때문이다.

23장

정의로운 도시들
도시 생활을 위한 정의란 무엇인가?

채드 애보트

    제임스와 케이트가 인도를 따라 내려가는 것을 보면서 나는 인디애나 폴리스의 도심에 있는 오하이오라는 거리를 건너고 있었다. 제임스는 아내 케이트가 타는 휠체어를 밀면서 목사인 나에게 손을 흔들어 주었다. 케이트는 앞으로 고개를 숙인 채 양손으로 자신의 관자놀이를 누르고 있었다. 몸짓으로 뭔가 잘못되었다는 것을 말하고 있었다. 마침내 우리가 서로의 목소리를 알아들을 만큼 가까워지자, 케이트는 곧 "그들이 나의 장애를 인정해 주지 않았어요."라고 말했다. 그러고는 어떻게 인생을 헤쳐 나가야 할지 모르는 듯 한 표정으로 희망과 절망의 삶을 살아가는 우리 인간의 모든 면을 얼굴에 담은 채 주르륵 눈물을 흘렸다. 케이트는 눈물로 범벅이 된 모습으로 말을 이어나갔다. "어떻게 이해해야할지 모르

채드 애보트(Chad Abbott)는 뉴저지와 인디애나에서 목사로서 교회를 섬기고 있다. 그린빌 대학에서 종교와 철학을 공부하였고, 프린스턴 신학대학원에서 목회학석사를 받았다. 미국의 이라크 침공에서 깨어나면서, 2004년 필그림 프로세스사와 더불어 Breaking Silence: Pastoral Approaches for Creating an Ethos of Peace를 공동 편집하였다. 아내 섀논(Shannon), 딸 이사(Isa)와 함께 인디애나폴리스에 살고 있다. 저술활동 외에 프리스비 골프장, 자전거타기, 재즈 앙상블에서 색소폰 연주 등을 즐기고 있다.

겠어요. 나는 이렇게 휠체어에 앉아있고, 겨우 움직일 수 있는 몸으로 병원에서 살다가 좋아지면 나오고 또 다시 들어가야 하는 일을 반복하는데, 그들은 나에게 장애가 없다네요." 케이트에게 일어난 일을 듣고 미안하다고 말하자 그녀는 다시 나에게 말했다. "어쩌면 휠체어에서 차도로 뛰어내려 이 끔찍한 삶을 끝내는 것이 낫겠어요. 나에게 일어난 일은 누구에게나 쉽게 일어날 수 있는 일이잖아요." 그 말을 들으며 목사로서 적절하지도 않은 위로의 말을 찾고 있는 내 마음은 무겁게 가라앉았다. 그 순간 나는 중산층의 건강한 몸을 가진 백인으로 세상에서 가장 부강한 나라에서 자랐다는 사실을 새삼 절실히 깨달았다. 그렇지만, 이제까지 가난하게 산다는 것, 의료보험 없이 산다는 것, 걸을 수 없어 휠체어를 타는 순간에도 장애자가 될 수 없다는 것이 무엇을 의미하는지 잘 알지 못했고, 다른 사람들의 현실에 대해 전혀 감각이 없었다는 사실을 깨달았다.

이 세상에 케이트와 같은 처지로 사는 사람들이 외치는 목소리를 듣도록 우리에게 필요한 것은 무엇일까? 인디애나폴리스에 위치한 이머징 연합감리교회의 회중 목사로서 제임스와 케이트를 섬기며 이러한 질문을 하는 동안 미가서 6장의 "공의를 실천하며 인자를 사랑하며 겸손히 네 하나님과 함께 행하는 것이 아니냐"미6:8는 말씀이 떠올랐다. 우리가 관심을 갖는 정의는 구조적 압박, 인종차별, 성차별, 동성애혐오, 전쟁, 폭력을 비롯한 전 세계를 지배하는 잘못된 사회경제의 원인들을 뿌리 채 흔드는 것이어야 한다. 깨어지고 버려진 제임스나 케이트 같은 사람들이 우리 교회에 들어와서 세상의 거친 세파 속에서 들릴 듯 말 듯 실낱같은 희망의 목소리를 찾고자 할 때 나는 비로소 이러한 일을 경험한 것이다.

제임스와 케이트는 노숙자의 집에서 몇 달을 살다가 우리 교회로 오게 되었다. 그들은 감옥에서 나와 세상으로 다시 돌아가고자 애쓰고 있었다. 거기에다 케이트는 목숨을 잃을 뻔했던 자동차사고를 당했다. 그들 가족 중에 그 어느 누구도 도움을 주지 않았다. 의료보험이나 적절한 사회보장 제도의 혜택을 받지 못하면서 그들은 더 가난하게 되었고, 지금의 교회로 오게 되었다. 우리 교회는 두 개의 노숙자의 집 중간에 위치해 있다. 양쪽 노숙자의 집 사이에 위치한 집들은 대략 5억 원 정도 되었고, 새로 개발하는 콘도들은 한집 당 3억 5천만 원에 달했다. 어쨌든 우리교회가 정의, 자비, 제자도를 좀 더 완벽하게 추구하고자 할 때, 제임스나 케이트와 같은 절망적인 사람들이 와서 희망을 찾기 시작했다. 그외에도 인디애나폴리스 주민 중 몇몇 부자들이 교회를 방문하기도 했다. 퇴직한 공공의료 전문가나 이전에 시청에서 일하던 사람들이 예배를 드리러 와서 의료보험이 없는 사람들, 다리 밑에서 사는 사람들, 전과자 혹은 주 정부 소유의 전쟁기념 공원에서 잠을 자다가 감옥에 갇혔던 사람들 옆에 앉아서 함께 예배드리기도 했다. 이러한 상황에서 정의를 실천한다는 것은 대단한 용기, 믿음, 우정이 필요하다. 그리고 무엇보다 우리 도시에서 완전히 미친 모습으로 사는 우리 자신을 바라보며 큰 소리로 웃을 수 있는 능력이 필요하다는 사실을 깨닫기 시작했다.

만약 정말로 정의에 대한 초보적인 의미를 "다른 사람과의 관계에서 우리가 가진 권력을 올바로 사용하는 것"이라는데 모두가 동의한다면, 도시에 사는 사람으로서 우리는 "도시 생활을 위한 정의란 무엇인가?"라는 아주 중요한 질문에 대답할 수 있어야 한다.

한번은 "세계 역사 속의 가장 위대한 거짓말"이라는 제목으로 설교를 한 적이 있다. 나는 우리가 그 누구와도 연결되어 있지 않은 것처럼 말하는 것이 가장 큰 거짓말이라고 설교하였다. 물론 이것이 역사 속에 가장 큰 거짓말인지를 증명할 길은 없다. 그러나 설교 제목으로는 정말 괜찮은 제목이었다 특히 서구사회에서의 자본주의와 조야한 개인주의라는 이중적인 영향력은 생존을 위해 다른 사람이 필요하지 않을 뿐 아니라, 기본적으로 서로 분리되어야 한다고 가르친다.

신학자, 사회학자, 인류학자, 그리고 사회의 예언자들은 여러 세대 동안 이러한 거짓말에 있어서 우리가 아무 상관없는 것처럼 가르쳐 왔다. 창세기는 창조 그 자체가 상호의존성이라는 아주 복잡한 관계로 얽혀 있다는 것을 제시하면서 시작한다. 빛과 어둠, 해와 달, 고기와 동물, 남자와 여자 등 모든 것은 존재를 위해 서로 의지하도록 되어 있다. 바울은 사람의 몸을 언급하면서 교회를 설명하였다. 이는 손, 발, 눈, 귀를 비롯한 모든 지체중 하나라도 없으면 기능을 제대로 할 수 없을 정도로 서로 긴밀하게 연결되어 있다. 마하트마 간디는 그의 자서전에서 "영혼의 힘"이 우리 삶을 수놓고 있음을 보여주었다. 마틴 부버라는 유대신학자는 『나와 너』I and Thou라는 책에서 우리가 상호 관계적인 용어를 사용하기보다는 물질적인 용어로 인생을 바라볼 때, 우리는 상대방을 없애야할 대상인 악마로 여김으로써 결국 그들에게 고통을 가하게 된다고 말하였다. 티벳의 승려인 틱낫한은 조류에서 인간에 이르기까지 모든 생명은 서로 에너지를 주고받도록 연결되어있다는 사실을 설명하려고 "내면의 존재inner-being"라는 용어를 사용하였다. 그러므로 이러한 생명의 한 조각을 파괴하는 것은 모든 것을 파괴하는 것이라고 하였다.28) 이러한 사상가들은 모두 비슷한 주제들에 대해 말하고 있다. 즉 생명은 상호의존적인 그물망의 모습으로 디자인되었고, 우리가 이 그물망이 존재하지 않는 것처럼 살아갈 때, 우리는 고통을 유발하게 되어있다. 세계 역사의 가장 큰 거짓말이 영향을 미치지 않는 곳이 없다고 볼 때, 정말로 우리가 사는 도시야말로 이러한 거짓말이 가장 극명하게 드러나는 곳이다.

아마도 도시 생활의 관계 특성을 가장 잘 표현하는 용어는 뻔뻔한 모습transparency이 아닐까 싶다. 도시에서의 삶은 여러 인종, 종교, 사회, 경제적 배경, 음악, 예술, 극장, 주택, 이웃, 교육들이 서로 얽매여 있다. 사업, 집, 병원, 학교 및 정부 기관들을 함께 공유하면서 살아가는 삶의 밀도는 삶의 경험이라는 역동적인 상호관련성을 창출한다. 이렇게 얼기설기 얽혀있는 삶의 모습 안에서 발견되는 사회조직 내의 불의들은 동전을 구걸하는 사람을 그냥 지나치도록 만들고, 다리 밑에서 잠을 자는 노숙자들의 행렬을 목도하게 만들고, 음식을 나누어주는 주민센터에 길게 늘어서 있는 사람들의 모습을 자연스럽게 받아들이는 우리 자신을 목도하게 한다. 이러한 사실을 인정하든 말든, 우리 도시의 일상생활에 그대로 드러나 있는 이러한 뻔뻔한 모습의 본질은 정의의 필요를 간절히 외치고 있으며, 따라서 공동의 인류애와의 밀접한 관계에도 불구하고, 우리는 서로 필요하지 않다는 뻔한 거짓말을 외치는 모습으로 드러난다. 도시는 이러한 거짓말을 피할 수 있도록 우리를 내버려두지 않는다.

만약 도시 환경 속에서 우리가 함께하는 관계들이 상호 의존적인 모습이라면, 우리가 권력을 얼마나 올바로 사용하는지 보여주며, 근본적인 불의의 원인들을 제대로 밝혀낼 수 있을까? 나는 불의에 직접적으로 영향을 미치는 사람들과 우선적으로 대화를 하지 못한다면 우리가 이 질문에 답하지 못할 것이라 생각한다. 사람들을 학대하는 모든 시스템 이면에는 사람의 얼굴이 있다. 나는 정의를 향한 길을 가려면 우선 두 개의 문을 통과해야한다고 주장한다. 첫 번째 문은 우정이고 두 번째 문은 겸손이다.

요한복음 15장 15절은 "이제부터는 내가 너희를 종이라고 부르지 않겠다. 종은 그의 주인이 무엇을 하는지를 알지 못한다. 나는 너희를 친구라고 불렀다. 내가 아버지에게서 들은 모든 것을 너희에게 알려 주었기 때문이다."새번역라고 기록하였다. 이 말씀은 우정을 하나의 "구체화된" 사건으로 제시한다. 우정은 부여받은 권력을 이용해 다른 사람들을 통치하는 주종 관계가 아니라, 내 친구가 늘 말하는 표현처럼 "서로가 기뻐하는" 관계이다. 도시에 사는 것과 권력을 올바로 사용한다는 것은 서로에게 뭔가를 줌으로써 이루어지는 우정의 관계를 의미한다.

도시 환경에서 우정을 통해 의로운 삶을 산다는 것은 우리 삶을 투명하게 드러내야 한다는 의미다. 그리고 이러한 우정은 생존을 위해서라면 서로의 존재조차 필요하지 않다는 사고방식의 경계선을 무너뜨려야 한다는 것을 의미한다. 우리는 거지, 매춘부, 죄인, 왕들과 친구가 된다. 우리는 부유한 중개인, 세무변호사, 시 공무원, 마약 중독자들과 함께 이야기를 나눈다. 우리는 우리의 원수들과 함께 섞여 사는 모험도 감행한다. 이렇게 우정을 쌓는 것은 우리가 정치적으로 많은 일들을 바로잡기 위해 잘못 시행되었던 시도들까지 받아들여 불의의 공범자가 되도록 하려는 것이 아니다. 더 나아가 이렇게 함으로써 다른 사람들 위에 권력을 행사하고자 함이 아니다. 간단히 말해서 우정의 핵심에는 권력의 올바른 사용이 놓여있다. 왜냐하면 권력을 올바로 사용하는 것은 자동적으로 하나님의 형상을 모든 사람과 공유하는 것이기 때문이며, 그 어느 누구도 하나님께서 베푸시는 구원의 능력을 넘어설 수 없기 때문이다. 죄인과 성자, 가난한 사람과 부자, 원수와 동료 모두에게 우정이 없는 정의란 단지 우리는 서로를 필요로 하지 않는 존재라고 잘못 믿게 만들기 때문이다.

우리 도시에서 정의롭게 살아가려는 노력을 기울임에 있어서 우정과 더불어 생각해 보아야 할 것은 겸손이다. 내가 도시와 겸손이란 단어를 함께 생각할 때면 종려주일에 예수께서 "평화의 도시"인 예루살렘에 들어가는 장면이 기억난다. 『마지막 주』*The Last Week*라는 책에서 마르쿠스 보르그Marcus Borg와 도미니크 크로산Dominic Crossan은 예수께서 예루살렘으로 입성하실 때 두 가지 행진이 있었다고 기록하였다. 하나는 제국의 오만한 신학을 설명하는 제국의 통치라는 행진이고 또 다른 하나는 가난하고 소외된 사람들에 대한 은혜와 겸손을 보여주는 종 된 모습의 행진이다.29) 빌라도는 갑옷으로 무장한 기병대와 함께 제국의 깃발을 들고 귀족들에 의해 통제되는 눈먼 애국심을 표출하는 사람들에 둘러싸여 예루살렘에 입성하였다. 그리고 다른 한편에서 예수가 나귀 위에 앉아 손에 종려나무 가지를 들고 "호산나, 가장 높은 곳에서 호산나!" 외치는 가난한 사람, 절름발이, 소외된 사람들과 함께 예루살렘으로 들어오고 있었다. 불의한 도시로 들어오는 그의 모습에는 그 어디에도 거만하거나 허세를 부리거나 요란을 떨거나 군림하는 모습이 없다. 오히려 겸손과, 하나님을 신뢰하고, 소외계층으로 떠밀려온 사람들과 함께 하는 따스하고 우정 어린 모습이 보일 뿐이다. 예루살렘으로 들어오시는 방식을 통해, 예수는 하나님나라에서 불의를 극복하는 방식이 상명하달의 통제방식이나 폭력을 사용한 지배의 방식이 아닌, 민초가 보여주는 우정과 연대, 그리고 희망에 기초한 방식임을 보여주셨다.

결국, 정의는 뿌리 깊은 시스템에 우정과 겸손이라는 모습으로 해결하고자 할 때, 우리 도시에 제대로 정착하기 시작한다. 그러한 접근방식들은 하룻밤에 이루어지는 것이 아니라 우리 이웃을 절망으로 몰아넣는 문제들을 해결하도록 사람, 공동체, 창조적인 방식에 평생 투자하고 노력할 때 이루어지는 것이다. 케이트와 같은 처지에 놓여있는 사람들에게 무슨 일이 일어날지 나는 잘 알지 못한다. 그리고 미래에 제대로 작동하지 않는 우리의 의료 시스템이 어떻게 될지 알지 못한다. 그러나 내가 아는 것은 겸손한 모습과 우리만이 보여줄 수 있는 거짓 없는 우정을 그녀에게 쏟아 붓는 우리 회중을 대신할 존재는 없다는 사실이며, 아주 오래 전 차들이 질주하는 도로로 뛰어들었을지도 모르는 현실 상황에서 케이트가 그렇게 하지 않았다는 사실이다. 이것은 전생애에 걸쳐 정의를 실천하는 일의 시작이 바로 겸손한 우정에 기인함을 보여주는 것이다. 우리가 사는 세상에 케이트와 같은 수많은 사람이 있다는 사실 때문에 우리는 의회 앞으로 편지를 쓰고, 적정한 주택을 마련하도록 애쓰고, 교육 제도를 향상시킬 방법을 모색하고, 토론 모임을 계획하고, 가난한 사람들의 삶을 위해 우리의 시간을 바치고 있다.

도시의 불의는 힘없는 사람들을 강력한 힘으로 통제하고 고치는 시저의 방식을 사용할 때만 해결할 수 있다고 믿는 사람들을 위해, 겸손이나 우정 그리고 가난하고 힘없는 사람들과 연대함으로써 세상을 바꿀 수 있다고 믿는 것은 아마도 바보 같은 짓으로 보일 것이다. 그러나 나귀를 타고 도시로 들어가신 예수를 바라보라. 하나님을 신뢰하며 환호하는 군중의 외침을 들어보라. 아마도 인간의 시각으로는 매우 어리석어 보일지라도 하나님의 시각에서는 가장 지혜로운 일이 될 것이다.

24장
슬럼 속에서의 정의
불의의 기념비인 도시 빈곤

호르게 타신

정의Justice라는 단어는 성경의 사상계에서 엄청난 비중을 차지하는 용어이다. 만약 믿음이 있다고 선언한 어떤 사람이 매일의 삶 속에서 실제로 정의를 온전히 시행하지 않는다면 그것은 참다운 믿음이라고 할 수 없다. 그렇기 때문에 정의는 곧 믿음의 문제이며, 성경은 이 점을 아주 분명히 한다.30) 성경에 따르면, 믿음은 단지 정의를 믿는 것이라든가 정의에 대해 긍정적인 느낌을 갖는 것으로 충분하지 않다. 왜냐하면 정의는 행해야만 하는 것이기 때문이다. 이것이 바로 성경 본문이 요구하는 정의의 모습이다. 이것은 매일, 구체적인 사회, 문화, 정치적 헌신이 단지 개인적인 견해나 태도를 넘어선다는 사실을 함축하고 있다. 정의를 행하는 것은 단지 개인적인 도덕을 수행하는 것이 아니다. 따라서 우리가 사는 아주 복잡하고 광대한 세상의 무대에서 정의를 실천하려면 투쟁적이어야만 한다.

호르게 타신(Jorge Tasin)은 부에노스아이레스난 태어났다. 신학을 공부하였고, 여러 해 동안 마약 중독에 걸린 사람들과 관련된 프로젝트를 진행해 왔다. 이와 관련된 주제로 책을 저술하였으며 여러 기관에서 신학을 가르치고 있다. 현재는 부에노스아이레스의 극빈자들이 사는 수에니토스(Suenitos)라는 어린이 집에서 일하고 있다. 슬하에 세 명의 자녀가 있다.

우리는 먼저 수많은 교회가 여전히 하나님 앞에서 지극히 개인적인 도덕과 윤리적 행동에 모든 초점을 맞추는 오래된 청교도-경건주의 유산을 따르는 현실을 인정해야 한다. 17세기 이래로 그리고 현재 우리에게 전수된 신앙 유산이 강조하는 것은 한 개인으로서 그리스도인이 성경의 가르침과 훈계를 따라―거짓말을 하지 말고, 간음하지 말고, 술 취하지 말라는 등 도덕적인 삶을 살라는 것이다. 그러나 우리 사회의 구체적 현실에서 발생하는 다양한 모습 속에서 정의를 실천하는 사람이 되라고 명령한 성경의 위임령에 대해서는 전혀 언급하지 않는다.

그렇다. 우리는 지금 포스트모던 사회라는 의심의 시대를 살고 있다. 우리는 원래 데카르트가 주장한 원리를 거꾸로 바꾸어 놓았다. 의심은 명확한 모습에 이르려면 꼭 필요한 과정으로 여겨졌다면, 이제는 모든 확실한 것을 의심해 보라고 한다. 칸트나 라캉이나 그들의 제자들이 아닌 마르크스, 니체, 프로이드 등 유명한 철학자들의 견해를 반영한 이러한 의심의 조건은 불의에 대해 담대하게 혹은 확신 있게 말해서는 안 되는 것처럼 주저하도록 만들었다. 어떤 것은 명백하게 잘못된 것이며 사악한 일로 공공연하게 탄핵해야 하는 일임에도 주저하도록 만들었다. 의심에 의해 순화된 어떤 사람들은 우리가 불의에 대해서 분노하거나 무조건 잘못되었다고 해서는 안 된다고 말한다. 혹은 이러한 행위는 교만한 것이며, 비과학적이며, 포용력이 부족한 것일 뿐 아니라 심지어 병적인 것이라고 낙인찍기도 한다. 결국 불의에 대한 우리의 관점은 그다지 심각하게 다루어지지 않는 하나의 주관적인 인상에 불과한 것이 되고 만다.

그러나 이러한 의심에도 불구하고, 세상은 상처투성이다. 세상에서 일어나는 일은 고통을 유발하고 그 고통에 대하여는 의심할 필요 없이 분명한 뭔가가 존재한다. 나는 부에노스아이레스의 도시 경계선에 위치한 "끔찍한 마을"로 불리는 씨우다드 오컬타Ciudad Oculta라는 마을에서 매일 일하기 때문에, 이러한 현실을 잘 알고 있다. 이 끔찍한 마을은 마타드로스와 빌라 루가노 지역 뒤편에 위치해 있는데, 정말로 상처투성이인 마을로 매일 상처받는 일이 발생한다. 이곳의 고통은 실재다. 실제로 당신이 그 마을을 걷는다면 고통을 만지고, 냄새 맡고, 느낄 수 있다. 그람씨Gramsci의 말처럼, 만약 당신이 이해하기 원한다면, 당신은 과학적인 사고방식을 거스르는 뭔가를 느껴야만 한다. 씨우다드 오컬타는 쓰레기더미가 쌓여있고 화약, 마약 등이 거래되는 판잣집 통로로 된 마을이며, 폭력이 난무하는 극빈촌이다. 이 마을에서 폭력을 행하는 자들은 11세에서 30세에 이르는 젊은이들이다. 그들은 아르헨티나에서 새로 들어오는 파스타 베이스pasta bace 혹은 파코paco(코카인의 잔류 쓰레기로 연기를 마심)라는 마약을 소비하는 사람들이다. 이들은 외부인들을 상대로, 혹은 서로 간에 폭력을 일삼는다. 그들은 말 그대로 사회경제, 가난, 제도적 방치 상태의 희생자들이다. 그들은 감정적 굶주림, 상징적 공허감, 관심 부족의 희생자들이다. 그들은 마약에 취해 있고, 서로에게 상처를 입힌다. 그들은 사회의 최하층민으로서 잊히고 거부된 자신들의 상태에 따라 쌓인 분노를 풀려고 물건을 훔치고 본능에 따라 살인한다. 그들에겐 믿음도, 신뢰도, 기다림도 없다. 왜냐하면 이곳 빌라에는 자원이 절대적으로 부족하기 때문이다. 그곳에 있는 기관이라고는 멀리 떨어져 있다가 잠시 진압을 위해 들어오는 기관과 최고로 상황이 좋을 때 잠시 들어와 아무 내용 없이 공허한 말만 쏟아놓고 가는 교회가 전부이다.

이러한 주관성을 넘어서, 그리고 의심스런 학문적 이야기에도 불구하고, 의심을 넘어 당신은 이곳의 실제를 접할 수 있고, 걷고, 느끼고, 알 수 있다. 오늘, 그것도 몇 시간 전에, 내가 파코에 아이들이 낚인 어머니들을 후원하는 모임에 참여하는 동안, 전혀 뜻밖에 자살을 시도한 사건을 마주치게 되었다. 열세 살짜리 알레얀드리토라는 남자아이가 자신의 판잣집의 나무 대들보에 목매달아 자살을 기도했다. 그의 어머니가 집에 도착하여 목을 매달아 거의 질식 직전의 아들을 발견했다. 기를 쓰고 아들의 목에 걸린 줄을 풀려고 하자, 그의 아들은 줄을 풀지 못하게 자기 엄마를 발로 찼다. 이런 상황에서도 그 어머니는 자식을 살려냈다. 이러한 일을 지켜보던 이웃사람들은 곧 그의 목숨을 살리고 진정시키도록 의료진들에게 연락을 취했다. 그는 근처 병원 응급실에서 돌봄을 받았다.

나는 알레얀드리토를 안다. 나머지 식구들과 함께, 그는 몇 해 동안 내가 돕고 있는 주민 센터의 레크리에이션 활동에 참여하고 있다. 그의 맏형인 클라우디오는 현재 내가 탁아소를 맡아 일하고 있는 씨우다드 오컬타로 나를 만나러 왔다. 우리는 정말 의미 있는 찐한 포옹을 했다. 포옹을 하고 나서 그는 곧 알레얀드리토가 나를 만나고 싶다고 했다. 그래서 다음날 나는 그를 만나려고 병원을 방문했다. 나는 알파요르라는 과자를 한 박스 들고 가서 그를 안아주었다. 그리고 나는 내 안에 있는 모든 용기를 끌어내어 그를 얼마나 사랑하는지, 그가 나에게 얼마나 큰 상처를 주었는지 솔직하게 말해 주었다. 결과적으로 온 세상이 그리고 세상의 모든 부분이 그에게 상처를 주어 일이 일어나기도 하고 일어나지 않기도 한다. 가난은 고통스럽다.

알레얀드리토가 어디에서 어떻게 자라났는지 생각하면서, 나는 그가 선택한 그 끔찍한 결정이 어느 정도 수긍이 갔다. 부에노스아이레스, 아니 더 나아가 아르헨티나의 나머지 지역에서 씨우다드 오컬타만이 가난과 처절한 빈곤의 진원지가 아니다. 2008년 가장 믿을만한 자료는 약 3천 8백만의 주민 중 거의 천만 이 빈곤에 시달리며, 거의 4백만이 노숙자라고 밝히고 있다.

씨우다드 오컬타에 관하여 다양한 편견과 잘못된 기준을 적용하기 때문에, 가장 먼저 분명히 해야만 하는 일은 사회-경제적 빈곤이 자연적으로 혹은 어쩌다 그렇게 이루어진 것이 아니라 경제, 사회, 정치적 유형으로 말미암아 생성된 결과라는 점이다. 극도의 빈곤은 우위를 점한 시스템 아래 어쩌다 생겨나는 이례적인 것이 아니라, 피할 수 없는 결과이다. 그것은 사회적 모델의 불균형에 근거한 것도 아니고, 바로잡아야 하는 붕괴나 이상에 근거한 것도 아니고, 해결하지 못할 문제도 아니다. 그것은 소수의 발전과 지속적인 부의 증대를 위해 완벽하게 설계된 사회·경제적 시스템이 가져다 준 불가피한 결과다. 소위 말하는 중산층을 이루는 사람들이 아니라 극소수의 사람들을 위해 다수를 소외시키고, 파괴하고 해를 끼치는 시스템의 결과다. 알레얀드리토는 많은 사람 중 한 사람에 불과하다. 알레얀드리토와 같이 이렇게 비참한 상황 속에서 살아가는 사람들이 수백만 명에 달한다. 이들 중 아주 몇 사람의 예외를 제외한다면, 사회적으로 출세하거나,31) 최소한의 경제적, 문화적 존엄을 느끼며 성장하는 것은 거의 불가능하다.

아르헨티나는 단순히 가난한 나라가 아니라, 정의가 실종된 나라다. 예전과 마찬가지로, 그리고 항상 그래왔듯이, 아르헨티나는 끝을 알 수 없는 불의한 나라이자 야만적인 나라로 사회, 법, 경제, 범죄, 정치, 노동계, 보건, 관료, 행정이 모두 썩었다. 부의 분배를 백분율로 나타낸 것을 보면 역사적으로 부자와 가난한 사람의 소득차가 점점 증가하는 것으로 보고된다. 부의 분배에 대한 방식 역시 건물주, 중요한 국영기업체, 다국적 기업으로 대변되는 극소수 엘리트들의 기호에 따라 결정된다. 이러한 부의 분배는 매스미디어, 정부, 전문적인 정치가 그룹, 억압된 힘 아래 추한 모습으로 일하는 모든 사람의 복잡한 관계 속에서 결정된다.

이러한 것과 더불어 지적해야할 또 다른 중요한 사안은 자신들이 살고 싶은 곳이 아니라, 살고 싶지 않은 씨우다드 오컬타 내 14만 평방미터

안에 전혀 계획되지 않은 채로 밀집해 사는 알레얀드리토와 같은 사람들이 만이천명이 넘는다는 사실이다. 당신이 그들의 말을 듣고 그들에 대해 좀 더 잘 알게 되면, 그들이 자신이 속한 사회와 환경 조건을 얼마나 싫어하는지 알게 될 것이다. 그들은 오물, 쓰레기에 대해 불평하며, 폭력을 슬퍼하며, 마약과 그 결과로 말미암아 끊임없이 고통 받으며, 일자리가 없어서 힘들어 한다. 그들은 이러한 방식의 삶을 증오하며, 주어진 삶의 환경이 너무 버거워, 두려움에 떨며, 쉽게 좌절한다. 그러나 이러한 상황을 변화시키도록 그들에게 주어진 자원은 턱없이 부족하다. 그들에게 그리고 다음 세대에 가능한 미래를 가져오기 위해 필요한 경제적 자원은 물론이거니와 감정적, 사회적, 영적 자원도 부족하다. 그들은 극심한 가난 속에서 살며, 피할 길이 없기 때문에 그것을 견디고, 받아들이며 살아간다.

고통 받는 세상의 많은 지역과 마찬가지로, 씨우다드 오컬타에서도 그리스도인과 교회의 모습을 발견하기는 매우 어렵다. 그리스도인과 교회의 활동 부재를 성경적 가치들을 배신한 것이라고 전혀 이해하지 않는 것은 최악의 모습이다. 사실 대부분의 교회는 그들에게 주어진 과제를 관련 소책자를 나누어주고, 강단설교와, 다양한 종교적 전도 전략을 사용하여 복음을 선포하는 것으로 이해한다. 대부분의 교회는 바깥의 타락한 사회 현실과 동떨어진 채, 스스로를 담장에 싸여 있는 순수한 에덴동산인 것처럼 이해한다. 그들은 사회를 개종시켜서 자신들이 세워놓은 담장 밖을 넘어가지 않도록 삶의 규모를 예식적 경험 안에 담아내려고 계획한다. 그러나 그들은 그들이 속한 사회뿐만 아니라 이웃조차 채 알아채지 못하는 모습의 공동체다. 쉽게 말하자면 그들은 세상과 아무런 차이가 없다. 그들은 실제 세상에서 아무것도 아니다.

그들의 리더들은 교회조직과 행정, 목회상담, 차마 눈감아주기 힘들만큼 얄팍한 주해에 근거한 주일 설교, 받아들이기 힘들만큼 현실과 동떨어져 있으면서도 지나치게 단순 도식화된 왜곡된 개념의 말씀을 적용하며 사는 모습을 선호한다. 그들은 가난하고 소외된 사람들의 그 어떤 고통도 거의 마음에 두지 않으며, 정부와 공무원의 부패에 대해서는 조금의 비평도 가하지 않는다. 사회적 참여나 문화적 동참에는 아예 소명도 없고, 따라서 사회영역에 참여하거나 변화를 꾀하려는 아무런 동기를 갖지 못한다. 다른 말로 표현하자면 평화, 정의, 평등, 진리를 위한 적극적인 사회참여를 그리스도인이 되는 방식이라 이해하지 못한다.

아르헨티나에는 유혈이 낭자한 독재권력과 전쟁, 공금횡령, 대학살, 정부와 기업의 동반타락, 고문, 유괴가 비일비재하게 일어난다. 이러한 일은 지난 30년 간 극에 달했다. 국가의 재산은 그 끝을 모르고 약탈당하고, 마약 거래와 그 소모량은 한없이 치솟으며, 가정폭력, 인종차별, 노동착취, 매춘, 아동학대가 도처에서 자행된다. 교육제도는 붕괴되었고, 은행은 사람들의 통장을 수탈해간다. 이러한 흉악무도한 행위 앞에서, 교회의 모습은 침묵하는 것이든지 아니면 목소리가 너무 미약해빠진 것이든지 둘 중 하나일 것이다. 이런 상황에서 많은 시민은 자신들의 시민권과 인권을 지키고, 환경을 보호하고, 폭력을 예방하고, 실직수당을 받으려고 여러 관련단체에 가입하고 있다. 조직화된 항의, 회의, 시가행진, 시위 등이 이루어지지만, 그 어느 것에도 교회는 공식적으로 참여한 바가 없다.

교회는 대부분의 사회 문제에 대해 언급하지 않고, 건설적인 그 어떤 모습도 보이지 않는다. 사회의 불의를 해체하거나 누그러뜨리는데 목소리를 낸다거나 일말의 기여나 참여의 모습을 보이지 않는다. 대부분의 교회 리더와 목사는 사회적 약자나 가난한 사람들을 변호하기 위한 섬기는 모습으로써의 헌신을 보이거나 그들에게 주어진 예언자적 책임을 수

행하기 보다는, 자신의 교회에 한사람이라도 더 출석시키려는 전략적인 방법에 더 많은 관심을 표할 뿐이다. 복음이 비극적으로 잘못 정의되고 복음에 대한 기대를 저버리는 것은 바로 교회의 사회참여 부재와, 관계 부족, 냉담함과 핑계에 기인한다. 이러한 모든 사실은 살과 피를 가진 보호가 필요한 사람들의 생명과, 필요와, 권리와 희망을 지켜주지 못함으로 말미암아 그들 중에 만연한 치명적인 교회에 대한 오명을 있는 그대로 설명해 준다.

의식적으로든 무의식적으로든 교회의 사회적 무관심이 무엇을 의미하는지는 정치적 관점에서 끊임없이 강조되어야만 한다. 교회가 침묵을 지키거나 무관심으로 일관하는 것은 현재의 권력과 견해를 말없이 후원하는 것과 같다. 기독교 공동체는 결코 정치적으로 악의가 없는 모습이거나 중립적일 수 없다. 그러한 태도는 사실 존재하지 않는다. 그러한 주장은 단지 교회를 변호하려는 사람들의 관심사일 뿐이다. 정의를 실천하는 사람들이 되는 것은 불의로 말미암아 고통 받는 사람들을 위해 구체적인 세상의 어느 선에 자신의 몸을 위치시킨다는 것을 의미한다. 그렇게 하지 않으면, 예배와 설교는 아무런 가치를 부여받지 못하며, 교회는 하나님의 편이 아닌 제도와 불의의 편에 잘못 서게 되고, 결국 파괴적인 질서의 도구나 메카니즘의 수레바퀴가 되고 말 것이다.

25장
정의로운 도시 주변
정의로운 도시 주변의 삶이란 무엇을 의미하는가?

윌 & 리사 샘슨

동떨어진 곳은 없다. 이것은 창조세계를 돌보기 위한 여러 대화에 늘 던져지는 문구다. 동떨어진 곳이라 여겨지는 장소란 정확하게 어디를 말하는 것일까? "동떨어진 곳"이 도시 주변의 개발지역 그 어느 지점을 이야기하는 걸까? 그리고 그렇게 멀리 떠나보냈던 곳으로 다시 돌아올까?

미국 사람들에게는 물론이거니와 전 세계 사람들에게 중부 아팔래치아는 동떨어진 곳이다. 보통 교외의 경험에서 멀리 벗어나 있는 장소로서, 우리가 사용하는 아이포드, 세탁기 및 전깃불의 전력을 위한 석탄 광산을 위한 것으로 이는 마치 히로시마에 투하된 폭탄처럼 강력한 폭발이 매일 산맥의 모습을 파괴하고 있다. 석탄 채광을 위해 산을 깎아낸 후에는 씻겨 내려온 석탄 가루가 엉겨 진창이 되고, 부서진 바위가 남겨진다.

리사 샘슨(Lisa Samson)은 약 20여권의 소설을 쓴 작가이다. 최근에 쓴 『퀘이커의 여름』Quaker Summer이란 소설은 Publisher's Review로부터 수상한 바 있으며 Christy Award에 추천되었다. **윌**(Will) 샘슨은 켄터키 대학의 사회학 박사과정에 학생으로 지속가능성 및 기독교 공동체에 대한 연구를 수행하고 있다. 세 자녀(타이Ty, 제이크(Jake), 귀니(Gwynnie)의 부모로서 복음의 부름에 구체적인 방법으로써 국제 기독교 공동체인 Commonality의 구성원이 되어 켄터키 렉싱턴에 거주하고 있다.

그리고 폭파로 말미암아 파괴된 탁자, 집을 물로 씻어내야 하는 일, 수도에서 흘러나오는 녹물로 말미암아 아이들을 목욕조차 시킬 수 없는 상황 속의 부모들 그리고 모든 것을 뒤덮는 갈색 매연에 찌들어 사는 가족들이 남겨진다. 그리고 미국 남동부의 하천을 오염시키는 산정상의 폭파로부터 남겨진 어마어마한 양의 금속파편들, 미국 전체의 어업에 영향을 미칠 정도로 빈약한 호수들, 환경에 민감한 노스 캘롤라아나의 애쉬빌과 같은 친환경 도시에까지 불어오는 아팔래치아 산맥의 오염된 공기32) 등, 제도적 피해도 남겨진다.

우리가 "값싼" 에너지 연료로 사용하는 석탄에 대해 이야기를 꺼내는 이유는 석탄으로 이익을 취하는 회사들이 산정상의 광산 폐기물을 청소하는 비용을 외부에 전가하기 때문이다. 그리고 우리가 교외의 집에 환한 불빛을 켜면서 경제적, 환경적, 인간적으로 정의에 관한 이슈들이 벽의 스위치와 관련 있으리라고는 조금도 깨닫지 못하기 때문이다. 비록 당신이 동부 켄터키나 와이오밍 혹은 콜로라도의 산간지대에서 멀리 떨어진 교외의 집에서 안락하게 이러한 불빛을 즐긴다 해도, 당신의 일상생활은 정의의 이슈들과 동떨어져 있지 않다. 만약 모든 믿는 사람이 매일 고백해야할 신앙고백으로써 정의의 쉐마Shema가 존재한다면, 사람들이 근교에 살든 살지 않든 상관없이 동떨어진 곳이란 없다고 말해야 할 것이다. 아마도 이 고백은 필요의 질문으로부터 도망치고 싶어 미국 교외에 살기로 선택한 아주 많은 사람에게 가장 중요한 고백일 것이다.

우리는 균등하지 못한 선택의 시대를 산다. 이곳 켄터키 렉싱턴의 식료품점에는 약 140개의 서로 다른 탈취화장품을 판다. 많은 사람은 매일 이메일과 SNS를 통해 전세계의 사람들과 연결한다. 대다수의 사람은 약 100년 전에 황실이 아니면 누릴 수 없는 상상하기 힘든 것들, 즉 네트워크를 이루며 온갖 생활양식을 창조하는 자유를 누리고 있다.

그러나 이러한 모든 것이 우리를 보다 완전하도록 만드는가? 이러한 정보들이 세상을 더 정의롭게 만들어 주는가? 어떤 측면에서 볼 때, 이러한 네트워크를 통해 우리는 정의에 대한 이슈들에 대해 더욱 많은 것을 알지 모른다. 다르푸르의 인신매매 및 인종청소를 반대하는 캠페인들이 현대 정보통신기술을 사용함으로 큰 도움을 얻고 있다. 그러나 만약 우리가 미국 교외에 살고 있다면, 우리는 매일 불의에 직면하여 살지는 않으며, 전세계에 대해 관심을 끄는 것이 이메일의 목록을 지우거나 페이스북의 그룹 하나를 삭제하는 정도로 쉽다. 우리 자신을 어떤 필요한 질문들에서 멀리하는 능력은 상대적으로 새롭고, 아마도 일시적인 현상에 불과할 수 있다. 즉 도시 밖 교외에서 일어나는 구조적 불의를 회피하는 것은 사실 인터넷의 페이스북 그룹을 떠나는 것과는 차원이 다른 일이다. 우리가 이 글을 쓰는 동안, 미국 경제는 은행, 대출, 보험 사업이 치명타를 입고 바닥을 치고 있으며, 고질적인 경제 불안의 깊은 수렁에서 헤어 나오지 못하고 있다. 최근 *The Atlantic Montly*라는 잡지는 미국 교외가 "슬럼화 될 다음 차례"는 아닌지 물었다.33) 이처럼 우리가 교외에 대해 사실이라고 믿는 그 무엇조차, 문화의 문제들을 회피하기 위한 장소가 되어 버려 아무런 진실을 제공해주지 않는다. 그러나 그 어느 곳도 동떨어진 곳이란 없다. 그러기에 "여기"라는 장소는 분명히 존재한다. 그리고 우리가 바로 여기에 있다. 그리고 바로 우리가 있는 곳에서 하나님께서 일하신다.

이것이 바로 예레미야 선지자가 끝을 치닫고 있는 왕국이자 하나님의 백성에게 말하고자 애썼던 것이다. 예레미야 29장에서, 그는 우리가 잘 아는 말로 다음과 같이 제시하였다. "너희를 두고 계획하고 있는 일들은 오직 나만이 알고 있다. 내가 너희를 두고 계획하고 있는 일들은 재앙이 아니라 번영이다. 너희에게 미래에 대한 희망을 주려는 것이다. 나 주의 말이다. 너희가 나를 부르고, 나에게 와서 기도하면, 내가 너희의 호소를 들어주겠다."렘29:11,12 이 성경구절은 우리가 희망을 갖고 미래를 기대하기 때문에, 인용하기 좋아하는 말씀이다. 그러나 몇 절만 앞으로 가보면, "너희는, 내가 사로잡혀 가게 한 그 성읍이 평안을 누리도록 노력하고, 그 성읍이 번영하도록 나 주에게 기도하여라. 그 성읍이 평안해야, 너희도 평안할 것이기 때문이다"7절라는 말씀이 나온다.

너희들의 평안과 이웃의 평안은 따로 떨어져 있는 것이 아니다. 이것은 하나님의 백성에게 있어서 너무나도 분명한 메시지이며, 현재도 이 사실은 변함없다. 하나님의 경영에서 따로 떨어져 있는 것은 없다. 여기에 그리고 하나님께서 초청하시는 곳에 우리가 있어야 한다. 그러므로 우리는 이 글이 추구하고자 하는 답을 위해 핵심 질문을 던져야 한다: 우리가 사는 교외의 삶에서 정의로의 부르심은 무엇을 의미하는가? 우리 교외의 이웃 속에서 일하시는 하나님을 보도록, 그리고 미국 교외에 정의를 향한 하나님의 맥박과 우리의 맥박이 함께 고동치도록 하려면 우리는 무엇을 해야 하는가? 정의로운 삶을 살기 위해 혹은 말도 안 되는 어떤 것을 위해 아주 쉽고, 편리하고, 열 가지 단계의 목록을 찾아나설 것이 아니라, 교외의 정의를 위한 질문을 던짐으로써 몇 가지 영적인 실천 사항을 제공하기 원한다.

첫 번째, 우리가 할 수 있는 것은 우리 자신을 세상의 불의와 분리시키는 생각을 통해 발상의 전환을 이루어야 한다. 즉 우리는 총체적인 생각과 총체적인 행동을 한다는 모델을 가져야 한다. 약 40년 전에, "세계적으로 생각하고, 지역적으로 행동하라"는 문구가 유행했다. 그것은 세계화를 쉽게 인식하도록 만들기에 훌륭한 발상이었다. 그러나 만약 산꼭대기를 깎아 없애는 이슈가 우리에게 가르쳐 주는 것이 있다면, 불의를 확산시키는 가공할만한 능력이 이제 "지역"과 "세계"에 더 이상 따로 존재하지 않는다는 것이다. 그러므로 교외에서 정의롭게 살아가야 한다는 부르심에 답하려면 아마도 우리는 지구 경제와 구분을 해야 할 필요가 있다. 이처럼 아시아의 인신매매, 아팔래치아의 환경파괴, 그리고 도시에서 자활하는 아이들은 모두 우리가 염려해야할 세상의 근심거리들이다.

우리는 의라는 성경적 개념을 충분히 실현하고자 "온전한wholly"이란 문구를 사용한다. 브라이언 맥클라렌이 『교외의 정의』*Justice in the Burbs*라는 글에서 묵상의 글을 통해 밝히듯이, 신약성경에 "의righteousness"라고 번역된 단어는 "고집스럽고 사회적인 단어로 인간관계에서 공평, 온전함, 올바르게 처우함, 공정함"34)을 생각나게 하는 단어다. 다른 말로 표현하자면, 이 단어는 총체적인 그림을 보여준다. 그리고 그렇게 함으로써, 당신이 교외의 삶에 대해 생각하고, 어떻게 그러한 것들이 정의와 관련되는지 생각하는 동안, 우리가 당신이 이러한 총체적인 개념으로 나아가도록 발상을 전환시키며 정의의 문제에 연결되도록 격려할 것이다.

그러나 큰 그림을 그리는 것은 감당하기 힘들만큼 어마어마한 일로 다가올 수 있다. 리사는 최근 스위스에서 에이즈에 의해 한 세대가 황폐화 되었다는 내용의 직접적인 정보를 접한 후 돌아왔다. 우리는 이러한 문제들을 어떻게 해결해야할지 모른다. 그러나 이러한 문제는 멀리에만 있는 것이 아니라 우리 이웃에도 있고, 전세계의 불의한 조직과 연결되어 있다. 가족들이 물질적인 번영과 재산에 대한 세대적 중독으로 고통당하고 있다. 이것이 바로 우리가 한 장소에 대해 장기적으로 헌신하도록 제안하는 이유다. 우리가 목격하는 수많은 불의는 더욱 더 나은 이웃과 "생활양식"을 찾고자 경쟁적으로 허세를 부리는 소비주의와 최신과 최고를 추구하는 욕구와 위로만 올라가려는 끝없는 욕망에 의해 조장된다.

그러나 한 장소에 대한 헌신은 우리가 만든 극도의 소비문화에 대해 가장 근본적인 변화를 이끌어 올 수 있다. 『목적이 이끄는 삶』에서 릭 워렌은 사람들에게 자신의 삶을 재조정하도록 목적이 있는 40일을 살아보도록 제안한다. 우리가 불의라는 문제를 해결하려면 더욱 더 많은 날을 필요로 할 것이다. 아마도 우리에게는 이 세상과 상반되는 상상할 수 없는 선택을 위해 40일이 아니라 목적이 있는 40년이 필요할지 모른다.

그러나 한 장소에 대해 제대로 헌신 하도록, 우리는 우리 회중이 종교적인 상품과 예배를 제공하는 사람들에서 윤리를 형성해나가는 공동체로 전환해야 할 필요가 있다. 모든 교회와 공동체가 여러 다양한 모습으로 이러한 일을 시행하는 것은 여간 흥분되는 일이 아니다. 우리 중 이미 많은 사람은 정의의 사람들을 형성하도록 의지적으로 함께 사는 공동체를 만들어 나가는 새 수도원운동New Monastics이 일어남을 알고 있으며, 우리는 이러한 현상에 박수를 보내야 한다. 마찬가지로 렉싱턴 지역의 교외에 위치한 한 대형교회 목사가 세계 기후 변화의 심각한 문제를 자기 회중에게 알리려고 일 년 동안 자전거를 타고 다니기로 헌신하였다.

에너지 소비와 관련된 이슈를 생각할 때, 그 어느 곳도 동떨어진 곳은 없다는 설명은 정말로 강력한 메시지를 전달해 준다. 문자 그대로 산맥이 석탄 채광으로 뚝 잘려나간 아팔래치아 근처에 살면서 우리는 이 사실을 뼈저리게 느낀다. 만약 당신이 플로리다 탐파에 살면서 당신이 사용하는 석탄연료가 이 산맥을 파괴한 결과라는 사실을 아는가? 당신이 사용하는 에너지가 어디서 오는가에 대해 알아보는 것은 아주 단순하지만, 불의한 에너지에 대해 취할 수 있는 중요한 행보다.35)

생각과 행동을 통합적으로 하기 위한 또 다른 행보는 우리 식료품과 관련 있다. 많은 미국사람은 너무 잘 먹는다. 그리고 그들이 먹는 이러한 식료품들은 수천 킬로미터나 떨어진 아주 먼 곳에서 지역 식료품 가게로 배달되는 것들이다. 그러나 중요한 것은 이러한 상황에도 불구하고 영양

결핍이 만연하다는 사실이다. 세계보건기구에 따르면, 그 어느 때보다 심장마비, 뇌졸중, 제2형 당뇨병으로 죽은 사람들이 전쟁, 기근, 에이즈, 결핵, 말라리아로 죽은 사람들보다 더 많다고 한다.36) 당신이 먹는 음식 및 세계와 지력을 재연결하는 쉬운 방법은 텃밭을 만드는 일이다. 많은 것을 심지 않아도 된다. 단지 토마토만이라도 심을 수 있으면 된다. 그러나 대부분의 사람은 먹거리가 얼마나 어렵게 만들어지는지, 우리 가족에게 유용한 칼로리가 어떻게 제공되는지 아무 생각도 하지 않는다.37)

끝으로 적어도 마을을 다닐 때는 자전거를 타거나 걸어 다니라는 말을 하고 싶다. 이렇게 이야기하는 것은 우리가 사용하는 기름이 생각보다 빨리 소모되리라는 것과 혁신적인 해결책들이 적기에 떠오르지 않기 때문이라는 현실적인 이유도 있다. 그러나 더욱 더 큰 이유는 당신이 한 시간에 100킬로미터의 속력으로 가면 볼 수 없는 것을 10킬로미터의 속력으로 가면 볼 수 있기 때문이다.

어쩌면 – 하나님께서 이미 당신의 마을에서 하고 계신 일들이 무엇인지 보도록 속도를 늦추라는 – 이러한 개념은 당신이 하나님의 사역에 동참하고, 정의라는 이슈에 적극적으로 참여하도록 우리가 할 수 있는 최고의 제안일지 모른다. 세계의 문제를 해결하려고 적극적으로 일하는 사람들이 적지 않다. 우리는 이러한 것들을 어떻게 해야 하는지 알지 못한다. 그러나 우리는 켄터키 렉싱턴에서 정의를 추구하는 사람들과 더불어 우리 일상의 삶에 헌신해왔고, 앞으로 남은 인생을 이 일에 헌신할 것이다. 이 모든 제안은 당신이 당신 주변의 사람들과 함께 하며, 당신이 처한 장소에 하나님나라를 가져오도록 하며, 당신의 가정과 이웃에 구체적으로 깃들게 하며, 보이지 않지만 당신의 식탁에 음식을 제공하는 사람들, 당신이 거하는 건물 벽의 콘센트에 전기를 제공하는 사람들에게 그리스도의 사랑을 깃들게 하는 구체적 방식이다.

26장

정의로운 시골
시골지역의 삶을 위해 어떻게 "풀뿌리" 정의를 실현할 것인가?

사라 페리

나는 전세계의 가난한 지역과 농촌지역에 사는 농부들에게 해를 끼치는 근본적인 원인 중 하나가 분야 간의 다툼에 기인한다는 말을 종종 듣는다. 아주 오랫동안 도대체 어떻게 이런 일이 일어날까 이해하지 못했다. 어렸을 적 남부 다코타에 있는 친척집 농장을 방문했던 경험을 토대로, 나는 저 멀리 수평선 끝까지 보이지 않게 빼곡히 심겨져 있는 콩과 옥수수 들판을 상상해 보았다. 평지의 농장들은 크고 넓었지만, 그 어디에서도 낙상이 일어날만한 곳 하나 없이 아주 평평했다.

그러나 도미니카 공화국으로 처음 여행을 갔을 때, 나는 그 곳의 시골 공동체에 사는 농부들이 어떻게 일하는지 알게 되었고, 엄청나게 많은 농부가 들판에서 낙상으로 다치며, 그것이 아주 위험하다는 사실을 알게 되었다. 가난한 농부들은 최악의 땅을 개간하도록 밀려났고, 이러한 땅은 거의 농작물을 생산해 낼 수 없을 만큼 심각한 불모지였다. 이러한 땅 대부분은 매우 가파른 언덕이나 산비탈을 이루고 있었다. 갑작스럽게 쏟

사라 페리(Sarah Ferry)는 여섯 개 국가의 공동체에 환경, 경제, 영적 프로그램을 제공함으로써 관련기관들을 돕는 기관(www.plantwithpurpose.org) 에서 일하는 평가전문가이다. 샌디에고에서 남편과 함께 살고 있으며, 농사를 통해 하나님과 연결되는 것을 좋아한다.

아지는 비가 그들이 일구어 놓은 토양의 영양분을 말끔히 쓸어가는 줄 알면서도, 농부들은 조금의 농작물이라도 얻고자 최선을 다해 이러한 땅을 개간한다. 후안 드 로스 산토스Juan de Los Santos와 함께 도미니카 공화국의 줌바도르Zumbador지역을 방문했다. 그는 자신이 일구어 놓은 가파른 언덕에 올라서서, 자기 농장 밑쪽에 나 있는 길을 손가락으로 가리켰다. 그는 "저기 길 맞은편을 좀 보십시오. 저기가 이제 제 농장의 흙이 자리 잡은 곳입니다. 내 농장에 있던 좋은 흙을 빗물이 다 쓸어가 저기 저 언덕 아래 길바닥에 갖다 놓았지요. 이제 내 농장의 땅을 다시 관리해서 가족을 부양하는 일은 쉽지 않게 되었습니다."라고 말해 주었다.

세상을 위한 하나님의 계획에서, 흙은 소모되는 것이 아니라 다시 채워지는 것이다. 그리고 인간은 자신들의 필요를 충분히 채우려면 흙에 의존해야 한다. 그러나 지난 여러 세기 동안, 인간들은 점차 하나님께서 원래 세워놓으신 계획, 즉 인간과 자연이 함께 어울려 서로 필요한 것을 주고받도록 계획해 놓으신 흔적을 놓치기 시작했다. 인간들이 그들에게 주어진 토지를 과도하게 착취하면서 고통이 시작되었고, 이러한 모습에 영향을 받은 세계의 시골은 가난한 모습이 되었다.

세계의 가난에 가장 큰 영향을 끼친 원인 중 한 가지가 삼림 남벌이다. 대규모 회사들이 목장경영 및 기타 이유로 지나치게 숲을 개간하였다. 그러나 더 심각한 것은 시골의 가난한 사람들이 숲의 남벌과 가난의 사악한 순환 고리에 낚여서 자기 손으로 더 빠르고 큰 규모로 삼림남벌에 참여한다는 현실이다. 전 세계의 가난한 시골 농부들은 도시인들이 필요로 하는 연료이자 그들의 일반적 수입원인 나무 숯을 얻으려고 삼림을 벌채한다. 나무 숯에 자신들의 수입원을 의지함으로 말미암아 이루 헤아릴 수 없을 정도의 삼림파괴가 이루어진다.

땅에 뿌리 내린 나무는 비를 흡수하여 땅에 수분을 머금고 있다가 샘에 물을 공급해 주는 스펀지 역할을 한다. 나무들은 토양에 영양분을 공급하며, 뿌리로 지하수를 정화시킴으로써 인근 샘물에서 깨끗하고 신선한 물을 얻도록 도와준다. 나무 숯을 만들려고 나무를 자르는 것은 땅을 메마르게 하고, 수원을 사라지게 하며, 토양의 영양분을 빼앗아가며, 토양 침식이 쉽게 일어나도록 만듦으로써 여러 마을에 해악을 끼친다. 이러한 것은 점점 더 많은 농부의 가난을 심화시켜 악화된 환경과 농산물 소출 감소 등 점점 더 큰 고통의 원인이 된다. 이러한 상황이 발생하면 생존을 위해 더 많은 사람이 삼림을 파괴하는 일을 하게 된다.

이러한 순환고리는 제대로 점검되지 않은 채, 세계에서 가장 심각한 가난으로 농부들을 몰아넣는다. 이 글을 쓰는 지금, 나는 삼림파괴가 진행되어 더 이상 농부들이 농사지을 수 없게 된 하이티와 도미니카 공화국의 국경을 건너고 있다. 어떤 마을들은 그 어떤 종류의 식용채소조차 자라지 못할 정도로 삼림파괴가 극도로 진행되었다. 아예 토지가 말라버려 나뭇잎과 나무껍질조차 남아있지 않은 상태이다. 그리고 어떤 사람들은 먹을 것이 없자 굶주림을 해결하려고 흙을 주워 먹는 절박한 모습까지 보인다. 하나님의 자녀들이 땅의 흙을 집어먹는 이러한 모습은 불의의 상징이라고 볼 수밖에 없다. 원래 계획된 모습과는 동떨어진 채 인류와 환경이 멀어져 있는 모습은 최종적인 비극이라 하겠다.

우리는 자연이 제공하는 것에 자신의 생존을 맡기며 매일을 살아가야 하는 전 세계의 가난한 이들의 목소리들을 잊을 수 없다. 왜냐하면 이들은 땅의 생태계에 직접 연결되어 있는 사람들이며, 그들의 노동은 토양, 나무, 바다, 강 속의 생명체로부터 비롯되기 때문이다. 만약 우리가 정의로운 환경에 대해 대화할 수만 있다면, 우리는 숲과 대지와 들판에 둥지를 틀고 사는 사람들과 대화할 수 있을 것이다. 발이 그들의 운송수단이며, 길은 비포장이다. 땅은 그들의 일터이며, 손이 그들이 가진 쟁기이다. 그들은 땅 위에 사는 사람들이 아니라 땅에 살고 땅과 더불어 사는 사람들이다. 이것이 시골의 가난한 사람들의 모습이다.

그러나 시골의 가난한 사람들이 안고 있는 모든 문제가 집 근처에서 시작되는 것은 아니다. 그들이 안고 있는 문제들 중 어떤 것들은 그들이 사는 마을이 아닌 수천 킬로미터나 떨어진 다른 나라에서 시작되기도 한다. 나와 같은 미국사람 중에 지구 저편에 사는 가난한 시골 사람들이 미 정부에 의해 얼마나 큰 영향을 받는지, 특히 미국 농무성의 법조항에 의해 어떤 처우를 당하며 사는지 아는 사람은 별로 없다. 이러한 법은 미국 정부가 옥수수, 밀, 쌀, 목화, 콩과 같은 필수 농작물의 가격을 지원하도록 규정한다. 이러한 보조금 지급은 본질적으로 미국의 거대 농업회사들이 자신들의 곡물을 생산단가보다 낮게 팔도록 가격조절을 허락하게 만들고, 이 기업들에게는 보조금을 지원받는 곡물들의 양을 많이 늘리는 대신에 후한 보상이 주어진다. 결과적으로 세계 곡물시장에 지나치게 많은 곡물이 공급됨으로써 전세계농작물의 가격 경쟁이 이루어지게 된다. 본질적으로 이 법안은 선택된 곡물에 보조금을 지원함으로써 세계 농산물 가격을 인위적으로 낮게 책정하도록 만들고, 결국 지구 저 멀리에서 전통적인 방식에 따라 농사를 짓고 농산물 가격에 모든 것을 의지하는 가족들과 시골 마을들을 경제적으로 황폐화시킨다.

이러한 경제적 불평등에 의해 압력을 받은 농부들은 필사적인 생존을 위해 건강하지 못한 농업방식과 삼림을 황폐하게 만드는 길을 선택하게 된다. 반드시 그렇게 될 수밖에 없는 이러한 절박한 방식들이 실패하면, 농부들은 그들의 농장을 완전히 포기하는 것 외에 더 이상 선택할 것이 없게 된다. 멕시코 정부는 1990년 중반이래로 그들의 농산물시장에 유입되는 미국 지원 옥수수 때문에 약 2백만 명이 넘는 시골 농부들이 자신들의 땅을 포기하고 쫓겨난 것으로 추정한다.38) 이전에 농부였던 사람들이 불법으로 미국에 입국하는 것으로 보아, 우리가 뿌린 정치적 혹은 경제적 불의의 씨앗이 이러한 불법이민으로 나타난 것이라고 말할 수 있다. 우리는 우리가 감당해야할 책임을 외면하면서 이러한 이민자들을 비난해서는 안 된다.

그러므로 미국 의회, 미국 농무성, 그리고 이 글을 읽는 당신이나 나와 같은 미국 유권자들은 멕시코 옥사카Oaxaca에 있는 믹스테코Mixteco농부들과 하나의 경제・생태 시스템으로 연결되는 것이다. 그의 농장은 황폐해졌지만, 그는 농장을 버리고 떠나고 싶은 마음이 없다. 그러나 우리가 정의를 추구할 수 없다면, 그는 자기 가족을 부양하려고 가족을 떠날 수밖에 없을 것이다. "나는 내 집이 있는 이곳에서 일하고 싶습니다. 나는 내 마을을 떠나고 싶지 않아요. 일용직으로 일하는 것도, 나의 노동력을 원하는 회사에 고용되는 것도 원치 않습니다. 내가 이렇게 말하는 것은 내가 여기서 살아왔고, 고통을 받아왔으며, 지금도 많은 가족이 버려지기 때문입니다. 만약 내 집이 있는 이곳에서 기회가 주어진다면, 나는 가족들과 함께 할 것입니다." 그의 궁핍한 처지는 이사야 선지자의 말을 생각나게 했다. 사41:17-20

> 가련하고 빈궁한 사람들이 물을 찾지 못하여 갈증으로 그들의 혀가 탈 때에, 나 주가 그들의 기도에 응답하겠고, 나 이스라엘의 하나님이 그들을 버리지 않겠다. 내가 메마른 산에서 강물이 터져 나오게 하며, 골짜기 가운데서 샘물이 솟아나게 하겠다. 내가 광야를 못으로 바꿀 것이며, 마른 땅을 샘 근원으로 만들겠다. 내가 광야에는 백향목과 아카시아와 화석류와 들 올리브 나무를 심고, 사막에는 잣나무와 소나무와 회양목을 함께 심겠다. 사람들이 이것을 보고 주님께서 이 일을 몸소 하셨다는 것을 알게 될 것이다. 이스라엘의 거룩하신 하나님께

서 이것을 창조하셨다는 것을 깨닫게 될 것이다.

플로레스타Floresta로 알려진 비영리 기관 "목적이 있는 작물"Plant with Purpose에서 일하면서, 우리는 성경적 정의를 이 땅에 실현하고자 노력한다. 하나님의 화해를 실천해야 하는 대리인으로서, 우리는 도시의 가난한 사람들과 땅의 화해, 먼 곳에 있는 부자들과 도시의 가난한 사람들과의 화해를 추구한다. 우리는 하나님, 땅, 그리고 사람들과 함께 나누는 관계회복을 통해 빈곤과 삼림파괴라는 악의 순환 고리를 끊고자 노력하고 있다. 이러한 분야에서 일하는 다른 기관들의 노력 및 우리기관이 기울이는 노력을 통해, 세계 구석구석에서 새로운 희망이 보인다. 이사야 선지자가 예언하였던 것처럼, 다시 나무를 심어 삼림을 살려내고, 지속가능한 농업기술을 개발하고 시골마을을 도우며, 가난하고 빈궁했던 사람들이 물줄기를 발견함으로써, 말랐던 곳에 샘이 다시 흐르고, 사막에 나무를 심어 다시 삼림이 우거지고, 버려졌던 땅에 소나무가 다시 심겨져 자라고, 이 일을 이루신 하나님의 능력을 고백하기 시작했다.

자연에는 쓰레기가 없다. 거기에는 버려진 것이 없고 버릴 것도 없다. 하나님의 아름다운 창조의 각 부분은 나름대로 목적이 있고, 위치가 있게 마련이다. 비록 원래의 목적과 분명한 목적이 이미 성취된 것 같아보여도 여전히 의미가 있다. 시골 농장에서 늘 볼 수 있는 퇴비를 예로 들어보자. 우리가 조금 관심만 가지면 냄새가 많이 나는 이 퇴비는 하나의 멋진 비유가 될 수 있다. 농부는 수확 후 버려진 찌꺼기들을 한 곳에 쌓아놓는다. 이 찌꺼기들은 그 누가 거들떠보지 않지만, 조금씩, 조금씩 썩기 시작한다. 땅 속의 벌레들, 곤충들, 그리고 미생물들은 우리가 쓰레기라고 여기는 이 찌꺼기들을 소중하고 새로운 흙으로 만들어 놓는다. 유기물이 풍부하고 농부들이 사용하기 좋은 훌륭한 비료로 만들어 놓는다.

이 퇴비에는 새로운 생명력이 있어 땅을 새롭게 하고, 이전의 땅보다 더 비옥한 땅이 되어 다음 해 수확을 위해 필요한 자양분을 공급해 준다.

이것이 바로 모든 것이 합력하여 선을 이룬다는 하나님의 정의다. 하나님의 세상에 있는 모든 것은 서로 연결되어 있다. 정치적, 경제적, 혹은 환경적으로 멀든 가깝든 아무 연관 없는 것은 존재하지 않는다. 여기 퇴비의 비유가 우리에게 상기시켜 주는 것이 있다면, 그것은 가난한 사람과 지구를 포함하여, 물건이든 사람이든 "쓰레기"나 "너무 늦은 것"은 없다는 것이다. 모든 것은 하나님의 정의와 지구 위의 조화를 드러내도록 더 나은 모습으로 변할 것이다.

나는 도미니카 공화국의 농부, 후안 드 로스 산토스에게 이러한 치유가 일어나고 새롭게 되는 과정을 보았다. 가파른 언덕과 상흔으로 척박해진 농장의 토양이 다시금 새롭게 되는 모습을 보이고 있다. 후안의 가파른 농장과 그 이웃의 농장들은 오레가노, 실란트로, 파, 파인애플, 콩, 야자 등 싱싱한 농작물로 다시금 호황을 누리고 있다. 이 농장들은 질 높은 농산물을 지속적으로 생산해 낼 것이다. 한때 그들의 농장은 불모지가 되어 버려진 땅이었으나, 이제 후안과 그 이웃의 농장들은 화해와 회복을 통해 정의가 무엇인지 경험하고 있다. 그들은 우선 땅과 화해하였고, 그들의 푸르른 농장들은 이제 이 땅 위에서 생명력 있게 자라나는 하나님나라의 상징이 되어 있다. 정의는 우리로 하여금 어떻게 우리 모두가 하나로 연결되어 있는지 보도록 요청한다. 가난한 사람과 그들의 땅, 도시의 소비자들과 시골의 농부들, 권력을 가진 사람들이 세우는 정책들과 가난한 농부 및 이민자들의 고통이 어떻게 연결되어 있는지 보도록 요청한다. 우리가 이러한 모든 것이 연결되어 있음을 볼 때, 그리고 그 모든 관계가 더 정의롭게 될 때, 우리는 후안 데 로스 산토스와 연결되고 풀뿌리 정의와 더불어 살아가게 될 것이다.

정의 프로젝트 5
정의로운 교회

27장

평범함의 힘

사회정의라는 주제에 대해
미국 복음주의자들을 어떻게 깨울 것인가?

샤나 니퀴이스트

오늘은 아주 평범한 화요일이다. 적어도 내게는 작가로서의 삶이나 엄마로서의 삶이나 각각 저마다의 호젓함이 있다. 그래서 오늘 내가 만나게 될 사람의 목록은 아주 짧다: 남편, 어린 아들 헨리, 그리고 아들을 돌봐주는 보모 린지, 그리고 만약 내 예상이 맞는다면 우편배달부와 택배직원을 만나게 될 것이다. 오늘 밤에는 내가 속한 글쓰기 그룹과의 모임이 있을 것이고, 아마 출석율이 좋다면 세 사람의 얼굴을 더 만나게 될 것이다.

오늘 아침 집안일을 하면서 나에게 주어진 주제, 즉 복음주의 교회가 정의에 대한 부르심에 사로잡혀 있다는 증거가 무엇인지 생각해보았다. 한 달 동안 매일 이사야 58장을 읽어보라는 친구의 권고를 따라 살면서 엄마의 삶은 변하였고, 그 변화 속에 어린 내가 있었다. 나는 엄마의 딸

샤나 니퀴이스트(Shauna Niequistsms)는 예배 인도자인 남편 아론과 아들 헨리와 함께 시카고 외곽에 살고 있다. 윌로우크릭 교회와 마스 힐 바이블 교회(Mars Hill Bible Church)를 섬기고 있으며, 첫 번째 책 *Cold Tangerines*은 일상생활에서 포착한 특별한 순간들과 하나님에 대한 증거를 엮어 놓은 수필집이다. www.shaunaiequist.com

이었다. 나의 뇌리를 떠나지 않는 모습들 즉 부당한 결박을 풀어 주는 것, 멍에의 줄을 끌러 주는 것, 굶주린 사람에게 자신의 먹거리를 나누어 주는 것, 떠도는 불쌍한 사람을 집에 맞아들이는 것과 같은 그 멋진 성경 말씀이 제시하는 정의가 무엇인지 나는 명확히 이해한다. 그리고 그 예언자의 말을 그대로 믿고 행함으로써, 우리는 오래된 기초를 다시 세우는 것이며 빛이 어둠 가운데서 새벽이 찾아오듯 밝게 될 것이다. 이 예언자의 말씀이야말로 정말로 멋지고, 아름답고, 삶에 기운을 돋게 하는 말씀이다.

대부분의 질문이 그렇듯이, 이 질문에 대한 답은 여러 측면으로 나에게 다가왔다. 정의에 대한 복음적 헌신의 증거는 월드비전World Vision, 월드릴리프World Relief, Opportunity International, 컴패션Compassion International과 같은 국제기구들의 이야기를 들어볼 때 아주 아름답고, 분명하며, 실수가 없어 보인다. 이러한 국제기구들이 가진 공통적 특징 하나는 그들이 여러 해 동안 자신들의 신념에 대해 거의 관심을 보이지 않았던 미국 교회와 대체로 분리해서 그 위대한 일을 진행해 왔다는 사실이다. 그들은 고마움의 표시가 없어도 자신의 기관이 세상에 알려지기 훨씬 전부터 교회나 그리스도인이 해야 할 일들을 열심히 해왔다. 그들은 목사들보다는 훨씬 더 자주 전문가들, 학자들, 변호사들, 의사들과 함께 일해 왔다. 내가 믿기는 우리 복음주의자들은 이러한 기관들에게 엄청난 빚을 지고 있다. 개인적으로나 전체적으로 우리가 가진 책임에 대해 눈을 뜰 때, 이 기관들은 고맙게도 그들이 오래전부터 행해왔던 일로 우리를 초청해 주었다. 여러 방식으로 그들은 현재 복음주의 운동가들이 설 수 있도록 묵묵히 자신들의 어깨를 내 주었다.

「소저너스」Sojourners라는 잡지는 또 다른 훌륭한 예다. 어머니는 몇 십 년 동안 「소저너스」라는 잡지를 읽고 계시며, 마치 그러한 신념을 받아들이지 않을 수 없었던 유일한 그리스도인이었던 것처럼 느끼시고, 온전한 정신으로 자신의 신념을 표현하셨다. 내가 다니던 윌로우크릭 교회에 정의가 요청되던 여러 순간 마다, 교회는 어머니가 카운터에 남겨놓은 「소저너스」에 실린 한두 가지 혹은 또 다른 이슈에 의해 영감을 받았고, 어떤 때는 매일 그렇게 남겨놓은 잡지를 아버지께서 읽기도 하셨다.

최근 복음주의 사회 운동에 빛나는 업적들 중 많은 것이 「소저너스」에 영감을 받은 교회들의 반응이거나 목회자들의 목소리에서 온 것이다. 예를 들어 크리스 세이Chris Seay는 크리스마스를 소비주의에 동참하기보다 이를 단호히 거절해야하는 재점검의 시기로 삼아야 한다는 비전을 갖게 했다. 그는 많은 사람과 함께 '대강절의 음모' Advent Conspiracy(www.advent-conspiracy.org)라는 프로젝트를 시작하여 전 세계의 가난한 사람들을 위한 크리스마스의 의미를 재발견하도록 도왔다. 이 글의 마지막 부분에 더 상세하게 설명하겠지만, 윌로우크릭 교회가 시행하는 희망의 축제는 네이슨 조지Nathan George와 나의 어머니가 시작한 프로그램이다. 이 프로그램은 목회자들이 자신들의 목소리를 사용하여 삶의 변화와 세계변화를 위해 그들이 속한 공동체에 소명을 줄 때 무슨 일이 일어나는지 보여주는 멋지고 사랑스런 증거가 되었다.

그러나 내 생각에 복음주의적 교회의 진보를 보인 가장 흥미로운 일은 바로 우리 집 세탁실로 빨래하러 내려가던 화요일 아침에 일어난 일인 것 같다. 나와 매일 삶을 함께 하는 사람들이 바로 지금 내가 글을 쓰는 동안에조차 정의를 따라 살고 정의에 대한 이야기들을 창조하고 있다. 만약 구호기관에 의해 시작되었던 이러한 강력한 일이 목사들과 교회 공동체에 의해 지속된다면, 그것은 열정적인 개인들의 일상이 될 것이며, 세상 구석구석에 있는 열정적인 여성들의 일상이 될 것이다.

우리 아이를 돌봐주는 린지는 날씬하고 갈색 눈을 가진 독자이자 작가이다. 내가 글을 쓰는 동안 린지는 헨리에게 조용히 여러 이야기를 들려주며, 함께 그림을 그리고, 먹을 것을 준다. 린지는 에이즈와 가난에 의해 황폐화된 남아프리카의 어떤 마을에서 몇 개월을 보내고 돌아왔다. 그녀는 미국으로 돌아와 국제개발학과에서 공부를 하고 학위를 받아 더 체계적인 모습으로 변화를 이끌어 낼 수 있는 사람이 되어 남아프리카로 돌아가고 싶어 했다. 며칠 동안 아침마다 린지는 헨리와 함께 집 앞 현관에서 풍선을 불고, 헨리를 데리고 공원으로 갔다. 그리고 헨리가 잠을 자는 동안 린지는 세계의 종교와 정치에 대한 논문을 읽고 글을 썼다.

내가 속한 글쓰기 그룹에 속한 로리와 그녀의 가장 친한 대학 친구 제인은 몇 년 전에 "선택된 희망"Chosen Hope이라는 비영리기관을 시작했다. 이 기관은 미시간 서부지역에 사는 가족들, 특히 어린이들을 초청하여 세계 도처의 어린이들을 돕는 기관으로 가난에 처한 아이들에게 교복, 기본 위생물품, 그리고 기타 생활필수품을 제공한다. 이들은 비영리기관의 세계를 경험해보지 않은 여성들이다. 한 사람은 세 명의 어린 아이를 키우는 엄마였고, 또 한 사람은 전임직업을 갖고 있었다. 그러나 이들에게 Chosen Hope은 하나의 배움의 과정이자, 모험이자, 믿음과 순종의 실습장이었다.

글쓰기 그룹의 또 다른 회원 루스Ruth는 교외 출신의 가정주부다. 그녀는 내가 아는 사람 중에 가장 아름다운 머리카락을 소유한 사람이다. 검정색 파마모양이 마치 머리에 자연 후광을 뿜어내는 듯 한 모습을 하고 있다. 그녀는 그랜드래피즈의 HIV와 에이즈 기관의 이사장으로 있다. 루스는 일 년에 몇 차례씩 남아프리카를 방문하는 여행을 주도하고, 대학과 교회에서 강의를 하며, 지역과 세계의 HIV/AIDS에 대한 글을 열정적으로 소개하고 있다. 그녀는 우리 마을에서 뿐만 아니라 국제적으로 에이즈에 대해 관심 있는 사람들의 멘토이자 연결고리가 되어 그리스도인, 비그리스도인, 게이, 일반사람, 에이즈에 감염된 사람 혹은 영향을 받은 사람, 이러한 전염병에 대해 전혀 알지 못하는 사람 상관없이 가는 곳마다 사람들과의 관계를 증진시키고 있다.

루스는 여러 해 동안 교회의 소중한 자원봉사자가 되었고, 마치 교회의 관심이 이러한 영역에서 멀어지는 것처럼 보일 때면 어떤 프로그램과 역할보다 이 일에 자신의 헌신을 쏟아 붓는다. 이런 모습으로 살아가고 여러 사람과의 관계를 아름답게 정리해 나가는 것은 이미 그녀의 삶에 뿌리 깊이 자리하고 있다. 그녀는 이러한 일들이 기관의 변덕에 의해 좌지우지 되어서는 안 된다는 사실을 잘 알고 있다. 감사하게도 교회는 지속적으로 이러한 일에 관심을 쏟고 있으며, 사람들은 분명하고, 지적이고, 용기 있는 시골의 한 가정주부가 어떻게 그러한 일을 훌륭히 감당해 내는지 놀라워하고 있다.

먼저, 이러한 일을 보면서 우리가 주목해야 할 것은 이러한 일을 이끌어가는 그들이 여성이라는 점이다. 약 50년 전에 이들은 교회의 주방이나 아이들 돌보는 일을 감당해야 했지만, 이제는 우리시대의 최전방에서 가장 중요한 일들을 감당하는 사람들이 되었다. 우리가 사는 지구촌에는 거리낌 없이 말하고, 대담하고, 용기 있는 모습으로 사는 여성들이 많다. 이는 우연의 일치가 아니다. 거기에는 그만한 이유들이 있다.

활동가로서 나의 어머니는 지구상의 가난과 에이즈는 기본적으로 여성들에 의해 주로 언급된다고 믿는다. 그 이유는 가난과 에이즈가 가정에 지대한 영향을 미치며, 남성들과 달리 여성들에게 가정은 쉽게 포기할 수 없는 영역이기 때문이다. 전통적으로 남자들은 땅, 권력, 통치에 관심을 보이고 이에 몰두해 왔다. 그러나 여성들은 포기하지 않고 가난, 질병에 마주하여 싸웠다. 나의 또 다른 친구는 대부분의 교회에서, 권력의 역할이 여전히 남성위주로 편제되어 있기 때문에 교회 안의 리더들 중에 능력 있고 활동적인 여성들을 위한 일에 대한 선택의 여지가 별로 없게 되었고, 역설적이지만 이러한 환경이 결국 많은 미국 여성 활동가들을 배출한 배경이 되었다. 이런 이유로 능력 있고 활동적인 여성들이 교회 밖에서 많은 의미 있는 일들을 찾게 되었다. 여성들이 그렇게 된 이유들을 모두 확실히 알 수는 없지만, 내가 아는 열정적이고, 교육을 받고, 적극적인 여성들이 이전의 교회에서는 결코 볼 수 없었던 창조성과 지혜를 갖고 정의의 부르심에 응답한다는 사실만은 너무나 분명하다.

이러한 여성들을 찾고자 멀리 찾아갈 필요가 없다는 사실도 주목하고 싶다. 이러한 여성들은 여기저기 떠돌아다니는 정보 속의 인물이나, 도시의 전설 혹은 신화 속의 인물이 아니다. 이러한 여성들은 내가 항상 보고, 매일 만나 이야기하는 사람들이다. 이러한 여성들이 속한 그룹은 나에게 교훈을 주고, 나를 후원하고, 내가 기여할 일이 무엇인지, 내가 목소리를 낼 필요성이 있는지 알게 해준다. 그리고 그게 뭔지는 잘 모르겠지만, 그 어떤 것보다 우정이 더 없이 소중하다는 사실을 일깨워준다.

정상적인 것이 뭔지 모르겠지만, 이들은 지극히 정상적인 기독교 여성들이다. 그들에겐 가정과 자녀들과 바쁜 일들이 있다. 자신들을 제외한다면 그다지 과격한 사람들이 아니다. 그들은 자신이 속한 영역의 한계를 넓히고, 질문하고, 답을 찾고, 그리스도께서 보여주신 급진적인 모습으로 살아가며, 이러한 특별한 일들을 아주 평범한 일로 만든다. 전 세계 구석구석에서 볼 수 있는 이러한 이야기들은 그들에게 특별한 일이 아니라 평범한 일이며, 그렇게 이들은 삶을 기뻐하며, 감히 말하건대 그러한 삶을 꿈꾸며 산다.

이 세상에는 항상 무엇이든지 빠르게 받아들이는 사람들, 적극적으로 운동에 참여하며, 분명한 태도를 취하는 사람들이 있다. 우리에게는 필요한 대화를 시작하고 항상 깨어있는 이러한 사람이 필요하다. 희망의 가장 위대한 표시는 무엇이든 빠르게 받아들이는 사람들이나 인기스타들이 이러한 일들에 어떤 힘을 실어주는 데 있지 않다. 그것은 평범한 화요일, 평범한 도시에서, 평범한 여성들이 정의와 선지자들의 부르심에 대한 반응으로써 자신의 손과 발과 영혼을 사용하여 세상을 더 아름답게 만드는데 있다.

평범한 복음주의적 기독 여성들이 정의를 추구하는 일로 말미암아 하나님을 찬양한다. 이러한 이야기들이 특별한 이야기가 아니라 점점 더 일상적인 이야기가 됨에 하나님께 감사한다. 그리고 그리스도인의 삶 속에 이러한 열정적이며, 지적인 정의를 실행하는 일이 축복받은 일상이 되어감에 하나님께 감사한다. 은혜와 용기로 매일 자신들이 하는 일을 창조적으로 감당하고, 강하고 대담하게 살아가는 다수의 여성으로 말미암아 그리고 이러한 일들을 일상적인 일들로 만드는 다수의 여성으로 말미암아 여호와 하나님을 찬양한다.

28장
"단지 우리들" 만이 아닌 그 이상의 것들
흑인인권운동 이후 미국 흑인 교회를 위한 정의

앨리스 배리모어

이것은 그리스도 안에 있는 하나님의 교회입니다.
이것은 그리스도 안에 있는 하나님의 교회입니다.
여러분이 교회에 참여하는 것이 아니라,
교회 안에서 태어나는 것입니다.
이것은 그리스도 안에 있는 하나님의 교회입니다.

소속과 믿음은 내 이야기이자 내가 늘 씨름하는 주제이다. 나는 여덟 살이 되면서 믿기 시작했고, 삼 대째 우리 가족이 "속해 있던" 동네 교회의 멤버가 되었다. 이 교회는 오순절 교단인 그리스도 안에 있는 하나님의 교회Church of God 1) in Christ(COGIC) 2)에 소속되어 있었다. 위에 기록한 노래는 내가 처음으로 배운 찬송가 중 하나이다. 이 노래 가사의 각 낱말들이 특정교단에 딱 맞기도 하지만, 그 가사는 언급되지 않은 사회풍조

앨리스 배리모어(Alise D. Barrymore)는 엠마오 공동체 교회를 개척한 여러 목사 중 한 사람이다. 예일 대학에서 학사학위를 받고, 맥코믹 신학대학원에서 목회학 석사를 마쳤다. 영성에 관련하여 목회학 박사학위를 받았다. abarrymore@theemmauscommunity.org로 연락가능하다.

가 어떤 모습인지 그대로 증거하고 있으며, 지역 교회의 회중석에 앉아 있는 미국의 흑인그리스도인이 가진 시각이 어떤지 보여주고 있다. 우리는 하나님께서 미흑인들에게 아주 특별한 방식으로 하나님 자신을 알리셨다고 확신한다. 또한 전해 내려오는 계시의 방식과 우리가 가진 독특한 예배 방식 모두가 고귀하며, 한 세대에서 또 다른 세대로 전해 내려온 것이라고 확인한다. 우리가 그저 믿음의 방식으로 "다시 태어난" 것만이 아니다. 거기에는 단순히 교회에 참여하는 것을 넘어선 교회의 회원됨이란 개념이 있다. 이는 일종의 친족관계, 확인, 수용, 자격부여를 의미한다. 흑인이 되는 것과 어떤 교단에 속하는 그리스도인이 되는 것은 흑인 교회 가족의 부분이 되는 것이다.

흑인교회3)는 미흑인들이 교제를 위해 모여 문화적 축제와 행사를 치르고, 가능한 협력들에 대해 토론하고, 구조적이고 개인적인 인종차별에 대한 대응책을 마련하고, 권위와 리더십을 시행하기에 안전한 공간이다. "출생의 잘못"으로 말미암아 남녀 흑인의 후손이 주류사회와 주류 문화로부터 차별 받게 되면서, 흑인들은 그들이 속할 장소, 공격이나 종파에서 자유로운 장소를 흑인 교회에서 찾았다. 인종적·민족적 정체성은 더 큰 그룹에게서 얻을 수 있는 혜택을 거둬들이기 위한 유일한 선결조건이었다. 실제로 우리는 인종·민족적 정체성을 선택한 것이 아니라, "그렇게 태어난 것"이다.

내 경험상 이러한 인종적·민족적 정체성과 종교적 유산의 관련성은 너무나 얼기설기 뒤엉켜 있어서 하나님에 대한 나의 첫 이미지는 노랑머리를 어깨 뒤로 넘기고 교회의 장의자에 깔끔한 모습으로 앉아있는 한 남자의 이미지로는 전혀 상상할 수 없었다. 사람들이 운집한 예배처소는 햇살만이 아니라 뜨거운 성령님의 현존으로 말미암아 열기가 후끈했다 어린아이로서 나는 하나님은 우리 교회의 입구 벽에 걸려있는 초상화 속의 남자처럼 생겼을 것임에 틀림없다고 상상했었다. 돌아가신 교회개척 목사님의 초상화를 제외하고는 그 초상화가 우리 교회 건물 전체에 유일하게 걸려있는 것이었다. 사진 속의 그 남자는 마틴 루터 킹 주니어였다. 그때가 1970년대였다.

    마틴 루터 킹 주니어가 전능하신 하나님이 아니라는 사실을 발견한 후로도, 그리고 내가 태어나기 이미 5년 전에 암살을 당했다는 사실을 안 후로도, 교회의 장로들과 리더들이 보여주었던 그 무엇으로도 마틴 루터 킹에 대한 상징은 조금도 줄어들지 않았고 무시할 수 없게 없었다. 그는 아주 분명한 모습으로 1950년대와 60년대 미국 시민운동에 대한 매력과 야망과 큰 뜻을 드러내주었다. 그의 말은 후에 로사 팍Rosa Park과 같이 널리 알려진 인물들의 행동과 잘 알려지지 않은 여러 사람의 이야기와 하나가 되어 평등한 출입, 자유로운 기회, 자원의 재분배, 인종적 자존심에 기초한 정의를 위한 부르심으로 모습을 드러냈다. 그의 존재감은 어머니의 땅 아프리카에서 온 형제와 자매를 존중한다면서 그들에게 아무런 권리를 부여하지 않고 현상유지에 급급해 했던 것들에 대한 강한 도전이었다. 그는 하나님이 인간에게 부여하신 가치를 신뢰하는 사람들의 믿음이 차별이라는 제도적 패러다임에 의해 그리고 존엄이라는 동일한 감각을 뿌리 채 뽑아버리려는 박해라는 개인적 음모에 의해 도전받을 때, 영성을 구체화시킴으로써 인식론적 불협화음을 진지하게 다루었다. 마틴 루터 킹에 의해 구체화된 시민운동은 흑인들의 의식개발이라는 차원에서 볼 때, 흑인 해방 신학4)을 태동시킨 인큐베이터의 씨앗이 배태된 순간이다. 교회에 있건 학문을 하건, 흑인이며 동시에 그리스도인이 된다는 것은 이미 요구된 정의를 위한 싸움에 참여하는 것을 의미하며, 이념, 사회정치, 경제, 문화적 억압에서 자유와 정의를 끊임없이 요청해 나가는 것을 의미한다.

어린 시절 내내 내가 들었던 수많은 설교가 얽히고설켜 만들어진 것이 바로 이러한 정의에 대한 소명과 헌신이었다. 권력의 재분배 한 가운데에서 성장한 협력과 관계의 창조를 위해 일하라는 이러한 청원은 끊임없이 지속되었고 너무나 강렬하였다. 그리고 받은 소명과 헌신을 행동으로 옮기라는 명령은 너무나 분명하여, 내게는 킹 목사가 살아있는지 죽어있는지조차 헛갈릴 정도였다. 그는 남아있는 사람들 가운데 여전히 살아있는 인물이며 의의 길을 걷는 사람들에게 빛을 비추어 주는 횃불이다. 결국 그의 희망은 우리의 희망이 되었다. 그의 꿈은 나의 꿈이 되었다. 내가 그의 뜻을 전부 이해할 정도로 충분히 나이를 먹기 전부터 그의 메시지는 나에게 어마어마한 부담을 주었다.

그러나 최근에 내가 설명하는 정의라는 길에 어떤 전환, 즉 어떻게 하면 내가 정의로운 방식으로 살아갈 것인가에 대한 변화가 일어났다. 나는 과연 미국 흑인 기독교라는 맥락에서 조금이나마 아니 대부분, 혹은 많은 사람이 보여주는 표준이 될 만한 규범이 있는지 확신이 없었다. 내가 여성신학적 관점에 헌신하는 안수 받은 X세대의 여성 교회개척목사라는 특정한 사회적 입지에서 말하고 있음을 인정한다.5) 그러나 나는 정의를 꿈꾸며 구체화하는 이러한 방식이 나의 인종·민족적 정체성과 끊임없이 변하는 포스트모던이라는 사회적 맥락에서 내가 받은 유산을 갖고 신실하게 살아가고자 하는 나의 헌신에서 온 것임을 잘 알고 있다. 아마도 이러한 것은 나와 유사한 정신을 갖거나 인생에서 비슷한 경험을 한 사람들이라면 그 적용과 타당성에 동의하리라 생각한다.

간단하게 말해서, 기본적으로 정의는 1950년대 및 60년대가 요구했던 것과 같이 더 이상 동등한 교육, 가능한 고용, 무제한적 연설이 가능했던 방식으로 정의될 수는 없을 것이다. 흑인을 백인과 분리해 놓은 것이 평등하지 못하다는 사실을 더 이상 부인할 수 없게 된 Brown v.

Board of Education of Topeka1954년, 흑인과 백인의 학교를 분리해 놓았던 것이 위헌임을 판정한 대법원 소송-역주의 법적 결정이 이루어지는 동안, 이러한 정의가 가져다주는 의미만으로는 충분하지 않았다. 왜냐하면 흑인들이 다른 인종적·민족적 유산을 가진 사람들(특별히 유럽 출신 후손들)과 함께 걷도록 격려되었고 그들과의 유사성을 인정받기는 했지만, 새로운 교제 범위6)를 갖기 위한 관계의 변화는 거의 일어나지 않았기 때문이다. 권력은 여전히 이전에 그들을 통제하던 사람들의 손에 남아있고, 정의는 압제자들에게 요구되는 것이라기보다는 억압받는 사람들에게 같아지도록 요청하는 모습이었기 때문이다.

근본적으로 정의란 음식 창고에 물건을 정리하듯, 옷을 나누어주듯, 비상시 도움을 주듯, 타인에게 자애를 베풀 듯, 동정의 행동을 할당하거나 연결 짓는 것이 아니다. 이러한 생색내기 식의 정의는 특히 재건시기 1865~1877에 두드러지게 나타났으며, 허리케인 카트리나에 의해 도움이 필요했던 위기 상황이나 보상을 위해 오랫동안 이야기를 질질 끄는 상황을 반영할 때 나타난다. 그러므로 비록 선하고 올바르고 필요한 것처럼 보일지 모르지만, 이러한 전시용 정의는 잘못된 것이며 자선을 베푸는 사람들의 여러 가지 감정과 연결될 수밖에 없다. 그러므로 관계는 눈에 보이지 않는 사람들에 대한 능력과 편애로 연결될 수 있다. 이런 상태에 서라면 참된 변화는 일어나지 않고, 보잘 것 없는 자선의 모습만 확대될 것이다. 즉 힘없는 사람들이 힘 있는 사람들의 자비를 구하는 모습만 남겨지게 된다. 정의는 아무것도 없는 사람이 많은 것을 가진 사람들에게 뒤처지도록 강요되는 모습도 아니고, 떨어진 부스러기를 다 챙기도록 강요하는 관계를 요구하지도 않는다.

끝으로 우리가 사는 현시대의 맥락에서 정의는 집단의 자율성과 개인 상황을 인정해주는 고마움의 차원을 넘어서야만 한다. 집에 딸린 노예가 미국의 표준이었던 17세기, 18세기 그리고 19세기 초에 나의 조상들은 이러한 자율성과 고마움을 구가했고, 이러한 것은 정의를 향한 초기에 매우 중요한 단계이기도 했다. 그러나 단순히 이론적인 가능성보다 정의와 자유가 실제로 경험되었기 때문에, 이론적 권리는 서로 다른 인종들이 서로가 동등한 파트너이며 손에 손잡고 더 나은 미래를 위해 함께 일하는 모습으로, 그리고 이러한 사실을 머리로 알고 가슴으로 느끼는 실제적인 인간관계로 구체화 되어야만 한다.

결국, 내 안에 솟아오르는 정의에 대한 감각은 이제 나의 인종적·민족적 역사와 유산의 관점을 넘어서 크게 확장되어야 한다. 즉 정의가 마치 미국흑인을 위해 우세 문화가 뭔가를 해야만 한다는 모습으로, 혹은 우리와 다르게 생긴 사람들의 움켜준 손에 들려있는 권력이 얼마나 뒤틀려져 있는지를 바라보는 관계로만 정의되어서는 안 된다. 우리의 초점은 사람들을 위한 정의다. 더 나아가 정의가 "단지 우리만"을 위한 것이어서는 안 된다. 정의는 이전에 억압받았던 사람들을 포함한 모든 사람에게 우리 주변에 채 들려지지 않은 다른 이야기들을 폭넓게 받아들이고, 주저함 없이 받아들이는 정중함을 요구한다. 물론 미국흑인들에게 자신의 이야기에만 헌신하지 말도록 요구하는 것은 쉽지 않다. 왜냐하면 무엇인가 우리의 여정이 필요로 하는 일을 수행하려고 우리만의 독특한 모습을 준비시키는 리더십의 역할과 책임을 거절해서는 안 되기 때문이다. 나중된 자가 먼저 되고 특권을 가진 자의 위치가 뒤바뀔 수 있는 하나님나라의 정신에서, 뒤처진 자로 인식되었던 무엇에서 겸손한 리더십의 자리로 옮겨가는 그 소명을 우리가 직접 끌어안아야만 하기 때문이다.

무엇인가 인도해달라는 부탁을 받을 때면, 나는 현재 우리시대가 요청하는 정의가 단순히 특정한 그룹의 시민권에 대한 것만이 아니라 모든 사람의 인권을 위한 것이라는 확신을 갖는다. 그렇게, 정의는 사람들이 속한 그룹을 넘어선 모습으로 개발되고 강화되어야만 한다. 즉 정의는 인종 분리가 아니라, 인종화해, 조화, 통합을 향해 나가야 한다. 화해는 올바른 관계, 조화로운 일치, 적극적인 협력 안에 있는 것을 말한다. 이러한 화해는 구약 성경이 말하는 "이리가 어린 양과 함께 살며, 표범이 새끼 염소와 함께 누우며, 송아지와 새끼 사자와 살진 짐승이 함께 풀을 뜯고, 어린 아이가 그것들을 이끌고 다닌다"사11:6는 비전을 다시금 바라보고 이를 끌어안을 때 쉽게 이루어진다.

영향력 있는 사람들이 권력을 포기하고, 그들이 가진 탐욕의 기질에 저항할 때, 정의가 강물처럼 흐르기 시작할 것이다. 약자가 힘 있는 자를 받아들이고, 박해자로서 이전에 사용한 잘못된 방식의 권력을 거부할 때, 정의가 마르지 않는 강처럼 흐를 것이다.암5:24 힘을 가진 사람들이 앞장서서 약한 사람들을 인정하고 그들에게 용기를 북돋우어 줄 때, 그리고 자신을 전문가라고 생각하는 사람들이 그들을 따르는 사람들에게 확신과 기쁨을 줄 때, 그것이 바로 우리 하나님께서 원하시는 자비롭고 겸손히 정의를 시행하는 것이 될 것이다. 힘 있는 사람과 권력을 가진 사람으로 생각되지 않는 그리스도와 함께 걷는 모습으로 우리의 행보를 의도적으로 바꿀 때, 우리는 하나님나라의 정의를 먼저 구하는 것이다. 겸손히 그리스도와 함께 행하며, 힘없는 사람들과 함께 깊은 연대감을 갖고 함께 행진해 나아가야 할 것이다. 모든 사람이 형제 · 자매가 되어 서로를 기뻐하는 "우리만이 아닌" 진정한 가족과 공동체 안에서 진정한 사람됨의 기쁨에 대해 배우게 될 것이다. 왜냐하면 예수를 통해 우리는 함께 하나가 되는 새로운 방식으로 태어났기 때문이다.

29장

정의를 위한 고난

정의를 추구하는 비용을 어떻게 치르며 어떻게 정의에 참여할 수 있을까?

애니미 보쉬

양측의 반대급부가 충돌하였을 때 누군가 양측을 화해시키려고 중간에 끼어들면, 종종 이 중재자가 공격을 받고 무너지기도 한다.7) 이러한 일은 예수에게도 일어났다. 이것이 십자가가 보여주는 모든 이야기이기도 하다. 예수처럼 만약 우리가 하나님나라와 정의를 추구한다면, 만약 우리가 화해의 사역이라는 예수의 일에 동참한다면, 불의의 고통을 기꺼이 받아들이는 것만이 불의를 극복하는 길이 될 것이며, 동정심만이 다른 사람들의 고통을 달래기 위한 유일한 길이 될 것이다.8) 그러므로 정의와 화해에 이르는 길은 종종 고통의 음침한 골짜기로 우리를 인도할 것이다.9) 만약 우리에게 압제자와 억압받는 자 사이에 서고자 하는 용기가 있다면, 우리는 "사람들 중간에 낀" 모습으로 예수의 일에 동참하게 될 것이며, 우리를 향해 공격의 화살이 날아오는 것을 늘 경험하게 될 것

애니미 보쉬(Annemie Bosch)는 교육학 및 신학을 공부하였고, (봄바나랜드(Bomvanaland)와 추웨인(Tshwane)에서) 남아프리카 사람들 가운데 정의, 화해, 용서, 관용, 상호 이해를 증진하는 삶을 살고 있다. 남편 데이빗과 함께 살며 슬하에 일곱 명의 자녀와 20명의 손자손녀, 한 명의 증손이 있다.

이다.

남아프리카의 상황

예수의 제자로서 나는 남아프리카에서 글을 쓴다. 남편 데이빗 보쉬 David Bosch를 비롯한 많은 사람과 함께 나는 우리나라에 존재하는 어마어마한 불의에 대해 싸우고 있다. 그러나 남아프리카에서 우리가 경험하는 것은 극적이긴 하지만, 거기에만 있는 독특한 문제는 아니다. 어떤 믿음을 가진 사람 혹은 아무런 믿음도 갖지 않은 사람들이 정의를 위해 일어서야 할 때는 언제든지 그에 따른 값을 치러야 한다.10)

약 3세기 동안, 남아프리카는 유럽 혈통을 가진 소수의 사람들에 의해 통치를 받았다. 이러한 소수의 통치자들은 다수의 "토착"아프리카 사람들에 비해 얼마 안 되는 자신들의 수적 열세를 인식하며 엄청난 위협을 느끼게 되었다. 공포에 의해, 민족주의 정부는 인종적 갈등을 일으켜 자신들이 갖고 있는 권력의 지위를 보호하였고, 인종 분리정책을 써서 자신들의 이익을 도모하였다.11) 그렇게 그들은 분리주의 정책을 고안해냈다.12) 검은 색 피부를 가진 사람들에게만 적용되는 이 인종분리법은 인종차별을 합법화했고, 이 법은 백인이 아프리카 땅에 첫발을 디딘 그 순간부터 남아프리카 사회의 일부분이 되었다. 흑인들을 향한 불평등과 불의가 악한 상황을 더 나쁘게 만들었다. 이러한 일이 유럽인들이 식민통치를 시행했던 다른 모든 곳에서도 일어났다는 사실을 기억하는 것이 중요하다.13)

그들이 영국인의 후손이든 네덜란드의 후손이든 남아프리카에 사는 백인들은 끊임없고 생생한 두려움 속에 살았다.14) 우리는 세 가지 위대한 "위험"에 근거한 끊임없는 두려움 속에서 살아야 한다는 가르침을 받았다. 흑인의 위험, 로마 가톨릭의 위험, 그리고 공산주의의 위험을 두려워하며 살아야 한다는 가르침이다. 남아프리카에 사는 백인들은 이러한 위협들 중 한 가지라도 감지했다고 생각할 때마다, 당장 방어 모드에 돌입한다. 이 방어모드는 사실 공격모드이기도 한데, 이것이 의미하는 바는 아프리카주민을 위협하는 것은 사실 자신의 안전에 두려움을 느꼈기 때문이라는 것이다. 그러나 거꾸로 백인을 두렵게 하면 많은 사람이 끔찍한 불의의 고통을 당해야 했다. 우리가 인종분리주의의 수혜자인 것처럼 가정하더라도 어떤 사람은 우리가 고통 받는 이웃과 함께 연대해야만 하고, 인종적 화해를 이루도록, 인종차별이라는 불의에 항거하도록, 그들과 함께 일해야만 한다는 사실을 잘 알고 있다.

우리가 정의를 위해 일어설 때

불안과 분노, 공격과 복수가 뒤엉켜있는 수많은 이야기의 줄거리들은 불의의 상황들로 다음 이야기를 몰아간다. 과거와 현재의 상황과 다른 미래를 이루려면, 우리는 먼저 현재 불의한 상황을 빚어내는 이러한 복잡한 공포, 반응, 동기 및 이야기들을 제대로 이해하도록 애써야 한다.15) 어떤 두려움과 욕망이 우리를 만들어 가는가? 왜 우리는 그 당시 우리가 행했던 일이 옳다고 생각했을까? 다른 사람들의 고통을 충분히 이해하지 못하도록 방해한 것은 무엇이었는가? 우리를 갈등으로 몰아간 배경에는 어떤 신념과 가치관의 차이가 존재하는가? 공평과 동정심을 잃게 만든 것은 무엇인가? 만약 우리가 이러한 질문들에 대해 정직한 모습으로 생각하고, 기도하고, 말하고, 들을 수 만 있다면, 그때 우리는 언제든지 상호 이해와 화해를 위해 일하며, 언제든지 억압당하는 사람들의 원인을 지지하면서 담대하고, 비폭력적이고, 존중하는 태도16)로 불의한 시스템에 직면할 수 있을 것이다.

내 생각에 하나님의 정의란 눈에 보이지 않는 사랑을 눈에 보이도록 만드는 것이다. 하나님의 치유하는 정의는 세상이 아무 거리낌 없이 보여주는 복수심을 불태우는 그런 류의 "쉬운" 정의가 아니다. 하나님의 치유하시는 정의는 근본적으로 불의한 사람들에게 즉시 보복하거나 처벌하는 것이 아니라 선으로 악을 이기며, 사랑으로 두려움을 이기는 것이다.17) 이것은 그저 감성적인 느낌이 아니라 강렬하고 분명한 비폭력적 행동, 저항, 증언을 통해 악을 거스름18)으로써 "정의를 갈구"19)하는 사랑이다.

아프리카에서 인종격리정책이 시행되는 동안 많은 사람이 경험하였듯이, 불의를 지지한 사람들은 자신들의 통치기간을 연장하고자 반대자들을 척결하는데 있어 어처구니없을 만큼 기발한 생각을 갖고 있다.20) 예를 들어 특별 전담반The Special Branch Police, 21)이라 불리는 경찰은 당신과 당신 주변에 애매한 분위기를 만드는 일을 먼저 시작한다. 그들은 우선 당신의 친구들과 친척들에게 당신이 어떤 사람인지 질문하면서 작업에 들어간다. 때때로 당신을 정식으로 반대하기 전에 몇 년을 보내기도 한다. 이러한 방식으로 그들은 당신이 불안하고 불편해 할 상황을 확실히 준비한다. 그런 후 다음과 같은 일이 뒤따른다.

- 집이나 직장의 전화를 도청함22)
- 당신이 보내거나 받는 편지를 읽어봄23)
- 다양한 수준의 차별
- 당신의 협회활동, 연설, 양심 혹은 여러 종류의 자유나 행동을 제한함
- 당신이 속해 있거나 가입하고자 하는 그룹에서 소외시킴24)
- 당신을 무시하거나 소외시켜 주변인물로 밀어냄
- 굴욕을 줌25)
- 경제적 불이익

- 중상모략26)
- 정황과 상관없이 의도적으로 당신의 말을 인용 함27)
- 사람들이 당신에 대해 부정적인 감정을 갖도록 하고자 노골적인 사진을 텔레비전이나 방송매체에 사용함28)
- 실직29)
- 주택 억류
- 추방30)
- 재판 없이 구금시킴31)
- 신체적 학대 및 고문
- 살인32), 때때로 교통 "사고"33)를 가장해 이루어짐
- 가족 구성원 유괴
- 구금 특히 독방에 가둠34)
- 집에 화염병을 투척하고 재산을 방화함35)

이러한 협박은 저마다 뚜렷한 흔적을 남긴다. 이러한 협박이 시행될 때마다 피해자는 괴로움에 사무쳐 복수할 방법을 찾게 된다. 그러나 복수는 하나님의 뜻도 아니며 우리가 해야 할 일이 아니라는 사실을 분명히 기억해야 한다. 우리가 복수한다면, 더욱 더 심한 폭력, 더욱 더 심한 분노, 더욱 더 심한 불의를 일으킬 뿐이다. 왜냐하면 폭력은 항상 폭력을 낳기 때문이다.36) 간디가 말한 것처럼 "눈에는 눈"이라는 불의한 접근 방식을 따르는 것은 전체 세상을 장님으로 만드는 일이다.37) 하나님께서는 그의 사랑과 용서를 통해 우리를 이러한 자기 파괴적 태도에서 자유롭게 하시는 분이시며 우리에게 용서할 수 있도록 은혜를 베푸는 분이시다. 인간적으로 말해서, 정의를 사수하려고 수많은 사람이 감당했던 그러한 끔찍한 고통을 우리가 쉽게 용서할 수 있는 길은 없다. 그러나 용

서 없이, 치유나 희망도 발견할 수 없을 것이다.38)

불의의 희생자처럼 직접적으로 고통 받는 사람들이나 정의를 실현하기 때문에 고통 받는 사람들은 위로와 치유를 받아야 한다.39) 그러나 단순히 이러한 사람들에게만 위로가 필요한 것은 아니다. 1994년 4월말 남아프리카에서 자유롭고 공정한 선거를 치른 직후, 데스몬드 투투Desmond Tutu는 자신의 두 팔을 한껏 펼쳐 보이며 "우리는 자유롭습니다. 우리는 자유롭습니다. 백인, 흑인 상관없이 우리는 자유롭습니다." 라고 거듭 천명하였다. 그가 말하는 "우리"에는 박해자와 억압받는 사람들을 포함한 모든 사람이 들어있다. 그리고 내가 사는 소웨토남아프리카에 있는 가장 큰 흑인 도시의 그 군중을 향해 불의한 가해자가 치유가 필요할 때조차40) 사랑으로만 악을 극복할 수 있다는 사실을 강조하였다. 그는 종종 가해자들이 자신들이 하는 일이 옳다고 확신한다는 사실을 알았기 때문이었다. 예를 들어 인종분리 정책이 시행되었던 기간 동안, 남아프리카의 국방부에 의해 징집된 사람들은 제도적인 세뇌를 당했다. 그 결과 많은 사람이 그들이 군에서 행하는 모든 것이 하나님의 뜻이라고 철저히 믿게 되었다. 그들은 불의, 공산주의, 테러에 대해 싸웠는데, 정말 그들이 그렇게 믿었을까? 의심이들 정도였다. 분명히 그들은 하나님 편에서예수 시대의 열심당이 자신들이 하나님의 뜻을 행하도록, 자신의 나라를 점령한 로마군을 하나님의 진노를 대신해서 처벌해야 한다고 믿었던 것처럼, 41) "정의를 갈망"하였다. 이러한 확신 때문에, 그 때 징집당한 수많은 사람은 새로운 남아프리카가 태동한지 15년이 지난 지금까지도 여전히 치유가 필요하다.

남아프리카의 "탄생"42)후, 얼마 되지 않아 진실과 화해 위원회TRC가 하나님의 치유하시는 정의가 무엇인지 설명하였다. 그러나 진실과 화해 위원회의 훌륭한 노력에도 불구하고, 가해자도 피해자도 충분한 상담을 받지 못했다. 결국 양쪽 그룹 출신의 많은 사람이 과거에 의한 상처 때문에 국가의 미래를 위한 책임을 떠맡지 못하게 되었다. 이전의 희생자였던 사람들은 종종 자격을 부여받고 싶어 하는 태도를 취하였고, 아무런 권력을 행사할 수 없게 된 가해자들은 스스로 뼈아픈 세계로 기어들어가 스스로 위축되었고, 결국 자신들의 취미에만 관심을 두게 되었다. 스스로 자격을 부여 받고 싶어 하는 태도든, 뼈아픈 세계로 기어들어가는 위축된 태도든 모두 다 더 불의한 모습으로 인도되어 그 나라의 고통을 지속하는 새로운 상처가 되었다.

예를 들어 이전에 희생자였던 사람들과 가해자였던 사람들 중 많은 사람이 남의 죄를 짊어지는 희생양을 찾게 되었다. 어쨌든 살아남은 자들 중 우리와 다른 사람들이 희생양의 표적이 되었다. 특별히 외국 사람들이 쉽게 공격을 받게 되었다. 2008년, 우리는 "불법이민자들"에게 아주 잔인한 폭력을 행사하는 폭동을 목격하게 되었고, 결국 새로운 분노, 새로운 원한, 새로운 괴로움이 탄생하게 되었다.43) 희생자들을 보호하려들면 누구든지 희생자들과 똑같은 처우를 받게 되었다. 물론 남아프리카만 그런 인종말살의 두려움을 겪은 것이 아니다. 여러 시대를 거쳐 모든 나라가 외국인들에 대한 그들만의 공포와 염려를 갖고 있었다. 성경이 우리에게 낯선 사람을 사랑하고 그들을 공평하게 대하라고 명령한 것은 의심의 여지가 없다.44)

2008년 6월 말, 우리는 국영텔레비전방송에서 고뇌에 차있는 데스몬드 투투를 보았다. 인종분리주의 기간 동안 그랬던 것처럼, 그는 "이 사람들은 하나님의 형상으로 창조된 사람들입니다! 당신들이 그들에게 행하는 것이 곧 하나님께 행하는 것입니다!"라며 큰 소리로 외쳤다. 수많은 예수의 제자들이 일어나는 일에 대한 공포를 함께 나누었지만, 이에 대해 뭔가 할 수 있는 사람들은 극소수에 불과했다.45) 종종 이러한 무력증은 갈등해결에 있어 실제적 훈련 부족과 무지에서 온다.46)

악에 맞서다

만약 우리의 심장이 불의한 악과 맞서도록 몰아간다면, 그리고 네 가지 기본원칙을 세우지 않으면, 의도하지 않은 불의한 일을 더할지도 모른다. 첫째, 우리는 "영광"이라 명목아래 고통혹은 순교을 추구해서는 안 된다.47) 자랑하고 싶어서 명성과 환호를 추구하는 것고통과 죽음을 통해서까지은 우리의 사역을 더럽히는 일이며, 전혀 원하지 않았던 부정적인 결과들을 보장하는 행위이다. 바울이 말한 것처럼, 우리는 우리 몸을 불사르게 내어줄 수 있다. 그러나 사랑이 없다면, 순수한 동기에서 그렇게 한 것이 아니라면, 그것은 아무 것도 아니다. 둘째, 불의 때문에 우리와 맞서고 반대하는 사람들의 존엄을 무시해서는 안 되며, 무시하는 대신 담대한 믿음으로 겸손한 모습을 유지해야만 한다.48) 어떤 사람의 행동이 불의하다는 분명한 확신이 들 때조차, 우리는 비판적인 자세를 갖지 않도록 조심해야 한다.49) 고린도전서 10장 12절그러므로 서 있다고 생각하는 사람은 넘어지지 않도록 조심하십시오에 기록된 것처럼, 우리가 불의하다고 생각하는 사람들을 마주대할 때 마레타 마르텐스Maretha Maartens의 경고를 기억하며 신중을 기해야 한다: "가장 끔찍한 잘못의 씨앗은 우리 내부의 토양 안에 숨겨져 있어, 가장 알맞은 시간에 싹을 틔울 준비가 되어 있다." 우리의 태도가 다른 사람들의 반응에 영향을 미친다는 사실을 기억해야 한다.50)

셋째, 불의와 싸우기 위해서라도 결코 속임수, 폭력, 혹은 그 어떤 불의한 방법도 사용해서는 안 된다는 사실을 확실히 해야 한다. 예수께서 말씀하신 것처럼, 우리는 "이리들 가운데 있는 양처럼"51) 움직이고, "비둘기처럼 순결하고 뱀처럼 지혜롭게"52) 행동해야 한다. 마지막으로 우리는 우리 자신의 영혼에 관심을 기울여야 한다. 그렇지 않으면 우리를 부당하게 대한 사람들에 대해 분개하는 모습이 우리 안에 똬리를 틀어 우리 자신이 가장 악한 원수의 모습을 보일 수 있으며, 거기에서 뼈아픈 고통이 백배나 더 악화될 수 있다.53)

직접 알지는 못하지만, 간접적으로 알고 있는 수많은 사람과 수많은 내 친구를 비교해볼 때, 내가 인종분리정책을 상대로 싸우는 동안 나는 매우 제한적인 방식이지만, 고통을 경험하였다. 예를 들어 내가 소속교단에서 해고당하였을 때, 그것은 적지 않은 상처가 되었다. 인종분리정책을 후원하는 근본주의자들은 그들의 진실성을 보장받고자 성경을 통해 자신들이 말하는 정당성을 획득하기 원한다. 그래서 그들은 나와 내 남편이 변호할 여지가 없는 내용을 지키려고 성경을 잘못 해석하는 개혁주의 교회를 비판할 때 커다란 위협을 느낀다. 내가 해고당하였을 때, 나는 인생의 쓴 맛을 보았다. 나는 선한 그리스도인은 결코 쓴 맛을 경험하지 않을 것이라고 믿었기 때문에 나의 고통은 정말로 강렬했다. 특히 내가 갖고 있던 자아상이 나 자신을 되레 비난하는 모습을 경험하였기 때문에 더욱 참담했다. 진실을 말하려고 나를 해고 시킨다는 목사들로 말미암아 큰 상처를 받았지만, 실제로 내가 보이는 건강하지 못한 반응이 나에게 더 큰 상처가 되었다.

실제로 큰 고통을 당했지만, 이제 더 이상 쓴 뿌리를 갖고 있지 않은 여러 명의 친구와 함께 나는 목회자로서 신임을 잃게 된 것에 대해 밑도 끝도 없는 대화를 3년간 지속하였다. 나는 그들 모두가 분노의 시기를 지나왔다는 사실과, "쓴 뿌리란 우리가 희망 속에서 취하는 독으로써 누군가를 죽이는" 방법이라는 사실을 알게 되었다. 나의 믿음과 정의에 대한 강한 느낌과 상관없이, 나는 단지 옆 사람처럼 죄에 민감한 사람이라는 사실을 받아들였을 때 비로소 해방감을 느낄 수 있었다. 나는 균형 잡힌 견해와 치유를 위해 하나님의 사랑, 용서, 은혜, 후원, 시간 및 다른 사람들의 통찰력이 필요했다.

우리는 불의에 대응하는 우리의 반응을 통해 다른 사람들에게 상처를 준다. 만약 결과를 두려워하기 때문에 우리가 우리의 혀에 재갈을 물리고 정의를 위해 마땅히 해야 할 말을 하지 않는다면, 우리는 정직에 대한 감각을 잃어버리게 된다. 우리가 우리를 괴롭히는 사람들을 그냥 내버려 두도록 우리를 억제하는 것은 감정적인 볼모가 되는 것이며, 안전과 우리의 정직함을 맞바꾸는 것이다. 결국 우리는 종종 자기비난으로 생을 가득 채우곤 한다. 한편 만약 우리가 싸우는 이유가 무엇이며 하나님 안에 우리 자신을 내려놓으면, "내가 약할 때 더욱 강하여짐이라"54)는 말씀이 가르쳐 주듯 희망과 용기의 깃발을 우뚝 세움으로써 다시금 새 힘을 얻게 될 것이다. 그러므로 만약 당신이 인생 여정 중에 비슷한 고난을 경험하고 있다면, 당신 스스로를 친절히 대하라. 우리는 모두 인생 여정에서 실수하며, 점진적인 과정을 통해 일어나지만, 치유는 반드시 시행된다! 그리고 그와 함께 경험되는 해방이나 기쁨의 느낌은 엄청날 것이다!

현재의 불의에 맞서기

가난한 사람들, 우리의 원수들, 그리고 우리의 지구는 현재 그 위에 사는 시민, 거대 사업, 산업 혹은 정부가 저지르는 불의로 말미암아 고통받고 있다.55) 만약 우리가 이러한 불의에 맞선다면, 그것은 권력을 가진 사람들을 위협하는 일이 될 것이며56), 그들은 바울과 실라가 방문했던 데살로니가의 사람들처럼 외칠 것이다. "세상을 소란하게 한 그 사람들이 여기에도 나타났다. 우리가 가진 모든 것을 공격하고, 세상을 뒤엎으려는 그들이 이제 우리 집 문 앞에 와있다."57) 그들은 아무런 싸움도 없이 자신들이 가진 권력, 이익, 지위, 재산을 내려놓으려 하지 않을 것이다. 그들에게는 이런 모든 것이 너무나 소중하기 때문이다. 만약 그들이 설득 혹은 위협으로 문제를 제기하는 사람들을 조용히 잠재울 수 없다면, 틀림없이 그들은 사람들을 다치게 하고, "사라지게 하는" 등 다른 방식을 사용할 것이다. 그러므로 만약 당신이 권력을 가진 사람들의 불의에 대해 도전하고자 한다면 어려운 일들이 당신의 길에 닥치더라도 놀라지 말아야 한다.58)

예수는 자기가 사는 마을 사람들에 의해 배척당한 사람들, 즉 세관원, 여성, 아이들, 이방인, 병자들, 사마리아인과 매일 교제하였다. 그는 정의와 함께 살았기 때문에 전통을 따르는 사람들에게 완전히 이방인이 되어 배척을 받고, 고난 받아 결국은 죽임을 당하게 되었다. "그런 사람들이 예수의 제자들이 되었다. 질문할 필요도 없이 우리 또한 스스로를 다치지 않게 하면서 예수의 제자들이 되어야 할 것이다."59) 의를 위하여 핍박을 받는 사람이 복이 있다는 것, 의를 위해 핍박을 받는 것이 축복의 과정이라는 것을 발견하지 못하고서는 이러한 일은 불가능할 것이다!60)

30장
정의로 세워지는 교회들

로이 사토

라틴 아메리카는 두 차례나 식민지가 되었다. 한번은 스페인에 의해서였고, 또 다른 한 번은 북미의 선교사들에 의해서였다. 우리는 그리스도의 복음을 이 땅에 전하려는 신실한 사람들이 갖고 온 기독교 유산에 의해 그리고 하나님나라를 추구하는 그리스도의 제자들이 열어놓은 길로 말미암아 영원히 축복받았다. 그러나 의도적이지는 않았겠지만, 이들과 함께 들어온 쓸데없는 신념으로 말미암아 영원히 괴롭힘 당하고 있다. 이러한 종교 식민주의라는 가공품들은 아주 기괴한 행동적 규범과 독점적인 내부의 언어로 가득한 배타주의, 비난 및 율법주의적 종교라는 문화를 만들어가며 여전히 우리 종교기관들의 다수를 지배하고 있다.

아주 최근에, 신오순절주의라 불리는 또 다른 거대한 흐름이 교회의 무대에 등장했다. 1990년대 이래로, 이 신오순절주의 운동이 승리주의, 현실도피, 선정성 및 번영에 기초한 설교를 소개하였고, 가난을 저주로

로이 사토(Roy Sato)는 코스타리카, 알라주엘라의 프라이야너스에 있는 샬롬 공동체 교회를 개척한 목사로서 약 10년간 이 교회를 섬기고 있다. 그는 코스타리카의 라 레드 델 카미노(La Red del Camino)의 총괄적인 선교를 위한 협력자로 섬기고 있다. 아내 에세니아(Jesenia)와 함께 세 명의 자녀(앰버(Amber), 나오미(Naomy), 로이 주니어(Roy Jr.))를 두고 있다.
*토마스와 디 야키노(Thomas and Dee Yaccino)가 번역함

정죄하였다. 스스로 사도라 칭하는 신오순절주의자들은 자신들의 풍부함과 부요함을 믿음의 결과라고 드러내면서 가난을 저주라고 증거 하였다. 이러한 모습은 우리 남미 사람들을 다시금 스스로 식민지화시키는 일이었기 때문에 무척 나를 슬프게 하였다. 이러한 흐름과 "주요한 영향력"을 행사하는 방송이 우리의 방식에도 불어왔다. 군대를 앞세운 식민지와 최근에 들이닥친 종교 식민지 사이에 존재하는 유일한 차이는 총·칼 대신 성경을 무기로 대신 사용한 것뿐이었다.

내가 자라난 복음주의가 나에게 가르쳐 준 것은 교회의 존재를 확인하고 교회가 행할 수 있는 유일한 길이란 일반적으로 인간중심과 현실도피적이 되는 길이었다. 내 생각에 우리가 해야 할 유일한 일은 사람들을 하늘나라로 갈수 있게 하는 것이었다. 신학대학원에 다닐 때, 이 문제는 나를 좌절하게 만들었다. 우리가 배우는 신학은 최고의 설교를 제공하였지만, 우리가 거니는 거리와 우리가 사는 공동체의 실제 모습에는 아무런 변화를 가져오지 못했다. 나는 하나님나라와 연결고리가 되라는 부르심을 느꼈으나 그러한 부르심을 그 누구에게도 이야기하지 않았고, 나는 전기가 감전되는 듯한 전율과 공포에 반응하는 전통적인 교회의 방식에 동의하지 않았다.

절망에 빠져있던 어느 날 밤, 마침내 나는 자기중심적인 이러한 종류의 교회를 내가 얼마나 싫어하는지 하나님께 알리면서, 만약 원하시면 하나님께서 번개로라도 나를 쳐서 쓰러뜨리고 나를 인도하시도록 자신을 하나님께 드렸다. 그러나 하나님은 그렇게 하시는 대신에, 나에게 복음서들을 다시 읽고 코스타리카의 프라이아너스라는 아름답지만, 상처를 안고 있는 지역에 "샬롬" 공동체를 시작해보도록 기회를 주셨다.

알라주엘라의 프라이아너스는 제임스라는 가톨릭 수사에 의해 세워진 마을이다. 이 마을의 이름은 "수사Friar"라는 단어와 "제임스James"라는 스페인 단어가 합해져서 만들어졌다. 이 마을의 사람들은 인생에 별로 큰 기대를 하지 않는 단순한, 노동을 하는, 친절한 사람들로 이루어져 있다. 도시에서 지리적으로 떨어져 있어 마을로 접근하는데 제한이 있다. 결국, 모든 면에서 발달이 느리며 특히 교육의 질, 의료시설, 사회경제적 개발이 낙후되어 있었다.

주변의 많은 마을과 달리, 프라이아너스는 아주 뿌리 깊은 가톨릭 전통을 갖고 있음을 자랑스러워했다. 이러한 가톨릭 전통은 믿음의 다른 표현인 "그들의 전문영역"에서 자신들을 지켜주었다. 사실 이 곳에서 어떤 다른 형태의 신앙 공동체를 세우려고 시도한 사람들은 종종 죽음의 위협과 박해를 감내해야 했다. 우리가 프라이아너스에서 목회를 시작했을 때, 우리는 적대감에서 오는 수없는 고난을 감수해야 했고, "어떻게 우리가 이러한 적대적인 환경 속에서 역동적이고, 대안적인 신학 및 실천을 가진 믿음의 공동체를 세워나갈 것인가?" 어떻게 우리가 세우고자 하는 사랑과 믿음의 공동체가 필요한 교량역할을 수행하도록 확신과 존중을 받을 수 있을까? 질문해야 했다. 이 글을 읽는 모든 사람이 인정하지 않겠지만, 그에 대한 해답은 우리의 경우에 가능했다. 우리가 처한 상황에서 우리 이웃이 "왜 그들이 이 공동체를 사랑하는가? 왜 그들은 자신들이 하고자 하는 일만 하는가?" 하는 질문에 대해 우리가 대답할 수 있는 최선의 답변은 사랑과 섬김과 정의의 공동체를 세우는 것이었다.

프라이아너스에 도착한 후 얼마 되지 않아 우리는 마을의 리더들을 만나 우리가 어떻게 그들을 위해 일할 수 있는지 물어보았고, 그들은 지난 사십년 동안 결코 일어나지 않은 어떤 일을 우리에게 말해 주었다. 가장 중요한 리더가 우리에게 준 반응은 "거리와 하천에 널려있는 쓰레기를 치워주십시오."라는 것이었다. 이 얼마나 멋진 답변인가? 당신은 마태복음 25장 31~46절이 우리 믿음의 공동체에 신적인 위기를 발생시키고 있음을 볼 것이다. 이 말씀은 우리가 이전에 한 번도 생각해 보지 못한 방식으로 왼쪽의 염소와 오른 쪽의 양에 대해 생각하게 해 주었다. 누군가에게 음식을 제공해 주고, 아픈 사람과 갇힌 자들을 방문하고, 헐벗은 자에게 옷을 입혀주는 것은 우리가 교회 안에서 시행하는 거룩한 예식의 형태보다 하나님께 더 중요한 것이다. 그렇게 우리 교회는 오른 쪽에 있는 양들이 되고자 우리가 가진 대부분의 자원을 사람들을 돌보는데 사용하였다. 이것은 사람들을 감동시키는 눈물과 반대를 동시에 몰고 왔다. 우리 교회는 쓰레기를 줍는 교회로 알려지게 되었고 아무것도 없는 사람들에게 관심을 갖는 교회로 알려졌다. 물론 어떤 교회들에게 이러한 것은 전혀 매력이 없었고 필요한 것이 아니었다. 우리교회는 모든 사람을 환영하고 정의를 위해 자원을 집행하는 교회로도 알려졌다.

하나의 대안 공동체로서, 우리는 "우리의 상황에서 샬롬이 의미하는 것은 무엇인가?"라는 질문을 갖고 대화를 진행함으로써 제자훈련을 시작했다. 우리는 샬롬이 우리 이웃의 현실에 육화된 복음으로써 온전한 실천을 의미할 것이라고 결론 지었다. 우리는 사람들이 이전에 알던 것과는 사뭇 다른 그리스도론을 보여주기 시작했다. 왕으로 휘황찬란한 보좌에 앉아 의도적으로 인간의 고통을 무시하는 전통적인 하나님 형상이 아니라, 우리와 함께 하시는 성육신의 하나님과 우리 인간이 겪는 동일한 고통과 필요를 경험하시는 하나님에 대해 지속적으로 보여주었다. 만약 우리가 그리스도 안에서 우리와 함께 하시는 첫 번째 선교사로 오신 하나님을 본다면, 우리는 하나님께서 우리를 이해하시는 것은 물론 성육신하신 모습으로 우리와 지금 함께 하고 계시다는 사실을 알 것이다. 우리의 이웃이 우리가 함께 활보할 수 있는 도로를 건설하고, 울창한 분수령을 바라보며, 사랑하는 사람을 묻어주는 모습을 볼 때, 그들은 단순히 인간적인 면만을 바라보지는 않을 것이다. 왜냐하면 그들이 자신들 한가운데에서 섬기는 예수를 볼 것이기 때문이다.

    한번은, 전에 우리에게 적대감을 품었던 지역 농부의 아내가 우리에게 물었다. "왜 당신들은 우리 돼지를 씻겨주고 돼지우리를 청소해주는 겁니까? 당신들처럼 종교적인 사람들은 그러한 일을 해서는 안 되는 거 아닙니까? 성경에서 하나님께서는 이러한 일과 당신들을 분리 시켜놓지 않았습니까?" 분명히 "목사"라는 직업은 그녀에게 좋지 않은 모델이 되었던 것 같다. 우리는 그녀가 이해할 수 있도록 다음과 같이 답해 주었다. "예수께서 당신을 위해 이 일을 하실 것이기 때문에 우리도 그렇게 합니다." 우리는 그녀 앞에서 복음을 따라 살았을 뿐이다. 아마도 이것은 자신의 손을 더럽히고 싶지 않은 목사들에게 가장 인기 없는 방법이겠지만, 아주 효과적인 방법임에는 틀림없다. 한 달 후, 그녀가 남편과 함께 우리 교회의 문을 열고 들어와서 다음과 같이 말했다. "우리는 당신들이 우리 돼지를 씻어주었던 동일한 방식으로 우리를 씻어주실 예수를 원합니다."

    과거의 패러다임을 깨뜨릴 유일한 방법은 우리 도시에 널려있는 쓰레기를 줍고, 돼지를 씻겨주고, 장례식을 치를 수 없는 사람들을 위해 장례식을 치러주고, 집을 지어주고 페인트를 칠해주려고 손을 더럽히는 섬기는 일 뿐이다. 우리의 관심사는 여러 환경에서 서로 다른 반응들을 유발시키는 것이며, 그렇게 하는 것이 사람들이 갖고 있는 교회 "개척"의 개념이라고 나는 믿는다. 이러한 생각은 종종 이전에 아무 것도 없었던 곳에 무엇인가를 세우는 모습을 암시한다. 교회 개척의 목표는 교회가 될 사람들을 모으는 것이다. 그러나 에클레시아*ekklesia*의 정의는 건물을 세운다거나 사람들을 함께 모으는 것 이상의 의미가 있다. 그것은 조화로운 방식으로 하나님, 우리의 이웃, 그리고 개인적, 단체적 모습의 창조적 관계를 세우는 것을 말한다.

우리는 우리 자신에게 질문할 필요가 있다. "교회를 개척할 때, 우리가 정말로 해야 할 일은 무엇인가? 예수라면 그 일을 어떻게 하셨을까하는 맥락에서 예수께서 하실 똑같은 방식의 비밀을 갖고 있는가?" 예수께서 자신과 아직 관계를 갖지 못한 사람을 구원받지 못한 사람, 믿지 않는 사람, 혹은 의롭지 못한 이방인이라고 하지 않고 "목자 없는 양"으로 묘사한 것은 참으로 흥미로운 일이다. 만약 우리가 목자 없는 양이라면, 게이도 목자 없는 양은 아닐까? 그리고 알코올 중독자, 불교도, 무슬림, 혹은 불가지론자들도 목자 없는 양은 아닐까? 생각해 보아야 한다. 우리 모두는 양이다. 그리고 우리의 직업은 이러한 목자 없는 양 같은 사람들을 선한 목자에게 연결되도록 공간과 기회를 마련해 주는 일이어야 한다.

우리는 이러한 일을 시행할 때, 현대 시장이 제시하는 모델이나 어떤 기계적인 전략을 따라 하지 않는다. 우리는 그냥 우리 자신이 쌓아 놓은 사회적, 종교적, 정치적, 전통적인 장벽을 넘어선다. 그렇게 모든 사람이 태초에 하나님과 함께 했던 관계를 회복하고 재 연결될 기회를 갖도록 도와준다. 예수의 미션과 그의 나라는 사람이나, 교단, 혹은 선교기관의 미션과 나라와는 다르다는 사실을 이해해야만 한다. 그의 선교는 우주적이다. 구속과 회복은 죄에 영향을 받은 모든 것을 포함한다. 예수의 온전한 선교는 모든 것, 모든 사람을 구원하기 위한 목적을 갖고 있으며 정의와 평화를 모든 사람에게 끼친다.

21세기 교회는 "공동체를 마음에 두는 교회가 되어야 하며 동시에 공동체의 마음에 있는 교회"가 되어야 한다. 이러한 교회는 프라이야너스에 있는 교회가 아니라, 프라이야너스의 교회가 되어야 한다. 이러한 교회의 목사는 프라이야너스에 있는 목사가 아니라, 프라이야너스의 목사가 되어야 한다. 우리가 이 마을에 들어간 그 순간부터, 쓰레기를 줍는 그 순간부터, 그들의 필요가 무엇인지 이웃에게 묻고, 그들의 기도제목이 무엇인지 알아내고, 비를 피할 수 있는 버스 정류장을 세웠다. 그리고 공동체의 의사결정 과정에 조언을 주는 것이 아니라 적극적인 참가자가 되었다. 우리는 의도적으로 프라이야너스의 대중 속에 우리 자신을 던져 넣었다.

교회는 주연배우의 역할을 맡아야 한다. 교회가 사회를 재건하는 일에서 결정적 요인이 되도록 하는 것은 중요한 일이다. 공동체의 상황과 사회적 삶의 모습을 교회가 반영하는 것은 변화를 필요로 하는 교회에나 공동체에 쌍방 통행의 길을 여는 일이다. 사람들은 그리스도께로 돌아올 때 변하며, 그들은 교회의 삶의 새로운 형태를 배우려고 우리에게 도움을 청하게 될 것이다. 그때 공동체에 속한 사람들이 예수를 따르기 시작하면서, 마치 실제 제자들이 한 것처럼 그들 주변 사람들의 외침에 귀를 기울이게 될 것이다.

이러한 쌍방의 변화가 가져다준 한 가지 결과가 지금의 마을회관이다. 우리 마을회관은 직업훈련학교와 스포츠 및 레크리에이션 센터로 나뉘어 있다. 약 이천 명 이상의 사람들이 매주 마을회관을 이용하며, 그들 중 80%가 다른 종교 공동체에 속해있다. 우리 믿음의 공동체가 들었을 때 그러한 장소가 필요하다는 각성을 했다. 가난한 사람들과 자신들이 교육을 받지 못해 부끄러워했던 사람들이 지금은 다양한 직업 훈련을 받을 기회를 갖게 되었다. 그들은 더욱 더 나은 봉급을 받고 있고, 가족을 부양하고자 열심히 일하고 있다. 교회가 그들의 외침을 들었고 그들을 차별하지 않았기 때문에 우리는 그들이 삶을 최대한 즐기고 있다고 말하고 싶다.

산위에서 가르치신 예수의 산상수훈과 팔복에 대해 듣고, 하나님나라의 도래를 확인하게 되면서, 우리 교회 사람들은 하나님나라가 속임수가 아닌 평화로운 방식으로 임할 것이라는 사실을 알게 되었다. 예수께서 세례 요한에게 "오신다고 하신 그리스도가 당신입니까? 아니면 우리가 다른 분을 기다려야 합니까?"라는 질문을 받으셨을 때, 현재 우리가 행하는 것처럼 예수도 자신의 지위를 얼마든지 자랑하실 수 있으셨을 것이다. 그러나 예수께서는 그렇게 하는 대신에, "눈 먼 사람이 보고, 다리 저는 사람이 걸으며, 나병 환자가 깨끗하게 되며, 듣지 못하는 사람이 들으며, 죽은 사람이 살아나며, 가난한 사람이 복음을 듣는다"마11:3~5는 말씀으로 대답하셨다. 어떤 사람들은 만약 그것이 그분이 바로 그리스도였다는 증거가 아니냐고 질문할 수 있을 것이다. 우리의 답은 물론 그렇다.

지역에서 우리는 진정한 "권위"를 가진 사람들과 교회가 어떠한 것인지 사람들이 이해할 수 있도록 아주 더러운 일을 마치 깨끗한 일을 처리하듯 감당해왔다. 우리는 교회의 리더십을 위해 묵상 시간을 갖도록 장려교회의 60%가 묵상을 한다하는데, 이는 하나님나라 대리인으로 교회가 해야 하는 역할이 무엇인지 발견하도록 도와준다. 묵상은 건물 안에 앉아있는 우리를 행동으로 봉사하도록 우리 몸을 거리로 데려다 놓는다. 프라이야너스에 도착한지 몇 년이 지난 현재, 우리는 여전히 도로를 청소하고 아름답게 꾸미고, 수로에 생기가 넘치도록 봉사하고 있다. 이것은 선한 목자에게로 많은 사람이 연결되도록 문을 열어 놓는 행위이다. 현재 수많은 시설과 공동체에서 행해지는 봉사의 목적은 사람들을 예수께 연결시키기 위함이다.

다른 교회 출신의 형제·자매들이 우리의 선교 전략에 대해 쏟아 놓은 비평 때문에 고통스러워했던 나날을 보낸 지 8년이 되어서, 비로소 다른 교회들을 향한 정의를 실천에 옮길 수 있었다. 그들에게 필요한 도움을 주고자 했던 우리의 노력은 하나님나라, 선교 및 교회론을 주제로 강연하는 모습과 지역 교회의 모든 목회자 부부들을 성대한 저녁식사에 초청하는 모습으로 실행되었다. 모든 사람이 참석한 그 행사의 주제는 용서였다. 우리는 교회가 필요로 하는 여러 가지 건설적인 사업과 필요, 특히 왜 우리가 이러한 일을 하는지 다양한 채널을 보여 주었다. "우리는 하나님나라를 위한 교회이며, 그 날 함께 나눈 저녁식사는 우리의 식탁이 아니라, 주님의 식탁이며, 주님께서 식탁을 준비해 주셨기에 결국 우리 모두의 것"이라고 대답하였다.

우리가 처음으로 이 마을과 인연을 가진 지 9년이 흘렀다. 현재 프라이야너스는 이전과 똑같은 공동체가 아니다. 수많은 상처, 반대와 박해 후에, 결국 우리는 인정받은 공동체로서 건강, 교육, 문화 및 일상생활의 많은 영역에 영향을 미치며 매일 함께 하게 되었다. 모든 기술적인 부문에 지역 출신의 훈련받은 사람들이 일하게 되었고, 사람들은 더 나은 봉급을 받고, 에어로빅반과 실잣기반을 통해 그들의 공동체를 돌아볼 수 있게 되었으며, 어떤 사람들이 정부에 감동적인 소식을 전달하면서, 정부가 후원하는 의료서비스를 매일 받을 수 있게 되었다. 낡고 찌그러진 양철지붕에 판지로 벽을 댄 집을 소유한 가족들이 이제는 더 훌륭한 지붕과 튼튼한 벽을 가진 집을 갖게 되었다.

그러나 가장 아름다운 것은 이러한 모든 변화가 풀뿌리 공동체 및 그들의 리더를 통해 가능하게 되었다는 점이다. 우리는 결코 스스로를 위해 깃발을 흔든 적이 없으며, 그 어떤 기준도 제시한 적이 없다. 다만 우리는 하나님나라의 진정한 문화적 토대를 마련함으로써 이러한 변화를 이루어 냈다. 앞으로도 우리는 "그 길"을 따라 우리 방식을 계속 진행해 나갈 것이다. 사람들이 그리스도께 연결될 수 있는 새로운 방식을 위해 우리는 항상 열려있기에 우리는 그가 우리에게 보여주셨던 것처럼 "와 보라"고 말할 수 있다.

31장
정의로운 자녀양육
부모로서 어떻게 정의라는 가치를
자녀들에게 가르칠 수 있을까?

루스 파딜라 드보르스트

3우리는 오늘 저녁 "조촐한" 가족 모임을 가졌다. 세 명의 딸이 매주 목요일 우리교회가 시행하는 노숙자와 가난한 여성들을 위한 식사를 도우려고 외출했기 때문이다. 아들 조나단은 좌절감이 그득한 얼굴을 한 채 두 번째 접시에 계란을 수북이 담아오면서 "아이고, 또 가난한 사람들 이야기에 제대로 먹지 못하는 사람들을 위한 기도... 그러면 도대체 지금 여기서 뭘 어떻게 하라고?"하며 투덜거린다. 대학원에서 공부하는 부모와 학교 행사로 가득 차 있는 아이들의 스케줄을 보며 나는 속으로 불만의 신음소리와 함께 이렇게 하나님께 묻는다. 우리가 이미 할 수 있는 최선을 다하고 있는 것 안보이십니까! 일하면서, 풀타임 대학원 공부에, 여섯 명의 아이에, 무엇을 더 기대하십니까? 실제로 나는 비틀대듯 말을 더

루스 파딜라 드보르스트(Ruth Padilla Deborst)는 아르헨티나에서 자라났고, 다문화 가정으로써 남편 제임스와 함께 여섯 명의 자녀를 양육하기 위한 공동의 책임을 졌다. Christian Reformed World Mission이라는 교단 소속의 선교사로, 라틴 아메리카 신학 협회의 회장으로, 보스턴 대학의 신학 박사로, 쩨르테자 우니다 출판사(Certeza Unida publishing house)의 책임자로 일하고 있다.

듬을 수밖에 없었다. "그러니까, 모든 일에는 때가 있는 것이고, 지금이 바로 그 때지 … 게다가, 누이들이 지금 어디에 있는데 그러니?" 나의 말에 아들은 여전히 불만족스러운 듯, "알아요, 그렇지만, 나는 지금 가난한 사람들의 처지가 아니라 가족의 상황에서 말하는 거예요."라고 대답하였다.

　잠깐 시간을 내서 지금 소개한 우리 가족의 일화를 통해 당신은 무엇을 발견하였는가 생각해 보라. 사실 나는 남편이 보이지 않는 모든 일을 감당한다는 것을 공표하려는 것이 아니다. 가족이 많다는 것을 말하려는 것도 아니다. 그러한 것 이상, 뭔가를 말하고 싶다. 그렇다. 우리 가족은 모두 여덟 식구다. 아빠, 엄마, 그리고 여섯 명의 십대. 우리는 교회 일에 열심이고, 지역사회를 위해서도 열심히 봉사한다. 우리는 함께 식탁에 둘러 앉아 온 가족이 함께 식사를 하는 때가 많다. 당신이 추측할 수 있듯이 식탁의 대화는 축구경기, 연극 스케줄, 아이들의 학교 선생님들에 대한 불평, 할머니 할아버지의 건강 등에 대한 내용이 들어있다. 그러나 우리 집 식탁의 대화는 더욱 더 많은 것을 포함한다. 사람들이 왜 가난한지, 이라크 전쟁이 아이들에게 어떤 짓을 자행하는지, 왜 우리 집은 차를 사지 않고 자전거로 시내를 다녀야 하는지, 지구 온난화를 위해 우리가 할 또 다른 일은 없는지, 왜 우리는 대통령 후보 중 한 사람을 지지해야 하는지 등에 대해 이야기를 나눈다.

　어떻게 부모가 자녀들에게 정의에 대한 가치를 심어줄 수 있는가? 하는 것이 이 글에서 하고 싶은 질문이다. 나는 인생에 존재하는 여러 영역에서 "어떤 한 가지 방식이 모든 문제를 해결할 수 있다"고 믿는 사람이 아니다. 그러기에 나는 어떻게 이러한 특정한 부모들이 자녀들에게 정의를 실행할 수 있는가에 대해 함께 나누고자 한다. 하나님의 백성으로써 부모와 자녀, 젊은이와 어른 모두가 더욱 더 하나님의 세상에서 하나님의 정의와 더불어 살 수 있을 것이라는 희망이 있기에 내가 제시한 질문을 조금 바꿔보고자 한다.

이집트의 노예 신분에서 해방된 하나님의 백성들은 이집트의 물질주의적 가치, 왕국의 이상, 폭력의 관계가 그들의 영혼을 완전히 좀먹게 되어서야 사막을 향한 긴 여정을 감행하게 되었다. 모세가 그들의 인생의 중심에 누가 있어야 하는지 상기시켜 주었을 때, 그들은 커다란 깨달음을 갖게 되었는데, 이 깨달음의 사건은 사막 한 가운데서 일어났다.

이스라엘은 들으십시오. 주님은 우리의 하나님이시요, 주님은 오직 한 분뿐이십니다. 당신들은 마음을 다하고 뜻을 다하고 힘을 다하여, 주 당신들의 하나님을 사랑하십시오. 신6:4,5

하나님과의 총체적인 관계에 있어서 어떻게 그들이 성장할 수 있었을까?

내가 오늘 당신들에게 명하는 이 말씀을 마음에 새기고, 자녀에게 부지런히 가르치며, 집에 앉아 있을 때나 길을 갈 때나, 누워 있을 때나 일어나 있을 때나, 언제든지 가르치십시오. 또 당신들은 그것을 손에 매어 표로 삼고, 이마에 붙여 기호로 삼으십시오. 집 문설주와 대문에도 써서 붙이십시오. 신6:6~9

신령한 대화, 즉 온전한 창조를 이루신 하나님의 선하신 목적에 대하여 토론하는 것은 비축해 두었다가 "종교적"인 특정 시간에 다루거나, 공식적으로 거룩한 장소에 국한시키거나, 종교인, 사제, 혹은 레위지파 사람만이 할 수 있는 것이 아니다. 모든 사람, 특별히 고아와 과부와 이방인처럼 연약한 사람들을 보호하도록 제정된 하나님의 정의의 법은 집안에서든 길거리에서든 밤이든 낮이든 때와 장소를 불문하고 가족의 대화 속에 자연스럽게 드러나야 한다. 가족과 공적인 삶 속에 정의가 늘 자리하도록 가능한 표시, 평범한 상징, 그리고 매일의 의식들을 개발해야 한다.

우리 가족은 이스라엘 백성처럼 중동의 사막 한가운데 살지 않는다. 그들이 갖고 있던 법 대신에, 우리 집 문에 붙어 있는 것은 "전쟁이 아니라 직업을"이란 표어와 그 옆에 우리가 지지하는 대통령 후보의 이름이 붙어있다. 그러면 우리 가정의 일상에서 어떻게 정의를 실현할 것인가?

* **가족 기도를 통해.** 그렇다. 우리는 건강을 위해 기도한다. 그러나 우리는 전쟁과 자연재해, 탐욕과 불의, 기근과 폭력의 희생자들을 기억하며 그들을 위해 기도한다. 우리는 식사 시간과 매일 묵상시간에 기도를 드린다. 하나님께서 이러한 기도를 기뻐하시고 듣기 원하시며, 이러한 대화들이 하나님과 관계있다는 사실을 자녀들에게 알려준다.
* **성경말씀과 세상에 대한 가족의 대화를 통해.** 우리의 아침 식사동안 들려오는 뉴스에는 보스턴의 야구팀인 레드삭스와 Red Sox와 농구팀인 켈틱스 Celtics에 대한 소식이 헤드라인으로 언급된다. 그러나 우리는 모든 생명의 창조자이자 운영자이신 하나님께서 어떻게 이러한 사건들을 바라보시고 아파하실지 궁금해 하면서 사회, 생태계에 대한 헤드라인들에 더 많은 관심을 갖는다. 그리고 저녁 식사 후에 함께 성경을 읽으며, 모든 사람에 대한 하나님의 사랑과 정의 그

리고 하나님의 마음을 느끼며 대화를 이어간다. 예를 들어 삭개오의 회심에 대한 이야기를 읽으며 삶의 모습을 되돌아보는 그의 회개, 사회적 양심, 경제적 책임을 지겠다는 아주 구체적인 결과를 가져온 예수님의 용납에 대해 배운다. 이야기 속에서 알 수 있듯이 삭개오는 소유의 절반을 팔아서 가난한 사람들에게 나누어 주었고, 그가 속여서 받아낸 물질이 있으면 네 배로 갚겠다고 하였다. 예수는 구원의 모습으로서 정의를 향해 발걸음을 옮기는 이러한 삭개오의 모습을 진정으로 기뻐하셨다.

* **음악, 미술, 영화, 문학을 통하여.** 우리 집에서 음악은 아름다운 선율로 흐르기도 하고, 때로는 쿵쾅거리며 집을 뒤집어 놓기도 한다. 우리 집은 바하에서 밥 딜런, 비발디에서 실비오 로드리구에즈Silvio Rodrigues, 헨델에서 U2와 구아라구아오Guaraguao에 이르기까지 다양하다. 그러나 이 다양한 음악이 전해주는 가사의 공통점은 정의다. 좋아하는 노래가 솔로몬 버크Solomon Burke의 "우리 중 한 사람이 구속되어 있다면 그 누구도 자유롭지 않다None of Us Are Free if One of Us Is Chained"라는 노래다. 벽에는 "불의를 고발하지 않는 설교는 복음적인 설교가 아니다"라고 주장하다가 1980년대 엘살바도르에서 살해된 우리 가족의 영웅, 가톨릭 주교 오스카 로메로의 포스터가 붙어있다. 우리 가족이 즐겨보는 영화 목록 중에는 할리우드 영화가 별로 없다. 대신에 「수단에서 잃어버린 소년들The Lost Boys in Sudan」미간 마이란(Megan Myran)과 존 생크(Jon Shank)과 같은 실제적인 삶의 어려운 문제를 다루는 외국 영화들이 많다. 우리가 추천하는 책에는 아이들의 상상력을 자극하는 판타지 소설들이 포함되어 있지만, 역사소설도 있다. 젊은 시절에 읽어야 할 책 중 하나는 쥬네트 윈터스Jeanette Winter의 『표주박을 따라서』Follow the Drinking

*Gourd*라는 책이다. 이 책에는 미국 시민전쟁 전에 노예를 해방시키기 위한 지하조직의 이야기가 담겨져 있다. 이러한 창의적인 표현들은 우리의 상상력과 감각을 형성함으로써 하나님의 사랑과 이웃사랑 등 중요한 것들을 알게 해준다. 이러한 책들은 정의를 위해 애쓰는 우리가 외롭지 않으며, 저 멀리 떨어진 곳과 나이의 장벽을 넘어 존재하는 합창단의 멤버임을 상기시켜준다. 이러한 짜임새는 너무나 풍부하기 때문에 그 어느 누구도 우리가 무엇을 입고, 무슨 차를 몰고, 무엇을 먹으며, 무엇을 보아야 할지, 우리를 끌고 다니는 텔레비전이 우리 집에 없다는 사실조차 알지 못하도록 만든다.

* **기독교 공동체의 나눔을 통하여.** 가족의 친구들로부터 주일 예배까지, 젊은이들의 모임으로부터 여성들의 식사까지, 우리 가족의 예식과 노래, 대화와 행동의 경험들은 모두 깊은 영성과 신앙심의 우물에서 솟아오른다. 그러나 우리 주변의 기독교 공동체에서 오는 경험들을 체험하기도 한다. 비록 우리 가족이 학교 친구들의 가족과 비교하여 볼 때 좀 특이하긴 하지만, 이러한 맥락에서 우리 아이들은 자기 부모가 정신 나간 사람들이 아니라는 사실을 알게 된다. 어쩌면 아이들은 우리가 좀 이상한 사람들이 만들어 놓은 공동체에 속해 있다는 사실을 깨달았는지도 모른다. 즉 하나님께서 의도하신 바대로 일이 진행되지 않는 우리 세상의 일들을 보면서, 하나님의 형상이 하나님의 창조물이나 자연에서 사라져 가는 모습을 보면서, 사람들의 피부색과 은행잔고를 따라 인간의 죄를 분류하는 것을 보면서, 혹은 인간의 삶이 개인적 혹은 국가적인 이익에 따라 부수적인 것으로 여겨지는 것을 보면서 어쩌면 아이들은 우리가 그런 일에 잘 맞지 않는 이상한 사람들로 구성된 공동체에 속해있다는 사실을 깨달을지 모른다. 나는 이렇게 지역과 전 세계의 여러 영역을

넘나들며 존재하는 이상한 공동체에 속해있는 이상한 부모로서 이러한 공동체에 속하는 것이 우리 아이들에게도 아주 중요하며 필수적인 자원이 되리라고 확신한다.

* **정의를 따라 사는 일상을 통하여.** 나는 우리가 원하는 모습과는 달리 우리의 생활습관은 결코 검소하지 않고, 그리스도인으로서 가져야 할 청지기로서의 모습도 그다지 관대하지 않다고 고백해야겠다. 그러나 남편과 나는 어떻게 우리가 돈을 벌고 쓰는지, 우리 시간을 어떻게 사용해야 하는지, 우리 집에 누구를 초대해야 하는지, 어떻게 사람들을 대해야 하는지, 우리가 알아야 할 도움이 필요한 사람들이 누구인지, 그리고 우리가 일상생활에서 정의를 추구하도록 어떤 단계를 밟아야 하는지 등 우리가 선택할 수 있는 모든 것을 계획하고 결정하는 삶을 지속해 나가기로 했다. 몇 년 전에 한 부부에게 배운 이미지가 내 마음과 아이들의 마음에서 좀처럼 사라지지 않고 있다. 우리가 사는 살바도란 마을 입구에서 일하는 아주 건장한 경비원에게 크리스마스 선물로 손전등을 주었을 때, 그는 우락부락한 얼굴 위로 주체할 수 없는 눈물을 흘렸다. "당신들은 우리를 사람으로 취급해 주는군요!"라는 말을 억지로 이어가며 고마워했다. "엄마, 저 사람 왜 울어?"라며 여섯 살 난 딸아이가 질문을 했다. 이에 몇 살 더 먹은 아들이 "사람대접을 받아서!"라며 답해주었다. 이처럼 일상에서 일어나는 아주 작은 일이 우리 아이들이 참여하는 특별한 사건, 기도, 평화의 행진, 확실한 운동으로 전환되기도 한다.

* **아이들이 솔선수범하도록 후원하면서.** 우리 아이들이 색종이에 스티커를 붙여서 친구들에게 파는 모습을 보았을 때, 부모로서 아주 당황했던 우리 스스로의 교만한 모습을 결코 잊을 수 없다. 아이들은 우리의 당황한 모습을 보면서 "로사네 집 지붕 개량을 위한 돈을

모으고 있어요!"라며 자연스럽게 설명해 주었다. 또 한 번은, 허리케인으로 집을 잃어 공공건물로 짐을 옮겨야만 하는 부모를 돕고자 짐을 싸는 아이들을 위해 3일 동안 과자를 굽고, 장난감을 준비하던 우리 아이들의 모습을 잊을 수 없다. 두 번째 일에 필요한 재료를 구입하고, 며칠 동안 부엌을 내주고, 구워낸 과자와 장난감을 나르도록 비포장 진흙길을 운전하고, 시골 마을에 도달하도록 불안한 관문을 통과하는 등 부모의 협력과 후원이 필요했음은 두말할 필요가 없다.

글을 마치기 전에, 어떤 독자들은 두 가지에만 치중하는 우리의 자녀양육 선택에 대해 민감하게 반응할지 모른다. 어떤 사람들은 순진하게 놀이를 즐겨야 할 나이의 아이들에게 어른들이 짊어져야 할 이러한 무거운 짐을 지우는 것은 불필요한 선택이라 생각할 수도 있다. 나의 반응은? 천만의 말씀이다. 어린이들에게 필요한 것은 자유로운 상상력, 놀이, 기쁨, 흥분이다. 어쨌든 이것은 어른에게도 필요하다 그러나 이러한 것들은 죽음이라든가 실존 혹은 다른 많은 표현의 어두운 측면들이 무엇인지 예견할 수 없고, 괜찮아 보이지 않을 때, 겉치레로 "괜찮다"는 모습으로 못 박아 놓을 필요는 없다. 만약 아이들이 가정의 안전과 사랑어린 후원 속에서 이와 유사한 도전들을 대한다면, 이들의 인생은 불가피한 모습들을 마주하면서 훨씬 많이 성장할 것이다.

우리의 자녀양육 방식을 두고 사람들은 너무 '간섭을 많이 하는 사람들'이라거나 혹은 아이들을 '세뇌하는 방식'은 아니냐고 할지 모른다. 나는 우리의 자녀 양육 방식이 우리 아이들의 세상을 향한 비전, 그들의 가치와 태도, 선호도 및 우선순위를 형성한다는 사실을 인식한 첫 번째 사람이다. 그러나 나는 부모로서 예견하여 자식들을 양육하는 이러한 방식들이 실제로 친구들이나 미디어, 혹은 무엇이든지 누가되든지 무작위로 아이들에게 영향을 미치는 모습을 그대로 내버려 두는 태만한 자녀양육방식보다 본질적으로 못한 것인지 묻고 싶다. 사회학자와 심리학자들은 한 사람의 정체성과 적성이 한 개인과 그 사람이 속한 상황 간의 상호작용을 통해 형성된다는 데 동의한다. 우리는 나는 누구인지 그리고 인생이란 무엇인지 정리하면서 우리 주변 환경이 제공해주는 자원들을 자녀들에게 제공한다. 그러므로 이슈는 만약 우리가 자녀들에게 이러한 것을 심어준다면 하고 고민하는 것이 아니라 우리가 자녀들에게 무엇을 심어주어야 할 것인가 하는 모습이어야 한다.

우리 아들의 말처럼 우리가 지나치게 우리 가족에만 전념하는 것은 아니냐는 말을 들으면서도, 나는 이것을 하나님과 이웃을 향한 사랑의 씨앗, 그리고 정의에 목마르고 가난한 사람들을 위해 심는 씨앗 등 우리가 뿌리는 씨앗들은 반드시 싹이 나게 되어 있다는 사실을 알고 이를 기쁘게 받아들이며, 나를 일깨워주는 말로서 받아들인다. "주님, 아버지의 나라가 임하시오며 아버지의 뜻이 하늘에서 이루어진 것처럼 이 땅에서도 이루어 지이다"라는 우리의 기도는 우리가 부엌의 식탁에 앉아있을 때, 바로 우리 눈앞에서 이루어진다.

32장

공정무역

가난한 사람들에게는 정의롭고 부자들에게는 의미 있는 무역

린 하이벨스 & 나단 조지

인디아 방갈로리Bangalore에 사는 아니타:

문을 열면 이내 질식할 것 같은 더위 속에서도 애니타는 얼굴과 목에 긴 스카프를 두르고 있다. 6개월 전, 알코올 중독자였던 남편은 고리대금업자들에게 진 빚 때문에 임신한 자신을 내버려 두고 어디론가 떠나 버렸다. 그녀의 아이가 겨우 한 달이 되었을 때, 고리대금업자들은 아무 것도 없는 그녀를 찾아와 남편이 진 빚을 갚으라고 협박하였다. 갖은 욕설과 신체적 학대를 가한 후, 그들은 그녀의 갓난아이를 볼모로 $70을 가져갔다. 몸서리치는 두려움과 외로움이 몰려왔다. 어

린 하이벨스(Lynne Hybels)는 1975년 남편 빌 하이벨스와 함께 윌로우 크릭 커뮤니티 교회를 하였다. 린은 『깔끔한 숙녀들은 세상을 바꿀수 없다』Nice Girls Don't Change the World라는 책을 저술하였고, 『교회의 재발견』Rediscovering Church과 『정말 이 사람일까요』Fit to Be Tied라는 책의 공동 저자이기도 하다. 여러 해 동안 린은 라틴아메리카와 아프리카에 있는 윌로우 크릭의 목회 협력 일을 담당해 왔다. 더 많은 린의 글들은 www.lynnehybels.com에서 볼 수 있다. 나단 조지(Nathan Geroge)는 20년간 소프트웨어분야의 일을 한 후, 가족과 함께 영국에서 캘리포니아로 이주하여, Trade as One이라는 공정무역 회사를 차렸다. 이 회사는 가난한 사람들과 HIV/AIDS 감염자들, 그리고 노예로 학대받은 후 스스로 대안적 삶을 모색하는 사람들이 만든 물건들을 팔고 있다.

쩌면 자신의 소중한 아이를 영영 다시 볼 수 없을 것 같다는 생각이 들었다. 이러한 암울한 현실에 그녀는 휘발유를 머리에 들이 붓고 불 속으로 뛰어들려 하였다. 그러나 그 지역에서 작은 목회를 하던 여성들이 애니타의 소식을 듣고 그녀를 보호하려고 찾아왔다. 그 일이 일어난 지 6개월 후, 그녀는 영국의 슈퍼마켓에 납품하는 면 가방을 만드는 일을 하며 아들과 함께 그리스도 중심의 사랑의 공동체에서 살고 있다. 그 결과 그녀는 빚을 청산하고 새로운 미래를 계획할 수 있게 되었고, 스카프 밑에 감추어진 끔찍한 상처들이 서서히 치유되기 시작했다.

아메리카의 어딘가에 살고 있는 아네트:
아네트는 자신의 옆자리에 비닐봉지를 아무렇게나 던져놓고 차 시동을 키려고 자동차 열쇠를 꽂았다. 머리가 깨질 듯한 두통으로 절망의 감각마저 무디어져 가는 느낌이었다. 아네트는 자신이 던져 놓은 비닐봉지에서 튀어 나와 여기저기 흩어져 있는 물건들을 보면서 자신이 왜 그런 물건들을 샀는지 생각해 보았다. 분명히 집을 따뜻하게 하라고 절친한 친구, 베스가 선물로 준 물건을 사러 왔는데 아무런 기억이 나지 않았다. 항상 그렇듯이 바닥부터 천장까지 멋지게 전시된 물건들과 기막힌 상술은 마치 그녀가 바라보는 모든 부품과 장난감들을 사면 삶의 질을 변화시켜 줄 것 같은 느낌을 갖게 해 주었다. 그녀의 집과 인생은 먼지가 잔뜩 앉은 자질구레한 장신구와 물품들로 가득 차 있다. 물품 재정리 및 중고물품 세일을 열어야만 할 것 같은 스트레스, 아이들이 망가뜨려 놓은 값싸고 달갑지 않은 장난감들, 널려있는 플라스틱 물병과 일회용 접시, 그리고 쓰레기통에는 스티로폼이 가득하다. 그래서 어쩌란 말인가? 그러면 큰 도시의 사무실에 앉아서 일하는 거물이, 저쪽 대양을 건너 한 끼의 식사를 위해 허리가 부서질 듯한 노역을 감당하는 한 가난한 소작인을 위해 비용을 지불하기라도 한단 말인가? 한 기업의 PR 부서가 우리 지구의 미래를 담보로 전 생산과정을 은닉할 비용을 부담할 수 있단 말인가? 아네트와 그녀를 위로하는 친구들은 자신들의 공허한 인생을 아름답게 장식하려고 더욱 더 많은 돈, 시간, 에너지를 사용할 수 있단 말인가? 왜 그런 생각으로 당신을 괴롭히는가? 아네트는 교통대열로 자신의 차를 운전해 들어가면서 질문하였다. 과연 무엇이 대안이란 말인가?

지구의 반은 극도의 비인간적 빈곤이라는 생존위기에 직면해 있다. 또 다른 반은 극도의 비인간적 소비주의 속에서 삶의 의미를 상실해가는 위기에 직면해 있다. 우리가 제안하고 싶은 것은 교회가 이 양 측에 답을 제시하는 관리자가 되라는 것이다.

부유한 세상을 만들어가는 사람들에게 우리 시대가 심어준 우상으로써 우리가 더 많이 소비할수록, 세상이 더 좋아질 것이라는 개념이 존재한다. 단순히 건강한 소비와 건강한 사회기반으로써 받아들이는 것만이 아니라 존중받는 이러한 소비주의 우상이라는 문화는 자기중심주의에 의해 막대한 지원을 받고 있다. 설교가들은 이것을 탐욕이라고 부르는 반면, 경제학자들은 이것을 "합리적 자기 사업"이라고 부른다. 이것은 쉽게 조절 가능한 개개인의 일시적 욕망을 자신의 자그마한 우주 중심에 위치시키는 것이다. 그렇게 지위를 평가하고 의미를 도출해내는 방식으로써 뭔가를 끊임없이 소유하고자 하는 욕구는 인간의 신경증을 쉴 새 없이 자극한다. 이러한 영혼의 질병은 최대의 이익을 추구하는 기업 주주들에 의해 끊임없이 조장되고 있다. 그러나 실제로 고통 받는 것은 우리의 영혼뿐 만이 아니다. 뭔가를 소유하고자 하는 우리의 중독증이 가져다주는 필연적 산물로서 지구의 자연자원은 거의 일방적으로 착취되어왔다. 텔레비전, 영화, 광고 등 휘황찬란한 미디어의 예식들을 통해, 소비주의라는 그럴듯한 복음은 우리를 더 행복하게, 더 안전하게, 세상을 더 나은 장소로 만들어 주리라는 약속을 제시하였다. 적어도 소비주의는 혼란스런 우리 인생과 지나치게 많은 일정들이 가져다주는 고통을 무디게 해주었다. 현재 교회에서 선포되는 복음은 슬프게도 우리 문화가 추구하는 것들이 무엇인지에 대해 생각 있는 비평을 거의 하지 않는다는 사실이다.

한편 또 다른 반쪽의 삶을 살펴보자. 삶의 적나라한 필요를 채우려하지만, 끊임없이 지속되는 결핍은 절망적인 사람들의 몸, 노동, 아이들을 저당잡고 있다. 가난한 사람들이 법의 보호를 받지 못할 때, 그들의 절망은 악습에 불을 붙여주는 연료가 된다. 극단적인 가난은 모든 인간 속에 존재하는 하나님의 형상을 부정하며 사람들을 처참하게 비인간화시킨다. 남자와 여자 그리고 아이들을 돈의 가치로 전락시키고, 착취하거나, 더 나아가 의식조차 없는 경제적 기계에 의해서까지 소외된다.

과도한 풍요와 지나친 결핍에 대해 우리 영혼이 둔감해 진다는 것은 분명 우리의 집단 상상력의 상태에 대해 뭔가 말하려는 것이 있다. 분명히 우리는 이러한 상태를 유지하는 것보다 훨씬 더 나은 일을 할 수 있다. 성경을 기록한 저자들은 비록 타락했을 지라도 여전히 창조 세계가 선하다고 믿었다. 하나님의 사람들은 세상을 잘 돌보고 그 영역 내에 있는 충만한 것들을 즐기며 "세상을 잘 다스리도록" 부름을 받았다. 하나님이 만드신 세상 안에서 부를 창조하는 것이 하나님의 법칙에 위배된다는 법적 내용은 전혀 없다. 사실 어느 정도 물건을 획득하는 것은 우리 안에 거하시는 하나님의 창조적인 성품을 반영하거나 개발시키는데 필수적이다.

그러나 율법이나 예언자들은 다른 사람들을 착취하거나 상처를 입히는 방식으로 소유를 늘려가는 것을 강력하게 비난한다. 이사야 58장에서 하나님은 공적인 예식들을 수행하는 사람들의 예배를 받지 않으시겠다고 하셨는데, 이는 그들이 "자신의 향락을 쫓고 일꾼들에게 무리하게 일을 시키고… 악한 주먹으로 서로 치고 받기" 때문이라고 배경을 설명한다. 이 성경말씀은 하나님께서 원하시는 진정한 예배에 대한 정의를 "부당한 결박을 풀어 주는 것, 멍에의 줄을 끌러 주는 것, 압제받는 사람을 놓아 주는 것, 모든 멍에를 꺾어 버리는 것, 굶주린 사람에게 너의 먹거리를 나누어 주는 것, 떠도는 불쌍한 사람을 집에 맞아들이는 것"이라고 밝힌다. 하나님을 기억하는 사회 안에서, 약자, 버림받은 자, 가난한 자들은 특별한 보호를 받아야 한다. 탁월한 모습으로 정의와 의가 시행되어야 한다.

우리는 예수의 복음 안에 들어있는 끊임없는 희망의 메시지가 현재 이 장에서 우리가 다루는 두 가지 위기를 해결해 줄 수 있으리라 믿는다. 우리는 소비주의에 맞서며, 탐심을 물리치며, 물질적으로 가난한 사람과 자기함몰에 빠져 가난하게 된 사람들에게 시장의 메커니즘을 사용하여 깜짝 놀랄 만한 예수의 좋은 소식을 전해 주는 방법이 있다고 믿는다.

그렇다면 거룩한 전복을 실천하는 삶을 산다는 것은 어떤 것일까?

* **소비를 제한하라:** 기도하는 마음으로 우리는 건강한 욕망과 통제 불능의 탐심을 분명히 구분해 내야 한다. 물건을 구매할 때, 충동구매가 아니라 결정을 유보함으로써 생각 없는 지출에서 의식 있는 구매로 행태를 바꾸어야 한다. 우리가 죄의식에 의해 불구자가 되지 않도록 하면서, 가난에 처한 사람들과 우리 자신을 동일시하는 실제적인 걸음 즉 가난한 사람들과 연대하려고 정기적으로 금식하는

등 두려움 없이 실제적인 걸음을 내디뎌야 한다.
* **가난한 사람들을 위해 관대하게 베풀라.** 아마도 우리는 덜 소비함으로써 모은 모든 것을 가난한 사람들에게 나누어 줄 수 있을 것이다. 소비자들의 마음을 움직이는데 있어서 주는 것보다 더 좋은 방법은 무엇일까? 개인적인 희생의 관점으로 주는 것은 이 세상에 관대하신 하나님을 전파하는 한편, 우리가 가진 소비 중독증을 멈추는 방법이 될 것이다.
* **공정무역 상품들을 구매하라.** 공정무역에 헌신하는 상인들은 상품과 서비스가 세계경제시장에서 소외되었던 사람들의 고용과 희망을 증대시킨다고 확신한다. 검증된 공정무역 상품, 혹은 "공정무역보다 더 공정한" 상품이 있다면 이러한 것들을 구매함으로써 모든 일꾼이 생활에 필요한 임금을 받는 제도, 어린이들이 노동에서 놓여 자유롭게 놀고 학교에서 공부하는 제도, 환경을 위한 건강한 원리들이 존중받는 제도, 그리고 병자와 약자, "가장 작은 자"들이 소외되지 않고 돌봄을 받는 제도를 추구하라. 가능한 "구매력을 통해 의견"을 표출하라.

2008년 4월, 일리노이 주에 있는 윌로우 크릭 커뮤니티 교회는 이러한 원리원칙들에 입각해 한 달간 "가난한 자들을 위한 희망의 축제" 프로그램을 열었다. 교회 리더들과 직원들 및 온 회중이 적어도 5일 동안 가난한 나라의 사람들이 먹는 음식 수준의 칼로리를 섭취하는 다이어트 프로그램에 참여하였고, 이 축제 기간 동안 소비를 줄이도록 권면하였다. 이 기간 동안 모은 돈으로 구제를 위한 비상식량을 구입하였다. 자원봉사자들이 짐바브웨에 있는 15,000명의 어린이가 1년 동안 먹을 분량의 식량과 물건을 사서, 포장하고, 부치는 일을 감당하였다. 또한 교회는

"하나무역"Trade as One이라는 기관과 파트너가 되어 장기간 식량 확보를 위한 방안에 역점을 두고 일하였다. 두 주간의 주말에 Trade as One과 윌로우 크릭은 교회 로비에서 세계에서 온 물건을 파는 시장을 열었고, 많은 사람이 올리브 기름, 쌀, 설탕, 초콜릿, 샴푸, 보습제, 티셔츠, 카드, 문구, 지갑, 보석류, 스카프 및 면으로 된 쇼핑백 등 총 2억 8천만 원 상당의 공정무역 상품을 판매하였다. 일반상점에서 구매할 수 있는 이러한 가정용 물품들과 선물용품을 판매함으로써 가난한 나라의 HIV/AIDS로 고통 받는 사람들, 성적 착취에서 풀려나 회복중인 여성들, 강제노역에서 풀려난 가족들 등 소외된 사람들을 위한 공정한 생활 임금을 보장해 주었다.

공정무역회사들과 지역 교회들 간에 맺은 지속적인 공동협력은 세계의 부요함을 더 공평하게 나누는 일에 큰 기여를 한다. 미국 사람들 중 거의 43퍼센트가 정기적으로 교회를 출석한다. 이는 거의 1억 3천만 명의 자동 후원자들이 있는 셈이다. 만약 1억 3천만 명의 그리스도인이 가난한 사람들에게 좋은 소식을 전하고, 부자들에게는 의미 있는 구매행위로 공정무역을 선택한다면 어떤 일이 일어나겠는가? 만약 우리가 나누어 주는 일뿐만 아니라, 제자도라는 시각에서 우리의 구매행태를 바라보기 시작한다면 어떤 일이 일어날까?

영국의 교회는 항상 공정무역운동을 인도해왔다. 가장 큰 공정무역 회사들이 그리스도인에 의해 설립되었고, 많은 지역의 교회들이 여전히 공정무역 상품을 구입하는 주 고객이다. 영국 인구의 약 70% 이상이 공정무역 로고가 무엇인지 알고 있으며, 공정무역 상품들을 일반 슈퍼마켓에서도 쉽게 구할 수 있다. 영국의 최대 공정무역 회사인 트레이드크레프트Traidcraft는 현재 런던주식시장에 상장되어 있고, 35년도 넘게 세 개의 기독교 비영리기관들이 운영해왔다. 그러다가 시장가치가 있고, 예언적이며, 공정한 사업을 잘 해나갈 것이라 믿어 이익을 추구하는 회사가 되었다.

아프리카 속담 중에 "주는 손은 최고의 손, 악수하는 손은 평등한 손"이라는 속담이 있다. 일반적으로 국제 구호의 역사를 살펴볼 때 가난한 나라를 위한 후원관계가 일방적인 모습인 데 반해, 공정 무역은 물적 자원이 풍부한 사람들로 하여금 물질이 필요한 사람들과 동등한 파트너가 되도록 만들어 준다. 지구의 가난한 사람들과 식탁 교제를 즐기는 사람들은 가난한 사람들이 자신들의 미래에 책임을 지고 싶어 하며, 열심히 노력하며, 그들이 대단한 창의력을 갖고 있다는 사실을 잘 알고 있다. 우리는 그들만이 가진 하나님께 대한 신뢰와 그들만이 가진 활력 있는 믿음에 큰 도전을 받는다. 공정무역은 단순히 상품과 돈의 흐름에 대한 것이 아니다. 그것은 하나님나라 안에서 이루어지는 생명의 흐름에 대한 것이며, 물질과 영적인 풍요로움이 가난한 사람들을 번영케 하며, 때때로 부자들이 잃어버렸거나 얄팍한 모습에 머물러 있던 삶의 모습을 회복시키는 일과 관련되어 있다.

교회는 이전에 알지 못했던 가난한 사람들과 부자들 사이의 간격, 그리고 질병, 절망, 폭력이라는 어마어마한 지구촌 내부의 간격을 연결시키는 독특한 위치에 자리하고 있다. 양측에 존재하는 불균등한 상황이 있지만, 교회는 아니타와 애네트와 같은 사람들을 상호 회복의 협력의 장으로 이끌어 낼 수 있다. 이에 대해 우리는 다음과 같은 질문을 할 수 있어야 한다. 우리가 이 일을 할 것인가? 우리가 믿음과 일, 선포와 행위, 개인적 신앙과 사회정의를 분리시켜 놓음으로써 예수의 복음을 얼마나 많이 왜곡시켜 놓았는지 겸손한 마음으로 인정할 수 있는가? 물질주의라는 우리의 질병을 치유할 유일한 해결책이 가난한 사람들과 연합함으로써 그들을 위해 이를 실천으로 옮겨야 한다는 사실을 제대로 이해하는가?

북미의 교회들이 깨어나는 것 같다. 이러한 각성은 '더 양심적인 세상에서 적절한 모습으로 살아남기 위한 시도일 가능성이 있지만, 우리는 이를 다른 관점으로 본다. 점점 더 많은 그리스도인이 전체적이며 온전한 하나님나라의 메시지를 이해하고 있다는 사실이 그 증거다. 즉 믿음과 사랑의 행위를 통해 우리가 하나님나라의 새로운 세상 즉 미래의 모습이 되어가고 있다. 영국 교회의 톰 라이트 주교는 공정무역 운동의 중요성에 대해 자신의 평을 제공하며 Traidcraft의 창설자인 폴 샨들러Paul Chandler에게 개인적으로 연락을 주고받았다. "공정무역 운동은 새로운 가능성을 보여준다. 공정무역은 평화, 정의, 모든 사람이 서로 접촉이 가능한 거리 내에서 살고 있다는 성경의 비전을 보여준다. 예수 그리스도 안에서 하나님의 약속을 붙들고 권리를 부여받은 모든 사람은 한 배를 타고 그들의 믿음이 효과적인 행동으로 변화되는 것을 보고 있다."

U2의 간판 스타인 보노Bono는 교회에게 "자유시장 경제의 양심이 되라"고 요청하고 있다. 선을 위한 세력으로서 우리가 이러한 일과 도전을 감당해 나갈 것인가? 여기저기에서 고립된 구매를 하는 것이 지구의 가난을 끝낼 수 없다는 것은 사실이다. 그러나 우리는 한 아이의 도시락을 통해 5,000명을 먹이신 하나님께서 우리의 작은 믿음, 소망, 사랑의 행위를 사용하여 전 세계의 경제적 변화를 일으킬 어떤 운동을 일으키실 것이라 믿는다.

우리는 지금 전 지구적으로 연결되어 있는 시스템 속에서 살기 때문에, 마태복음 25장을 다음과 같이 읽어야 할 것이다; "내가 케냐의 나이로비에 있는 크웨어Kware 슬럼에서 에이즈와 절망으로 고통당하고 있었을 때, 너희는 내가 만든 양탄자를 사주었고, 미래를 위해 희망을 갖게 해 주었다. 인생이 끝장나기만을 기다릴 때, 너희는 장신구 만드는 법을 가르쳐 주었고 내가 포주의 집을 떠날 수 있을 만큼 충분한 돈을 모으게 해주었다. 나의 부모가 르완다 대학살 때 죽임당한 후, 내가 길거리에 살 때, 너희는 나에게 머리 둘 곳과 카드 만드는 직업을 제공해 주었다. 비록 너희는 나를 만나지 않았으나, 내가 만든 비단지갑을 사줌으로써 너희는 나의 가족을 먹여주었고, 나를 도와주었다."

정의 프로젝트
결론

33장
정의로운 희망
불의에 대한 좌절과 분노로부터
어떠한 선을 이룰 수 있을까?

더글라스 파지트

아들이 교통사고로 죽고, 의붓딸이 불구자가 된 후, 몇 년은 저에게 아주 힘든 기간이었습니다. 우리 다섯 식구, 특히 휠체어 신세를 져야 하는 토니와 함께 방 두 개짜리 아파트에서 사는 것은 정말로 어려운 일이었습니다. 그러나 저는 오늘 밤 여러분이 지금 여기 우리와 함께 해준 것에 대해 정말로 감사드립니다. 몇 주 동안 "빚지지 않고 살아 가는 삶"에 초점을 맞추어 대화하기를 기대했습니다. 저는 약 3년간 직업 없이 지내다가 얼마 전에 일을 갖게 되었습니다. 정말로 고통과 싸우는 사람들을 돕기를 원합니다.

내가 이 말을 들은 것은 성자 다미엔Damien과 함께 울림 방지 판 뒤에 앉아서 간담이 서늘할 정도의 무거운 침묵 속에 앉아있을 때였다. 그는

더글라스 파지트(Doug Pagitt)는 현재 미셔널 기독교 공동체www. solomonsporch.com에서 목회를 하고, 강사이자 저술가로 활동하고 있다 www.dougpagitt.com. 한편 미네소타 주의 미네아폴리스에 사업체를 소유하고 있다. 이 모든 일은 창의적이고, 기업가적이며, 생산적인 방식으로 하나 님께서 세상을 위해 갖고 계신 희망, 꿈에 동참하기 위함이다.

30대 초반이었고, 10여 년 전 쯤 그의 상관과 결혼하여 보통 사람들이 생각하기에 조금 나이가 든 의붓 자녀들을 양육하고 있다. 그는 상당히 성숙한 삶을 살고 있었다. 그는 쾌활한 정신을 소유하였고, 세상에서 적극적으로 일하시는 하나님의 모습을 발견하고 그분의 일에 적극 동참하려는 태도를 갖고 있었다. 사실 3년 전 이러한 바람이 그를 45번 고속도로를 타고 북쪽으로 향하도록 만들었다. 그는 텍사스 휴스턴의 한 교회에서 개최되었던 회의를 마치고 달라스로 돌아오고 있었다. 그 날 밤, 그의 밴이 충돌사고로 전복되었고, 교통사고로 말미암아 그가 갖고 있던 희망을 빼놓은 모든 것이 부서졌다. 여기에 모든 아버지가 두려워하는 그 극심한 고통을 겪고 살아남은 한 사람이 있다. 그러나 그 안에 무엇인가 그의 인생을 지속하도록 부르는 뭔가가 있었다.

내가 다미엔을 만난 것은 연사로 초청받은 어떤 모임에서였다. 그 행사는 지속가능한 삶의 방식에 대해 헌신하는 달라스의 한 교회가 주최한 행사로서, 검소하고 실제적인 삶을 사는 창의적인 방식에 대해 토론하려고 마련된 행사였다. 물론 이것은 달라스 지역에 사는 많이 배우고, 기동성이 높은 사람들이 다니는 교회 행사로 느껴졌다. 그러기에 이야기를 듣기 전, 내가 다미엔을 만나면서부터 그는 흥미로운 존재로 다가왔다. 그의 이력은 특이했다. 우선 그는 혼혈로서 사회적으로는 약간 수줍음을 탔으며 그가 입은 티셔츠의 로고로 판단해 보건대 그다지 대중적인 유행을 따르는 사람도 아니었다. 그를 알게 되면서, 나는 그가 고등학교까지 교육을 받았고 믿기 힘들만큼 어려운 삶을 살아간다는 이야기를 듣게 되었다. 교회에서 그는 매우 믿을만한 사람이었다. 그는 나와 함께 참석한 그 모임에서 크게 말하지 못할 것 같다는 말을 내게 전해 주었다. "나는 대중 앞에서 말하는 것을 좋아하지 않습니다. 그러나 사람들이 서로 말할 수 있도록 하는 것은 좋아합니다." 그 행사에 참여한 모든 사람에게 행사 자체가 유익했겠지만, 다미엔과 함께 보낸 시간은 나에게 아주 놀라운 시간이었다.

우리가 대화를 나누는 동안, 그는 끊임없이 희망에 대해 이야기했다. 자기 안에 있는 희망에 대해서도 이야기 했다. 마치 다미엔에게는 그가 겪을 수 있는 한 정말 쓰디쓴 인생을 경험하기 위한 "입장권"이 주어진 것은 아닌가 하는 생각이 들었다. 하나님, 그를 그렇게 만든 사람, 자기 자신, 혹은 이 세상 전체를 대상으로 화를 내야 함에도, 다미엔은 그 누구를 향해서도 화를 내지 않았다. 다미엔처럼 화를 내지 않는 사람이 또 있을까 싶을 정도였다. 다미엔은 사기를 당하였다. 그의 아들과 의붓딸도 사기를 당했다. 그들은 희생자다. 그러나 그는 이러한 방식으로 사건을 바라보지 않았다.

이것이 바로 내가 그의 희망에 대해 이야기 하려는 이유이며, 그가 보여준 가능성이 아주 충격적이며 아름답다고 말하는 이유다. 다미엔이 나에게 보여준 것은 가슴 아픈 상황에도 불구하고 어떻게 하면 희망적이 될 수 있을까 하는 것이 아니라, 오히려 가슴이 아프기 때문에 희망한다는 것이다.

희망에는 좌절감이라는 또 한편의 상대가 늘 존재한다. 좌절할 때, 우리는 모든 것이 제대로 되어야만 하지만, 그렇게 되지 않을 것이라는 생각을 계속하게 된다. 아이들이 말라리아로 죽어가는 일을 보고만 있어서는 안 되며, 이러한 전염병을 근절시켜야 함에도, 우리가 뭔가 충분히 하지 못했다는 사실 때문에 좌절한다. 설령 말라리아를 막지 못하고, 치유할 수 없다 해도 우리는 좌절하지 말아야 한다. 우리는 그저 불가피한 것에 대해 자리를 양보해야 한다. 그러나 또 다른 결과가 일어나기 때문에, 우리는 이러지도 저러지도 못한 채 좌절을 경험한다. 그리고 좌절이 있는 곳에 희망이 존재할 수 있다. 지금으로부터 약 백 년 전인 1909년에는 노스캐롤라이나의 샬롯에서 캘리포니아 주의 샌프란시스코로 여섯 시간 안에 여행할 수 없다고 좌절하는 사람은 아무도 없었다. 당시 이 거리는 몇 시간이 아니라, 여러 날이 걸리는 거리였다. 그러나 이번 주말에 비행기를 타고 이 두 도시를 여행하는 누군가에게 다섯 시간 이상이 소요된다고 하면 좌절감을 경험할 것이다. 이 시대를 사는 우리는 아주 조급한 사람들이기 때문에 이 문제는 그리 단순하지 않다. 이것은 우리가 그 거리를 다섯 시간이면 날아갈 수 있고, 그것을 선택할 수 있다는 사실을 알아서 빚어진 결과이다. 무엇이 가능하며, 무엇이 실제인지 이 두 사이에 존재하는 차이가 샬롯의 공항 출구에 있는 어떤 사람을 좌절하게 만드는데, 이것이 바로 왜 좌절이 희망의 출발지가 되는지 설명해 준다. 좌절감에 있어서 우리는 늘 가능성 있는 것을 선택한다. 우리는 실제를 포기하기를 거부한다. 그것이 바로 희망의 반대가 절망이나 좌절이 아니라는 증거다. 좌절은 체념을 선택하는 것, 즉 실제가 되는 가능성을 희생시킴으로써 좌절과 절망의 감정들을 누그러뜨리려는 선택이다.

희망은 우리가 무엇이든 일어날 일은 결국 일어나게 마련이라고 말할 때 사라진다. 우리가 더 이상 더 나은 결과를 바라지 않을 때, 우리가 더 이상 좌절하지 않을 때, 우리는 절망적인 사람이 된다.

불의의 상황은 희망의 출발지가 될 수 있다. 왜냐하면 불의로 말미암아 좌절하며, 불의로 말미암아 꼭 일어나게 될 일이 무엇인지 명확하게 알기 때문이다. 우리의 공동체는 좌절 속에서, 그리고 우리 자신이 이루어질 일들의 포기를 거절하면서, 싸움과 비극과 고통 그리고 깨어짐을 이야기하기 때문이다. 이러한 이야기들을 들려주면서 궁지에서 빠져나오길 시도하고, 희망 안에서 더욱 더 나은 새날을 맞이하고자 우리 자신을 하나님과 함께 하도록 헌신하기 때문이다. 우리는 세상이 그렇게 되어야만 하는 것처럼 그렇게 일이 진행되도록 우리 자신을 세상에 내어주기를 거부한다. 그 때가 바로 우리가 삶을 유지하고자 표류하며, 지속적으로 무언가를 찾으며, 무언가를 계속해 나갈 때다. 어떤 사람들은 불의, 싸움, 좌절에 대해 말하는 것이 사람들의 의욕을 파괴하며, 어두운 분위기를 제공하는 원인이 될까봐 두려워한다. 그러나 나는 어려움과 노력에 대해 침묵하고 숨기려는 이러한 시도들이 실제로 희망의 싹을 잘라버린다는 사실을 알게 되었다.

만약 우리가 성공과 관련된 만족스런 이야기들만 언급한다면 우리는 결코 희망을 발견하지 못할 것이다. 성공의 이야기들 속에서 우리는 "모든 것이 잘 되었던 시절"과 더불어 지나가버린 시간에 대한 향수를 갖는다. 그러한 일들을 그리워하는 향수는 우리를 수동적으로 만든다. 그러나 좌절과 희망의 이야기들은 우리에게 "모든 것이 다 잘 될 거야. 그리고 모든 것이 괜찮아질 거"라는 사실을 원하고, 갈구하도록 만들고, 거기에 도달하도록, 기도하고, 일하고, 기다리도록 만든다. 사투를 벌이는 이야기들을 통해서만 좌절의 순간을 뚫고 들어와 우리가 절망하지 않도록 희망의 미래를 부추기며, 이러한 향수에서 자유로워지도록 할 것이다.

1세기 로마 교회에 편지를 썼던 바울이 "이미 우리가 가진 것을 누가 바라겠습니까?"1)라고 질문 하였을 때 말하고자 했던 의미다. 희망은 미래에 대한 것이며 이루어져야 하는 것이다. 이것이 바로 이스라엘의 역사에서 무언가 보고자 끊임없이 씨름했던 이유다. 이것이 바로 믿음의 백성이 박해받고 십자가에 못 박힌 예수에 대해 말해야 하는 이유다. 이것이 바로 우리가 우리 스스로의 실패와 집단의 죄를 고백해야 하는 이유다. 우리가 이렇게 이야기하는 것은 우리가 체념의 백성 혹은 향수병에 걸린 백성이 아니라, 희망과 좌절의 백성이기 때문이다. 우리는 무슨 일이 일어나든 말하기를 두려워하지 않는다. 왜냐하면 우리는 마땅히 되어야 하는 모습을 위해 신음하는 존재이며 우리가 되고자 하는 일에 헌신하는 사람들이기 때문이다.

텍사스에 머물렀던 그날 밤, 다미엔은 내가 갖고 있던 좌절감의 덩어리에 희망의 불씨를 떨어뜨렸다. 현재 일어나는 불의의 문제는 이러지도 저러지도 못하는 함정에 빠져 있는 많은 사람의 좌절을 점점 증가시킴으로 더 나은 시대를 위한 씨앗이 된다는 사실, 그리고 그러한 씨앗이 이미 심겨져 있다는 사실을 믿도록 도와주었다.2)

우리 믿음의 공동체가 부르는 찬송가에 백성을 위한 예언의 말씀이 들어있다. 몇 년 전, 코리Cory는 어려움과 싸우는 많은 사람을 위해 그들이 찾고 있는 내용으로 성가곡을 썼다. 그 노래는 이미 존재하는 무엇에 대한 것뿐만 아니라, 앞으로 이루어지고 실현가능한 것에 대해 우리의 눈을 열어준다.

믿으라

그들은 당신에게 시도하지 말라고 말했죠
그들은 당신에게 울지 말라고 말했죠
그들은 당신이 갖고 있는 꿈을 내려놓으라고 강요하며
당신에게 울지 말라고 말했죠

그러나 나는
나는
나는
나는 나이기에.

어떤 사람들은 포기해야겠다고 말했죠
그들이 느끼는 사슬들이 점점 조여오고

그들은 끊임없이 "당신이 무엇을 할 수 있겠어?"라며 질문을 해왔죠.
그래서 나는 시도하지 않았어요.

그러나 나는
나는
나는
나는 나이기에.

거기에 여전히 희망이 있다는 사실을
제발 믿으세요.
그래요. 거기에는 여전이 희망이 있어요.
그 사실을 믿어보세요.
우리가 세상을 변화시킬 수 있다는 사실을 믿으세요.
하나님이 정의롭다는 사실을 믿으세요.
우리가 세상을 변화시킬 수 있다는 사실을 믿으세요.
하나님이 정의롭다는 사실을 믿으세요.
우리가 세상을 변화시킬 수 있다는 사실을 믿으세요.
하나님이 정의롭다는 사실을 믿으세요.
우리가 세상을 변화시킬 수 있다는 사실을 믿으세요.
하나님이 정의롭다는 사실을 믿으세요.
우리가 세상을 변화시킬 수 있다는 사실을 믿으세요.
믿으세요.

― 코리 카슨Cory Carlson

그러므로 모든 것이 그렇게 되어서는 안 된다는 것을 우리가 알 때, 항상 그렇게 좌절의 백성이 되십시오. 우리를 좌절시키는 것이 미루어지고 없어지는 바로 그 세상을 가져오려고 동참하는 사람들이 되십시오. 희망과 미래의 자녀들이 되십시오. '나는 나다' 라는 하나님의 이름이 우리 각 사람에게 반향을 일으켜 우리 스스로도 '나는 나다' 라고 외치는 사람이 되십시오. "나는 부르짖고, 시도하고, 변하고, 희망하며, 믿습니다."

  믿음과 희망의 백성이 되기를 축복합니다.

34장
단지 시작에 불과합니다
개인과 믿음의 공동체들이 정의를 실현하려 할 때, 첫발을 내딛는 최고의 방법은 무엇일까?

토마스 & 디 야키노

"우선 제가 화난 것처럼 보인다면, 저를 용서해 주십시오. 분명 여러분은 누군가를 돕고 싶다고 말씀하셨습니다! 그래요, 저는 제 인생을 증오하는 사람이며, 무엇을 어떻게 해야 할지 모르는 사람입니다. 물론 제 인생을 포기하고 싶지는 않습니다만, 뭔가 원하거나, 꿈을 갖거나, 무엇인가 너무 깊이 생각하지 않는 편이 더 나을 것 같다는 생각을 합니다. 왜냐하면 제가 무엇을 할 때면, 할 수 있는 것이 없어서 곧 좌절하기 때문입니다. 식탁 위에 음식을 마련하려고 매일 매일 엄청난 씨름을 합니다. 항상 최선을 다하고, 열심히 노력하는데도 별 변화

토마스(Tom)와 디 야키노(Dee Yaccino)는 18년 동안 이문화 목회를 함께 해왔다. 지역개발과 교육을 전공한 이들은 볼리비아에서 민초가 솔선하는 개발운동을 함께 시작하였고, 그 결과 지역이 필요로 하는 지속가능한 공동체 운동을 촉진시켜나가고 있다. 그 후 도미니카 공화국으로 건너가 윌로우 크릭 커뮤니티 교회와 파트너십을 발전시켰다. 도미니카 공화국에서는 통합 선교를 지향하는 RdC(Red del Camino)라는 교회 중심의 네트워크를 만들어 나가고 있다. 현재 델 카미노 커넥션D(el Camino Connection)을 이끌면서 새로운 세상을 만드시는 하나님의 계획에 열정을 바쳐 하나님나라를 이루고자 노력하는 전 세계 RdC 후원 교회들을 서로 연결하는 사역을 담당하고 있다.

가 없습니다. 여러분처럼 대부분의 사람은 저에게 끊임없이 '네가 스스로 노력하면, 너를 돕겠다'고 말합니다. 여러분이 정말로 저를 도와주시려거든, 제 말에 귀를 기울여 주십시오. 제가 무엇인가 말하고자 할 때마다, 저는 다시 말 문을 닫고는 합니다. 왜냐하면 실제로는 아무도 제 말을 듣지 않기 때문입니다. 제가 느끼는 것은 정말로 아무도 제 말을 듣지 않는다는 것입니다."

위의 내용은 마디Madi가 한 말이다. 마디는 도미니카 공화국의 어느 마을에 사는 네 아이의 엄마이다. 네 명의 자녀를 둔 어머니로서 가족의 생계를 책임지고자 시골 미용실에서 일하는 중년의 홀어머니이다. "인생은 개 같은 것이고, 결국 죽는 거지!"라는 말이 그녀가 늘 떠벌이는 말이다. 이 말은 아주 끔찍한 인생철학으로 티셔츠에 찍혀있는 표어이기도 하다. 그러나 이 운명적인 표현들은 우리가 일하고 사는 상황을 들여다 볼 때, 어찌도 그리 딱 들어맞는지. 그래서 그들은 "손가락에 딱 들어맞는 반지"처럼 기막힌 표현이라면서 자신의 인생을 푸념한다.

"인생은 아름다운거야!" 혹은 "언젠가 살다보면 꽃 필 날이 있겠지!"라고 말하는 것은 그들에게 지나친 사치이자 너무나 잔인한 농담이다. 이러한 표현은 그들과 아무 상관없는 사람들, 적어도 자신들이 꿈꾸고 상상하는 거의 모든 것을 이룰 수 있을 만큼 무한한 자원을 갖고 있고, 끝없는 기회와, 맘껏 선택할 수 있는 상황에서 태어나고 자라난 사람들에게나 해당되는 표현이다. 이러한 것들은 인생 속에서 그들이 원하는 모든 것을 이룰 수 있다는 무례한 신념에 젖어 사는 사람들에게나 해당되는 표현일 따름이다.

모든 사람은 서로 다른 곳에 살면서 서로 다른 것을 배우며 아주 다른 모습으로 살아간다. 충분히 예방할 수 있는 질병임에도 죽어가는 자신의 아이를 대책 없이 바라만 봐야하는 사람에게 인생이 찬란하다거나 신비하다거나 황홀할거라는 기대는 존재하지 않는다. 혹독한 질병을 앓고 있음에도 약 한 알조차 살 수 없어 몸부림치는 고통을 달랠 길 없고, 정말 필요한 기술조차 없이 살아가는 사람들이 적지 않다. 이러한 상황에서는 가져야 할 깨진 꿈조차 들어설 자리가 없어 텅 비어버린 가슴만 부여잡고 허우적거릴 뿐이다. 이러한 몸짓에는 아무런 보상도 주어지지 않는다. 만약 당신이 쑤시는 통증을 느끼며, "어딘가에" 매일 이러한 일을 겪으며 사는 사람들이 있으며, 적어도 그들과 당신이 동일한 인간임을 느낀다면… 다음의 글을 계속 읽어보라. 다른 사람들을 위해 정의를 추구하는 것이 이 세상에서 가장 중요한 일임을 인정한다면, "결코 그렇게 되지 말았어야 하는" 우리 세상을 바라보며 눈물을 흘려야 할 것이다.

결코 그렇게 되지 말았어야 할 세상의 변화를 추구하려면 우리가 반드시 해야 할 일은 무엇일까? 무엇보다 가장 중요한 일은 우리가 세상을 바라보는 바로 그 방식이 우리의 역사와 배경과 경험에 의해 어마어마한 영향을 받고 있으며 이미 프로그램 되어 있다는 사실을 깨닫는 것이다. 이러한 사실을 깨닫는 것은 대부분의 사람이 옳다고 믿고 받아들이는 역사, 사회, 정치 및 경제 시스템에 대해 다시금 생각하게 만든다. 사실 이러한 시스템은 우리가 알지 못하는 사이에 우리의 생각과 행동에 영향을 미친다. 그리고 결국 다른 사람들과의 관계에서 우리가 가진 힘을 잘못 사용하는 결과를 초래한다.

우리가 쉽게 하는 "나는 다른 사람들을 돕기 원한다."는 말을 예로 들어보자. 이 표현이 무엇이 잘못되었을까? 실제로 예수님도 "네 이웃을 네 자신과 같이 사랑하라"3)고 가르치시지 않았는가? 그러나 우리는 세상의 초강대국 혹은 제국4)이 만들어놓은 틀에서 생각하기 때문에, 그리고 자연스럽게 사람들과 자원을 사용한다고 말하기 때문에, 더 나아가 더욱 더 많이 갖는 것이 더 좋은 것이라고 믿기 때문에, 진보가 의미하는 것은 본질적으로 경제적인 이득을 취하는 것이라고 생각하기 때문에, 정의를 이루는데 정말로 필요한 것을 쉽게 놓치곤 한다. 적어도 우리가 경제발전의 혜택을 누리는 나라의 20%에 해당하는 사람이라면, 전 세계의 86%에 해당하는 자원을 소모하는 셈이다.5) 그러므로 다른 사람들을 향한 우리의 도움은 고의는 아니지만, 우리가 알지 못하는 사이에 물에 빠뜨려 죽어가는 사람에게 구명정을 던져주는 격이다.

다른 사람에게 도움을 주는 것은 아주 좋은 일이다. 특별히 이러한 마음이 어려운 상황에 사는 다른 사람들을 차마 눈뜨고 보지 못하는 아름다운 인류애에서 비롯된 것이라면 더욱 좋은 일이다. 그러나 우리가 세상을 보는 관점은 아주 제한적이라서 자칫 잘못 행동하기 쉽다는 사실을 이해해야 한다. 뜻하지 않게 우리의 좋은 의도가 사람들을 억누르고, 우리가 뿌리 뽑으려는 불의의 도구로 사용될 수 있다는 사실을 이해하며 행동해야 한다. 비록 대부분의 개인은 일부러 범행을 저지르지 않지만, 무엇인가 전체적인 일이 제대로 돌아가지 않는다는 느낌, 뭔가 잘못되었다는 느낌을 가질 수 있다. 아주 엉뚱한 소리처럼 들리겠지만, 이는 마치 가족이 함께 식사를 하려고 식탁에 앉아있을 때, 건장한 덩치의 형이 어린 동생에게 자신이 갖고 있는 큰 빵을 먹으려면 우선 뜰에 있는 닭을 잡아 요리를 할 때까지 기다려야 한다고 말하는 격이다. 동생은 음식을 차릴 능력이 없기 때문에 건장한 형이 음식을 준비해줄 때까지 기다려야 한다. 먹고 남는 것까지 동생들에게 나누어 주기 때문에 우리는 이 형을 자애롭고, 동정심이 많고, 인정이 많다고 부른다. 그러나 이러한 상황이 바로 우리가 갖고 있는 제국의 체제인데, 이러한 체제가 식탁에서 일어나는 삶 및 주거환경에 대한 생각의 방식을 결정한다.6)

예수님은 우리에게 다른 방식의 삶을 가르쳐주셨다. 그는 이러한 다른 삶의 방식이 곧 하나님나라라고 했다. 하나님나라의 체제는 온 우주의 창조주이자 왕이신 하나님의 자녀로서 우리 모두가 사랑스럽고, 정의롭고, 선한 하나님의 자녀들이기 때문에 똑같은 식탁에 앉아 누구 하나 불평 없이 모든 것을 자유롭게 나눌 수 있어야 한다고 가르친다. 또한 나누는데 있어서도 경쟁하거나, 형제 · 자매들이 우리의 것을 더 가져가지 못하도록 방어할 필요 없이 자유롭게 나누어야만 한다고 가르친다.

그러나 우리가 "하나님나라"로 전환하고, 모든 생각에서 이전의 "초강대국"이나 "제국"이 원하는 방식에 종지부를 찍는다면, 하나님께서 원하시는 가능한 정의로운 대안을 자유롭게 선택할 수 있을 것이다. 이러한 것은 직접적으로나 혹은 간접적으로 우리가 문제의 부분으로 자리하고 있다는 것을 기꺼이 인정할 때에만 가능한데, 그때야 비로소 문제 해결을 위해 우리가 뭔가를 할 수 있을 것이다. 우리 스스로 문제해결의 "부분"이라고 말할 때 유념해야 할 것이 있는데, 이는 우리가 함께 할 때만 올바른 길을 발견할 수 있다는 사실이다. 이것이 바로 다른 사람들을 이해하면서 정의를 추구하는 방향으로 가는 두 번째 방법이다. 서로를 향해 진심으로 신뢰하는 관계를 이룰 때에만, 하나님께서 처음 의도하신 세상이 어떤지 다시금 상상하게 만들고 함께 참여하게 만든다.

마디Madi의 경우, 그녀가 말로 표현하지 않은 것이 있는데 이는 그녀의 행동만큼 중요하다. 그녀는 "우리 아이들을 먹여 달라"거나 "나에게 직업을 마련해 달라"고 하지 않았다. 돈에 대한 말은 아예 꺼내지도 않았다. 만약 그녀에게 이러한 것을 제공한다면 아마도 이를 거절하지 않을지 모른다. 그러나 그녀는 무엇보다 자신이 스스로 문제를 해결하도록 기회를 달라고 했다. 이 목소리에 귀를 기울일 때, 우리는 사람들의 이야기가 얼마나 소중한지 알아 차려야 한다. 우리가 그들에게 들은 것은 "비록 지금 내 인생이 개 같을지라도… 내 안에 있는 참 모습은 지금의 모습이 아니라는 목소리를 들을 수 있다. 그러기에 나는 인생을 위해 뭔가 중요한 것을 해야 한다."는 말이다.

이런 상황 속에서 정의란 무엇인가 아는 유일한 길은 한동안 그 문제와 함께 걸어가며 씨름해 보는 것이다. 한 사람, 한 사회, 혹은 한 나라가 가난과 불의와 관련된 복잡한 정치, 경제, 기술, 환경, 경제 및 영적인 체제의 모든 것을 움켜쥘 수 없다는 것을 인정하면서 진정 겸손한 마음으로 걸어가는 것이다. 예수님은 "가난한 사람들은 너희와 늘 함께 있다."7)는 말로 이러한 상황을 잘 표현하셨다. 과연 예수님께서 말씀하시고자 했던 상황을 우리가 충분히 이해하고 있는가? 아마도 예수는 우리 중 그 어느 누구도 이 문제를 어떻게 해결해야할지 완전히 이해하는 사람은 없다는 사실을 겸손히 인정하도록 좋은 방법을 제공해 주시려했던 것 같다. 그리고 해결책을 찾으려면 우리에게는 서로가 필요하다는 사실을 알려주시고자 했던 것 같다. 이를 공동체 내에서 언급함으로써, 우리는 실제 희망을 부여해 주는 더 혁신적이고 창조적인 "해결책들"을 도출할 수 있을 것이다.

서로를 위해 정의를 추구하는 이 두 번째 방식은 우리를 세 번째 방식으로 인도한다. 우리가 사회 정의를 추구하려면 우선 실제적이며 지역적인 노력을 먼저 기울여야 한다. 이러한 일은 이미 많은 것을 새롭게 변화시키고 있다. 각 사람은 자신이 가진 것으로 뭔가 기여할 수 있으며 이러한 작은 일들은 어떤 상황에서든지 실현 가능하다. 그렇지만, 주의해야 할 것은 우리에게 주어진 권력, 지식, 영향력, 돈을 당신 자신의 계획과 뜻을 실현시키는 수단으로 잘못 사용하지 않도록 주의해야 한다. 만약 당신이 이러한 것들 중 어느 것 하나라도(예를 들어 돈을) 충분히 갖고 있다면, 당신이 원하는 것은 무엇이든 할 수 있다고 생각할 것이다. 다시 말하지만, 이럴 때 무슨 일이 잘못될 수 있는 것일까?

문제는 이러한 제국의 체제 내에서 권력은 "우리가 당신이 무엇을 해야 하는지 말해 줄 수 있습니다."라는 것을 의미하며, 지식은 "우리가 당신보다 더 잘 압니다."라는 것을 의미하며, 영향력은 "우리는 우리가 원하는 방식대로 할 것입니다."라는 것을 의미하며, 돈은 "무슨 일이든 우리가 통제할 것입니다."라는 것을 의미한다. 초강대국이 보이는 경향은 무엇이 잘못되었는지, 해결책은 무엇인지, 사람들이 일을 할 때 필요한 자원이 무엇인지, 그리고 사람들이 그 결과를 충분히 누릴 가치가 있다고 믿을 수 있을 만큼 모든 것을 깔끔하게 포장하여 준다. 그리하여 사람들로 하여금 모든 문제를 스스로를 해결할 수 있다는 모습을 보이게 만든다. 그리고 우리가 세상에 혼재하는 온갖 혼란의 상황을 정확하게 평가하도록 돈을 모으고, 경각심을 갖도록 철저히 계획을 세우는 동안, 그들은 대개 우리의 이러한 지속가능한 해석이 가져올 행동과 노력을 무력하게 만든다. 아마도 우리의 계획들은 기부자들의 관심을 끌어내기에 충분할 것인데, 그 이유는 그들이 아주 편한 모습으로 측정 가능한 대형연합을 통해 그 누구보다 "우리"가 무엇인가 좀 더 크고, 좋고, 빠른 일을 할 수 있다고 믿게 만드는 사람들이기 때문이다. 그러나 그들은 좀처럼 약속한 것을 이행하지 않는다.

요점은 우리가 무엇이든 말할 수 있으며, 아주 치밀하고 전략적인 계획안을 마련할 수 있다는 점이다. 우리의 윤리를 기반으로 그리고 우리의 감정으로 권력을 갖고, 부자이면서, 영향력 있는 사람들에게 강력하게 항의할 수 있고, 다른 사람을 향한 그들의 동정심이 잘못된 것임을 지적할 수 있을 것이다. 그러나 그것은 잠재된 문제를 잠시 드러내는 것일 뿐이다. 실제로 (자선을 목적으로 할지라도)권력을 가진 사람들이 세우고 실행하는 대형 프로그램들은 종종 원하지 않는 어마어마한 규모의 결과를 몰고 온다. 현실이 얼마나 복잡한지 잘 알지 못하는 정상의 사람들이 제시하는 단순한 꿈들은 "바다"에 있는 사람들을 순식간에 끔찍한 악몽으로 이끌어가기도 한다. 결과는 무엇을, 언제, 어디서, 어떻게 했는지 책임질 수 있는 사람이 아무도 없고 어디서부터 잘못되었는지 평가조차 불가능할 정도로 아주 참담한 모습으로 드러나기도 한다. "지난 50년이 넘는 기간 동안의 자료를 평가해 볼 때, 세상을 변화시키기 위한 대형 프로젝트에 약 2조 달러 정도(현 통화기준)의 돈이 투입되었다. 이러한 수치에는 개인이 투입한 액수가 반영되어 있지 않다. 그렇다면 결과는 어떤가?8) 우리는 어마어마한 관심과 돈을 끌어들였고, 어마어마한 돈을 퍼부었다. 그러나 20년 후인 지금, 우리는 여전히 가난의 역사를 지속하려고 또 다른 거대 프로젝트를 기안하고 있다.

만약 동일한 금액을 하나님나라의 "겨자씨"9)를 심는데 투자한다면 작지만, 건강한 일을 통해 어마어마한 일이 일어날 것이다. 겨자씨가 푸르고 무성한 나무로 자라나면 새들이 날아와 둥지를 틀 것이다. 몇 안 되지만, 온전하게 미친 예수의 제자들이 가난한 사람들을 돕도록 연예스타를 자신이 속한 공동체에 와서 에너지를 사용하게 만든다면, 이러한 것이 더 현실적인 하나님나라의 표지가 되지 않겠는가?

지난 13년간 우리는 정의를 실현하고 희망을 전하고자 헌신해 왔고, 그 일환으로 전 세계 가난한 나라의 교회들을 네트워킹하는 어마어마한 특권을 갖게 되었다.10) 우리는 그들이 하나님나라의 틀 안에서 무엇을 어떻게 했는지 풀어 놓은 이야기들을 하나도 놓치지 않으려고 애썼다.11) 우리가 제시할 수 있는 사례 중, 브라질의 큐리티바Curitiba에 사는 칠십 명으로 된 신앙 공동체를 들 수 있는데, 이들은 도시 내에서 퇴비를 만들어 도시 채마밭을 운영하였고, 쓰다 남은 기름으로 비누를 만들고, 비닐봉지를 수거하여 환경을 보호하고, 위험에 처한 어린이들을 위해 창조적인 교육 프로그램을 만들어 스트레스를 줄여주었다. 또한 도미니카 공화국의 시골에 위치한 100여명 남짓한 오순절 교회를 예로 들 수 있는데, 이 교회는 겨자씨 꿈을 키워 1,800명이나 되는 마을사람과 주변의 여섯 마을을 건강한 동네로 변화시킴으로써 엄청난 영향을 끼쳤다. 코스타리카에 있는 한 교회는 자신들에게 적대감을 표현하는 이웃 사람들을 인내와 겸손으로 섬긴 결과 그들에게 하나님나라의 꿈을 갖게 하였다. 이들은 거리 및 강변 청소, 녹화사업, 이전에 없던 새로운 모습의 교육 및 놀이 개발을 통해 지역사회를 섬겨왔다. 최근 이들은 지역 농부들과 함께 농업생산 공장을 만들어 지난 45년 동안 별로 생산적이지 못하고 답보상태에 있던 유기농 프로젝트를 활성화시킴으로 고용을 창출하였다. 이러한 프로그램을 통해 마을의 수익이 늘어났고, 건강한 유기농산물을 지역사회에 공급하고, 이웃 도시와 공정무역을 트고,12) 가난하고 집이 없는 사람들에게 쉼터를 제공하였으며, 능숙한 사업가들로 하여금 "숙련되지 않은" 사람들을 훈련시켜 고용하게 하며, 채 검증되지 않은 소규모 사업가들에게 대출자금을 마련해 주고, 중독으로 말미암아 "가치 없는" 인생을 사는 사람들에게 재활의 기회를 열어주었다.

    안타깝게도 이러한 일들은 권력 있는 사람들이 계획하고 시행하는 거대 자본 프로그램이나 수백만 달러가 투입되는 정부의 비인격적 조직이나 다국적 프로그램을 통해 이루어지지 않는다. 이러한 결과는 여전히 빈곤 및 사회정의를 위해 싸우는 것을 자신의 일로 아는 교회 및 믿음의 공동체를 돕는 독립적인 후원자들에 의해 맺어지는 열매들이다. 이러한 일들은 모두 자신이 속한 지역사회를 변화시키고자 하는 민초, 혹은 지역교회들에 의해 시작된다. 그러기에 지속가능하고, 현실적인 열매를 맺을 수 있고, 상호책임과 실제적인 해결책에 대한 반응을 즉각적으로 감당할 수 있고, 그들이 처한 상황에 적절하게 대처할 지식과 능력이 생기는 것이다. 어떤 사람들은 19달러라는 아주 작은 돈으로 일을 시작하기도 한다. 또 어떤 사람들은 문자 그대로 아무 것도 없이 시작한다. 그렇지만, 후에 외부 교회나 개인 독지가를 통해 그리고 라틴아메리카에 존재하는 여러 믿음의 공동체와 연결되어 함께 일하면서 어마어마한 역사를 만들어가기도 한다.

차이는 단 하나. 그들이 하나님의 계획안에서 하나님과 함께 일하고 있다는 사실을 믿는 것이다. 이 하나님의 계획은 그들이 있는 모습 그대로, 그들이 갖고 있는 것으로, 그들이 있는 장소에서, 이미 그들을 위해 일하고 계신 그리스도를 통해 하나님께서 원래 계획하셨던 창조의 모습 안으로 모든 것을 회복하는 것이다. 그렇지만, 이 일은 오랜 시간을 필요로 한다. 그러나 그들은 혼자서 어떤 일을 하는 것보다 함께 일할 때 훨씬 놀라운 결과를 창출해 낸다는 사실을 고백하며 하나님나라의 시민으로 이러한 일을 감당한다. 만약 이러한 하나님의 계획안에서 우리가 맡은 바 각자의 몫을 감당할 수만 있다면, 만약 우리가 하나님의 식탁에 앉아서 하나님나라의 방식으로 다른 사람들을 위한 정의를 추구할 수 있다면, 만약 우리가 다른 사람들의 정의를 위해 일한다는 것이 무엇인지 올바로 보기까지 그들과 함께 겸손하게 걸을 수 있다면 무슨 일이 일어날지 상상해 보라. 이러한 정의는 실제로 마디Madi와 같은 사람이 "나는 이제 더 이상 내 인생을 증오하지 않을 겁니다. 그리고 이제 내가 무엇을 어떻게 해야 할지 알겠습니다."라고 말할 수 있도록 충분히 변화시키고도 남을 것이다.

35장
정의 비상사태
정의가 새 시대의 이머전트 대화의 핵심 내용이 될 수 있는가?

엘리사 파딜라

　나는 (일전에 레이건 대통령이 말했던 브라질의 부에노스아이레스가 아닌 아르헨티나의) 부에노스아이레스에서 자라났다. 나는 우리 부모님이 당신들이 이해하는 식의 복음을 내 머리 속에 집어넣으려고, 시도했는지 잘 기억하지 못한다. 그러나 나에게 끼쳐진 부모님의 영향력은 그들이 보여주신 모범을 통해 전달되었다. 길거리에서 약물중독이 되어 막 들어온 사람들을 위한 재활센터에서 성경연구를 지속하셨던 모습, 가난한 사람들이 생산한 야채와 과일을 구매자들에게 팔기 위해 독일 국민차에 잔뜩 싣던 모습, 홀로 일하는 편모슬하의 아이들이 다니는 유치원가서 아이들을 먹이려고 쌀과 콩을 그릇에 담던 부모님의 모습들을 나는 기억한다. 군부독재 시절동안 만약에 대비해서 전화 옆에 붙여 두었던 국제 엠네스티Amnesty International의 전화번호를 기억해 두었고, 후에 안 일이지만 아버지께서 유괴 당하셨다는 사실, 영국군에 의해 침몰된 전함

엘리사 파딜라(Elisa Padilla)는 카이로스 재단(Kairos Foundation)의 총 책임자이다. 카이로스는 출판, 신학교육, 공동체 목회 및 카이로스 수련센터를 통해 예수 그리스도의 제자들이 그들 일상의 모든 영역에서 믿음을 따라 살아가도록 격려하고 있다. 엘리사 파딜라는 가족과 함께 아르헨티나의 부에노스아이레스에서 산다.

벨그라노Belgrano의 그림과 함께 아버지께서 편집하셨던 「미션」Mission이란 잡지의 표지, 그리고 아르헨티나의 후원을 받고 불안에 떠는 시민군을 방해하려고 사용한 군사전략과 전쟁을 고발하는 잡지 속의 글, 하찮아 보이지만 영양이 충분한 음식, 우리가 물려 입던 옷들, 하루든, 일주일이든, 몇 달이든 도움이 필요한 사람들을 위해 집을 개방하셨던 일들을 아직도 기억한다. 부모님께서 보여주신 이러한 모범은 여러 해를 지나오면서, 기억들로 자리하여 나의 생각과 가치체계와 관계 및 가치관을 형성하였다.

나의 교회론은 교회를 통해 형성되었다. 교회의 리더십은 공유하는 것이고, 교회의 결정은 "다양성 안에서 일치"라는 표어 아래 모든 멤버가 진심으로 토론한 후 만들어내는 모습이었다. 단순히 자리를 지키고 앉아 있는 것이 아닌 적극적인 참여로서 섬김의 목회는 모든 신자가 제사장이 됨을 직접 실천하도록 요구되었다. 어떤 교회는 가난한 사람들을 위한 교회, 또 어떤 교회는 부자들을 위한 교회, 어떤 교회는 신자들을 위한 교회, 또 어떤 교회는 은사주의라는 교회의 특성을 갖는데 이러한 교회의 모습과 반대되는 것으로써, 복수성과 사회계층의 다양성을 추구하는 교회는 단일한 구성의 원리들에 대해 이의를 제기한다. 우리 시대가 대면하는 제반 이슈들에 대한 비판적 사고방식과 성경공부는 "한 손에는 신문, 한 손에는 성경"이라는 명언이 시사해주는 것을 실행으로 옮겨야 한다. 가난한 사람들과 소외된 자들을 선호하는 원리를 따라서, 가난한 사람, 중독자, 사회에 전혀 적응하지 못한 사람들을 단순히 받아들이기만 할 것이 아니라 이들에게 용기를 주어야 한다. 우리 교회는 우리 모두가 무엇인가를 필요로 한다는 기치 아래 모든 사람이 동일한 수준에 있다고 보는 죄인들의 교회였다.

상호 인격적인 관계는 사랑 안에서 서로를 일깨워주고, 화해를 위해 대화의 끈을 놓지 않는다. 왜냐하면 우리 공동체는 새로운 하나님나라가 이루어질 때 온전히 깨닫게 될 일들을 미리 맛볼 수 있도록 구성된 "하나님의 실험적인 채소 밭"이라고 생각하기 때문이다. 복음주의를 우월주의자적 상황에서 생각하지 않는다. 왜냐하면 우리는 그저 "먼저 빵이 있는 장소를 발견하였기에 다른 굶주린 사람들에게도 알려주어야 하는, 우리도 한 때 굶주렸던 사람들"이기 문이다. 이 글에서 반복되는 원리들은 일찍부터 나의 교회에 대한 개념을 형성해 주었다.

열여덟 살이었을 때, 나는 우리 가족과 문화의 관습을 거스르고, 집을 떠나 미국에 있는 대학에서 공부하기로 결정했다. 내가 마이애미 공항에 처음 도착했을 때 받은 충격은 결코 잊지 못할 것이다. 우선 도시 그 자체는 물론이거니와 이쪽 공항에서 저쪽 공항으로 나를 데려다 준 수평엘리베이터실은 기차였음부터 시작해서, 얼기설기 엉켜있는 고속도로며, 엄청난 차량, 텅 빈 정원이 딸려있는 으리으리한 저택들, 자동차를 들여놓을 수 없을 만큼 잡다한 물건으로 꽉 들어찬 차고대신 차고 앞에 2~3대의 자동차를 주차함, "사세요, 사세요"라고 외치듯 집집마다 우체통에 꽉 들어차 있는 광고지, 쇼핑몰, 주유소, 교회 건물, 그리고 또 쇼핑몰, 주유소, 교회 건물, 그리고 또….

그때는 인기 있던 레이건 대통령 시절이었고, 소련을 단념시키려고 핵무기를 증강하던 시대였고, 라틴아메리카에 군 독재자를 지원하던 시절이었고, 그 유명한 니카라과 혁명을 이끈 "산디니스타Sandinista" 정부를 상대로 "반정부 우파 게릴라들"독재자 소모자(Somoza)의 경호원 출신을 재정적으로 지원하던 시기였고, 과테말라 원주민 공동체의 대학살을 이끈 행정부와 복음주의 대통령인 리오스 몬트Rios Montt를 후원했던 시기였고, 공산주의 쿠바에는 수출을 금지하고, 인종분리정책으로써 남아프리카 공화국에는 수출금지를 풀고, 넬슨 만델라를 감옥에 가두었던 시기였다.

"복음주의의 메카"였던 시카고 휘튼 칼리지에 있던 나의 동료 학생들의 태도는 무엇이었을까? 그들 중 90퍼센트는 공화당을 지지했고, 매주 일요일 동네마다 있는 교회에 출석하였다. 실질적으로 그들은 세계의 자유와 민주주의를 지켜낸다는 명목아래 핵무기 및 군사력 증강을 지지하였고, 거의 모든 사람이 미국은 세계의 선을 책임을 진 "하나님의 선택된 백성이요 축복받은 백성"이라는 강한 신념을 갖고 있었다. 학생회관에 있는 책상 뒤에는 공화당을 후원하는 유인물과 "중앙아메리카의 자유를 위해 싸우는 전사를 후원하자"라는 문구와 함께 기관총과 총알을 들고 있는 람보를 닮은 포스터가 비치되어 있었다.

자유를 위해 싸우는 전사라고? 내가 속한 그룹대부분 라틴아메리카 사람으로 구성된은 그 "자유를 위해 싸우는 전사"들이 어떤 사람들인지 보여주는 3분짜리 비디오를 구했다. 비디오 속의 전사들은 온두라스에 있는 니카라과 국경의 한 시골마을에서 열린 결혼식을 기습하였다. 그들은 단 몇 초 만에 신랑 신부를 포함한 "위협인물들"을 때려 눕혔다. 벨기에의 한 기자가 이 장면을 담아 두었던 것이거나 아니면 그 기자가 만든 영화의 장면이었을 것이다. 동료 학생들은 이 비디오를 보고 화를 냈는데, "자유를 위해 싸우는 전사들"을 향한 분노가 아니라, 제도적으로 인권을 침해하도록 이들을 그냥 내버려둔 정부와 우리를 향한 분노였다. 이 비디오를 보여줌으로써 사람들의 감정을 조작했다는 이유였다. 반대에도 불구하고, 우리는 엘살바도르와 과테말라에서 있었던 이와 유사한 사건을 담은 비디오를 더 구했다. 우리는 중앙아메리카에서 무슨 일이 벌어지는지 그리고 매스미디어에서 전혀 다루지 않는 사건들에 대해 각성시키려고 중앙아메리카 그룹을 시작하여 여러 모임을 이끌어 나갔다.

그러나 우리를 후원하는 사람들이 너무 적었다. "미국 - 좋아하든지 아니면 떠나라"는 것이 우리가 사람들에게 들은 반응이었다. 우리가 받은 충격은 우리가 다니는 기독교 대학이 당시 부통령이었던 조지 부시에게 명예 박사학위를 수여하면서 극대화되었다. 우리는 도무지 이해할 수 없었다. 나는 공원근처를 걸었던 그날 밤을 결코 잊지 못할 것이다. 나는 그날 더 이상 화를 참을 수 없고 어찌할 바를 몰라 하나님께 눈물을 흘리며 화를 냈다. 어떻게 그리스도인이 반대는커녕 그 많은 불의를 적극 지원한단 말입니까? 어떻게 그들이 아무 것도 보지 못할 수 있나요? 복음이 그들의 정치적·사회적 관점을 하나도 바꾸어 놓을 수 없단 말입니까? 엄청난 가난의 고통을 코앞에 두고서 어떻게 그들이 그 많은 부를 축적할 수 있단 말인가요? 만약 정말로 그게 그리스도인이 된다는 진정한 의미라면, 나는 그리스도인과 아무것도 하지 않을 겁니다. 실제로 나는 그렇게 할 작정이었다. 끝이었다.

그 날 밤 어두운 침묵 속에서 뭔가 내 마음을 두드리는 어떤 일이 일어났다. 짧지만, 지난 십팔 년 동안, 내 고향에서 사는 동안 나를 만들어온 사람들, 사상들, 현실들이 한꺼번에 회상되고 재연되었다. "그래, 내가 아는 하나님은 그런 하나님이 아니야. 이런 예수는 내가 따르기로 선택한 예수가 아니야"라는 생각이 나의 눈물을 진정시켜 주었고, 내 마음을 부드럽게 쓰다듬어 주었다. 내가 아는 하나님은 약하고 억압받는 사람들 편에 계셨다. 불의의 현장 속에서 고통당하고 계신 하나님을 알게 되면서 내가 느끼는 고통 속에 나 홀로 있는 것이 아님을 알게 되었다. 나의 눈물은 하나님의 눈물이기도 했다. 하나님도 폭력과 학대의 희생자들이 느끼는 아픔 속에 함께 고통 당하고 계셨다. 하나님께서도 창조의 고통 속에서 신음하고 계셨다.

몇 년 동안, 나는 새로운 모습을 가져다 준 이러한 생각과 경험들을 읽고 또 읽으며 몇 가지 결론을 얻었다. 첫 번째 결론은 내가 어린 나이에 집과 교회에서 살았던 것들이 약 30여 년 동안 "필수적인 선교"로서 정의된 것이었다는 사실이다. 1970년대 라틴아메리카에는 군부 독재가 성행했고, 인권이 유린되었고, 가난의 증가하였고, 상황에 적합하지 않은 북미 선교사들에 의한 복음이 물밀 듯이 유입되었다. 가톨릭에 의해 해방신학이 번영을 누렸는데, 이는 출애굽기를 경제적 착취자, 독재자, 무장 혁명을 통한 군 통치 등으로 학대받는, 억압받는 사람들을 해방하기 위한 모델로 이해하는 신학이다.

복음주의 서클 중 비록 대부분이 전통적인 선교 메시지를 따르고 있음에도, 소수의 그룹이 다른 방향으로 생각하고, 만나고, 글을 쓰고, 출판하는 일을 담당하기 시작했다. 그들은 "복음은 가난, 불의, 학대의 상황에 대해 어떻게 반응하는가?"라는 질문을 던졌다. 해방신학현재 상황에 따른 성경해석, 사회적인 문제들에 대해 반응하고자 하는 노력, 그리고 다른 사람들 속에서 하나님나라의 언어 사용 등과 사회적 복음18세기에 라틴 아메리카에 이미 유입된에 대한 확실한 기여를 지켜나가는 가운데, 그들은 복음이 모두의 삶한편으로는 개인적인 묵상과 경건생활, 또 다른 한편으로는 사회적 경제적 정의, 삶의 모든 영역가족, 교회, 일터, 사회, 정치, 경제 등, 그리고 모든 사람(서로 다른 사회적 지위, 인종, 배경 등)에게 적절해야 한다는 사실을 제안하였다. 복음은 총체적이며 온전한 것이라고 결론을 내렸다. 나의 교회 경험은 "총체적인 선교"를 추구하는 신학을 위해 흘린 피가 가득한 장소로 보인다.

내가 내린 두 번째 결론은 내가 처음 미국에 공부하러 갔을 때 겪은 문화 충격은 단순히 다른 문화로 들어가면서 겪은 것이 아니라는 점이다. 왜냐하면 내가 겪은 문화 충격은 이 세상에 사는 어떤 사람들은 완전히 다른 모습의 세상, 즉 나머지 세상과 비교도 안될 만큼 훨씬 더 많은 자원을 갖고 사는 모습에서 온 것이기 때문이다. 세계경제에 대한 교훈은 곧 이 세상에서 어떤 일이 일어났는지 보도록 나를 도와주었다. 나는 자본주의, 세계은행, 다국적 기업, 불공평한 무역 협정, 경제제재 등에 대해 알게 되었다. 세계 경제 질서는 단지 세계 인구의 4.6퍼센트의 사람들이 세계 자원의 33퍼센트를 사용하도록 편제 되어 있다. 2004년 세계은행의 자료에 따르면 이것은 그동안 내가 이해하지 못했던 자동차, 주택, 잔디, 차고 등 전체적인 부와 소비가 어떻게 사용되는지를 설명해 주었다. 이러한 부는 미국이 우리 시대의 제국이 되어있다는 결과와 세계 어떤 나라의 상황에도 미국이 경제적 권력과 군사적 통제를 행사할 수 있음을 드러내 주고 있다.

세 번째 결론이자 내가 경험한 복음주의적 문화 충격은 하나님나라의 좋은 소식에 대한 모든 것, 즉 복음이 문화적 가치들과 뒤엉켜 결국 다른 문화적 이미지를 취하게 된다는 사실을 알게 해 주었다. 개인주의적인 메시지는 복음을 개인의 구원이라는 아주 작은 자아의 문제로 축소시켜 놓았고, 하나님과 함께 하는 한 개인의 삶이 올바르면 되는 모습(그래서 공동체화 사회라는 그 어떠한 개념도 무시해도 되는)으로 축소시켜 놓았다. 이러한 복음은 영적인 메시지로 복음을 제한하여, 한 사람의 영을 치유하고, 조율하는 모습으로, 물질적인 축복에 치중하는 (물론 이러한 것은 대개 따뜻하고, 부드럽고, 편안한 집과 배부른) 기독교를 만들어놓았다. 실용적인 복음은 내용과 질보다 전략과 결과를 우선에 둔다. 말뿐인 메시지는 선교를 말하는 것과 설교하는 수준으로 제한한다. 미국식 복음은 철저한 생황양식을 구비한 그리스도인이 되는 것과 세계 공동체의 구성원이 되는 것보다 세계에서 가장 강력한 나라의 시민이 되는 것을 가장 우선에 둔다. 예수의 복음은 미국 문화를 위한 개인주의적, 영적, 실용적, 언어적 상업광고 형식으로 수정되었다.

이것이 의미하는 바는 만약 당신의 복음이 단지 당신 자신, 당신의 영, 당신의 회심, 말뿐이며, 실행에 있어서 당신의 가장 높은 충성심이 당신을 위한 깃발즉 당신이 보는 뉴스에 아무런 질문도 하지 않고 당국에 무조건적 충성을 보이는 것을 의미함을 위한 것이라면, 당신은 아주 평화롭게 살 것이고, 부를 축적하면서, 이러한 모든 것이 하나님께 온 축복이라고 여기게 될 것이다. 이러한 순진하면서도 수동적인 모습을 통해 당신은 인종차별, 토지 착취, 불평등, 권력의 남용, 석유 전쟁, 핵무기 증강, 경제적 착취, 오염 및 모든 종류의 불의를 후원하면서 여전히 선한 그리스도인으로 남게 된다. 왜냐하면 이렇게 작은 복음은 당신의 시대가 당면한 문제들에 대해 아무런 말을 하지 않기 때문이다.

나는 다음의 질문을 독자들에게 남겨놓고 싶다: 어떤 복음이 과연 새로이 등장한 이머전트 운동을 품을 수 있을까? 최근 몇 년, 우리는 북반구에서 "이머전트"라고 부르는 운동이 남반구에서도 일어나고 있다는 소식을 듣고 있다. 북반구에 사는 대부분의 그리스도인은 "기독교 국가주의의 중심"에서 오는 전체적인 내용을 받아들이는 데 문제가 없다. 그것이 기름부음 받은 겉옷을 휘두르는 것이나, "거룩한 부르짖음"이나, 교회 예배 중에 뒹구는 것이나, 영어로 번역된 음악을 개인적으로 찬양하는 것이나, 혹은 라틴아메리카 예배에서 미국 팝 음악을 듣는 것이든 별 문제가 없다. 그러나 우리 중 어떤 사람들은 우리의 과거를 되돌아보고 배우기를 좋아하며, 모든 종교적 수입품을 주의 깊게 조사하는 사람들이 있다.

이러한 분석에서, 우리는 이머징 운동이 똑같이 오래된 내용을 새롭게 포장한 것이 아닌지 항상 의아하게 여긴다. 당신이 "나와 하나님", "우리의 도움을 간절히 필요로 하는 가난한 사람"우리가 너무 선하기 때문에 베푼다는 의미, "찬양에 탁월함"훌륭한 종교적 쇼를 연출하려고 전문 음악인을 위해 대가를 지불한다는 의미, "끼리끼리 만남"인종이 섞이는 것은 갈등을 야기한다는 의미, "우리는 최선의 것을 시행할 줄 앎"우리가 돈을 기부하기 때문에, 무슨 일이 어떻게 될지 우리가 선택한다는 의미, "성공하는 교회"멤버의 규모, 연간 재정규모, 교회 건물의 규모를 늘 파악한다는 의미라는 오래된 패러다임을 반복한다. 이러한 모든 것은 커피와 도넛, 오르간 음악대신 록 밴드, 반짝반짝 빛나는 검정 구두 대신 맨발, 정장 대신에 평범한 바지와 티셔츠, 딱딱한 장의자 대신에 초와 다채로운 옷, 붉은 표지의 찬송가 대신에 다채로운 이미지의 파워포인트가 준비된 가운데 이루어진다. 이러한 모든 것은 동일한 내용을 다르게 포장한 것일 뿐이다.

부디 이 책이 다른 방향으로 가는 새로운 길을 만들어내고, 그 새로운 길을 계속 가도록 도와주길 바란다. 만약 우리가 복음을 이전에 의미했던 모든 모습으로 본다면 무슨 일이 일어날까? 만약 복음이 억누르고 있는 캡슐을 터뜨리고 나오도록 허락한다면, 그리고 사람들이 활동하는 모든 지역과 생명을 가진 모든 사람에게 좋은 소식이 된다면 무슨 일이 일어날까? 그렇게 되면 아마도 최고의 소식이 될 것이다! 그렇게 되면 하나님과, 다른 사람들과, 창조세계와 화해를 이루는 놀라운 소식이 될 것이다. 그렇게 되면 우리 가족, 집, 생활방식, 소비습관, 관계를 위한 굉장한 소식이 될 것이다. 그렇게 되면 우리 이웃, 도시, 농장, 슬럼을 위해 엄청난 소식이 될 것이다. 그렇게 되면 우리나라의 정책 전반 즉 교육, 건강, 이민, 안보 및 부의 분배를 위한 혁명적인 소식이 될 것이다. 그렇게 되면 우리가 사는 국제 정치 및 경제적 구조와 세계 질서를 위한 대안적 소식이 될 것이다. 그렇게 되면 우리의 생태계, 숲, 산, 강, 식물, 동물, 바다, 호수 및 공기를 위한 구원의 소식이 될 것이다. 그렇게 되면 정의롭고 새로운 질서의 복음으로 현재 우리가 사는 세상을 위한 예수 그리스도의 놀라운 복음이 될 것이다.

후주

서문

1) 미국에서 '새로운 대화(the emergent conversation)'를 가장 잘 소개한 것 중에는 토니 존스(Tony Jones)의 『새로운 그리스도인』*New Christian* (San Francisco: Jossey-Bass, 2008)과 필리스 틱클(Philis Tickle)의 『위대한 출현』*The Great Emergence* (Gand Rapids: Baker Books, 2008), 그리고 더그 패지트(Doug Pagitt)의 『믿을 가치가 있는 기독교』*A Christianity Worthy Believing* (San Francisco: Jossey-Bass, 2009)가 있다. 더 많은 정보를 원하면 www.emergentvillage.com과 www.theooze.com을 보라. 영국에서 진행된 대화는 앤드류 존스(Andrews Jones)의 블로그(www.tallskinnykiwi.org)와 http://www.lareddelcamino.net/es/를 보라. 아프리카에서 진행된 대화는 http://www.amahoro-africa.org를 보라. 호주에서 진행된 대화는 http://www.spirited.net.au/blogs를 보라. 그 밖의 여러 나라, 여러 지역, 교단별 네트워크에 대해 살펴보려면 인터넷 탐색기능을 이용하여 보라. http://emergingchurch.info/index.htm과 http://godspace.wordpress.com/about-mustard-seed-associates/도 방문해 보라.

2) 이 통계조사 이래로 출간된 다음 세 권의 책을 통해 더욱 더 상세한 자료를 얻을 수 있을 것이다: Robert Wuthnow, *After the Baby Boomers* (Princeton: Princeton University Press, 2007); David Kinnaman and Gabe Lyons, *UnChristian* (Grand Rapids: Baker Books, 2007); Dan Kimball, *They Like Jesus but Not the Church* (Grand Rapids: Zondervan, 2007)

3) 맥루한의 작업을 보려면 Shane Hipps, *The Hidden Power of Electronic Culture* (Grand Rapids: Zondervan, 2006)을 보라.

4) 나의 친구 론 카루치(Ron Carucci)는 이 점에 대해 "우리가 관심을 갖는 것이 무엇인지 살펴보면 우리가 놓치고 있는 것이 무엇인지를 알 수 있다."고 표현하였다.

5) 나의 책 *Church on the Other Side* (Grand Rapids: Zondervan, 1998)와 *More Ready than You Realize* (Grand Rapids: Zondervan, 2002)는 이러한 실용적 목회 이슈들을 조목조목 다루고 있다.

6) *New Kind of Christian trilogy* (San Francisco: Jossy-Bass, 2005)와 *Generous Orthodoxy*

(Grand rapids: Zondervan, 2004)는 나의 신학 사상을 설명해 놓은 것이다.
7) *The Secret Message of Jesus* (Nashville: Thomas Nelson, 2006)는 이러한 내용을 담은 책이다.
8) 이러한 과정은 *Everything Must Change* (Nashville: Thomas Nelson, 2007)라는 책을 통해 정점에 이르렀다.
9) 이러한 과정 내내 수많은 주요 작가가 우리에게 영향을 끼쳤다. 이 선교교회 ([역주]missional church - 이 용어는 선교적 교회 혹은 선교의 교회로 번역되기도 하나 이곳에서는 선교교회로 번역하고 원어를 병기하였다.) 운동은 결코 없어서는 안 될 운동으로 레슬리 뉴비긴과 데이비드 보쉬의 선교학에서 시작되었다. 달라스 윌라드(Dallas Willard)는 하나님나라의 메시지를 재발견하도록 도와주었고, 엔 티 라이트(N.T. Wright)는 하나님나라 메시지와 연관된 새로운 시각으로 예수 그리스도와 바울을 재조명하도록 도와주었다. 브라이언 왈쉬(Brian Walsh)와 실비아 키스마트(Sylvia Keesmaat)의 *Colossian Remixed* (Downers Grove: InterVarsity Press, 2004)는 정의라는 틀로 성경을 새롭게 읽도록 도와줌으로써 새로운 의미와 도전의식을 갖게 했다. 위르겐 몰트만(Jürgen Moltmann), 존 하워드 요더(John Howard Yoder), 리차드 로어(Richard Rohr), 존 도미닉 크로산(John Dominic Crossan), 레오나르도 보프(Leonardo Boff), 리타 브록(Rita Brock), 필리스 티클(Phyllis Tickle), 세드 마이어스(Ched Myers) 등 일일이 기록하고 싶은 이름들이 적지 않다.
10) 우리 친구들 중 가톨릭과 주류에 속한 이들이 "물론이지. 그런데 그게 뭐 새로운 것이라고? 이미 우리가 지난 수 십 년 동안 이러한 것에 대해 말해왔잖아." 하고 말할지 모른다. 이에 대해 우리는 다시 "그렇지. 이미 진행되던 대화에 우리가 너무 늦게 끼어드는 것일 수도 있지. 그렇지만, 이제 우리가 그 대화에 끼어들고 그동안 진행해온 대화에 뭔가 기여할 것이 있을지도 모르지. 그리고 여전히 갈 길은 멀고 해야 할 일이 많이 남아 있잖아." 라고 반응할 것이다.
11) 안타깝게도 정의에 관한 우리의 대화에 이슬람의 여러 이웃을 포함해야 함에도, 이 책에는 무슬림의 목소리를 싣지 못했다. 그러나 이러한 모든 것을 다 루도록 언젠가 타종교간에 정의를 주제로 한 폭넓은 대화의 시간과 장소를 따로 마련할 수 있으리라 기대한다.
12) 마태복음 6장 33절과 아모스 5장 24절을 보라

서론

1) Will and Lisa Samson, *Justice in the Burbs* (Grand Rapids: Baker Books, 2007), 26.
2) Gary Haugen, *Good News about Injustice* (Downers Grove: InterVarsty Press, 1999), 72.
3) Abraham J. Heschel, *Los profetas: Concepciones historicasy teologicas* (Buenos Aires: Ediciones Piados), 77,
4) Jimmy Carter, *Our Endangered Values: America's Moral Crisis* (New York: Simon & Schuster, 2006), 179. 다음의 수치가 보여주듯 부자와 가난한 사람들 간의 격차는 점점 더 벌어지고 있다. "1969년에 상위 20%의 부자들이 하위 20%의 가난한 사람보다 약 30배나 더 많은 부를 소유하였다. 1990년에는 상위 20%의 부자들이 하위 20%의 가난한 사람보다 약 60배나 더 많은 부를 소유하게 되었다. 현재 그 차이는 83배로 늘어났다. (Bob Goudzwaard, Mark Vander Vennen, and David van Heemst, *Hope in Troubled Times: A New View for Confronting Global Crises*(Grand Rapids: Baker Academic, 2007), 20)
5) Michael S. Northcott, *A Moral Climate: The Ethics of Global Warming* (Maryknoll, NY: Orbis Books, 2007), 37.
6) E. F. Schumacher, *Small Is Beautiful: A Study of Economics as if People Mattered*, (London: Abacus, 1974), 20.

1부.

1) Abraham Heschel, *The Prophets: An Introduction* (New York: Harper & Row, 1962), 1:215.
2) 특별한 설명이 없으면 새번역을 이용하였음.
3) Grant Lemarquand, "From Creation to Creation: The Mission of God in the Biblical Story", in Ian T. Douglas, ed., *Waging Reconciliation; God's Mission in a Time of Globalization and Crisis* (New York: Church Publishing, Inc. 2002), 19.
4) Jim Wallis, *The Great Awakening: Reviving Faith and Politics in a Post-religious Right America* (San Francisco: HarperOne, 2008), 58.
5) 목사인 제임스 포브스 박사(Rev. Dr. James Forbes)는 짐 월리스(Jim Wallis)의 『하나님의 정치』*God's Politics: Why the Right Gets it Wrong and the Left Doesn't Get It* (San Francisco: HarperSanFrancisco, 2006), 16. 를 인용하였다.
6) Obery Hendricks Jr., *The Politics of Jesus: Rediscovering the True Revolutionary Nature of Jesus' Teachings and How They Have Been Corrupted* (New York: Doubleday 2006),

107.

7) Micah Challenge Call to Action statement, www.micahchallenge.org/english/knowit/Overview/.

8) Jim Wallis, "The Conscience of the State: Breakfast at the White House Can Be Dangerous to the Prophetic Vocation", *Sojourners*, March-April 2001. 「소저너스」지 2001년 3,4월호에 실린 짐 월리스의 "국가의 양심: 백악관에서 아침식사를 하는 것은 예언자적 소명에 위험할 수 있다"는 글.

9) 미국의 가톨릭 사제단, 『신실한 시민권: 정치적 책임에 대한 가톨릭의 소명』 *Faithful Citizenship: A Catholic Call to Political Responsibility* (Washington D.C.:USCCB Publishing, 2003).

10) 전 세계의 오순절운동에 대해 알려면, 알란 앤더슨(Allan Anderson)과 에드몬드 탱(Edmond Tang)이 편집한 *Asian and Pentecostal: The Charismatic Face of Christianity in Asia* (Oxford: Regnum Books International, 2005); Harvey Cox, *Fire from Heaven: The Rise of Pentecostal Spirituality and the Reshaping of Religion in the Twenty-First Century* (Cambridge, MA: Da Capo Press, 1995); David Martin, *Pentecostalism: The World Their Parish of Christianity: Africa, the West, and the World* (Oxford: Oxford University Press, 2005)를 보라. 이 장에서 내가 살펴볼 성령론은 브루스 엘리스 벤슨(Bruce Ellis Benson), 체리시 피-노들링(Cherish Fee-Nordling), 데일 어윈(Dale T. Irwin), 패트릭 오덴(Patrick Oden), 보위 스노드그래스(Bowie Snodgrass), 그리고 아모스 용(Amos Yong)과 함께 나눈 대화 및 편지를 근간으로 하였다.

11) 샬롬(shalom)의 성경적 개념에 대한 신학적 입문서로 월터 부르거만의 *Living Toward a Vision: Biblical Reflections on Shalom*, 2nd ed. (New York: United Church Press, 1982)와 페리 요더(Perry Yoder)의 *Shalom: The Bible's Word for Salvation, Justice, and Peace* (Nappanee, IN: Evangel Publishing, 1987)을 보라.

12) Nicolas Wolsterstorff, Justice: Rights and Wrongs (Princeton: Princeton University Press, 2008), 65-95. 이 책에서 볼터스트로프는 "하나님께서는 사람마다, 그리고 모든 사람이 번영하기를 바라신다. 그리고 구약의 저자들이 기록한 샬롬을 간절히 바라신다. 불의는 샬롬을 파괴하고 무엇이든 강요한다. 이것이 하나님께서 그토록 샬롬을 원하시는 이유이다. 하나님은 친히 창조하신 사람마다, 그리고 모든 사람이 번영하기를 간절히 원하신다. 정의는 번영하게 되어있다. 사랑과 정의는 서로 경쟁하는 것이 아니라, 하나로 뒤엉켜있는 것이다." (82페이지에서 인용)

13) Jonathan Edwards는 "하나님은 자신의 거룩함과 공의를 멀리 두시는 분이 아

니시다"라는 기록을 남겼다. (Discourse on the Trinity in Trinity, *Grace, and Faith*, ed. S. H. Lee New Haven, CT: Yale University Press, 2003), 131.

14) Hans Urs von Balthasar는 "하나님은 자신의 거룩성을 드러내실 때, 그가 어떤 하나님이신지 독특한 모습을 드러내시고 소통하신다. 그렇게 하시는 것이 하나님의 자기계시 방법이다."라는 기록을 남겼다. *The Glory of the Lord: A Theological Asthetics, vol. 6: Theology: The Old Covenant*, ed. John Riches, trans. Brian McNeil and Erasmo Leiva-Merikakis (San Francisco: Ignatius Press, 1991), 64.

15) Immanuel Levinas는 "테트라그램마톤-은 해석이 된 아주 분명하고 특별한 이름이다. 이는 한 번도 제대로 발음된 적이 없는 이름을 위해 사용하도록 되어 있다(단, 바벨론유수 이후에 지켰던 속죄의 날이라 부르는 대제사장이 지성소에 들어갈 때는 예외로 하였다.)는 기록을 남겼다. *Beyond the Verse: Talmudic Readings and lectures*, trans. Gray D. Mole, (Bloomington and Indianapolis: Indiana University Press, 1982), 121.

16) Nicolas Wolterstroff는 "이스라엘의 종교는 구원의 종교이지 명상의 종교가 아니다. 즉 이것이 바로 과부와 고아와 이방인들과 가난한 사람들의 만트라로 작용하는 이유다. 이 땅의 현존에서 동떨어진 구원의 종교가 아니라, 이 땅위에서 목격되는 불의에서 구원된 종교"라는 기록을 남겼다. (Justice, 79)

17) 나는 신학적으로 누가복음-사도행전을 하나의 문서로 보고 해석하는 최근의 시도를 따랐다. Paul Borgman, *The Way According to Luke: Hearing the Whole Story of Luke-Acts* (Grand Rapids:Eerdmans, 2006); Joel B. Green, *The Theology of the Gospel of Luke* (Cambridge University Press, 1995); Amos Yong, *The Spirit Poured Out on All Flesh: Pentecostalism and the Possibility of Global Theology* (Grand rapids: Baker Academic, 2005)가 그 예이다.

18) 위르겐 몰트만(Jürgen Moltmann)은 구속사 가운데 아들과 성령님이 함께 일하심을 강조했던 성령론적 기독론을 선도한 사람이다. Margaret Kohl이 번역한 Jürgen Moltmann의 *The Ways of Jesus Christ: Christology in Messianic Dimensions*, (Minneapolis: Fortress Press, 1990)을 볼 것. D. Lyle Dabney, "The Advent of the Spirit: The Turn to Pneumatology in the Theology of Jürgen Moltmann", *Asbury Theological Journal* 48, no. 1 (1993): 81~108을 참조할 것. 그리고 Peter Althouse, "Spirit of the Last Days: Pentacostal Theology in Conversation with Jürgen Moltmann", *Journal of Pentecostal Theology Supplement* (London and New York: Sheffield Academic Press, 2003)을 참조할 것.

19) Nicholas P. Constas, "Weaving the Body of God: Proclus of Constantinople, the

Theotokos and the Loom of the Flesh", *Journal of Early Christian Studies* 3, no.4 (1995): 169~94.

20) Dwight Friesen은 "성육신 안에서, 하나님은 창조를 위한 하나님의 희망을 지속시키려고 인간이 되셨다. 창조를 위한 하나님의 희망은 온전함을 의미하는 평화 혹은 샬롬(Shalom)이다. 이러한 온전함은 변영하는 생명 안에서 하나님, 인간, 우주가 하나로 결합하는 것이다."고 기록하였다. ("Orthoparadoxy", in *An Emergent Manifesto of Hope*, ed. Doug Pagitt and Tony Jones [Grand Rapids: Baker Books, 2007], 204).

21) 칼 바르트는 그의 로마서 주석에서 "예수, 그리스도 안에서 우리를 감동시키는 것, 그러나 여전히 우리가 감동하지 못하는 것은 창조주이시며 구속자이신 하나님나라이다. 하나님나라는 실제로 왔고, 가까이에 있다(iii. 21, 22). 그리고 이 예수 그리스도는 우리의 주님이시다. 이 땅에 오신 그리고 우리의 삶 속에 드러난 그의 현존을 통해 우리는 인간으로서 일을 해체하고 하나님 안에서 일을 세워나간다. 우리의 눈을 그에게 고정시킴으로써, 우리의 진보를 멈추고 그가 움직이도록 한다. 우리는 머무르고 급하다." (*The Epistle to the Romans*, 6th ed., Edwyn C. Hoskyns 번역 [Oxford: Oxford University Press, 1968], 30.

22) Obery M. Hendricks Jr., *The Politics of Jesus* (New York: Doubleday, 2006) 101~12.

23) 흑인 기독교 운동에 관련된 아주사 거리 부흥운동과 그 운동의 시작에 대해 개관하려면 Cecil M. Robeck Jr., *Azusa Street Mission and Revival: The Birth of the Global Pentecostal Movement* (Nashville: Nelson, 2006)를 볼 것.

24) 프린스턴 대학 박사학위 논문. Leslie D. Callahan, "Fleshly Manifestations: Charles Fox Parham's Quest for the Sanctified Body" (Ph D. diss., Princeton University, 2002); Iain MacRobert, *The Black Roots and White Racism of Early Pentecostalism in the USA* (New York: St. Martin's Press, 1988).

25) J. Kameron Carter, "Race and the Experience of Death: Theologically Reappraising American Evangelicalism", in *The Cambridge Companion to Evangelical Theology*, ed. Timothy Larsen and Daniel Treier (Cambridge: Cambridge University Press, 2007), 177~98; and Race: *A Theological Account* (New York: Oxford University Press, 2008).

26) 로마서 8장에 대한 나의 생각은 Gordon D. Fee, *God's Empowering Presence: The Holy Spirit in the Letters of Paul* (Peabody, MA: Hendrickson Publishers, 1994)과 Patrick Oden, *It's a Dance: Moving with the Holy Spirit* (Newberg, OR: Barclay Press, 2007)의 5장에 의해 형성된 것이다.

27) Margaret Kohl이 번역한 Jürgen Moltmann의 *God in Creation: A New Theology of*

Creation and the Spirit of God (Minneapolis: Fortress Press, 1993), 98~103, 185~214와 Margaret Kohl이 번역한 *Trinity and the Kingdom: The Doctrine of God* (Minneapolis: Fortress Press, 1993), 57~60; 그리고 Margaret Kohl이 번역한 *The Spirit of Life: A Universal Affirmation* (Minneapolis: Fortress Press, 1992), 37ff.은 온전한 창조의 완전한 현존과 원칙이 되시는 성령님에 대한 토론에 도움이 된다.

28) 우리가 하나님께 말하는 것이 아니라, 하나님께서 우리에게 말씀하신다는 것, 즉 인간의 객관성에 대한 개념을 설명하기 위해 Peter Rollins에게 은혜를 입었다. 하나님의 말씀을 통해, 사랑과 정의의 통치는 성령 충만한 우리의 삶과 공동체에 더욱 분명하게 드러났다. *(How (Not) to Speak to God* [Brewster, MA: Paraclete Press, 2006], 20~43, 71)

29) Diana Butler Bass, *A People's History of Christianity: the Other Side of the Story* (New York: HarperOne, 2009).

30) Bruce Winter, *See the Welfare of the City: Christians as Benefactors and Citizens* (Grand Rapids: Eerdmans, 1994).

31) Letter to Diognetus, *Christian Classics Ethereal Library*, Http://www.ccel.org/ccel/richardson/fathers.x.i.ii.htl, 2008년 4월 15일에 이용함.

32) *New Advent Catholic Encyclopedia*, http://www.newadvent.org/cathen/06217a.htm, 2008년 4월 15일에 이용함.

33) Raymond Mentzer, "The Piety of Townspeople and City Folk", in *A People's History of Christianity*, vol. 5, Reformation Christianity, ed. Peter Matheson (Minneapolis: Fortress Press, 2007), 23~47.

34) *Lausanne Covenant*, www.lausanne.org/lausanne-1074/lausanne-covenant.html, 2008년 7월 10일에 이용함.

35) Mission Year, www.missionyear.org, 2008년 4월 15일에 이용함.

36) Christian Community Development Association, www.ccda.org, 2008년 4월 15일에 이용함.

37) Relational Tithe, www.relationaltithe.org, 2008년 4월 15일에 이용함.

38) "해체"한다는 것은 어떤 개념, 신념, 혹은 실행이 어떻게 인간을 세워나가는지를 보여주는 것이다. 이러한 일은 종종 인간이 발달해 온 역사에 대해 이야기하거나, 부분의 성분이 어떻게 구성되는지 보여주거나, 혹은 각 부분에 존재하는 물려받은 긴장들을 보여주는 것을 통해 이루어진다.

39) Robert Reich, *Supercapitalism: The Transformation of Business, Democracy, and Everyday Life* (New York: Alfred A. Knopf, 2007), 444.

40) Stanley Fish, *Is There a Text in This Class? The Authority of Interpretive Communities* (Cambridge, MA: Harvard University Press, 1980).
41) Jean-François Lyotard, *The Postmodern Condition: A Report on Knowledge* (Minneapolis: University of Minnesota Press, 1984), p. xxiv.
42) 세밀한 이야기[Micro-narrative]란 모든 사람, 모든 장소, 모든 시대에 걸쳐 올바르고 적절할 필요가 없는 지역 주민의 실제적이고 당면한 자신들의 이야기를 말한다. 이 단어는 누구에게나 해당되는 보편적인 이야기를 의미하는 거대담론[Meta-narrative]과 대조되는 개념이다. 거대담론은 세밀한 이야기를 거대담론으로 대체하거나 말살시킴으로써 특정한 문화를 지배한다. 어떤 그리스도인은 복음이야말로 세밀한 이야기라고 주장하는 한편 어떤 사람들은 복음이야말로 가장 대표적인 거대담론이라고 주장한다. 그러나 또 다른 사람들은 복음은 사람들의 결점을 보완해주고, 화해시키고, 치유하는 완전히 다른 방식의 이야기라고 믿는다.

2부

1) Anders Stephanson, *Manifest Destiny: American Expansion and the Empire of the Right* (New York: Hill and Wang, 1995), 5.
2) 앞의 책, xi.
3) 앞의 책, 8.
4) Kristina Bross, *Dry Bones and Indian Sermons: Praying Indians in Colonial America* (Ithaca, NY: Cornell University Press, 2004), 4.
5) 앞의 책, 29.
6) 앞의 책.
7) 앞의 책, 31.
8) 앞의 책, 149.
9) 앞의 책, 186.
10) 앞의 책, 187.
11) Setphanson, *Manifest Destiny*, 5.
12) John D. MacArther, "Annuit Coepis: Origin and Meaning of the Motto Above the Eye", http://www.greatseal.com/mottoes/coeptis.htm.
13) Francis Paul Prucha, *Documents of United States Indian Policy* (Lincoln, NE: University of Nebraska Press, 1990), 141.

14) 앞의 책, 142.

15) 앞의 책.

16) 앞의 책, 157.

17) Steven T. Newcomb, *Pagans in the Promised Land: Decoding the Doctrine of Christian Discovery* (Golden, CO: Fulcrum Publishing, 2008), 13.

18) 앞의 책, 13~14.

19) Hilary E. Wyss, *Writing Indians: Literacy, Christianity, and Nature Community in Early America* (Amherst, MA: University of Massachusetts Press, 2003), 92.

20) 앞의 책, 94.

21) Mishnah Avot 1.15.

22) 히브리 어근 tzdk는 수많은 단어에 사용되는데, 짜덱(tzedek, 대개 "정의"로 번역되며 더욱 폭 넓은 사회적 공평함을 이르는 집합적인 의미를 가진다.)과 짜데카(tz'dekah, 대개 "의"로 번역되며 인격적인 성실성과 윤리적인 행위, 사회적 공평함을 추구하며, 하나님과의 언약을 지키는 헌신도를 이르는 개인적 의미를 가진다.)라는 두 단어의 어근이기도 하다. 두 번째 단어가 "정의"로 번역될 때는 미스팟(mishpat)으로 사회 질서와 법을 의미하며, 완전한 의미로서 라기 보다는 과정적 의미로서 정의를 의미한다. 토라에서 개략적으로 언급되는 명령들은 추킴(chukim)과 미스파팀(mishpatim)으로 분류할 수 있다. 촉(chok)은 예식적인 명령이지만, 이 땅에서 마땅히 설명할 예가 없으며, 하나님께서 하라시면 해야 할 의무로 밖에 설명되지 않는다. 마스팟(mishpat)은 설명될 수 있는 법으로써, 질서가 잘 잡혀진 사회법을 의미한다. 이처럼 정의는 총체적인 사회적 질을 말하며 의는 개인적인 질을 말한다.

23) 짜디크(tzadik)는 의인이다. 우리는 신명기 16장 20절에서 "정의를 따라야만 산다."는 명령을 받았다. 유대인에게 의는 칭의도 아니고 꼼꼼한 법적인 의도 아니다. 오히려 의는 다른 사람들에 대한 감수성과 열린 태도를 말한다. 다른 방식으로 설명하자면, 의로운 사람은 미스팟(mishpat)을 따라 행동하는 사람인데, 인자를 사랑하며 겸손히 네 하나님과 함께 행하는 것을 말한다. (미 6:8) 나의 친구이자 교사인 다니엘 소카치(Daniel Sokatch)는 끊임없이 떠내려 오는 아이들이 떠있는 시내를 건너온 두 사람에 대한 이야기를 좋아한다. 그들은 강물에서 끊임없이 소리를 질러대는 아이들을 하나씩 건져 올렸지만, 강물은 끊임없이 흘러갔다. 결국 두 사람 중 한 사람이 강에서 나와 상류로 올라갔다. "자네 어디로 가는거야?" 하고 다른 사람이 소리치며 물었다. "여기에 죽어가는 아기들이 너무 많잖아!" "강물에 아이들을 버리는 사람들을 멈추게

하도록 저 위에 올라가봐야지." 하고 대답했다. 이 이야기에서 두 사람은 짜디킴(tzadikim), 즉 의로운 사람들이다. 그러나 한 사람은 (그것이 사회적 질서가 되었든 의가 되었든) 문제의 근원을 찾아서 더욱 더 큰 의미의 정의를 실천하려고 했다. 이 글에서, 그리고 유대인 예식에서 나는 더욱 더 포괄적인 정의의 의미에 대해 말하고 싶었다.

24) 사파르디(Safardi, Spainish-Mediterranean)라는 예식이 있는데, 이는 "평화, 선, 축복, 은혜, 인애, 의, 인애"를 추구하는 예식이다.
25) Arundhati Roy, *An Ordinary Person's Guide to Empire* (New Delhi: Penguin, 2005), 3.
26) Narmada Bachao Andolan (NBA), or the Save the Narmada Movement. 정부는 나르마다 강 Narmada River에 30개의 큰 댐, 35개의 중간 규모의 댐, 그리고 3000개의 작은 댐을 쌓기로 계획하였다. 이 댐건설로 말미암아 사십 만 명이 이주를 해야 했다. http://www.narmada.org.
27) 브라이언 맥클라렌(Brian D. McLaren), *Everything Must Change: Jesus, Global Crises, and a Revolution of Hope* (Nashville: Thomas Nelson, 2007), 220.
28) Jawaharlal Nehru, *The Discovery of India* (New Delhi: Penguin, 2004), 62.
29) UNHDR Report 2007.
30) 앞의 책, 21.
31) John Stott, *Essential Living* (Leicester, UK: InterVarsity Press, 1988), 65.
32) McLaren, *Everything Must Change*, 247.
33) 앞의 책, 178.
34) Amartya Sen, *Development as Freedom* (New Delhi: Oxford University Press, 2000), 18.
35) 시편 9; 10; 35; 44; 71; 94; 98; 110; 118편(이 시편들 모두 바울이 로마서에서 인용하였다.) 이사야 11; 61장; 65장 17~25절, 에스겔 34장 36절.
36) 평화와 더불어, 로마의 정의는 로마의 구원을 가능하게 한 복음의 소중한 부분이 되었다. 정의의 여신 이우스티티아는 로마법과 거의 동일시되었고, 로마의 정의는 제국에 속한 사람들에게 가장 큰 혜택 중 하나가 되었다.

3부

1) Chad Myers and Karen Lattea, eds., *Say to This Mountain: Mark's Story of Discipleship* (Maryknoll, NY: Orbis Books, 1996), 50.
2) Richard Horsley, *Hearing the Whole Story: The Politics of Plot in Mark's Gospel*

(Louisville: Westminster John Knox Press, 2001), 99.

3) 앞의 책, 100.

4) Malanie Bush, *Breaking the Code of Good Intentions: Everyday Forms of Whiteness* (Lanham, MD: Rowman & Littlefield, 2004), 219.

5) 예수께서 신명기 15장 11절을 인용하셨다는 것을 언급할 필요가 있다. 신명기 15장 10절에는 "아낌없이 주라"는 말씀이 기록되어 있고 곧 이어 "당신들의 손을 뻗어서 가난하고 궁핍한 동족을 도와주라"고 기록한다. 같은 장 4절에는 "당신들의 땅에 가난하고 궁핍한 사람이 없도록 하라"고 기록되어 있다. 이는 그 땅이 풍요롭기 때문이다. 이 구절은 가난한 사람들을 향한 동정심을 갖는 것이 옳다고 규정한다.

6) Bush, *Breaking the Code of Good Intentions*, 222.

7) 앞의 책.

8) 앞의 책, 223.

9) http://mcpwt.tripod.com/freecarson10.html 와 http:www.leonardpeltier.net/을 보라.

10) John Rawls, *A Theory of Justice* (Cambridge, MA: Belknap Press, 1971)

11) http://www.nesbatch.com/econ.htm

12) U.S. General Accounting Office, Defense of Marriage Act, GAO/OGC-97-16(Washington, D.C.: January 31, 1997), http://www.gao.gov/archive/1997/og97016.pdf, 2007년에 접속함. 1996년의 가족 보호법의 문구를 의회가 미국행정감독부는 "혜택, 권리, 특권은 결혼한 사람들에게만 주어진다"는 연방정부법과 동일시하였다. 미국행정감독부는 결혼한 사람들을 위한 연방정부의 13가지 분야 1,049항목을 그대로 따르고 있다. 2004년, 이 목록은 미국행정감독부에 의해 갱신되었다. "결과적으로 2003년 12월 31자로 우리 조사는 결혼한 사람들에게만 혜택, 권리, 특권을 부여한다는 총 1,138항목의 연방정부법 조항을 미국 법전"에 등재하였다. (http://www.gao.gov/new.items/do435r.pdf. 2007년 9월에 접속함.

13) Leo P. Ribuffo, "Family Policy Past as Prologue: Jimmy Carter, the White House Conference on Family, and the Mobilization of the New Christian Right." in T*he Review of Policy Research*, March 1. 2006.

14) Evangelicals Concerned과 같은 기관이나 주요 교단에 속한 (Association of Welcoming 이나 Affirming Baptists와 같은)비공식적 그룹들은 기독교 동성 커플과 그 가족들을 받아들이는 관점을 견지하는 좋은 예다. David G. Myers and Letha Dawson Scanzoni, *What God Has Joined Together: The Christian Case for Gay*

Marriage (San Francisco: HarperOne, 2005). Roberts Showalter Kreider, *Together in Love: Faith Stories of Gay, Lesbian, Bisexual and Transgender Coupels*(Kulpsville, PA: Strategic Press, 2002).

15) 세계화에 대한 독특한 관점의 글을 보려면 토마스 프리드만(Thomas L. Friedman)의 *The World is Flat: A Brief History of the Twenty-First Century* (New York: Farrar, Straus and Giroux, 2005)와 리처드 팔크(Richard Falk), *Predatory Glottalization: A Critique* (Cambridge: Polity Press, 1999)를 참고하라.

16) 다양한 관점을 반영한 논쟁을 진지하게 살펴보려면 William W. Chip and Michael A. Scaperlanda, "The Ethics of Immigration: An Exchange", *First Things* (May 2008): 40~46과 Carol M. Swain, ed., *Debating Immigration* (Cambridge: Cambridge University Press, 2007)을 보라.

17) 마틴 루터 킹 주니어(Martin Luther King Jr.), *Where Do We Go from Here: Chaos or Community?* (Boston: Beacon Press, 1967). 어떤 운동, 투쟁, 유산에 관한 근본적인 질문은 이민에 관한 국가적 차원의 대화와 깊은 관련이 있다.

18) Patricia Fernandez-Kelly, "To Welcome the Stranger: The Myths and Realities of Illegal Immigration", *Perspectives: Occasional Papers, Issue Ten* (2006): 9~22를 보라. Steven A. Camarota, "Immigrant Employment Gains and Native Losses, 2000~2004" in *Debating immigration*, ed. Carol M. Swain (Cambridge: Cambridge University Press, 2007)을 보라.

19) 비록 성경학자는 아니지만, 보수적인 우수학자인 James R. Edwards는 ("A Biblical Perspective on Immigration Policy", in *Debating Immigration*) 이민정책에 대한 성경적 관점에 대해 발표하였다.

20) Brian McLaren, *Everything Must Change: Jesus, Global Crisis and a Revolution of Hope* (Nashville: Thomas Nelson, 2007).

21) 무역조약과 이민자와 고용이 어떻게 뒤엉켜있는지에 대해 철저하게 파헤친 연구로는 Douglas S. Massey, "Borderline Madness"와 Steven A. Camarota, "Immigrant Employment Gains and Native Losses, 2000~2004" in *Debating immigration*이 있다.

22) Gabriel Salguero, "Multicultural Ministry: A Vision of Multitude", in Perspectivas: Occasional Papers 7 (2003): 86과 Elizabeth Conde-Frazier, "A Spirituality for Multicultural Ministry", in *Debating immigration*, 63을 보라.

23) Geraldo Rivera, *HisPanic: Why Americans Fear Hispanics in the U.S.* (New York: Celebra Books, 2008).

24) 가장 극단적인 견해들과 반이민정서에 대한 혐오감이 실린 대화를 잘 요약해 놓은 자료로서 Anti-Defamation League 웹사이트의 시민권리 페이지 http://www.adl.org/Civil_Rights/immigration.asp를 참고하라.

25) Craig Wong, "The Church's 'Third Rail' of Immigration", *Prism*, vol. 15, no. 3 (2008): 31.

26) 나는 Estadounidense의 번역어로 미국 사람들을 지칭하는 Unitedstatesian"이라는 신조어를 사용하였다. 내가 이렇게 한 것은 미국에 사는 사람들을 지칭하려고 American이라는 단어를 사용하는 것은 북미와 남미 및 카리브해 지역에 사는 다른 사람들도 "아메리칸"이기 때문에 이를 무시하지 않고 언어학적으로 인정하기 위함이다. 아메리칸이란 단어를 단지 미국의 정황에서만 사용하는 것은 세계화 및 이민을 주제로 한 대화에 그리 도움이 안 된다.

27) 가톨릭과 개신교 관점의 훌륭한 논문 두 편을 보려면 http://www.usccb.org/mrs/stranger.shtml과 미국의 가톨릭 주교 회의를 통해 발표된 Strangers No Longer: Together on the Journey of Hope와 M. Daniel Carroll R., *Christians at the Border: Immigration, the Church, and the Bible* (grand Rapids: Baker Academic, 2008)을 보라.

28) 후기식민지관점의 해석학적 글 읽기는 식민지화, 신 식민지화 혹은 사전식민지의 목소리들을 들어야할 뿐 아니라 식민지들에 상호 영향력을 끼치는 국가, 권력, 국가적 이념 및 그들의 역할을 인정해야 한다. 후기식민지관점의 성경읽기 및 신학에 대한 자료는 풍부하다. 이러한 자료들 중, R. S. Sugirtharajah, *Postcolonial Criticism and Biblical Criticism* (New York: Oxford University Press, 2002); Catherine Keller, Michael Nausner, and Mayra Rivera, *Postcolonial Theologies: Divinity and Empire* (St. Lois: Chalice Press, 2004); Musa W. Dube, *Postcolonial Feminist Interpretation of the Bible* (St. Louis, MO: Chalice Press, 2000); Richard Horsley, ed., *The Postcolonial Bible* (Sceffield: Sheffield Academic Press, 1998); Fernando Segovia, ed., *Interpreting Beyond Borders: The Bible and Postcolonialism* 3 (Sheffield: Sheffield Academic Press, 2000).

29) 나는 아프리카 신학자인 Engelbert Mveng가 사용한 용어 "인류학적 빈곤 (anthropological poverty)"을 차용하였다. 그는 사람들의 존엄성, 권리, 경제적 접근성 등을 착취함 때문에 생긴 가난을 인류학적 빈곤이라고 하였다. Engelert Mveng, "Third World Theology - What Theology? What Third World?: Evaluation by and African Delegate", in *Irruption of the Third World: Challenge to Theology*, ed. Virginia M. M. Fabella and Sergio Torres (Maryknoll, NY: Orbis Books 1983), 217~21.

30) 2008년 3월 13일 미국 노스캐롤라이나 듀크 신학대학원에서 열린 히스패닉

목회에 관한 Sociedad Wesleyna's Durham Consultation에서 에드가르도 콜롱-에 머릭(Edgardo Colon-Emeric)이 특별한 제목 없이 발표한 내용이다.
31) 앞의 책. Colon-Emeric은 기독교 윤리학 세미나 책에서 그리스도인은 "거류민(resident aliens)"이 아니라 "불법외국인(illegal aliens)"이라는 스탠리 하우어워즈와 윌리엄 윌리몬의 새로운 해석을 제안하였다. Stanley Hauerwas and William H. Willimon, *Resident Aliens: Life in the Christian Colony* (Nashville: Abingdon Press, 1989).
32) 르네 파딜라(C. Rene Padilla), "Imperial Globalization and Integral Mission", *The Princeton Seminary Bulletin*, vol. 27, no. 1, new series (2006): 16.
33) Michael Hards and Antonio Nergi, *Empire* (Cambridge, MA: Harvard University Press, 2000) *Multitude: War and Democracy in the Age of Empire* (New York: Penguin Press, 2004).
34) 2008년 3월 10일, 플로리다주 올란도에서 열린 이민에 대한 종교리더들의 회합에서 Wenski 주교는 어떤 것이 법에 명시되어 있기 때문에 그것이 도덕적으로 옳을 것이라는 추측은 하지 말아야 한다고 경고했다. 역사적으로 훌륭한 예들은 인종차별 법, 노예 법, 남아프리카 인종분리정책 등에 대해 질문함으로써 시작되었다.

4부

1) Tim Stafford, "Faith in God or in the Military?": Where Does a Weak Nation Turn for Help?" in *The Student Bible, New International Version* (Grand Rapids, MI: Zondervan, 1996), 726.
2) 문화 및 경제에 대해 좀 더 알려면 Bill McKibben의 *Deep Economy: The Wealth of Communities and the Durable Future* (New York: Times Books, 2007)을 보라.
3) Paul Hawken, "Indigene", in *Blessed Unrest: How the Largest Movement in the World Came into Being and Why No One Save it Coming* (New York: Viking, 2007), 87~114.
4) "누가 우리의 이웃인가?" 누가복음 10장 25~37절을 보라.
5) Office Cantonal de la Statistique, "Bilan et etat de la population du canton de Geneve en 2007: Resultats de la statistique cantonal de la population", Rebublique et Canton de Geneve, http://www.geneve.ch/statistique.
6) 제네바 경제개발국, "국제기관들 및 비정부기관들," http://www.geneva.ch/IGO.htm.
7) Martin Meredith, *The Fate of Africa from the Heroes of Freedom to the Heart of Despair:*

A History of 50 Years of Independence (New York: Bublic Affairs, 2005) 미국이 후원한 불의에 대한 예가 들어있다.

8) Will Hutton, *The World We're In* (London: Abacus, 2003). 이 책은 영국이 유럽연합(과 유럽생활방식)에 더 가까운 지 아니면 미국(과 미국 생활방식)에 더 가까운 지 국가적 차원에서 다룬 대화이다. 처음 두 장은 반미에 대한 내용이 실려 있지만, 책 전체를 읽어볼 필요가 있다.

9) Basler Mission and EMW, *Thuma mina: Internationales Ökumnisches Liederbuch/Internatioonal Ecummenical Hymnbook* (Munich: Strube Verlag, 1995). Maggie Hamilton and Paivi Jussila, eds., *Agape: Songs of Hope and reconciliation/Lieder der Hoffnung und Verohnung/Chants d'esperance et de reconciliation/Cantos de esperanza y reconciliacion* (Oxford: Lutheran World Federation, 2003).

10) International rescue Committee, http://www.theirc.org/what/resettlement_in_the_united_states.html.

11) 필요한 웹사이트를 찾도록 "Catholic Social Services"를 치라.

12) 이 웹사이트를 추천해 준 남아프리카 공화국, 케이프타운의 마리우스 브랜드(Marius Brand) 에게 감사한다.

13) 세계교회협의회, "In God's Hands: The Ecumenical Prayer Cycle", http://www.oikoumene.org/en/resources/prayer-cycle.html.

14) 마태복음 5장 43~45절

15) 1세기에 세관을 통과하는 상인들을 위한 세금이 정해지지 않았기 때문에 삭개오는 상당한 부를 축적할 수 있었다. 삭개오와 같은 세무직원은 부정확한 액수로 사기와 부당징수를 할 수 있는 좋은 자리에 있었다.

16) 레위기 6장 1~5절, 민수기 5장 7절의 법은 불의하게 받은 돈에 대해 배상하고 원금의 1/5을 지불해야 한다고 되어 있다. 다른 곳에는 배를 지불하도록 되어 있다(출22:4,7,9).

17) "Bendice Senor, nuestro pan"은 아르헨티나의 Federico Padura가 지은 기도문이자 노래로 Donald Wetherick이 영어로 번역하였다. Basler Mission과 EMW에서 출간한 *Thumanina: Internationales Okumenisches Liederbuch/International Ecumenical Hymbook*(Munich: Strube Verlag, 1995)라는 찬송집에 이 노래를 실었다. 이 노래는 아이오나 공동체(Iona Community)의 존 벨(John Bell)이 Wild Goose Worship Group이라는 찬양팀과 함께 *Love and Anger: Songs of Lively Faith and Social Justice* 라는 CD타이틀(Chicago:GIA Publications)에 실었다.

18) Rhett A. Butler, "Largest Corporations Agree to Cut Global Warming Emissions",

http://news.mongabay.com/2007/0220-climate.html, 2009년 5월 19일 접속함.
19) Gaylord Nelson, Susan M. Campbell, and Paul A. Wozniak, *Beyond Earth Day: Fulfilling the Promise* (Madison, WI: University of Wisconsin press, 2002), 18.
20) David Whyte, *Crossing the Unknown Sea* (New York: Riverhead Books, 2001), 24.
21) 고린도전서 13장 12절
22) 에보 파텔Ebbo Patel은 Interfaith Youth Core의 설립자로 20세기 미국이 보여준 배척의 모습은 인종차별이며, 21세기 배척의 모습은 종교차별이라고 주장하였다.
23) Doug Pagitt and Tony Jones, eds., *An Emergent Manifesto of Hope* (Grand Rapids: Baker Books, 2007), 189-99. "포용의 달콤한 문제: 다른 사람에게서 우리 하나님을 찾아보기 The Sweet Problem of Inclusiveness: Finding Our God in the Other"를 볼 것.
24) 폴 키터Paul F. Kitter의 책 *Introducing Theologies of Religion* (Maryknoll, NY: Orbis Books 2002)은 토론을 위한 입문서로 좋은 책이다.
25) http://religions.pewforum.org/reports.
26) Alexander Solzhenitsyn, *The Gulag Archipelago: 1918~1956* (New York: Harper, 2002), 75.
27) 누가복음 10장 25~41절.
28) Thick Nhat Hanh, *Being Peace* (Berkley: Parallax Press, 1996), 83-105.
29) Marcus J. Borg and John Dominic Crossan, *The Last Week: What the Gospels Really Teach about Jesus' Final Days in Jerusalem* (San Francisco: HarperSanFrancisco, 2006), 1-31.
30) 진정 교회가 시행하는 예식이 진정한 의미와 가치를 가지려면, 정의를 행하며, 압제자들을 꾸짖고, 피해자와 약자를 변호해준 후에만 가능하다. 이를 위해 이사야 1장의 예를 살펴보라.
31) 나는 효과적이지 않고 부적절함에도, 사람들의 투표심을 사로잡고자 혈안이 되어 있는 현재 정부의 사회화 계획을 언급하려고 이 용어를 사용하였다.
32) http://www.sierraclub.org/communities/2002report/north_carolina/.
33) http://theatlantic.com/doc/200803/subprime.
34) 브라리언 맥클라렌의 "명상Meditation", *Justice in the Burbs: Being the Hands of Jesus Wherever You Live* (Grand Rapids: Baker Books, 2007)
35) 나는 산을 좋아한다"는 인터넷 사이트 http://www.ilovemountains.org에서 당신이 사는 지역의 우편번호를 입력하여 당신이 사용하는 화석 연료에 대해 알

아보라.
36) 국제보건기구, "Noncommunicable Diseases Now Biggest Killers 소통불능의 질병, 이제 최고의 킬러" http://www.wholint/mediacentre.news/releases/2008/pr14/en/index.html, 2008년 3월 11일에 열람.
37) 당신이 섭취하는 음식들이 어디에서 조달되는지 알아보려면 http://www.foodroutes.org라는 웹페이지를 체크해보라.
38) Michael Pollan, "you Are What You Grow", *New York Times*, April 22, 2007.

5부

1) [편집자 주] 저자들로부터 직접적인 인용 외에, 나는 YHWH라는 이름을 (개인적으로 공적으로)직접적으로 쓰지 않았다. 만약 불충분한 것이 아니라면, 거룩한 이름에 영광을 표하려는 시도이다.
2) 찰스 메이슨에 의해 세워지고 역사적·다문화적 아주사 거리에서 태동한 19세기 말의 부흥운동으로써 COGIC는 흑인 교회 전통에 있어 오순절운동의 기원이라 볼 수 있다.
3) 흑인 교회는 1) 주류 교단에서 일어난 흑인 회중 2) 아프리칸 혈통을 가진 사람들 중에 독립적으로 형성된 믿음의 공동체나 교단으로 정의할 수 있다. 결국, 흑인 교회는 미국 흑인들에 의해 해석되고, 표현되고, 생활하는 기독교 신앙의 독특한 표현이다. C. Eric Lincoln과 E. Franklin Franzier의 *The Negro Church and The Black Church Since Frazier* (New York:Schocken Books, 1974)를 보라.
4) James Cone, *For My People: Black Theology and the Black* Church (Maryknoll, NY:Orbis Books, 1989).
5) "여성주의(womanist)"라는 용어는 앨리스 워커(Alice Walker)가 In Search of Our Mother's Garden: Womanist Prose(San Diego:Harcourt Brace Jovanovich, 1983)에서 처음 사용하였다. 미국흑인여성들 가운데에서 발견되는 인종차별, 성차별, 계급차별이라는 3차원적 경험 및 세계관에 대한 토론을 위해서는 *Journal of the American Academy of Religion 64*(1989)에 실린 재클린 그랜트(Jacquelyn Grant)의 "White Women's Christ and Black Women's Jesus"를 보라.
6) "흑인Black"과 "미국흑인African American"이란 말은 거의 동의어로 사용되지만, "유색인colored", "니그로negro"와 "미흑인Afro-American"이라는 용어는 각 시대를 반영하는 방식으로 사용된다.
7) H.R. Weber, 데이빗 보쉬(David J. Bosch)에 의해 인용됨, "화해의 과정과 복종을 위한 요구-열두 논제Processes of Reconciliation and Demands of Obedience -

Twelve Theses" in *Hammering Sword into Ploughshares: Essays in Honour of Archbishop Mpilo Desmond Tutu*(Johannesburg: Stotaville Publishers, 1986), 164.

8) 데이빗 보쉬(David J. Bosch), Renewal of Christian Community in Africa Today, 1976년 케냐의 나이로비 PACLA에서 나눈 메시지. 사이먼 마이멜라(Simon Maimela)가 인용한 *Ploughshares*, 47~48의 데스몬드 투투도 참고할 것

9) 사이먼 마이멜라, *Ploughshares* 49~50.

10) 거의 모든 종교 혹은 아무런 종교가 없는 수많은 사람이 자신이 처한 환경에서 정의를 위해 일하고 있다. 종종 그리스도인들이 자신들만 이 일을 할 수 있다고 믿는 것은 참으로 안타까운 일이다. 아울러 데이빗 보쉬(David J. Bosch)의 *A Spirituality of the Road* (Eugne: Wipf and Stock, 2001), 37을 보라.

11) 나치주의라는 사상이 발전하기 시작할 즈음에 H.F. Verwoerd를 포함한 몇 명의 리더들이 독일에서 연구를 시작했다. 어떤 사람들은 이러한 사상이 인종분리 정책의 기본적 토대가 되었다고 생각한다.

12) 이러한 아이디어에 대해 더욱 더 많은 정보를 얻으려면 데이빗 보쉬(David J. Bosch)의 *Transforming Mission: Paradigm Shifts in Theology of Mission*(Marknoll, NY: Orbis Books, 1991)을 보라.

13) Bosch, *Transforming Mission*, 299.

14) 1979년 남아프리카 그리스도인 리더십 총회(SACLA: South Africa Christian Leadership Assembly)가 개최되기 2년 전, 우리는 이를 준비하려고 두 달에 한 번씩 만남을 가졌다. 모임을 가질 때마다, 그리고 총회를 개최하는 동안 두 가지 이슈가 수면 위로 떠올랐다. 하나는 흑인들의 쓴 뿌리이고 또 다른 하나는 백인들의 공포였다. 흑인들은 인종차별과 억압에 대한 분노가 있었고, 백인들은 그들의 두려움을 누그러뜨리고자 인종분리제도를 마련하였다. 이는 흑인들의 정체성, 언어, 땅을 앗아가 버렸다. SACLA에서 모든 인종, 교회, 나이, 언어, 문화와 상관없는 정의와 화해를 이루려고 일상생활, 정치, 일에 대해 성령께서 하시는 말씀을 듣고, 서로를 이해하기 위한 한 주간 모임을 시도했던 것은(첫 주에 5천 명이 그리고 그 이후로 7천 명이 모이는 대규모 모임) 남아프리카 역사상 처음 있었던 일이다.

15) 이에 관련하여 내가 쓴 글 "기독교 화해를 위한 수단으로써 기억과 용서"를 볼 것. *Theologically Speaking*, 1999년 10월호.

16) 마태복음 5장 44~48절; 누가복음 6장 35절.

17) 우리는 눈에는 눈으로 보복하거나 예수의 방식을 따르거나 선택하는 결정권을 갖고 있다. (Brian D. McLaren, *Everything Must Change: Jesus, Global Crises,*

and a Revolution of Hope [Nashville:Thomas Nelson, 2007], 189). 우리는 "우리가" 살아가는 방식과 동시에 "그들이" 살아가는 방식을 변화시킬 수 있다. 그리고 "테러와의 전쟁"을 옹호하는 도널드 럼스펠드의 생각을 따르기를 거부할 수 있다. 즉 우리의 삶의 방식이 아니라 "그들의 삶의 방식"을 변화시키기를 선택할 수 있다.

18) 마이멜라Maimela, Ploughshares, 42~52. 투투(Tutu).
19) McLaren, *Everything Must Change*, 183.
20) "하나님과 복음을 위한 고통은 제자가 되는 것과 불가분의 관계를 갖는다." (마이멜라, *Ploughshares*, 50).
21) 이 분과는 인종분리정책에 저항하는 개인이나 운동을 공격하거나 겁주고자 종종 가공할만한 경찰력을 사용하였다. 이 경찰분과는 "비밀경찰" 혹은 "안전요원"으로 불린다. 안전요원들이 우리를 겁주려고 존재한다는 것은 정말로 어처구니없는 일이다.
22) 가정이나 사무실의 전화가 도청되는 것을 발견하면서 우리는 하나님께서 때로 자신의 백성을 보호하려고 얼마나 포괄적이며 신비로운 방식으로 활동하시는지 다시금 알게 되었다. 도리어 우리는 이러한 전화선들을 사용하여 비밀스럽게 우리를 방문하지 말라고 경고할 수 있었다.
23) 종종 멀리 떨어져 있어야 했던 나의 남편이 매일 나에게 써 보낸 편지는 규칙적으로 배달되지 않을 때, 무슨 일이 일어나는지 알려주는 명확한 표시가 되기도 했다. 일련의 날짜가 적힌 열통의 편지들이 갑자기 한 날에 배달되기도 했다. 우리는 기쁘고 신났지만, "비밀경찰"들도 허점투성이라는 사실을 발견하면서 다소간 만족감을 느끼기도 했다. 한번은 니코 스미스(Nico Smith)라는 친구가 자신의 우체통에 우리 집 주소가 적힌 편지를 발견하고 우리를 방문했다. 그의 집은 우리 집과 상당히 멀리 떨어져 있는 외곽에 있었다. 그 편지가 그리로 배달되는 데는 오직 한 가지 방법 외에는 없다!
24) 만약 당신이 속한 그룹의 어떤 이들이 당신의 반대편에 선 사람들의 잘못한 원인들을 밝히는데 큰 두려움을 갖고 있다면, 그들은 당신을 소외시키고, 분리시키고, 주변으로 밀어내거나 무시하려고 소문을 퍼뜨림으로써 공포심을 일으키기도 한다.
25) 굴욕의 한 가지 예는 소위 "기독교 모임"을 통해 발생한다. 나라 전체의 상황을 아는 증인으로써 나는 흑인 가정들이 주최하는 2백 명 이상이 되는 백인들이 참석하는 기독교 모임을 흑인 예배라고 부른다는 사실을 잘 알고 있다. 운동가로 활동하는 한 젊은 흑인 목사가 한 젊은 백인 목사를 초대하였다. 그들

은 모두 개혁교회의 목회자들이었다. 어느 날 밤 전체적인 모임의 상황을 잘 아는 특수부가 그 집을 급습했다. 젊은 두 목사들이 경찰서의 감방 신세를 져야했다. 거기에서 젊은 백인 목사는 만약 그가 흑인 목사를 두둔하는 어떤 말이라도 하면 두 사람이 함께 침대 위에서 뒹구는 모습으로 발견되었다는 내용을 신문에 내겠다는 협박을 받았다. 입에 담을 수 없는 모습의 치욕적인 협박은 그 백인 목사를 굴복시키기에 충분했다. 며칠 후, 그는 석방되었다. 그러나 그의 친구는 아무런 재판도 없이 7개월이나 복역해야 했다! 이러한 일은 정의를 위해 온 마음을 다하는 사람들을 어떻게 겁을 주고, 원하는 바와 상관없이 불의를 저지르게 만드는 지 보여주는 단지 한 가지 예에 불과하다.

26) "비록 사소한 것으로 보일지라도 중상과 같은 공격적인 표현"을 사용하지 말도록 제자들에게 경계하셨던 예수의 모습을 보라(McLaren, *Everything Must Change*, 185). 어떤 민중은 사람들이 느끼는 위협감을 제대로 담아낼 수 없다는 단순한 이유 때문에 비인간화시키는 증오의 말을 사용한다. 그러나 정치적인 리더들과 특수부는 위험하고 정교하게 연마한 도구로써 이러한 언어를 사용한다.

27) 1970년대 초, 저명한 아프리카 출신의 네덜란드 개혁교회 목사, 바이어스 나우드(Beyers Naude)는 인종분리주의 정부에 만약 그들이 정책을 바꾸지 않으면, 요하네스버그 시가지에 유혈이 낭자할 것이라고 경고하였다. 뉴스 미디어는 그가 피를 부르는 선동적인 폭력을 조장하는 것이라 보도하였다. 이러한 뉴스는 나우드를 비폭력적 인물로 알던 많은 사람조차 의심을 품게 만들고 허구가 사실인 것처럼 믿도록 만들기에 충분했다.

28) 더 많은 정보를 위해, 인종분리정책 시절의 신문과 정의를 위해 소명을 갖고 일했던 사람들과 정치적 활동가들이 찍힌 사진들을 찾아보라. 그리고 당시의 사진들에 있던 동일한 인물을 현재 미디어들이 어떻게 다루는지를 비교해보면, 이것이 무엇을 말하는지 의미가 분명해 질 것이다.

29) 이 글의 후반부에 실린 내가 직업을 잃게 된 이야기와 관련된다.

30) 많은 사람은 집회 규정에 따라 활동이 통제 혹은 금지되었다. 이는 한 번에 한 사람 이상 만나서는 안 되며, 집회에 참석해서는 안 되며, 그룹을 모아 설교하거나 연설을 해서는 안 되며, 하루에 한 번씩(혹은 일주일에 한 번씩) 인근 경찰서에 출두하여 보고를 해야 했다. 바이어스 나우드는 이러한 집회 규정에 따라 활동이 금지되었고, 당시 넬슨 만델라와 결혼했던 위니 만델라(Winnie Mandela)도 활동이 금지되었다. 이렇게 활동이 금지되었음에도, 이 두 사람은 가능한 영역에서 정의를 위해 놀라운 업적을 이루었다.

31) 좋은 친구였던 캐사르 몰레베이체(Caesar Molebatse) 목사는 재판도 없이 억류되었다. 그는 팬티만 입은 채 독방에서 오랜 세월을 보내야 했다. 법에 따르면 비록 독방에 있는 죄수라도 성경을 읽을 수 있도록 되어 있었지만, 프레토리아(Pretoria)의 서니사이드(Sunnyside) 경찰국은 그의 권리마저 부인했다. 이 경찰국장은 나의 남편(David)이 매일 우리 친구에 대해 질문하러 가자 매우 공격적인 모습을 보였다.

1987년, 이전에 법적으로 체포할 수 없던 18세 미만의 많은 아이가 아무 재판도 없이 구류되었다. 이것은 법을 어겼을 때 십대 후반의 아이들이 11세에서 15세에 해당하는 아이들에게 소비자 불매운동을 가르치지 못하도록 하기 위함, 즉 "그들을 보호하기 위한 것"이라고 발표되었다. 이러한 소비 불매운동은 인종차별주의정부에 저항하려고 조직되었으나 실제로 (지역 사업가들이 너무 소규모이며) 흑인들이 사는 도시의 물가가 비싸기 때문에 많은 어른이 이러한 불매운동에 신경을 쓰지 않았다. 불매운동을 후원하는 대신 그들은 도시의 대형 상점에 가서 물건을 샀다. 나이 많은 십대들은 아이들을 모아서 버스에서 내리는 모든 어른의 식료품 가방을 점검하도록 했다. 아이들은 어른들에게 옥수수, 설탕, 기름이 든 병을 먼지 나는 거리에서 비워보라고 요구하였다. 어떤 때에, 어른들은 아주 비참한 모습으로 거리에서 마른 음식을 먹거나 식용기름을 통째로 마시도록 강요되었다. 이는 정의를 위해 일한다면서 과정상 불의한 일을 자행하였던 또 다른 예이다.

32) 1973년 스티브 비코(Steve Biko)에게 활동 금지령이 내려졌다. 4년 후에 그는 흑인의 권리를 위해 일했다는 이유로 인종분리주의 정부에 의해 고문을 당한 후, 살해 되었다. 그는 인종분리정책을 반대하고 흑인들의 인권과 존엄을 위해 투쟁했던 주요 인물 중 한 사람이다. 그는 "흑인의식"을 남아프리카에 소개하였고 "흑인은 아름답다"라는 표어를 사용한 사람이다. 이는 "인간이여, 있는 모습 그대로 당신 자신을 존중하라"는 의미를 설명하기 위함이다. 아이러니한 것은 인종분리주의 시대동안 나와 남편 데이빗이 최악의 고통을 경험하는데 이러한 슬로건이 큰 힘을 주었다는 것이다. 백인들에게서 무시당하는 것처럼 우리가 그들을 억압하는 똑같은 시스템에서 오는 혜택을 결코 피할 수 없기 때문에 흑인 친구들에 의해 거부되었다.

33) 한 친구 목사의 두 아들이 그러한 "사고"로 목숨을 잃었다. 그들은 교회에 있었던 청소년 모임에 참석했다가 집으로 돌아오는 도중 경찰차에 치여 죽었다.

34) 당시 어떤 사람도 10일 이상 독방에 가두어서는 안 된다는 법에도 불구하고,

우리 친구이자 동료인 스탠리 모고바(Stanley Mogoba)는 3개월간 독방에 갇혀 있었고 로벤 섬(Robben Island)에 9년간 유배되어 복역했다. 석방된 후에도 그에게 자신의 언어를 사용할 수 없도록 하고자 남아프리카의 북부지역으로 가지 못하도록 규제되었다. 이 시기에 극심한 불의에 고통 받은 수많은 사람처럼 스탠리도 아무런 피해의식을 갖지 않고 정의, 화해, 상호 수용, 용서, 평화를 위해 일하였다.

35) 검은 얼굴로 가장한 백인들이 하얀 차를 끌고 흑인 마을주변을 돌며 화염병을 집에 투척하였다. 화염병이 투척된 집들 중 루카스 마부셀라(Lukas Mabusela)라는 친구의 집이 있었다. 그의 아이들 중 한명이 창문 아래에서 잠을 자고 있다가 강도를 막으려고 설치한 창살에 그들이 던진 화염병이 부딪혀 깨지면서 큰 화상을 입었다. 후에도 이렇게 가장한 백인들은 사람들에게 화염병을 투척함으로써 출퇴근 중인 교외의 기차에 테러를 가했다.

36) *Poughtshares*, 279~88에 실려 있는 알란 보에삭(Allan Boesak)의 글, 특히 287~88을 보라. 보에삭 박사는 개혁교회 목사로서 1984년 United Democratic Front(UDF)를 조직하였고 단순히 겉치장에 불과한 정치적 변화를 시도하는 정부에 이의를 제기하였다. 당시 그는 UDF의 모든 회원에게 절대로 폭력을 사용하지 말 것을 끊임없이 요구하였다. "마틴 루터 킹은 폭력은 파괴를 낳는다고 설명하였습니다. 폭력은 폭력을 줄이기보다는, 또 다른 폭력을 양산합니다."(McLaren, *Everything Must Change*, 191). "폭력을 통해 당신은 살인자를 살인할 수 있습니다. 그러나 당신은 살인을 없앨 수 없습니다."(322에서 인용)

37) 이에 관련된 더 많은 내용은 이 글의 뒷부분에 설명되어 있음.

38) 아네미 보쉬(Annemie Bosch), "기억과 용서"

39) 앞의 책.

40) 마태복음 9장 12절, 마가복음 2장 17절, 누가복음 5장 31절. 아네미 보쉬 (Annemie Bosch), "기억과 용서"

41) 누가복음 4장 16~32절. 나사렛 사람들이 왜 예수를 죽이려 했는지는 그가 이사야 61장의 구절 중 "주의 은혜의 해"를 선포한 후에 중간에서 읽기를 멈추고 "하나님의 보복의 날"에 대한 선언을 남겨두고 떠났기 때문이었다. 사실 청중들은 하나님이 로마를 멸하시기를 갈망했고 이 부분을 듣기 원했었다.

42) "새로운 남아프리카의 기적적인 태동에도 불구하고……, 그 '아이'는 실제로 매우 아프게 되었다!" (2008년 7월 9일 아네미 보쉬가 프로베(G. Prove)에게 보낸 개인서신 중에서.)

43) 이것을 인종차별정책 제도에 의해 흑인들이 어떤 처우를 받았는지 투투가

말한 다음의 문장의 표현과 비교해 보라. "그것은 사람들을 마치 그들이 이렇게 저렇게 주물럭거릴 수 있는 하나의 통계수치 정도에 불과한 모습으로 대하며, 하나님의 형상을 소유한 사람들이 마치 지저분한 오물이나 되는 것처럼 뿌리를 뽑아내 버린다…."(*Ploughshares*에서 시몬 마이메라(Simon Maimela)가 인용함).

44) "기억하라, 당신 자신들도 한 때 이집트 땅에서 이방인이었다는 사실을" (출 22:21; 마25:35도 참고할 것).

45) 프로베(G. Prove)는 자신의 일생을 정의와 선교를 위해 바친 네덜란드 출신의 로마 가톨릭 자매이다. 인생 후반부의 사역기간 동안, 그녀는 HIV와 에이즈로 고통 받는 사람들과 함께 일했다. 희망과 감사로 가득 차 있는 2008년 5월 20일자의 편지에서, 그녀는 이렇게 썼다. "최근에 나이를 먹으면서 나는 얼마나 많은 사람이 말씀을 듣지만, 그 말씀을 따라 살지 않는지 알게 되었다. 그러나 여전히, 그 말씀을 따라 정직하게 살고자 하는 사람들이 늘어나고 있다. 그들은 전 세계를 하나의 그물망으로 연결하고 믿음의 공동체로 엮어가고 있다. 천천히, 아주 천천히 변화가 일어나고 있다.

"이러한 일을 경험하는 것은 오랜 기간이 걸리지만, 더욱 더 나은 모습으로 뭔가 변해가는 것을 보면서 늙어간다는 것은 아주 좋은 선물이다. 나는 지난 주에 지역교회에서 그러한 경험을 했다. 우리는 격동의 도시인 암스테르담의 어렵고 위험한 환경에서 그들의 자녀 교육을 위한 후원이 필요하기 때문에 '아이들과 환경'이라는 주제로 토론그룹을 조직한 젊은 모슬렘 형제·자매들과 함께 정의와 평화에 관한 이야기를 나누었다. 정의와 평화(우리의 목회자는 성경이 이야기하는 정의와 평화, 젊은 이맘은 코란이 이야기하는 정의와 평화)에 대해 이야기 하는 우리가 준비한 책에 대해 간략하게 소개한 후, 모든 사람이 참여한 가운데 어떻게 그들이 정의에 헌신하는 삶을 살아가는지를 공개적으로 나누는 시간을 가졌다. 그날 저녁의 모임은 너무 좋았다.

"나는 그리스도인 가운데 다문화 공동체를 이루는 것에 대해 실질적인 생각을 교환하는 것이 참으로 어려웠던 약 20년 전 상황을 기억하게 되었다! 그날 저녁 우리는 미래에 대한 약속을 함께 만들었고 희망의 불을 피웠다! 물론 모든 것이 아주 작은 규모였고 모인 사람은 많지 않았지만, 모든 것이 매우 실제적이고 실현가능한 것이었다."

46) 여러 해 동안, 커넥티컷 주, 하트포드에 있는 Plowsharew Institute의 밥(Bob)과 앨리스 이반스(Alice Evans)가 남아프리카에 와서, 케이프타운 대학에서 열린 중재, 조정, 치유, 화해와 1994년 선거 전단계까지 있었던 민주주의 교육을 내

용으로 하는 갈등해결 과정을 가르쳤다. 우리에게는 여전히 국가적 차원의 이러한 종류의 훈련이 절실히 필요하다.
47) 맥클라렌은 "하나님나라…는 승리 혹은 자유, 더 나아가 정의를 갈망하는 사람들에게 임하는 것이 아니라, 정의 때문에 용기 있게 고통을 감내하는 사람들에게 온다."(*Everything Must Change*, 83)고 말했다.
48) 레슬리 뉴비긴(Lesslie Newbigin), *Proper Confidence: Faith, Doubt and Certainty in Christian Discipleship* (Grand Rapids: Eerdmans, 1995), 특히 이 책의 맨 마지막 부분을 보라.
49) 사람을 판단하지 말고 행동을 판단하라. 마태복음 6장 37절과 누가복음 6장 37절을 보라.
50) 우리는 1978년 인디아나, 엘크하트(Elkhart)에 있는 존 하워드 요더(John Howard Yoder)의 집에서 코이노니아 그룹으로 모여 비폭력에 대해 토론하였다. 요더는 다음과 같이 말했다. 예를 들어 강도가 우리 집에 들어와 우리 가족을 위협할 때, 대개 우리는 폭력만이 그 사람을 제지할 수 있다고 추측한다. 이에 대해 요더는 "정말 그러냐?"고 물었다. "용기 있게 폭력을 사용하는 대신에 용기 있는 말을 강도에게 건네 보려는 사람이 있는가?"라고 물었다.(존 하워드 요더, 『예수의 정치학』*The Politics of Jesus* (IVP역간, 2007). 보쉬의 Spirituality, 27과 맥클라렌의 *Everything Must Change*, 189도 참조하라).
51) 마태복음 10장 16절.
52) 2006년, 나는 인도의 선교사이자 신학자인 시가 알레스(Siga Arles, Bangalore)에게 인도에서 일어나는 기독교 박해에 대해 질문했다. 그는 "근본주의자들이 후원하는 외국자본에 모든 것을 의존하는 기독교 그룹들은 회심금지법, 복음에 대한 반대 및 박해에 대해 지나치게 떠들어대는 경향이 있습니다. 이러한 것은 동정심을 불러일으켜, 더욱 더 많은 후원을 하게 만들지요. 그러나 인도의 실제 상황은 더 많은 지역이 복음의 자유를 누리고 있다는 사실입니다. 자유가 있는 곳에서 우리는 지혜롭게 자유를 사용하고 하나님의 사랑을 나누고 사람들이 십자가를 높이 쳐들고 사람들을 섬길 필요가 있습니다. 그러면 아무런 자극을 주지 않아도 많은 사람이 복음에 이끌릴 것입니다. 인도의 교회는 대체적으로 국가가 열어놓은 부분에서 열심히 일할 필요가 있습니다. 대신에 나라의 여러 부분에 존재하는 '작은 반대의 모습으로써' 일을 더디게 하고 조작하는 일이 존재 합니다"(2006년 6월 23일 A.E. Bosch에게 보낸 개인서신 중에서). 그는 그리스도인이 그들이 전하는 메시지 때문에 고난받는 것이 아니라, 종종 그들이 보여주는 태도 때문에 스스로 고통을 초래하

는 면이 있다고 덧붙였다. 2008년 8월 약 삼천 명이나 되는 사람들이 종교가 다르기 때문에 힌두교와 기독교 간에 생긴 폭력으로 말미암아 노숙자가 되었다. 무슬림 공동체는 그리스도인이 그들의 지도자인 락스마나난다 사라스와티(Laxmananada Saraswati)와 네 명의 동료들을 살해했다고 믿었다.

53) 주님께서 가르쳐주신 기도와 마태복음 6장 14~15절, 18장 21절을 보라.
54) 고린도후서 12장 9~10절을 보라.
55) 맥클라렌, *Everything Must Change*, 207~12.
56) "그리스도께서 권력을 가진 사람들을 뒤엎으신 것은 바로 억압받는 사람들과 완전히 자신을 동일시하셨기 때문이다"(마이멜라, *Ploughshares* 47). "가난한 사람들을 선택한 이러한 기독교적 시도는 권력을 가진 사람들이 그다지 기뻐하지 않는 선택들 중 하나이다. 왜냐하면 그들은 이 선택을 체제 전복으로 해석하기 때문이다(앞의 책, 48).
57) 사도행전 17장 6절하, 우리가 십자가에 달리신 이를 따르는 사람이기에 "우리가 애지중지하는 모든 것을 공격하는 것"은 소위 자아를 버리는 것, 우리가 아끼는 것을 포기하는 것, 그리고 다른 사람을 위해 십자가(고통)를 지는 것과 반대된다. *Ploughshares* 164~168쪽에 실린 데이빗 보쉬의 글을 보라.
58) *Ploughshares* 47, 50쪽에 실린 사이먼 마이멜라의 탁월한 글을 보라.
59) 보쉬, *Ploughshares*, 165.
60) 마태복음 5장 9~12절; 6장 22~23,35절; 19장 29절; 마가복음 10장 29~30절; 누가복음 5장 35절.

결론

1) 로마서 8장 25절
2) Doug Paggit and Kathryn Prill, *Body Prayer: The Posture of Intimacy with God*(Colorado Springs: WaterBrook Press, 2005), 31.
3) 마태복음 19장 19절, 22장 39절; 마가복음 12장 31,33절; 누가복음 10장 27절.
4) 이 제국이란 개념에 대해서는 브라이언 맥클라렌의 *Everything Must Change: Jesus, Global Crises and a Revolution of Hope* (Nashville: Thomas Nelson, 2007)을 보라.
5) 1998년 UNDP의 통계수치임.
6) Robert Guerrero, "Short Term Missions within Relational and Empowering Partnerships", April 19, 2008. 이 논문은 Trinity Evangelical Divinity School이 개최한

선교학회에서 발표되었다.
7) 마태복음 26장 11절; 마가복음 14장 6~8절.
8) *The White Man's Burden: Why the West's Efforts to Aid the Rest Have Done So Much Ill land So Little Good* (New York: Penguin, 2006), 11.
9) Tom Sine, *Mustard Seed Versus McWorld: Reinventing Life and Faith for the Future* (Grand Rapids: Baker Books, 1999)
10) Red del Camino (RdC)는 더 통전적인 선교를 실행하도록 격려하고 관심을 갖도록 한 라틴아메리카의 교회 및 교회를 후원하는 기관 및 교회 네트워크이다. 이러한 사역을 더 보기 원하면 www.reddelcamino.org를 방문해 보라.
11) 더욱 더 많은 자료를 위해 "The Work of the People"을 보라. www.theworkofthepeople.com의 "To be told series"를 보면 RdC 라틴아메리카 네트워크에 속한 교회들에 대한 사례 연구를 볼 수 있다.
12) 공정 무역에 대한 특별한 토론을 보려면 Claudio Oliver의 "Feira Orgnica-ACV"를 보라. http://blog.docaminho.com.br/videos/associacao-casa-da-videira-geral/feira-organica-acv/를 보라 2008년 7월 27일부터 접속됨.